Buch

Man schreibt das Jahr 1950; das deutsche Wirtschaftswunder wirft seine Schatten voraus. In diesem Jahr kehrt Siegfried Sonnenberg aus fünfjähriger sibirischer Gefangenschaft in seine Heimatstadt Rosenburg zurück, mit ihm sein Freund Thomas Brandin.
Beiden war es gelungen, sich mit erfinderischem, rücksichtslosem Egoismus über die todbringende Lagerzeit hinwegzuretten. Und diese Eigenschaft wird es ihnen auch ermöglichen, aus dem nun ausbrechenden Konkurrenzkampf um neuen Reichtum, um neuen Besitz als glorreiche »Nachkriegssieger« hervorzugehen.
Dieser Roman porträtiert die Wirtschaftswundergeneration. Er spiegelt sie in der Gesellschaft einer deutschen Kleinstadt, schildert die Manipulationen und Komplotte, die Intrigen und Affären, die Verlogenheit und Besitzgier der noch einmal Davongekommenen. Rosenburg liegt zwar irgendwo in Deutschland, aber es könnte überall liegen...

Autor

Hans Hellmut Kirst wurde am 5. Dezember 1914 in Osterode in Ostpreußen geboren, wo er auch seine Kindheit verbrachte. Seine Vorfahren waren Bauern, Beamte und Handwerker. Als Soldat nahm er an den Feldzügen in Polen, Frankreich und Rußland teil. Später versuchte er sich in vielen Berufen, war landwirtschaftlicher Angestellter, Straßenarbeiter, Gärtner, Dramaturg und Kritiker. Sein erstes Buch veröffentlichte er 1950. Er lebt in Feldafing am Starnberger See.
Kirsts Bücher sind in mehr als 250 Übersetzungen in 26 Sprachen erschienen. Allein die Gesamtauflage der »08/15«-Trilogie liegt bei über 2,5 Millionen Exemplaren.

Außer dem vorliegenden Band sind von Hans Hellmut Kirst als Goldmann-Taschenbücher erschienen:

08/15 in der Kaserne. Roman (3497)
08/15 im Krieg. Roman (3498)
08/15 bis zum Ende. Roman (3499)
08/15 heute. Roman (1345)
Die Nacht der Generale. Roman (3538)
Generalsaffären. Roman (3906)
Glück läßt sich nicht kaufen. Roman (3711)
Keiner kommt davon. Roman (3763)
Hund mit Mann. Bericht über einen Freund (6434)

Hans Hellmut

KIRST

Der Nachkriegs-sieger

Roman

Wilhelm Goldmann Verlag

Ungekürzte Ausgabe

1. Auflage März 1983 · 1.–30. Tsd.

Made in Germany

Umschlagentwurf: Atelier Adolf & Angelika Bachmann, München
Umschlagfoto: Studio Schmatz, München
Druck: Elsnerdruck GmbH, Berlin
Verlagsnummer: 6545
MV · Herstellung: Sebastian Strohmaier
ISBN 3-442-06545-3

Inhaltsübersicht

Dies ist die wohl ebenso seltsame wie auch gewiß reichlich fürchterliche Geschichte eines Menschen namens Siegfried Sonnenberg, seines Freundes und seiner sogenannten Familie. Er war Friseur. Und sie alle wurden, mit ihm, durch ihn, gewissermaßen zu Opfern ihrer Zeit.
Diese Zeit schien von großer, fordernder Bedeutung zu sein, zugleich wie verschwenderisch umglänzt von rosigleuchtenden Hoffnungsstrahlen. Doch ihre Schönheit war nur scheinbar, war irritierend zerstörerisch.
Siegfried Sonnenberg und sein Freund erkannten das. Und um nicht völlig geblendet zu werden, begannen sie sich zu wehren. Mit tödlicher Entschlossenheit. Siegfried mordete sich frei!
Das zu erzählen, vielleicht auch zu erklären, wird hier versucht.

1. Buch

1950 — Der Tag ohne Rache

1

Diese Welt scheint unerklärbar

Ein völlig überladen wirkender Zug keuchte, fauchte dem Bahnhof entgegen. Dort blieb er, wie in allen Teilen zitternd, stehen. Den Namen der Station verkündete nur noch ein einziges, schief hängendes Schild, das jedoch neuerdings wieder bemalt worden war: Rosenburg. Eine kräftige Stimme rief: »Drei Minuten Aufenthalt! Aussteigende Reisende begeben sich zwecks Fahrkartenkontrolle zur Sperre! Die Bahnhofstoiletten sind nicht benutzbar!«
In den vollgestopften Waggons schienen die Menschen wie emsige Bienen herumzuwimmeln. Einige kletterten, heftig um sich stoßend, durch die Fenster ins Freie – andere schienen von den Türen und Trittbrettern abzufallen, gleich Blutegeln, die sich vollgesogen haben.
Unter den Reisenden, die an diesem Maientag des Jahres 1950 dem Zug entstiegen, befanden sich auch zwei Männer in verschlissenen, zerwaschenen Heeresuniformen der ehemaligen Wehrmacht. Sie kehrten, wie in den letzten Jahren Hunderttausende, heim in das, was von Deutschland nach dem 2. Weltkrieg übriggeblieben war. Sie trugen jeweils einen Brotbeutel und eine eingerollte Decke mit sich – mehr hatten, mehr brauchten sie derzeit nicht.
Ihre Gesichter wirkten verknautscht, fettlos und uniformgrau. Doch die Augen schienen nicht frei von kindhafter Neugier, einer vorsichtig lauernden Hoffnung. Sie folgten nicht dem wimmelnden Menschenschwarm, der zur Sperre strömte, sondern begaben sich gemächlich, ohne ein Wort der Verständigung miteinander wechseln zu müssen, zu einem gefüllten Wassertrog, der sich auf dem Bahnsteig befand.
Dort angekommen, entledigten sie sich ihres schäbigen Gepäcks, indem sie es einfach fallen ließen, und zogen gemächlich ihre Röcke aus.
Woraus der Stationsvorsteher alarmiert herbeieilte: ein kleines rundliches Männchen mit einer befehlsgewohnten Kasernenhof-

stimme: »Das Verunreinigen des Wassers ist verboten! Bei uns beginnt langsam wieder Ordnung zu herrschen. Danach haben Sie sich gefälligst zu richten!«
»Mit wem redet denn der?« Der Kleinere der beiden Heimkehrer sah sich um. »Ist hier noch jemand außer uns?«
Der Stationsvorsteher besah sich nunmehr diese Neuankömmlinge etwas genauer. Er sah zwei Männer vor sich, die einander in gewisser Weise ähnlich sahen – aber das ließ sich von fast allen Heimkehrern sagen. Allerdings war der eine etwas größer als der andere, wirkte auch wohlgenährter und in seinem Wesen eher zurückhaltend, während der andere, schmalere, ein saufrecher Hund zu sein schien. Immerhin erkannte der Vorsteher: Wenn er sich hier durchsetzen wollte, mußte er mit beiden zugleich rechnen – die waren wie Brüder.
»Nun ja«, sagte er, einigermaßen wohlwollend, »ihr seid wohl Heimkehrer – wie?«
»O nein! Wir haben uns lediglich als Heimkehrer getarnt«, meinte der Kleinere munter. »In Wirklichkeit sind wir von der alliierten Kommission zwecks Überprüfung des deutschen Bahnhofswassers.«
»Den Humor noch nicht verloren – wie?« Der Stationsvorsteher begann sich behutsam zurückzuziehen. »Bravo! Das gefällt mir.«
Sie zogen sich die Hemden aus und stürzten sich über den Wassertrog, fast in ihn hinein. Obwohl das Wasser lauwarm abgestanden und nicht gerade sauber war, genossen sie es, freudig prustend, als lang ersehnte Erfrischung.
Während sie sich mit den Hemden trockenrieben, betrachtete der jüngere, kleinere der beiden – er hieß Thomas Brandin – den anderen nicht ohne neugierige Besorgnis. »Nun, mein Siegfried, verehrter Freund – wie kommst du dir jetzt vor? Solltest du nicht endlich wieder schöne Heimatgefühle empfinden?«
Siegfried Sonnenberg reagierte nicht. Er starrte wie gebannt auf das Bahnhofsgelände und auf das, was er dahinter sah. Das Hauptgebäude war eine Ruine, allerdings eine geordnete, mit sorgsam geschichteten Trümmersteinen, freigelegten Wegen, provisorisch markierten Ein- und Ausgängen, einem Sperrzaun und einer barackenartigen Bretterbude mit der Aufschrift: Kartenverkauf – Güterabfertigung – Bahnhofspersonal.
Doch dahinter schienen sich wiederum nur Ruinen zu befinden – Steinhaufen, Zementhügel, Restfassaden mit toten Höhlenaugen dort, wo einst Fenster gewesen waren.

»Mein Gott«, sagte Siegfried Sonnenberg entsetzt, »wie konnte das geschehen!«
»Du fragst doch nicht etwa mich?« Thomas Brandin blickte ihn leicht verwundert an. »Danach solltest du andere fragen. Etwa jene, die direkt oder indirekt daran beteiligt waren. Einige von denen leben gewiß noch immer – sogar hier, in deinem Rosenburg. Außerdem hast du doch gewußt, daß deine Stadt noch in den letzten Kriegstagen bombardiert worden ist – das besagte die allerletzte Nachricht, die dich erreicht hatte, vor fast fünf Jahren.«
»Nun ja«, sagte Siegfried Sonnenberg mit gepreßter Stimme. »Aber so habe ich mir das nicht vorgestellt. Nicht so! Das ist – wie ausradiert!«
»Aber doch nicht gleich das!« gab Thomas Brandin zu bedenken. »Einige Häuser stehen noch. Und ich sehe blühende Bäume und Büsche, und die Menschen im Zug wirkten doch auch recht munter. Und die Landschaft ist tatsächlich so prächtig, wie du sie mir immer beschrieben hast. Nun ist sie sogar in ihrer ganzen Schönheit erst richtig freigelegt!« Er wies auf ein Gebäude, das in einiger Entfernung einen sanft ansteigenden Hügel krönte – ein bizarrverschnörkeltes Gebilde aus Terrassen und Türmen, eine Art kleines Schloß, das aus der Ferne gesehen noch recht gut erhalten wirkte: die sogenannte Rosenburg, nach der die Stadt benannt worden war. »Dieses Prunkstück hat man früher vom Bahnhof aus sicher nicht in seiner ganzen Pracht wahrnehmen können.«
»Hat ja wohl auch nicht sein müssen!« meinte Siegfried Sonnenberg aufgrollend. »Denn von dort aus ist viel Unglück über unsere Stadt gekommen. Auch noch in letzter Zeit. Und vielleicht bereitet sich schon wieder neues vor.«
»Sollte das etwa der Wohnsitz dieser Werners sein?« wollte Thomas Brandin mit plötzlich hervorbrechender Neugier wissen. »Ich meine diese einflußreiche Familie, von der du mir so viel erzählt hast?«
»Von der du immer so viel wissen wolltest!« korrigierte ihn Siegfried Sonnenberg. »Und ich habe mich manchmal gefragt: warum dieses Interesse? Du kennst die Leute doch gar nicht.«
»Nein.«
»Nun, dann wirst du die Werners noch früh genug kennenlernen. Denn die sind hier so gut wie unvermeidlich – sicherlich auch heute noch. Die haben zwar jeden Krieg mitgemacht, aber noch niemals einen verloren.«

Thomas Brandin sagte ermunternd: »Laß dich nicht verführen, alles zu schwarz zu sehen!«
»Wie soll man das nicht – bei dieser totalen Zerstörung!«
»Dann tröste dich damit, daß gerade dieses niedliche, bizarre, baukastenburghafte Traumschlößchen unversehrt geblieben ist!« empfahl Thomas Brandin.
»Und gerade das hätte man bombardieren sollen«, sagte Siegfried hart. Und das war, für einen sonst so ausgeglichen wirkenden Menschen, eine bemerkenswerte Reaktion. »Im Grunde trifft das, was gemeinhin so Schicksal genannt wird, immer die Falschen.«
»Eben!« bestätigte Thomas Brandin. »Immer nur die ärmsten, gutmütigsten Hunde! Die in ihrer Hilflosigkeit wie geboren dafür sind, daß sie geschunden und ausgenützt werden! Sie besitzen keine Sprache, mit der sie sagen könnten, was sie quält, oder mit der sie protestieren könnten. Sie sind wie ausgeliefert.«
»Aber – muß das so bleiben, Thomas? Müssen *wir* so bleiben?«
»Müssen wir nicht – und wollen wir auch nicht mehr! Weshalb also dein Weltschmerz?«
»Weil ich nun, ganz zwingend, an all die Menschen denken muß, die hier, in dieser Stadt, in meiner Welt, mit mir gelebt haben! Was ist mit ihnen geschehen, frage ich mich – damals, als unser Rosenburg in ein Trümmerfeld verwandelt wurde?«
»In dieser Hinsicht, Siegfried – wenn auch wohl allein in dieser –, glaube ich dich beruhigen zu können! Im Zug habe ich in der Zeitung gelesen, daß die Statistik folgendes besagt: Massierte Bombereinheiten konnten kleinere Städte wie dein Rosenburg zwar teilweise dem Erdboden gleichmachen, doch nicht zugleich die ganze Einwohnerschaft ausrotten. Nur etwa jeder Zehnte beißt dabei, wie man so sagt, ins Gras – oder eben auf Betonsplitter.«
»Solche Beschwichtigungsversuche von dir sind mir schon immer recht unzureichend erschienen«, stellte Siegfried Sonnenberg fest. »Für mich handelt es sich allein um die Frage: Wer von meinen Angehörigen hat überlebt?«
»Versuchen wir das festzustellen, lieber Freund. Überraschungen, sogar zunächst als angenehm empfundene, sind dabei wohl nicht auszuschließen – fürchte ich.«

Sie verließen, nun wieder stilvoll als Heimkehrer aus Kriegsgefangenschaft bekleidet, den Bahnhof des Städtchens Rosenburg, das offiziell »Rosenburg-Neuheim« hieß. Die Trümmerstraßen, die sie nun durchschritten, wirkten sauber aufgeräumt; auf den

Schutthügeln blühten Frühlingsbüsche wild und verschwenderisch: goldgelb, dunkellila, klarweiß.
Thomas Brandin schien entschlossen zu sein, nichts wie diese Schönheit sehen zu wollen. Sein Freund Sonnenberg jedoch schien allein von den mächtigen Signalen der Zerstörung beeindruckt.
»Das ist einmal unsere Kirche gewesen!« sagte er und wies auf einen sich himmelwärts auftürmenden Steinhaufen. »In der bin ich getauft, dann auch getraut worden.«
»Und beides mit reiner Wonne, Siegfried?«
Derartige Anspielungen möglichst zu überhören, hatte sich in den vergangenen fünf Jahren schon oftmals als zweckmäßig erwiesen. Denn dieser Thomas Brandin gefiel sich als unbeirrbarer Herausforderer; der wollte bewußt unbequem sein.
Siegfried ließ sich also von seinen Trümmerreminiszenzen nicht ablenken. »Gleich neben der Kirche befand sich mein Lieblingsrestaurant.« Er deutete auf einen anderen Ziegelberg. »Gepflegte, gutbürgerliche Küche! Die Bratwürste, mit Kraut gedämpft, in Rauchspeck geschmort, waren Weltklasse – noch besser als die Nürnberger!«
»Na – das sind vielleicht Verluste!« Thomas Brandin lachte etwas mühsam. »Im Lager haben wir gebratene Ratten verspeist. Auch nicht ohne Genuß.«
Siegfried Sonnenberg schien nun ganz tief in seine Erinnerungen versunken. Wiederum wies er auf einen Ziegelhaufen: »Hier befand sich ein Heim für uneheliche oder elternlose Kinder – so an die fünfzig lebten dort. Eine Einrichtung, die von mir unterstützt wurde – nicht nur finanziell, auch moralisch.«
»Na, wie schön!« stellte Thomas Brandin nachsichtig fest. »Du hast also hier, in deinem Rosenburg, offenbar erheblichen Wert darauf gelegt, als honoriger Mitbürger zu gelten. Solltest du dir auch weiterhin in einer solchen Rolle gefallen wollen?«
Siegfried Sonnenberg wehrte ab. »Der Krieg hat schließlich vieles, wenn nicht fast alles, geändert. Verändert.«
»Ich bin da nicht so sicher.«
»Ich jedenfalls gedenke mich hier nicht mehr vereinnahmen und benutzen zu lassen wie einen gefälligen Gebrauchsgegenstand. Nicht nach all dem, was inzwischen geschehen ist, und was wir miteinander erleben mußten.«
»Wie vielversprechend!«
Siegfried Sonnenberg wies auf das nächste Trümmergebiet, das

sich in rosig-rötlichen Farbtönen vor ihnen erstreckte. »Das war ein Hotel. In dem ging's einigermaßen freizügig zu.«
»Und wurde ebendeshalb auch von dir frequentiert? Ich glaube dich inzwischen zu kennen.«
»Aber noch nicht gut genug, Thomas. Und weshalb nicht, wird dir wohl bald klarwerden. Sofern meine Familie noch lebt. Auch nur ein Teil von ihr dürfte schon genügen, um dich staunen zu lassen. Ich wünschte allerdings, alle wären noch am Leben!«
»Warum sollte das nicht der Fall sein? Schließlich hast du ja auch alles überstanden. Wo hast du denn gewohnt?«
»Gleich um die Ecke, in der Bergstraße Nummer 5. Komm mit, ich zeig's dir.«
Siegfried strebte nun eilig vorwärts; er bog mit Thomas in eine Nebenstraße ein, mit immer schnellerem Schritt, angespanntem Gesicht, suchenden Augen. Es bewegte ihn sichtlich, auch hier nichts als sozusagen halbfertig produzierte Ruinen zu erblicken: einige Wände standen noch, hier und da gab es sogar noch Fensterrahmen, wenn auch ohne Glas, und einige Schritte weiter fand sich eine weit offenstehende Haustür mit einem Namensschild, das nicht zu entziffern war. Das jedoch kannte Sonnenberg. »Das – war einmal mein Haus!« Und es schien nun, als stehe er vor einem Grab – aber einem, das noch nicht ganz geschlossen war.
Der Freund urteilte, nahezu sachverständig: »Ein ziemlich solides Gebäude – offenbar massiv unterkellert. Dort unten konnte man garantiert überleben.«
»Nun ja, Thomas«, sagte Siegfried selbstbewußt und nicht ohne Hoffnung, »ich war eben stets um Solidität bemüht, habe also auch versucht, entsprechend zu bauen. Aber sieh dich um! Weit und breit keine Menschenseele. Alles wirkt wie ausgestorben!«
»Es wirkt nur so«, ermunterte ihn der aufmerksam registrierende Freund! »Da drüben scheint noch jemand zu existieren.«
Zunächst schien es nur ein sich schnell bewegender Schatten zu sein. Dann kam aus den Mauerresten ein menschliches Wesen zum Vorschein – wie in Säcke gehüllt, mit Asche bestreut. Ein hartes, energisches Altweibergesicht, umhüllt von einer schmutzigweißgrauen Haarflut.
»Ausgerechnet die!« stieß Siegfried Sonnenberg hervor.
»Eine offenbar besonders nette alte Dame!« meinte Thomas Brandin gutgelaunt.
»Diese Frau Gartner«, flüsterte Siegfried nicht ohne widerwillige

Anerkennung, »hat man schon immer des Teufels Großmutter genannt! So was ist offenbar nicht auszurotten.«
Das urwelthafte graudunkle Wesen – zerknittert, wie überstaubt und offensichtlich vor Neugier platzend – schob sich den beiden Besuchern entgegen, musterte sie, heftig schnaufend, um sie dann unvermittelt anzugrinsen.
»Täuschen mich da etwa meine alten Augen? Oder bist du's tatsächlich, Siegfried, das Jungchen – der kleine, nette, liebe Kerl?«
»Der bin ich.«
»Du hast also überlebt!« stellte die Alte, gemeinhin »Mutter Gartner« genannt, mit greisenhafter Munterkeit fest. »Denn Unkraut vergeht nicht.«
»Was man ja auch an Ihnen sieht«, bestätigte Thomas Brandin freundlich.
»Wer ist denn das?« fauchte das Urweib. »Wen hast du dir da mitgebracht, Siegfried, mein Kleiner? Gehört der etwa auch zu uns?«
»Zu mir!« stellte Sonnenberg fest. Dann aber wollte er endlich wissen: »Was ist mit meiner Familie?«
»Was verstehst du denn darunter?«
»Meine Angehörigen selbstverständlich! Meine Frau, meine Tochter, meine Mutter, meine Schwester!«
»Sind das wirklich deine Angehörigen, mein lieber, netter Kleiner? Bist du sicher, daß die zu dir gehören? Oder etwa nur du – zu ihnen?«
»Wollen Sie damit etwa«, meldete sich Thomas Brandin interessiert, »auf mittlerweile umstrittene Besitzverhältnisse hinweisen?«
»Der ist aber«, stellte das Urweib bewundernd fest, indem sie auf Brandin wies, »ein verdammt hellwacher Bursche! Wo ist dir denn der über den Weg gelaufen?«
Siegfried Sonnenberg reagierte ungeduldig. »Das ist zunächst völlig gleichgültig, Mutter Gartner! Im Augenblick beschäftigt mich allein die Frage: Hat meine Familie überlebt?«
Sie betrachtete ihn lange, wie halb lauernd, halb mitleidig. Dann sagte sie: »Warum sollte sie nicht?«
»Sie leben also! Alle?«
»Wenn sogar du es geschafft hast! Was mich sehr verwundert: ein so zart-besaiteter, schöngeistiger Friseur! Du bist so ganz anders als dein Vater, der Lokomotivführer. Der war noch ein Kerl!«
»Wo leben sie?«
Endlich ließ sich die Alte zu einer Auskunft bewegen: »In der Bahnhofstraße.«

»Aber dort steht doch sicher auch kein Haus mehr?«
»Bis auf eins! Das mit der Nummer 13. Und dort haben sie sich eingenistet – sozusagen in deinem Namen.«
»Bahnhofstraße 13 – das ist das Haus, das Meister Adam gehört. Bei dem habe ich als Gehilfe gearbeitet; der hat mich auf meine Meisterprüfung vorbereitet – ein prächtiger Mann!« Das sagte Siegfried erklärend zu Thomas. Und zu Frau Gartner: »Der hat also glücklicherweise auch überlebt?«
»Unglücklicherweise! – könnte man sagen. Ein prächtiger Mann? Der war ein seniler Trottel, Zeit seines Lebens, schon als Jüngling!«
»Ein überaus großzügiger, gutherziger Mensch!«
»Das kommt aufs gleiche heraus. Jedenfalls hat der, um seine Familie in Sicherheit zu bringen, die Frau und seine drei Kinder in den letzten Kriegswochen aufs Land verschickt. Wobei dann der Zug, in dem sie dorthin reisten, bombardiert wurde. Sie alle kamen um.«
»Mein Gott«, vermochte da Siegfried Sonnenberg nur noch, sichtlich ergriffen, vor sich hinzusagen.
»Mit dem lieben Gott ist das so eine Sache!« gluckste das Urweib Gartner. »Bei dem weiß man nie so recht, was der eigentlich bezwecken will. Jedenfalls wurde dann auch, gleich in einer der nächsten Nächte, unser Rosenburg bombardiert; besonders stark die Bahnhofsgegend. So an die dreihundert Häuser gingen dabei drauf. Nur eben nicht das von deinem Meister Adam – diesem freundlichen Menschheitstrottel!«
»Das war eine Fügung!«
»Genau dieser Ansicht, Siegfried, scheint auch deine Familie gewesen zu sein. Denn die begann ihn unverzüglich zu betreuen; wohl in deinem Namen. Und das gleich derart intensiv, daß dein Familienclan geschlossen in sein Haus übersiedelte. Wodurch sich dann auch für mich eine schöne Fügung ergab: ich durfte mich in dieser Ruine niederlassen.«
»Dafür«, meinte Siegfried, schwer atmend, »solltest du eigentlich dankbar sein, Mutter Gartner.«
»Aber das bin ich doch auch, mein lieber, netter Kleiner! Und wie! Ich halte sogar meine angeblich so scharfe Zunge ganz mächtig zurück. Habe ich denn etwa gesagt, die Frauenzimmer deiner Familie hätten Haare auf den Zähnen und Herzen wie aus Diamant? Habe ich *nicht* gesagt! Dein Begleiter ist mein Zeuge.«
»Bin ich«, versicherte Thomas Brandin entgegenkommend. »Ich

bestätige Ihnen gerne, daß Sie eine Menschenfreundin sondergleichen sind.«
»Ach, Sie fürchterlich hinterhältiges Kerlchen!« rief Mutter Gartner beglückt. »Kommen Sie möglichst bald wieder!«
»Jedenfalls«, sagte nun Siegfried Sonnenberg unendlich erleichtert, »hast du mir mit deiner Nachricht eine große Freude bereitet. Das werde ich dir nie vergessen, Mutter Gartner.«
»Das traue ich dir sogar zu – so bist du veranlagt. Doch ich kann nur hoffen, daß du inzwischen gelernt hast, dich deiner Haut zu wehren. Laß sie dir nicht über die Ohren ziehen – du hast nur die eine!«
Siegfried Sonnenberg lächelte dem Freund zu. Dann ergriff er dessen Hand, um ihn weiter mit sich zu ziehen – zurück in das Ruinenviertel am Bahnhof, zum Haus mit der Nummer 13.
»Dann wollen wir nun also«, sagte er, »gemeinsam meine Familie heimsuchen!«
Thomas Brandins Schritte wurden langsamer; es war, als versuche er den Freund zurückzuhalten, um ihm Zeit zum Nachdenken zu geben. »Diese Frau Gartner«, sagte er, »scheint mir ein entsetzliches Wesen, wenn auch in ihrer Art vollkommen, zu sein.«
»Sie wurde schon in meiner Jugendzeit gefürchtet, sogar gehaßt, aber auch respektiert. Die ist einfach nicht umzubringen.«
»Eine Giftspritze«, stellte Thomas fest.
»So ziemlich genau das!«
»Immerhin erinnere ich mich, daß manche Krankheiten mit Gift bekämpft werden – und daß bei Vergiftungen die Anwendung von Gegengiften angebracht ist. Und eine derartige Funktion könnte auch dieses Weib ausüben.«
»Sie scheint dich beeindruckt zu haben.«
»Sie hat mich nachdenklich gestimmt. Und ich frage mich, ob es wirklich sinnvoll ist, daß ich dich zu deiner Familie begleite?«
Siegfried Sonnenberg blieb stehen und musterte den Freund intensiv. »Du willst nicht mehr?«
»Ich werde stets tun, was du für richtig hältst, Siegfried. Du kennst dich hier aus – ich nicht! Dennoch könnte es vielleicht ratsam sein, daß ich mich zunächst einmal zurückhalte, mich also irgendwo anders einquartiere. Für die nächsten Tage. Danach könnten wir weiter sehen.«
Siegfried ließ sich auf einem der Trümmerhaufen nieder und zog den Freund an seine Seite.
»Ich brauche dich, Thomas! In diesen fünf fürchterlichen Jahren ist

es mir zum ersten Mal in meinem Leben gelungen, einen Freund zu finden. Auf den will ich nicht verzichten. Denn jetzt erst recht benötige ich deine Freundschaft!«
»Die ist dir sicher, Siegfried! Und ich kann nur hoffen, daß du das niemals bereuen wirst.«

Erstes Zwischenspiel: Wie sie in Kriegsgefangenschaft gerieten

In den ersten Monaten des Jahres 1945 wurde das totale Ende des Großdeutschen Reiches selbst für noch so unbelehrbare Zeitgenossen erkennbar. Die Wehrmacht Hitlers hörte auf zu existieren. Nur vereinzelt kämpften noch Kinder, Greise und Generale. Und selbst jetzt noch wurden monströse Befehle befolgt.
Doch die Soldaten, die Täter und Opfer des großen Schlachtens gewesen waren, wollten nun nicht mehr mitmachen. Sie waren ausgehungert, demoralisiert, wie betäubt, ohne jede Hoffnung. Sie ergaben sich.
Alsbald wurden Millionen einkassiert und abgeschleppt von den Amerikanern, Engländern und Franzosen und eingesperrt in unzählige Kriegsgefangenenlager. Im östlichen Bereich besorgte das die siegreiche Sowjetunion mit der ihr eigenen Souveränität, unterstützt von zahlreichen Hilfstruppen.
Thomas Brandin wurde in Königsberg aufgegriffen. Er hatte dort nächtelang in der Begräbnishalle des nördlichen Friedhofs gehaust und sich tagsüber als Grabpfleger, Unkrautbeseitiger und Wegesäuberer betätigt. Dabei suchte er immer wieder ein Grab auf: das seines Vaters. Stundenlang pflegte er dort zu sitzen, regungslos, ohne Tränen, mit bleichem Gesicht.
Niemand von seiner Familie lebte mehr. Sein älterer Bruder war frühzeitig gefallen. Seine Mutter und seine jüngere Schwester hatten einen Bombenangriff nicht überstanden – sie sollten, hatte er gehört, auf der Flucht im aufgeweichten Asphalt steckengeblieben und wie Fackeln abgebrannt sein. Sein Vater war gemordet worden – hingeschlachtet wie ein störrisches Tier. Der Sohn wußte von wem.
Als Thomas Brandin wieder einmal an diesem Grabe hockte, erschienen russische Soldaten, um ihn zu vereinnahmen. Nahezu willig ließ er sich von diesem Friedhof entfernen – anderen Friedhöfen entgegen.

In jenen Tagen hatte sich Siegfried Sonnenberg, zielstrebig und einfallsreich, bis nach Berlin durchgeschlagen. Dort fand er Gesinnungsfreunde und hauste mit ihnen in der Uhlandstraße, mehrere Wochen lang. Er trug Zivilkleider und frisierte die Frauen und Töchter seiner Freunde, zu deren Entzücken, mit künstlerischem Feingefühl.

Auch beteiligte er sich gerne an den damals dominierenden Gesprächen: Nach diesem denkbar totalen Ende könne wohl, erkannte man, nur noch ein absoluter Neubeginn erfolgen. Aus derartig fürchterlichen Fehlern müsse man endlich lernen und neue Erkenntnisse daraus gewinnen, um einer schöneren, besseren, brüderlich aufrichtigen Welt willen.

Als Siegfried Sonnenberg sich einmal in den ersten Nachkriegswochen von Berlin nach Potsdam begab, einer jüngeren Dame wegen, die dringend nach seinen Friseurkünsten verlangte, kam er auch am Bahnhof vorbei. Dort erblickte er, nicht ohne Anteilnahme, einen haltenden Transportzug mit Kriegsgefangenen.

Doch kaum hatten einige der sowjetrussischen Bewacher ihn wahrgenommen, stürzten sie sich auf ihn, ergriffen ihn und schleppten ihn ab – in diesen Transportzug hinein. Siegfried Sonnenberg schrie entsetzt und anhaltend, und es gelang ihm sogar, das breite Gelächter seiner Häscher zu übertönen. Ein gemütlich wirkender Offizier erschien und fragte ihn belustigt: »Was brüllst du hier so fürchterlich herum, Mensch?«

»Ich bin kein Nazi!«

»Das«, erwiderte der Offizier mit gelangweilter Miene, »ist hier keiner! Niemals gewesen. Da kannst du fragen, wen du willst – hier gibt's nur gute, anständige Deutsche, von Hitler verführt. Im übrigen kommt es darauf auch gar nicht an. Hauptsache, die Zahl stimmt wieder.« Siegfried Sonnenberg brauchte erhebliche Zeit, um zu erkennen, was dieser Hinweis zu bedeuten hatte: Dieser Kriegsgefangenentransport war unvollständig geworden. Einer war, wie Siegfried von seinen Schicksalsgenossen erfuhr, während der Fahrt abgesprungen. Und nun mußte der Transport eben wieder aufgefüllt werden, das war's. Die Zahl stimmte wieder.

So gelangte dann auch Siegfried Sonnenberg – wie Thomas Brandin wenige Tage vor ihm – nach Sibirien.

Als Sonnenberg und Brandin das Haus Nummer 13 in der Rosenburger Bahnhofstraße erreicht hatten, starrten sie es nahezu bewundernd an. Denn es war frappierend intakt. Es besaß glänzende

Fenster, funktionierende Türen und war frisch angestrichen, so als habe in dieser Gegend kein Krieg stattgefunden.
Das über dem Eingang angebrachte Schild leuchtete blendend auf in der Frühlingssonne. In sattblauer Farbe auf schneeweißem Grund war zu lesen:
Adam und Sonnenberg. Vereinigte Friseurbetriebe.
Siegfried las es nicht ohne Entzücken. Bewegt griff er nach der Hand des Freundes.
»Was sagst du nun?«
Thomas Brandin brauchte nichts zu sagen. Denn nun stürzte aus dem Haus ein kleines, schwankendes, heftig gestikulierendes Männchen – weißgrau von Kopf bis Fuß: eisartige Haare, fahlbleiches Gesicht. Eingehüllt war es in einen schlotternden, nahezu weißen Kittel, der fast bis zur Erde reichte. Meister Adam prallte Siegfried Sonnenberg entgegen, zog ihn an sich, erdrückte ihn fast, so schmächtig er auch war.
»Da bist du ja endlich, mein Lieber!« keuchte er. »Ich habe ja immer gesagt, du wirst kommen! Ich schon! Und nun bist du tatsächlich da! Jetzt wird alles wieder gut! Mein Gott, mein lieber Junge, wie habe ich auf dich gewartet!«
Sonnenberg erwiderte die herzliche Umarmung seines Altmeisters bereitwillig. Thomas Brandin stand steif, doch mit funkelnden, hellwach registrierenden Augen daneben.
»Wir brauchen dich, Siegfried – dringend!« ächzte Altmeister Adam. »Du bist wohl gerade noch im rechten Augenblick gekommen! Denn wie es hier, ohne dich, hätte weitergehen sollen, weiß ich wirklich nicht!«
»Meine Frau lebt bei dir – hat man mir gesagt?«
»Mit deiner Familie! Ich habe ihnen das obere Stockwerk meines Hauses zur Verfügung gestellt. Eine Selbstverständlichkeit – deinetwegen! Deine verehrte liebe Frau ist mir, in diesen Notzeiten, einfach unentbehrlich gewesen. Du weißt, ich bin ein recht guter Friseur – fast so gut wie du! Aber von Geschäften verstehe ich nichts. Das alles hat sie für mich erledigt. Sozusagen an deiner Stelle!«
»Wo finde ich sie?«
»Im ersten Stock. Dort, wo schon immer unser Büro war. Mein Gott, wird die glücklich sein! Wir haben dich bereits für tot gehalten.«
»So bin ich mir auch manchmal vorgekommen«, sagte Siegfried Sonnenberg, mühsam auflachend. Dann wies er auf Thomas Bran-

din: »Der gehört zu mir wie zu meiner Familie. Er ist mein Freund!«
»Herzlich willkommen!« rief der alte Adam. »Mein Haus ist auch Ihr Haus! Sind Sie etwa auch Friseur?«
»Als Freund von Siegfried wird man dazu. Ganz zwangsläufig.«
»Unterhaltet euch schon immer mal darüber«, forderte Siegfried die beiden auf. »Ich werde mich inzwischen meiner lieben Frau widmen.«
Siegfried Sonnenberg begab sich in das obere Stockwerk. Er kannte, seit seinen Lehr- und Gehilfenjahren, jede Einzelheit: die eichenartig schimmernde Treppe, den grobsteinig-massiv ausgelegten Fußboden des Korridors, die Tür zum sogenannten Büro: elfenbeinweiß gelackt.
Vor dieser Tür blieb er stehen; und es war, als müsse er nun tief Atem schöpfen. Sein Gesicht wirkte angestrengt. Dann klopfte er.
Er wartete auf keinen Zuruf, sondern stieß die Tür entschlossen auf. Und da sah er seine Frau sitzen. Sie blickte ihn an – und es war ihm, als sei er nicht einen Tag fortgewesen.
Nahezu gelassen, obschon keinesfalls unfreundlich, fast ein wenig heiter, sagte Eva-Ingeborg: »Da bist du ja. Endlich.«
Sie erhob sich von ihrem wohlgeordneten Schreibtisch und bewegte sich graziös auf ihn zu, wobei sie ihn mit ihren grüngrauen Augen intensiv betrachtete. Dann reichte sie ihm die Hand.
Sie mutete ihn, wie einst, kühl und kraftvoll an – nahezu besitzergreifend. Sie lächelte.
»Du scheinst das alles recht gut überstanden zu haben, hast nicht einmal sonderlich an Gewicht verloren. Zwar siehst du nicht gerade blühend aus, aber doch gesund. Fein!«
Er starrte sie an. »Ausgesprochen liebevoll kann man deine Begrüßung nicht gerade nennen!«
»Warum sollte sie das auch sein, Siegfried?« Eva-Ingeborgs Lächeln verstärkte sich noch, ihr sinnlich-dunkles Elfengesicht glänzte seidenhaft. »Zwischen uns ist doch alles klar und gut geregelt. Und die sogenannte Liebe, ich bitte dich – die haben wir doch schon lange aufgegeben.«
»Du hast sie aufgegeben, Eva-Ingeborg!« stellte er fest.
»Lassen wir das jetzt, Siegfried! Komm, setz dich zu mir.« Sie legte eine Hand betont freundschaftlich auf seinen Oberarm und führte ihn zu dem Stuhl, der vor ihrem Schreibtisch stand. Dort ließ er sich, wie gehorsam, nieder. Sie nahm ihm gegenüber Platz – hinter dem Tisch.

»Jedenfalls bin ich froh«, sagte sie dann, und es klang ehrlich und war wohl auch so gemeint, »dich wieder bei uns zu sehen. Hier wirst du dringend gebraucht – und ich hoffe, ich kann mich voll auf dich verlassen.«
Alles war also, registrierte er, wie einst – wie damals, als sie, des Krieges wegen, Abschied voneinander nehmen mußten. Damals hatten sie sich darauf geeinigt, nichts vom anderen in körperlicher Hinsicht zu fordern – ansonsten jedoch stets füreinander dazusein! Immerhin war ihre nun schon fast sechzehn Jahre währende Ehe voller Komplikationen gewesen, vom allerersten Tage an. Doch dann hatte man sich eben arrangiert – des sogenannten gesunden Menschenverstandes wegen, zumal es um gute gemeinsame Geschäfte ging.
»Gebraucht werde ich hier – wofür?« wollte er wissen.
Das erklärte sie ihm unverzüglich. »Durch einen glücklichen Zufall, wohl einer Kette von glücklichen Zufällen, blieb dieses Haus bestehen, wurde frei und bot sich uns als neue Existenzgrundlage an. Ich entsprach den Anregungen deines väterlichen Freundes Altmeister Adam, der hier den einzigen noch intakten Friseursalon besaß. Er bat mich, für ihn den geschäftlichen Teil seines Unternehmens zu erledigen. Ein Vorschlag, den ich annahm – jedoch unter der Bedingung, daß er dich, wenn du wieder heimkehren solltest, als seinen gleichberechtigten Teilhaber aufzunehmen hätte. So habe ich also vorgearbeitet, für uns – du solltest sehr zufrieden mit mir sein.«
»Mehr noch, Eva-Ingeborg – ich bewundere dich! Wie eigentlich schon immer. Aber jetzt läuft mir vor Bewunderung ein Schauer über den Rücken! Du bist die Perfektion in Person – zumindest, wenn es um Geschäfte geht.«
»Um deine Geschäfte, Siegfried – die zugleich die meinen sind. Du hast dich stets auf mich verlassen können – wie ich mich auf dich, hoffe ich!«
»Kannst du!« bestätigte er. Er versuchte, das Gesprächsthema zu wechseln. »Und wie geht es denn unserer lieben Tochter?«
»Dagmar, deine liebe Tochter, streunt herum! Wie eine läufige Hündin; aber bis jetzt ahnt sie nicht, daß sie bereits läufig ist. Schließlich ist sie inzwischen fünfzehn Jahre alt geworden – und wirkt sogar noch um einige Jahre älter. Beim Abendessen wirst du sie sehen, vorher kommt sie bestimmt nicht nach Hause.«
»Die streunt also herum – sagtest du?«
»Allerdings mehr so im geistigen Sinne. In ihrem Gehirn brodeln

tausend Ideen – friedensberauschte, freiheitsbesessene, menschheitserlösende. Wie das derzeit gerade so anfällt. Der fehlt der Vater!«
»Den hat sie jetzt wieder!« sagte Sonnenberg. Er schien sich auf seine Tochter zu freuen. »Das, was du eben von ihr gesagt hast, hört sich recht vielversprechend an.«
»Dann habe ich mich vermutlich nicht richtig ausgedrückt.« Eva-Ingeborg stellte das spürbar ablehnend anheim. »Aber ist das schon alles, was du wissen willst? Fragst du nicht, wie es deiner Mutter geht?«
»Aber ja, ja! Natürlich!« versicherte Siegfried eilig. »Also – wie geht es ihr?«
»Genau wie du wahrscheinlich annimmst: völlig unverändert. Also nach wie vor gut bis glänzend.«
»Sollte sie sich etwa selbst jetzt noch als deutsche Heldenmutter fühlen?«
»So ziemlich. Doch immerhin hat sie wenigstens in einem Punkt einige Zugeständnisse gemacht, was dich sicherlich verwundern wird. Denn nach ihrer anfangs überaus heftigen Ablehnung fängt sie jetzt doch an, mich zu respektieren.«
»Das verwundert mich eigentlich nicht. Aber beunruhigen tut es mich.« Eine wohl voreilig geäußerte Ahnung, die er schnell zu überspielen versuchte. »Und was veranstaltet meine Schwester?«
»Deine Schwester Erika ist hier wohl die allerbeste von allen!« Eva-Ingeborg versicherte das glaubhaft, nahezu begeistert. »Denn ohne sie und ihre Beziehungen wären wir wohl bereits am Ende.«
»Welche Beziehungen?«
»Wie die aussehen – auch das wirst du beim Abendessen vorgeführt bekommen. Es wird heute bestimmt besonders festlich ausfallen; sozusagen dir zu Ehren. Erika ist mit einem Besatzungsoffizier, einem Amerikaner, liiert. Das ist ein an sich recht netter, entgegenkommender Mensch, ein geradezu prächtiger Bursche; zumindest im Hinblick auf seinen stattlichen Vorratskeller.«
»Mein Gott«, sagte Siegfried Sonnenberg ehrlich verwundert, »was ist denn das für eine veränderte Welt, in die ich da hineingeraten bin?«
»Eine Welt, Siegfried, zu der nun auch du gehörst!«

Altmeister Adam hatte inzwischen Thomas Brandin in seinen Arbeitsbereich eingeführt, in den Friseursalon. Das war ein breitflächiger Raum, von dessen einst prunkvoller Ausstattung nur einige

fleckige Spiegel, zersprungene Becken und schäbige Sessel übriggeblieben waren. Selbst der Geruch schien Verwesung zu signalisieren.
»Kein sonderlich schöner Anblick mehr, ich weiß!« stellte der alte Meister Adam mit müdem Lächeln fest. Um dann jedoch, als wolle er sich selbst aufmuntern, hinzuzufügen: »Dennoch ist es noch immer das beste Etablissement am Platze.« Nicht weiter verwunderlich – denn es war das einzige . . .
»Geradezu prächtig!« lobte Thomas Brandin und ließ sich in einem der ächzenden, zersessenen Friseurstühle nieder. »Totaler Komfort – verglichen mit dem, womit wir uns als Friseure in sowjetischer Kriegsgefangenschaft abfinden mußten.«
»Sie und Siegfried?«
»Ich hab' ihm ein bißchen geholfen. Damals stand lediglich eine umgekippte Bretterkiste in einem Barackenraum, der nicht viel größer als eine Gefängniszelle war. Und unsere sogenannten Kunden standen dutzendweise an, im Freien, mit langen, verfilzten Haaren.«
»Also Vollbetrieb.«
»Solange das Tageslicht ausreichte. Unser letztes Lager, in dem wir fast vier Jahre lang gehaust haben, hatte an die fünftausend Insassen, aber nur einen Friseur – eben Siegfried, dem ich assistieren durfte. Doch zu dieser Herde von Kriegsgefangenen kamen noch rund hundert Bewacher, die natürlich Vorrang hatten.«
»Aber mein Siegfried, nicht wahr, der hat selbst das geschafft!« Altmeister Adam war da absolut sicher. »Der ist einer der Besten in unserem Beruf! Es gibt einfach nichts, was der nicht bewältigen kann. Solange wie der bei mir war, blühte mein Geschäft. Und nun wird es hoffentlich bald so wie damals sein.«
»Anzunehmen. Denn sogar die Russen hielten den als Friseur für absolut einmalig.«
»Und Sie, Herr Brandin, waren ihm dabei behilflich?«
»Ja, er hat mich so gründlich präpariert, daß ich es mir zutrauen konnte, als Friseur in Erscheinung zu treten«, bestätigte Thomas. »Denn was Siegfried sich vorgenommen hat, das gelingt ihm auch. Obwohl man ihm das gar nicht zutraut.«
»Ich schon!« versicherte der Altmeister. »Der ist eine Art Genie. Als hier einmal der Strom knapp wurde, baute er chromsilberne Papierblenden ein. Wir konnten auf diese Weise noch bis zum späten Abend frisieren, ohne auf das elektrische Licht angewiesen zu sein. Der verstand es sogar, noch allerletzte Seifenreste zu ver-

werten, indem er eine Rührtrommel konstruierte. Daraus entstand dann ein mehrfach verwertbarer Schaum: die eine Schicht zum Eincremen, die andere zum Rasieren. Und noch ein Dutzend andere Sachen hat der sich ausgedacht! So einen wie den gibt es nicht noch einmal!«

»Was ich nur bestätigen kann!« Thomas Brandin ließ sich bereitwillig auf die Bewunderung seines Freundes ein. »Schließlich hat er mir sogar das Leben gerettet – kann man sagen.«

»Großartig! Und wie?«

»Indem er mich zu seinem Mitarbeiter machte – und nur das ließ mich überleben. Durch ihn, also mit ihm, besaß ich eine Sonderstellung. Damit ich mich als Friseur behaupten konnte, erfand er sogenannte Vorschnittshauben, zunächst in drei Größen, von denen eine bestimmt für einen normalen Kopf paßte. Diese Vorschnitthauben brauchte ich dann nur den Kunden überzustülpen, um ihnen einen Grobschnitt zu verpassen. Die letzten Feinheiten besorgte er immer selbst.«

»Sehr gekonnt, überaus einfallsreich, geradezu genial – eben mein Siegfried!« Altmeister Adam schnaufte beglückt. »Und nun ist er wieder hier!«

»Mit mir.«

»Mir, das müssen Sie wissen, ist jeder willkommen, der mit Hand anlegen kann, jeder verläßliche, geschickte Mann. Erst dann kann es hier wieder aufwärtsgehen. Ich würde mich herzlich freuen, wenn Sie dabei, als Freund meines Siegfried, mitmachen könnten. Also ich ganz bestimmt!«

»Wer aber würde sich, möglicherweise, nicht freuen?«

»Nun ja, Herr Brandin – zwar bin ich Herr in meinem Haus!« versicherte der alte Adam selbstgefällig, um dann allerdings einzuschränken: »Doch immerhin muß ich wohl auch gewisse Rücksichten nehmen.« – »Auf – wen?«

»Mein Lieber, Verehrter«, sagte der Meister nun, mit einer gewissen Verlegenheit, »da Sie der Freund meines Siegfried sind, müßten Sie eigentlich auch um gewisse Verhältnisse in seinem privaten Bereich wissen – etwa zwischen ihm und seiner Frau. Und dazu noch seine Mutter . . .«

»Eine stattliche Ansammlung tüchtiger Weiber – wie?«

»Kann man sagen! Aber mit denen muß man eben leben.«

»Was Sie nicht gerade zu entzücken scheint. Und ebendeshalb hoffen Sie auf Siegfried. Selbst ich bin Ihnen dabei nicht ganz unwillkommen. Stimmt's?«

Altmeister Adam senkte tief sein eisgraues Greisenhaupt – was sich wie ein großes, zustimmendes Nicken ausnahm. »Eure Ankunft gibt mir neue Hoffnung – oder sollte ich mich irren?«

Immer noch saß Siegfried Sonnenberg im sogenannten Büro seiner Frau Eva-Ingeborg gegenüber; der Schreibtisch klotzte zwischen ihnen. Sie blickte ihn an. Nach wie vor wirkte sie freundlich kühl, und was sie sagte, erschien geradezu beängstigend gescheit.
»Ich jedenfalls«, gestand er ihr ausweichend ein, »fühle mich, im Augenblick, unendlich überfordert.«
»Verständlicherweise«, versicherte sie, als wäre sie bereit, ihm ziemlich weit entgegenzukommen. »Schließlich hast du einiges durchmachen müssen. Doch auch an uns ist das alles nicht spurlos vorübergegangen! Diesen Umstand sollten wir bereitwillig akzeptieren, Siegfried – gegenseitig.«
»Mit welcher Forderung von dir ist das verknüpft, Eva-Ingeborg?«
»Mit keiner, Siegfried – zunächst nicht«, sagte sie nahezu heiter. »Zunächst einmal möchte ich dich darauf aufmerksam machen, daß in diesem glücklicherweise noch halbwegs intakten Gebäude sogar eine Badewanne existiert. Und die werde ich nun mit warmem Wasser vollaufen lassen. Das wird dir gewiß guttun. Und danach könntest du ein paar Stunden schlafen.«
»Wo?«
»In meinem Zimmer – wo du hingehörst.«
»Doch nicht etwa in deinem Bett, Eva-Ingeborg?«
»Selbstverständlich nicht, Siegfried! Ich lasse dort eine zweite Schlafgelegenheit aufstellen – allein für dich. Wir leben nun wieder offiziell zusammen, gewissermaßen auf engstem Raum. Wie sich das für Verheiratete gehört.«
»Und das – ist schon alles?«
»Wie üblich, Siegfried! Wie es immer war. Auch schon ehe dich, wie deine liebe Mutter zu sagen pflegt, das Vaterland rief!«
»Mein Gott, Eva-Ingeborg, damals ist eine ganze Menge schiefgegangen – auch zwischen uns! Das waren beklagenswerte Mißverständnisse, das läßt sich doch überwinden.«
Alles hatte, glaubte er sich nun zu erinnern, so vielversprechend zwischen ihnen angefangen! Ein heimlich-heftiges Hintasten zueinander, das viele wonnige Monate währte; die erste scheuzärtliche Berührung ihrer Lippen; das Entgegenkommen der Körper und schließlich das erste tief beglückende Versinken ineinander. Dies alles war unendlich wundersam, herrlich und quälend

zugleich gewesen. Und wie alle Liebenden hatten auch sie sich gedacht: niemand hat vor uns ein solches Glück empfunden – und auch nach uns wird es keiner mehr so beseligend wie wir verspüren.

»Solltest du das alles, Eva-Ingeborg, was einmal zwischen uns gewesen ist, vergessen haben?«

»Offenbar, Siegfried«, sagte sie lächelnd vor sich hin, »hast *du* vergessen, daß es gewisse Vorkommnisse gab, die zur Beendigung unserer intimen Beziehungen geführt haben. Vorkommnisse, für die allein du verantwortlich warst.«

»Du kannst – du willst das nicht vergessen, nicht wahr? Du vermagst immer noch nicht einzusehen, daß es sich dabei im Grunde um zufällige, unwichtige Verirrungen gehandelt hat. Genaugenommen ging es nur um einen einzigen Fall.«

»Und das war eine ungemein beschämende, mich tief verletzende Affäre!« Eva-Ingeborg zeigte sich selbst jetzt noch empört. »Du hattest dich mit einem fürchterlichen Flittchen eingelassen!«

»Weil du dich mir plötzlich verweigert hattest! Ich durfte dich ja nicht mehr berühren!«

»Weil ich nicht dein Eigentum war. Aber genauso, als wäre ich das, hast du mich behandelt. Aber das lasse ich mir nicht bieten – von keinem Mann!«

»Ich könnte nun behaupten, Eva-Ingeborg, du seist schon immer unbarmherzig gewesen. Aber ich möchte nun doch lieber vorschlagen: Könnten wir nicht wenigstens den Versuch machen, noch einmal von vorne anzufangen?«

»Ich schließe nichts aus, Siegfried. Schon gar nicht, sofern du dich inzwischen grundlegend verändert haben solltest. Vielleicht bist du nicht mehr der Sklave deiner heimlichen, wild wuchernden Phantasien, bist endlich realistisch genug geworden, um gemeinsam mit mir ein sinnvolles Leben zu führen. Wobei wir uns beide voll aufeinander verlassen könnten. Versuchen wir es! Aber zunächst ohne jede intime Forderung. Bist du dazu bereit?«

»Das muß ich ja nun wohl, Eva-Ingeborg. Warten wir also ab, wie sich alles entwickelt. Doch zunächst erlaube mir, einen Wunsch vorzubringen, den du gewiß berücksichtigen wirst, da ich dich darum bitte.«

Ihr Mißtrauen wurde wieder hellwach. »Worum handelt es sich, Siegfried?«

»Ich bin nicht allein gekommen. Ich habe einen Freund mitgebracht.«

»Einen – was?« fragte sie ungläubig.
»Einen Freund.«
»Du solltest tatsächlich einen Freund besitzen? Das kann ich mir, so wie ich dich kenne, kaum vorstellen. Was ist das für ein Mensch?«
»Er ist mein Freund – wie gesagt. Wir haben fünf höllische Jahre gemeinsam durchlebt. Und mehr ist dazu auch gar nicht zu sagen. Den kannst du nicht abweisen.«
»Und was – wenn ich es doch tue?«
»Dann würde ich mich leider, gemeinsam mit ihm, entfernen müssen. Irgendwohin. Für immer. Was mir vielleicht gar nicht sonderlich schwerfallen würde – nach all dem, was du da so an Anregungen für die Zukunft von dir gegeben hast.«
»Den«, rief Eva-Ingeborg spontan aus, »will ich sehen!«

Die von Eva-Ingeborg geforderte Begegnung fand nur wenige Minuten später statt, im gleichen Büro. Siegfried Sonnenberg geleitete seinen Freund Brandin zu seiner Frau.
Sie musterten sich, wortlos, längere Zeit. Und dies offenbar mit steigendem Wohlgefallen, was Siegfried mit Genugtuung zur Kenntnis nahm.
»Guten Tag, Herr Brandin!« sagte sie, nachdem sie ihn hinreichend betrachtet hatte.
»Guten Tag, Frau Sonnenberg«, sagte er.
Er sah vor sich eine überaus dekorative, sinnlich-dunkelstrahlende, voll ausgereifte Frau, mit klaren, klugen, scharf blickenden Augen. Sie sah: einen hageren, schlanken, wie sprungbereit dastehenden, noch ziemlich jungen Mann mit ausgeprägten Gesichtszügen, in denen Heiterkeit, Spottlust und Neugier zu erkennen waren. Die beiden fanden einander, sozusagen auf Anhieb, ungemein interessant.
»Sie also sind«, sagte sie wie abwägend, »der Freund meines Mannes.«
»Der bin ich, Frau Sonnenberg.«
»Und wie wirkt sich das aus?« fragte sie mit verblüffender Direktheit. »Es gibt, habe ich mir sagen lassen, sehr verschiedenartige Formen von Männerfreundschaften. Auch sehr kriegsbedingte, die sich in Lagernotzeiten wie zwangsläufig ergeben.«
»In dieser Hinsicht, Frau Sonnenberg, kann ich Sie beruhigen!« Thomas Brandin lachte sie ungeniert an. »Zwischen uns beiden ist alles denkbar normal. Es gibt eben noch echte Freundschaft.«

»Und damit«, erklärte Siegfried wie abschließend, »ist doch wohl alles gesagt.«
»Scheint tatsächlich so!« gestand Eva-Ingeborg ihrem Gatten zu, wobei sie allein den lässig lächelnden, vor ihr stehenden Thomas anblickte. »Sie bleiben also hier, Herr Brandin«, entschied sie dann. »Bei uns.« Bei mir – hätte sie beinahe gesagt. »Für Sie werden wir ein Bett in diesem Büro aufschlagen. Einverstanden?«
Sie waren es. Das, fanden sie, war Entgegenkommen genug. Ziemlich erleichtert blinzelten sie einander an.
»Doch erst einmal«, entschied Eva-Ingeborg, hausfraulich besorgt, »solltet ihr baden. Nicht gleich beide gemeinsam – vielmehr nacheinander. Die Reihenfolge überlasse ich euch. Inzwischen werde ich Unterwäsche, Hemden und Anzüge bereitlegen; ich habe genug davon aufbewahrt. Danach werdet ihr schlafen wollen – drei oder vier Stunden – bis kurz vor dem großen Abendessen. Damit ihr gestärkt seid für das, was auf euch zukommen wird.«
»Was – denn noch alles?«
»Eine ganze Menge, Siegfried. Vor allem deine Mutter! Der kannst du schließlich nicht ausweichen – auch wenn du das noch so gerne wolltest. Aber ich hoffe sehr, annehmen zu dürfen, daß du darauf gefaßt bist.«
»Auf was sollte ich denn in diesem Hause nicht gefaßt sein!« sagte Siegfried Sonnenberg.

2

Wunder bahnen sich nur mühsam an

Als Siegfried Sonnenberg, nach einem angenehm warmen Bad, im Schlafzimmer seiner Ehefrau Eva-Ingeborg wieder erwachte, selbstverständlich ohne sie an seiner Seite zu finden, blinzelte er wohlig in ein blendendes Frühlingslicht hinein.

Denn die Vorhänge vor den Fenstern waren zur Seite gezogen worden. Zwischen das einfallende Licht und sein Bett aber hatte sich ein großer, schwarzer Schatten geschoben. Und als er die Augen voll öffnete, war es offenkundig: an seinem Bett saß, hagergesichtig, seine Mutter Emma.

»Da bin ich wohl gerade noch rechtzeitig aufgewacht«, sagte er.

»Ich habe dich geweckt!« korrigierte sie mit rauher Stimme.

»Schön, dich zu sehen, Mutter«, behauptete er friedfertig. »Wie geht es dir?«

»Wie es eben einem alten, vielgeplagten Weib so geht, mein Junge.« Das sagte sie mit der ihr eigenen, bedrängenden Munterkeit. Dabei musterte sie ihn mit pferdegroßen Augen, die jedoch nichts von der Sanftmütigkeit dieser Tiere hatten. »Der Speck auf deinen Rippen hat sich kaum verringert, auch deine Haare sind noch nicht grau geworden. Aber reichlich nervös scheinst du mir zu sein, zumindest sehr unruhig.«

»Schließlich habe ich inzwischen, Mutter . . .«

»Das, mein Sohn, haben wir auch! Oder solltest du etwa annehmen, unser Leben in den letzten Jahren sei das reinste Honigschlecken gewesen? Du warst allerdings immer schon reichlich sentimental veranlagt. Daran hat sich wohl nichts geändert?«

»Darauf zu hoffen«, sagte er, nahezu warnend, »rate ich dir nicht.«

»Ich habe es auch nicht gehofft, mein Sohn, sondern befürchtet. Sollte es nicht zutreffen – um so besser!«

»Um so besser für wen, Mutter?«

»Für dich selbstverständlich – und damit auch für uns alle! Sagen wir: für deine Familie. Denn jetzt mußt du endlich mal zeigen, was du wirklich kannst!«

»Bitte, Mutter, laß mir Zeit«, sagte er abwehrend. »Noch fühle ich mich sehr, sehr müde.«
»Nun ja, mein Junge, ich gebe zu, du hast sicher eine größere Ruhepause verdient – und die hätten wir dir auch gerne gegönnt. Doch das holen wir später einmal nach; erst dann, wenn hier das Notwendigste geregelt ist.« In ihrem Sinne – meinte sie offenbar. »Denn du bist hier zwar reichlich spät eingetroffen, doch eben wohl gerade noch im letzten Augenblick.«
»Wir gehörten zu den ersten, die von den Sowjets freigelassen wurden. Nach uns kommen noch Hunderttausende. Kommen die etwa zu spät – deiner Ansicht nach?«
»Siegfried, mein Sohn – solltest du etwa vorhaben, dich auf deinen Heimkehrerlorbeeren auszuruhen?«
»Zunächst einmal muß ich auf die Toilette – das scheint mir im Augenblick das Dringendste zu sein.« Siegfried Sonnenberg warf die Bettdecke von sich, stand auf und trottete zur Tür.
»Du bleibst hier!« befahl Mutter Emma. »Solche Anwandlungen bei dir kenne ich! Die hast du schon als Kind gehabt. Sobald irgendwelche Entscheidungen auf dich zukamen, drohtest du, dir in die Hosen zu machen. Aber damit, mein Junge, kannst du mich noch immer nicht beeindrucken.«
»Und um welche Entscheidung könnte es sich denn diesmal handeln – deiner Meinung nach?«
»Lege dich wieder hin, Siegfried, und ich erkläre dir das, in wenigen Minuten. So lange hoffe ich, wirst du dich wohl noch beherrschen können.«
Siegfried blieb, im Schlafanzug, in Türnähe stehen; von dort aus betrachtete er seine Mutter aufmerksam. Sie hatten sich bisher nicht berührt, nicht einmal mit den Fingerspitzen – eine Geste, die offenbar keiner von ihnen vermißte.
»Also, was gedenkst du mir zu erklären?«
»Zunächst dies, mein Sohn: wir haben uns hier, ohne dich, überaus mühsam durchschlagen müssen!«
»Was man zumindest dir kaum ansieht!«
»Derlei scherzhafte Bemerkungen kannst du dir sparen! Wir haben hier nichts anderes versucht, als zu überleben. Dazu gehörte aber auch das Bewahren der inzwischen von uns erworbenen Werte. Und das ist allerdings, das sei dir zugestanden, nicht zuletzt auf Grund deiner intensiven Vorarbeiten möglich gewesen. Wofür wir dir dankbar sind – und was sich nun auszahlen muß. Für uns alle – auch für dich!«

»Aber ich bitte dich, Mutter – darüber können wir immer noch reden.«
»Nur Feiglinge schieben unvermeidliche Gefahren hinaus, mein Junge!« Sie war völlig überzeugt von dem, was sie sagte; wie immer. »Wichtig ist mir, daß du so früh wie möglich erfährst, in welche Situation du nun hineingeraten bist. Damit du keine Fehler machst!«
»Und? Welche denn wohl?«
Das versuchte ihm Mutter Emma zu erklären. »Auf Grund deines Ansehens und deiner anerkannten Fähigkeiten als Friseur konnten wir uns bei deinem senil gewordenen Lehrmeister über Wasser halten, da der das Glück hatte, über ein fast völlig intaktes Haus zu verfügen. Doch das kann natürlich nur eine Übergangslösung sein. Du wirst dafür sorgen, daß es dabei nicht bleibt!«
»Und wie stellst du dir das vor? Sage mir das möglichst schnell, denn mein Bedürfnis, die Toilette aufzusuchen, wird immer dringender.«
»Mache Meister Adam nicht die geringste Zusage – jedenfalls keine, die dich ihm für längere Zeit irgendwie verpflichtet!« Mutter Emma wirkte nun geradezu visionär überzeugend. »Du solltest hier ganz zielstrebig und zukunftsbewußt auftreten. Und zwar indem du unser Haus wieder aufbaust und dann *dort* tätig wirst. Gemeinsam mit uns.«
»Das dürfte einen Haufen Geld kosten.«
»An das wir aber herankommen können, Siegfried, mein Sohn! Und das sowohl mittels deiner anerkannten Fähigkeiten wie auch mit unseren, vor allem mit meinen, nach wie vor bestehenden, voll intakt gebliebenen Beziehungen. Die haben wir intensiv gepflegt, geschickt verwendungsfähig ausgebaut. Ich – und auch deine Frau.«
»Ihr beide – gemeinsam? Eine reichlich seltsam anmutende Kumpanei – nach all dem, was zwischen euch gewesen ist. Denn einstmals hast du sie gehaßt wie die Pest!«
»Sie mich auch!« Mutter Emma lächelte zäh. »Aber in den inzwischen aufgetretenen Notzeiten hatten wir eben gar keine andere Wahl, als vereint am Ende eines Strickes zu ziehen – und zwar am richtigen Ende. Und das erwarten wir nun auch von dir!«
»Was also heißen soll: der alte Adam kann gehen, der hat seine Schuldigkeit getan, der wird nun abgeschrieben! Und das mit meiner Hilfe?«
»Solltest du doch noch so fürchterlich sentimentalen Anwandlun-

gen ausgeliefert sein wie früher?« fragte Mutter Sonnenberg unwillig. »Die haben dir nichts wie Ärger und Enttäuschungen eingebracht! Solltest du nichts daraus gelernt haben? Denn kaum, daß du hier angekommen bist, hast du dir bereits, wie ich gehört habe, mindestens zwei ganz schwere Fehler geleistet!«
»Tatsächlich?« Siegfried hielt sich immer noch dicht bei der Tür auf und staunte von dort aus seine Mutter an. Man hätte kaum sagen können, ob verwundert oder bewundernd. »Zwei Fehler, sagst du? Welche denn?«
»Du bist Adam reichlich leichtfertig und völlig unnötigerweise zu weit entgegengekommen. Nun, das wird sich korrigieren lassen. Dann aber hast du deinen sogenannten Freund wie ein Mitglied in unsere Familie eingeführt – und das noch dazu reichlich fordernd.«
»Erlaube mir dazu folgendes festzustellen, Mutter«, sagte Siegfried entschieden, »Thomas Brandin ist nicht mein sogenannter, er ist mein wahrer Freund! Der gehört zu mir – und damit zu jenen, die zu mir gehören wollen. Bitte finde dich damit ab.«
»Was soll denn das heißen, mein Sohn?« Sie sah ihn groß an. »Was für Töne sind denn das? Wohl eine ganz neue Art von gefühlvoller Anwandlung? Nun gut, ich habe gar nichts gegen Freundschaften – die können sogar sehr nützlich sein. Doch was haben die mit familiären Bindungen zu tun! So was lehne ich ab! Mit äußerstem Mißtrauen. Ganz entschieden!«
»Eva-Ingeborg hat sich meinen Thomas Brandin bereits ein wenig genauer angesehen – was du auch tun solltest. Sie jedenfalls akzeptiert ihn!«
»Das ist mir nicht entgangen. Eine sehr voreilige Reaktion, die Folgen haben könnte. Darüber solltest du mal nachdenken! Denn Eva-Ingeborg akzeptiert ihn nicht nur – er scheint ihr sogar zu gefallen! Beunruhigt dich das nicht?«
»Was mich derzeit allein beunruhigt«, sagte Siegfried Sonnenberg respektlos zu seiner Mutter, »ist mein immer dringender werdendes Verlangen, endlich austreten zu dürfen.«
»Dann tu das!« brummte sie unwillig. »Doch danach, mein Sohn, reden wir weiter!«
In diesem Augenblick war eine Mädchenstimme im Treppenflur vernehmbar. Und die forderte ziemlich lautstark: »Wo ist er? Ich will ihn sehen!«
Dieses Mädchen mutete zierlich kindhaft und doch auf eine gewisse Weise robust an. Ihr graziöser Körper war in stark ausge-

beulte Kordsamthosen und ein recht verwohnt wirkendes Baumwollhemd gehüllt; die Füße steckten in schweren, aus viel Holz und wenig Leder zusammengebastelten Polterschuhen. Nicht sonderlich gepflegt wirkendes Blondhaar umrahmte ein hell schimmerndes, wach-neugieriges Gesicht.

»Wo ist mein Vater?« rief das Mädchen. »Den will ich nun aber endlich begrüßen!«

Das war Dagmar; nun fünfzehn Jahre alt. Das ohne Nachfolge gebliebene Frühprodukt der Ehe von Siegfried und Eva-Ingeborg Sonnenberg. Ihre direkte, forsche Art hatte sie vermutlich von der Mutter geerbt.

Sie traf ihren Vater im oberen Korridor; zwischen der Tür jenes Zimmers, in dem ihre Mutter zu schlafen pflegte, und der Toilette. Sie stürzte sich auf ihn, umarmte ihn heftig, ihre feuchten Lippen berührten schnell und zärtlich sein Gesicht. Er, im Schlafanzug, ließ das ein wenig hilflos über sich ergehen.

»Da bist du ja – endlich!« flüsterte sie ihm fast verschwörerisch zu – wie einst als Kind. »Mein Gott, wie habe ich auf dich gewartet! Nun wird hier endlich einiges anders werden!«

Er fragte nicht, was anders werden sollte. Er schien sich geradezu davor zu fürchten, ausgerechnet ihr diese Frage zu stellen. Denn die Welt dieses Mädchens bestand offenbar aus Erwartungen, die zugleich Forderungen waren. Und es schien wohl kaum jemanden in seiner Familie zu geben, der in dieser Hinsicht eine Ausnahme machte.

So versuchte er, sich in gefällige Gemeinplätze zu retten, brachte Komplimente an, keinesfalls gesuchte oder gar erlogene. »Du bist herrlich jung«, sagte er, »du hast dich ungemein entwickelt, du bist eine attraktive kleine Dame geworden!«

Worauf sie versicherte: »Du jedoch scheinst dich nicht im geringsten verändert zu haben, Vater. Äußerlich bestimmt nicht – und in deinem Wesen wohl auch nicht. Und genau das ist es, worauf ich gehofft, worauf ich gewartet habe!«

Und wiederum fragte er nicht, weshalb. Sein Bedarf an Komplikationen war mehr als gedeckt. »Wir reden noch darüber!« sagte er ausweichend.

Nun ließ sich in diesem Korridor auch Thomas Brandin blicken; er kam aus dem sogenannten Büro, wo für ihn eine Schlafstelle eingerichtet worden war. Vom fröhlich klingenden Begrüßungslärm geweckt, strebt er vermutlich gleichfalls der Toilette zu.

Er war mit einem Schlafanzug bekleidet, der in Farbe, Muster und

Form völlig dem glich, den Siegfried Sonnenberg trug. Mutter Emma hatte ein Dutzend davon noch in den letzten Kriegsmonaten erwerben können; von einem nach Rosenburg verlagerten Offiziersausrüstungsamt, gegen Lieferung von Grundnahrungsmitteln, vor allem Schmalz und Butter. Zehn dieser Schlafanzüge hatten sie dann in den Monaten nach Kriegsschluß wieder gegen frische Lebensmittel eingetauscht, meistens Eier und Mehl. Hier nun, auf dem Korridor, begegneten die zwei restlichen Exemplare einander, in ihrer weißblau gestreiften Reinleinenpracht.
Dagmar lachte bei diesem Anblick ungehemmt auf. »Ihr seht aus, als hättet ihr den ganzen Krieg platt verpennt!«
Siegfried lächelte, wenn auch leicht gequält. Nahezu hastig stellte er Thomas seiner Tochter vor. »Er ist mein Freund. Ich hoffe sehr, ihr werdet euch gut verstehen. Doch zunächst einmal bitte ich mich zu entschuldigen.« Endlich gelang es ihm, in der Toilette zu verschwinden.
Dagmar und Thomas blieben zurück. Sie betrachteten einander neugierig, ohne das geringste Mißtrauen, eher instinktiv erwartungsvoll. Dann begannen sie, sich anzulächeln. Und dann ging Dagmar auf Thomas zu und reichte ihm die Hand.
»Das war wohl«, sagte sie, »eine recht wirkungsvolle Nummer, die ihr hier gemeinsam bei eurer Ankunft abgezogen habt! So ganz auf armselige Heimkehrer getrimmt – mit trüben Blicken und in schäbigsten Klamotten. Der gute alte Adam soll geradezu zu Tränen gerührt gewesen sein. Sogar meine liebe Mutter war reichlich beeindruckt. Doch nun fühlt ihr euch schon wieder sauwohl in euren spießigen Pyjamas!«
Thomas Brandin gab sich sehr nachsichtig, wobei er das steigende Wohlwollen, das er bei Dagmars Anblick empfand, dennoch zu verbergen trachtete. »Die Zeiten, liebes Fräulein Sonnenberg, in denen wir wie Knochen in Säcken waren, sind endlich vorbei. Sie haben wohl auch lange genug gedauert.«
»Typisch!« rief Dagmar temperamentvoll provozierend. »So was ist ja wohl zeitgemäß! Möglichst schnell alles wieder vergessen! So ein Krieg ist eben gewesen, überwunden, ausgelöscht! Nicht zuletzt, weil ihr nun endlich wieder saubere Klamotten anziehen könnt. Und beim großen Abendessen, und gewiß noch bei vielen anderen, werdet ihr euch vollfressen und vollaufen lassen! Mit Wonne! Worauf dann gewisse Geschäfte wieder aufblühen werden! Ist das nicht zu einfach, Mann?«
Thomas Brandin reagierte auf diese Suada – es war nur die erste

von vielen, die noch folgen sollten – mit ernster Aufmerksamkeit. Dagmar erkannte das; und es gefiel ihr.
»Das rein Äußerliche, Fräulein Sonnenberg«, sagte Thomas Brandin, »ist doch ziemlich unwichtig – zumindest bei mir und Ihrem Vater. Ob wir nun in scheußlichen Heimkehrerklamotten oder in gediegenen Schlafanzügen auftreten – an unserem Wesen ändert sich dadurch nichts. Das müssen Sie nicht gleich befürchten. Im übrigen können Sie mich Thomas nennen – wenn Sie wollen.«
»Will ich nicht, Herr Brandin – noch nicht!« erklärte Dagmar mit der ihr eigenen Selbstsicherheit. »Und schon gar nicht, falls Sie etwa auch zu jener Sorte sentimentaler Heimkehrer gehören sollten, von denen es hier bereits schon ganze Herden gibt.«
»Sie haben anscheinend einige sehr unangenehme Erlebnisse gehabt, Fräulein Sonnenberg?«
»Ich bin dieses ganze Geschwätz leid«, sagte sie kurz angebunden. Als er sie fragend ansah, setzte sie hinzu: »Es ödet mich einfach an, immer nur zu hören, man sei ja schon immer dagegen gewesen, also gegen diesen Hitler und seinen Krieg. Doch die Umstände hätten es leider nicht zugelassen, irgend etwas dagegen zu tun.«
»Sie gedenken also unsereinem keinen Irrtum, auch keine menschliche Schwäche zuzugestehen?«
»Halten Sie mich etwa für infantil, Thomas? Ich kenne eure billigen Ausreden. Ihr fühlt euch als arme Opfer! Sie und mein Vater – und wer alles sonst noch!«
»Über mich können Sie denken, was Sie wollen, Dagmar. Aber Ihren Vater, vermute ich, kennen Sie gar nicht. Sie waren noch ein Kind, als er von hier wegmußte.«
»Doch, ich kenne immerhin meine Mutter – und meine Großmutter Emma noch dazu. Das reicht mir. Völlig.«
»Bei Ihrer Rechnung«, empfahl Thomas Brandin behutsam, »sollten sie Ihren Vater zunächst als unbekannte Größe annehmen. Und – was mich betrifft, was Sie von mir glauben . . .«
»Dabei würde ich mich, offen gestanden, sehr gerne irren, Thomas.«
»Wir sollten, wenn ich darum bitten darf, nun einen kleinen Spaziergang unternehmen.«
»Und was versprechen Sie sich davon?«
»Nun, sagen wir: einige Informationen für mich – dazu eine Art Aufklärung für Sie. Sie zeigen mir hier, was ich sehen will – und Sie werden erfahren, warum ich das sehen wollte. Akzeptiert?«

»Wird gemacht, Thomas! Sie scheinen ein ganz schlauer Hund zu sein!«
»Sie mögen Hunde – nehme ich an?«
»Einfach alles, was mit diesen wunderbaren, so oft mißbrauchten Geschöpfen zusammenhängt! Ich liebe ihre lauernde Wachsamkeit, entschlossene Verteidigungsbereitschaft, bedingungslose Hingabefähigkeit. Die können sich noch aufopfern für Menschen, zu denen sie sich hingezogen fühlen. Vielleicht nur, weil sie gar keine andere Wahl haben. Sollten Sie sich etwa in einer ähnlichen Situation befinden – meinem Vater gegenüber?«
»Nicht ganz ausgeschlossen, Dagmar.«
»Und was könnte sich daraus ergeben?«
»Das weiß ich noch nicht, vermag es nicht einmal zu erahnen. Doch immerhin verfüge auch ich, wie Ihr Vater, über einige Phantasie. Und die versucht mir zu suggerieren: mit diesem Spaziergang könnte möglicherweise ein Abenteuer beginnen. Woran ich Sie gerne beteilige – und ich bin ziemlich sicher, daß Sie das wünschen.«
»Sagen wir: lediglich, um mir die Zeit zu vertreiben! Bis zu dem großen, kompakten Festfressen, das dann über Sie hereinbrechen wird. Und über meinen Vater. Doch Sie sind offenbar noch auf ganz andere Vergnügungen scharf. Also, dann los!«

Als Siegfried Sonnenberg die Toilette im oberen Stockwerk des Adamhauses verließ, erblickte er im Korridor seine Schwester Erika. Sie wartete auf ihn und lächelte ihm zärtlich entgegen. »Siegfried!« sagte sie einfach – weiter nichts.
Erika, seine »kleine«, geliebte Schwester, war zehn Jahre jünger als er, nunmehr also dreißig Jahre alt: ein graziöses vollendet proportioniertes Wesen von strahlender Herzlichkeit, schmalhüftig und langbeinig, Busen wie Hinterteil übereinstimmend ausgeprägt.
Beide blickten einander beglückt an. Sehr langsam bewegten sie sich dann, wie magisch angezogen, aufeinander zu. Als sie sich endlich dicht gegenüberstanden, strahlten ihre Augen sternenhaft.
»Erika«, sagte er. Weiter nichts.
Sie reichten sich die Hände. Dann berührte er mit seinem Gesicht das ihre; sehr innig, doch auch scheu, mit verhaltener Zärtlichkeit. Sie fragten sich nicht: Wie geht es dir? Was hast du gemacht? Wie hast du überlebt? Sie schwiegen.
Und dann sagten beide, fast gleichzeitig: »Du bist da!«
Keine Frage – nur diese Feststellung: Du – bist da! Und damit war

alles, was sie bewegte, gesagt. Sie hatten einander schon immer geliebt. Und daran hatte sich nichts geändert.
»Du siehst prächtig aus!« stellte er dann fest. »Ich hätte mir niemals, in meinen innigsten Wünschen nicht, eine andere Schwester vorstellen mögen.«
»Auch du, Siegfried, bist der denkbar beste aller Brüder – nach wie vor.« Sie betrachtete ihn mit besorgter Anteilnahme. »Aber – du willst mir verändert vorkommen. Du – bist anders geworden.«
»Nicht dir gegenüber, Erika.«
»Nein, das nicht – das spüre ich.« Sie küßte ihn abermals zärtlich. »Doch ich glaube, Siegfried, daß du nicht mehr der Mensch bist, der uns vor fünf, sechs Jahren verlassen mußte. Du reagierst nun wesentlich anders. Irgendwie: bewußter! Entschlossener.«
Nun umarmte er sie. »Falls das stimmt, bist du hier wohl die einzige, die es erkannt hat. Und vielleicht solltest du das gleich wieder vergessen. Allein wichtig für uns ist, daß sich im Hinblick auf uns beide nichts geändert hat. Alles andere können wir dann getrost auf uns zukommen lassen.«
»Mein lieber Bruder«, sagte sie mit zunehmender Besorgnis, »mit dir scheint in diesen schlimmen Jahren einiges geschehen zu sein. Was hat man dir zugemutet? Worauf mußtest du dich einlassen?«
»Nur auf das ganz und gar Übliche, auf das in dieser Zeit Selbstverständliche: einen Alltag in der Hölle! Vielhunderttausendfach praktiziert, millionenfach durchlebt. Wohl nichts wie das ganz normale Gemeinschaftserlebnis einer sogenannten großen Zeit, und in den Jahren danach. Womit ich jedoch niemanden zu belasten gedenke – schon gar nicht dich!«

Zweites Zwischenspiel: Wie damals ihre nächsten Stationen aussahen, bevor sie zueinander fanden

Wochen- und monatelang vegetierten Siegfried und Thomas wie betäubt in Sibirien dahin. Umgeben von brüchigen Holzhütten, aufgeweichten Dreckböden, starrenden Stacheldrahtzäunen. Und wenn sie dabei zu erwachen drohten, schläferte sie eine totale Hoffnungslosigkeit immer wieder ein; fast erlösend, zumindest betäubend.
Beide Lager besaßen Nummern im Zehntausenderbereich. Dabei glich jedoch das eine wie ein Abziehbild dem anderen. Nichts wie

primitiv errichtete Sperrställe für erkranktes Menschenvieh. Wobei das Lager, in dem sich Siegfried Sonnenberg befand, von jenem des Thomas Brandin kaum dreißig Kilometer entfernt war. Hier wie dort: Kaum jemals Brot, manchmal eine Kelle dünner Suppe, gelegentlich ein warmes, teeartig anmutendes Gebräu, das nicht selten wie Spülwasser schmeckte, dennoch fast dankbar angenommen wurde. Doch Hunderte, alsbald Tausende starben dahin – zuerst die Alten, die Kranken, die Lebensmüden.
Wobei dann, heimlich geflüstert, wie aus einem unergründlichen Hintergrund gesteuert, Parolen aufkamen wie diese: Jetzt versuchen, hieß es da, die Sowjets wie die Nazis zu sein! Die rotten aus! Dort Juden, hier Kriegsgefangene! Was aber doch wohl, so hieß es, immerhin ein gewisser Unterschied wäre! Wahre Deutsche vermochten das zu erkennen – und die waren, selbst hier noch, nicht ausgestorben.
Thomas Brandin betätigte sich in seinem Lager als Totengräber. Schließlich war er vergleichsweise jung, ziemlich gesund, mithin einigermaßen leistungsfähig. Für diese Beschäftigung erhielt er täglich, außer sonntags, eine zusätzliche Kohlsuppe. Auch sie verhalf ihm zum Überleben.
Dabei entwickelte er sich zu einem Fachmann für hoch aufgestapelte Leichen. Die vermochte er, ganz sachgerecht, aufeinander, ineinander zu schichten, als habe er Zigarren in einer Kiste zu verstauen. Die von ihm angelegten Massengräber muteten vorbildlich organisiert an; seine diesbezügliche Buchführung war exakt.
Sogar der zuständige Sowjetoffizier fand dafür Worte ziemlich hoher Anerkennung: »Du machst das ganz ausgezeichnet, Brandin! Falls hier der Friedhofaufseher sterben sollte, bekommst du seinen Posten.«
»Doch müssen wir denn unbedingt verhungern, Herr Leutnant?«
»Niemand will das, Brandin! Zumal auch wir, mußt du wissen, hungern. Fast so wie ihr. Wir sind ein völlig ausgeblutetes Volk – dank eurer erklärt großdeutschen Tüchtigkeit. Wir leben auf einer ›verbrannten Erde‹, wie das euer Führer beim Rückzug befohlen hat. Und dieser Winter hat sich dann auch noch als der härteste seit Menschengedenken herausgestellt. Den müssen wir überwinden – gemeinsam!«
Im anderen Lager, knapp dreißig Kilometer von diesem entfernt, trachtete auch Siegfried Sonnenberg danach, zu überleben. Dort herrschten ähnliche Zustände; auch hier wurde gleichfalls tausendfach krepiert. Und der dafür zuständig gemachte Komman-

dant bewegte sich wie von einem Leichenberg zu anderen – wobei er storchenartig dahinschritt, mit dunklem, starrem Gesicht.
Fast täglich um die Mittagszeit machte der, mit kleiner Begleitung, eine Runde durch das Lager – wobei er so tat, als wünsche er so gut wie alles zu sehen; als entginge ihm nichts. Doch diesmal tauchte einer von den vielen Tausenden dieser wehrlosen Menschen aus der dreckgrauen Uniformmasse auf. Der stellte sich vor ihn hin. Um dann höflich zu fragen: »Ist, bitte, eine Anregung erlaubt?«
Der Kommandant zeigte sich überrascht; nicht frei von ungläubigem Staunen: »Was soll denn das, Mensch!« Seine Begleiter – Adjutant, Dolmetscher und zwei Wachmänner, diese mit Maschinenpistolen – drohten unverzüglich in Aktion zu treten. Doch der Kommandant wies sie zurück. Er wünschte von dem sich ihm entgegendrängenden Kriegsgefangenen zu wissen: »Wer bist du – und was willst du?«
»Mein Name ist Sonnenberg. Und ich erlaube mir lediglich eine Anregung, Herr Kommandant. Durchaus verständlich, daß man bei derartigen Zuständen graue Haare bekommen kann. Doch das sollten dann doch wenigstens wohlgeordnete Haare sein. Dafür könnte ich sorgen – ich bin Friseur; kein ganz gewöhnlicher, glaube ich versichern zu dürfen.«
Der Kommandant schien belustigt. »Du willst mich also bearbeiten – was?«
»Wofür ich lediglich zwei Instrumente benötige: Kamm und Schere. Falls die mir zur Verfügung gestellt werden könnten . . .«
Das geschah. Der dann erfolgende Haarschnitt vermochte das Wohlgefallen des Kommandanten zu erregen. Er betrachtete sich nahezu beglückt in dem ihm vorgehaltenen Spiegel. Um dann zu erkennen: sein Haupthaar war in höchst gefällige Form gelegt worden – eine Art Mischung zwischen Stalinschädel und Cäsarenkopf war entstanden.
»Ausgezeichnet, Sonnenberg!« rief er aus. »Du bist nunmehr mein Friseur – und der meiner Leute!« Das wurde hoffnungsfreudig zur Kenntnis genommen. Der neue Friseur der Kommandantur durfte Kamm und Schere mit sich nehmen.
Doch als sich dann Siegfried Sonnenberg wieder in seine Baracke begab, um sich erleichtert in seine schäbige hintere Ecke zu legen, erblickte er drei Männer, die sich vor ihm aufbauten. Kriegsgefangene wie er – doch offensichtlich von ganz besonderer Sorte. Hochgereckt der eine, sprungbereit der zweite, lauernd der dritte.

Sie alle wirkten entschlossen. Wobei einer von denen – und Siegfried hätte danach nicht sagen können, wer wirklich – ihm erklärte: »Du bist ein Gesinnungsschwein sondergleichen, Mensch! Ein schäbiger Kretin! Denn du hast versucht, dich bei diesen Sowjets anzuwanzen, die allein darauf aus sind, uns krepieren zu lassen! Und mit solchen Schweinen arbeitest du zusammen, kriechst in deren Ärsche! Dafür, du elendiger Sauhund, ist dir ein Denkzettel sicher! Wie jedem Verräter!«
Worauf sie dann, vereint, auf ihn einschlugen. Sie warfen ihn zu Boden, wuchteten ihre Fäuste und Füße in seine Herzgrube, in Bauch und Hintern. Nicht jedoch in sein Gesicht – denn deutlich Sichtbares pflegten derartige Praktiker zu vermeiden.
Siegfried Sonnenberg jedenfalls lag danach, schwer verletzt, in dem Drecksumpf vor seiner Baracke. Einige Kameraden hatten ihn dann, zögernd und vorsichtig, auf sein Lager geschleppt. Doch er vermochte kaum noch zu atmen; offensichtlich besaß er nicht die geringste Hoffnung mehr, die nächsten Tage zu überleben.
Doch dann erschien hier Thomas Brandin.

Thomas Brandin unternahm nunmehr in Rosenburg-Neuheim – am späten Nachmittag dieses 1. Mai 1950 – den von ihm angekündigten Spaziergang. Dagmar, Siegfried Sonnenbergs Tochter, begleitete ihn. Sie schlenderten, schon recht vertraut wirkend, an Trümmerfeldern, Restbauten oder auch an nur wenig beschädigten Kleinhäusern vorüber. Es ging hügelaufwärts – der Rosenburg entgegen.
Dabei hatte sich Thomas in einen von Siegfrieds älteren Anzügen gehüllt; in einen silbergrauen, der noch ziemlich gut erhalten war. Er umschlotterte ihn faltenschlagend, wirkte jedoch peinlich seriös. Thomas fühlte sich gar nicht sonderlich wohl darin – doch Dagmars muntere Neugier lenkte ihn ab.
»Was gedenken Sie nun zu veranstalten, Thomas?«
»Ich versuche mir einen ersten Überblick zu verschaffen, Dagmar. Schließlich will ich wissen, wo ich hier eigentlich gelandet bin. Ich muß feststellen: ganz so schlimm, wie es zunächst den Anschein hatte, sind die Zerstörungen dieser Stadt nun doch nicht.«
»Für Sie nicht! Doch für viele hundert Menschen durchaus – etwa in der Umgebung vom Bahnhof und vom Marktplatz. An anderen Stellen ist ja noch einiges intakt – ich meine die Häuser. Unbeschädigt ist auch diese Rosenburg, der offenbar Ihr besonderes Interesse gilt. Warum?«

»Vielleicht weil das ein sehr merkwürdiger, kurioser Kasten ist«, beeilte sich Brandin wie ablenkend zu bemerken. »König Ludwig II., der bravouröse Traumtänzer von Bayern, könnte sich etwas Derartiges ausgedacht haben – allerdings in einer Stunde relativ bescheidener Träume. Immerhin – in dieser Umgebung wirkt die Rosenburg ebenso protzig wie kleinkariert.«
Das schien zuzutreffen. Das sogenannte Burgtor war kaum mehr als eine verbreiterte Haustür, die Fenster ähnelten übergroßen Schießscharten, und die vielen Aufbauten, Überbauten und Türmchen ringsherum konnte man als Zuckerbäckerwerk aus Ziegelsteinen bezeichnen.
»Und darin wohnen Menschen?« fragte Thomas fast versonnen.
»Vermutlich weit besser als viele andere hier in Kellern, Notunterkünften oder Ausweichquartieren! Dort soll allein der Lokus so groß sein wie Altmeister Adams Frisiersalon!«
»Die Bewohner heißen – Werners, nicht wahr?«
»Woher wissen Sie denn das, Thomas?«
»Das hat mir Ihr Vater gesagt, Dagmar. Wir haben uns in den vergangenen Jahren über so manches unterhalten; manchmal nur, um uns die Langeweile zu vertreiben. Also weiß ich einiges von seiner Familie, auch von Ihnen und von dieser Stadt. Somit auch, ganz unvermeidlich, das eine oder andere von diesen Werners. Was sind denn das, Ihrer Ansicht nach, für Leute?«
Dagmar erkannte sein Interesse und ging spontan darauf ein. »Von diesen hier für äußerst nobel gehaltenen Werners, die durch Kreuz- und Querheiraten in diesen scheußlichen Prunkkasten hineingelangt sind, existieren nur noch zwei – glücklicherweise nur noch zwei, sagen die Leute?«
»Sie – auch?«
Dagmar überhörte bewußt seinen Entwurf. »Dort haust, einmal, der nach wie vor so genannte *General* Werners. Von dieser Berufsgruppe sollen noch ziemlich viele existieren. Immer noch. Uns jedenfalls genügt einer, zumal der sich, nach wie vor, für ein Ausnahmegeschöpf hält. Und bei ihm lebt seine Tochter, mit Vornamen Isolde.« – »Hört sich gut an – vielversprechend.«
»Ist sie auch! Isolde ist von ähnlichem Kaliber wie ihr Generalsvater. Und dazu ist sie auch noch die Tochter ihrer Mutter! Die allerdings glaubte, höchst voreilig, Deutschlands angeblichen Untergang nicht überwinden zu können; sie brachte sich um.«
»Und – keine Ausgebombten, keine Flüchtlinge, keine Heimatvertriebenen in diesem Bau?«

»Aber doch nicht bei Werners! Der hat seinen Kasten frühzeitig als baufällig erklären lassen, als zum großen Teil nicht bewohnbar. Was nicht stimmt, ihm aber amtlich bestätigt wurde. Ziemlich mühelos – bei seinen Beziehungen!«
»Ein respektabler Mann also, was?«
»Der ist wer, weil er was war – und das ist der immer noch, weil er was hat. Reserven! Länder, Wälder, Kunstbesitz. Gar nicht wenige sind hier immer noch von ihm abhängig – diverse Bauern, Geldausleiher, Ruinenhausverwalter. Bis hin zum Bürgermeister.«
»Und nur diese zwei Menschen hausen in dem Prunkverließ?«
»Insgesamt fünf!« klärte ihn Dagmar auf. »Außer diesem Vater-General und seiner Isolde-Tochter existiert dort auch noch eine Köchin, die zugleich Wirtschafterin, Reinemachefrau und Dienstmädchen ist. Dann ein Bock von Gärtner, der sich aber auch als Chauffeur, Jagdgehilfe und Leibwächter betätigt. Interessiert Sie das tatsächlich, Thomas?«
Der nickte – wobei er die Rosenburg nicht aus den Augen ließ. »Das sind vier Personen. Wer ist die fünfte?«
»Der Pfarrer unserer Stadtkirche, die übrigens auch zerbombt ist. Auf deren Wiederaufbau lauert der nun – und zwar dort oben. Der Mann ist reichlich betriebsam; und sorgsam betreut, also ausreichend verpflegt, wird er auch.«
»Eine interessante Konstellation«, sagte Thomas Brandin nachdenklich. Dabei schritt er wie gebannt, wie geheimnisvoll angezogen, weiter auf die Rosenburg zu.
»Vorsicht!« rief Dagmar. Sie zögerte, ihm zu folgen. »Sie betreten einen Privatweg, der ist für sogenannte Unbefugte verboten. Sie sollten sogar damit rechnen, daß er verteidigt werden könnte. Denn diese Leute verteidigen grundsätzlich alles, was sie haben – auch wenn man es ihnen gar nicht wegnehmen will oder kann.«
Brandin betrat den Privatweg dennoch, munter und ahnungslos. Der »Weg« erwies sich als eine prächtige, etwa hundert Meter lange, von dichten, haushohen Bäumen flankierte Lindenallee. Dagmar folgte ihm, noch immer zögernd.
»Halt!« ertönte eine schrill klingende Stimme. »Keinen Schritt weiter! Was haben Sie hier zu suchen?«
Die Burgtür öffnete sich, und es kamen, nacheinander, einige Gestalten zum Vorschein: Zunächst eine stramme britische Dogge, wunderschön gefleckt, mit strahlenden Bernsteinaugen, unverkennbar von allerbester Rasse. Dann eine überaus selbstbewußt anmutende, frauliche Erscheinung.

»Das ist sie!« sagte Dagmar, gedämpft und wie warnend. Das also war Isolde – die Tochter dieses Werners. Brandin betrachtete sie, als wäre vor ihm ein Standbild errichtet worden. Dabei hätte er beinahe übersehen, daß sich hinter Isolde, von deren prächtiger Erscheinung nahezu verdeckt, eine dritte Person nachschob, offenbar ein dienstbarer Geist. In seinen Armen hielt er, so als trage er ein Kind, eine Schrotflinte. Und die war vermutlich geladen.
»Sie haben hier nichts zu suchen!« stellte Isolde abermals fest. »Wir empfangen niemanden – schon gar nicht ohne vorherige Anmeldung.«
»Wir sollten uns wohl doch entfernen«, empfahl Dagmar. »Denn diese Walküre ist vermutlich noch weit gefährlicher als ihr Vater. Der versucht wenigstens den Schein zu wahren – die aber schreckt vor nichts zurück. Und vor Ihnen bestimmt nicht!«
»Lady«, sagte nun Thomas Brandin, was wohl freundlich besänftigend gedacht war, »wir wollen hier nur ein bißchen spazierengehen.« Dabei bewegte er sich auf sie zu.
»Keinen Schritt weiter!« rief Isolde befehlend – doch das galt wohl nicht ihm, sondern eher dem Reiß- und Beißhund und ihrem Schrotflintenknecht. Doch beide wirkten ziemlich artig – ganz im Gegensatz zu ihr. »Falls Sie etwa mit Ihrer Kleinen spazierengehen wollen, und zu welchen Zwecken auch immer – hier nicht! Dies ist ein Privatweg!«
»Sie!« fauchte nun Dagmar empört, »so was verbitte ich mir! Ich bin keine Kleine. Nicht seine – und für Sie schon gar nicht!«
»Schon gut!« rief Thomas Brandin. Er versuchte beide zugleich zu beruhigen – wobei er zu verbergen bemüht war, wie mächtig ihn diese Vorgänge amüsierten. »Ich hatte meine Begleiterin lediglich gebeten, mir den Weg zur Rosenburg zu zeigen. Daß wir uns hier bereits auf privatem Grund und Boden befinden, vermochte ich nicht zu erkennen. Oder sollte ich eine Hinweistafel übersehen haben?«
»Es gibt nämlich keine!« sagte Dagmar streitbar. »Vor zehn Jahren ist dieser Weg, und zwar auf Staatskosten, repariert und ausgebaut worden. Von wegen privat!«
»Das ist eine Verleumdung!« fauchte Isolde zurück. »Diese Straße gehört allein uns! Nehmen Sie das gefälligst zur Kenntnis!«
»Ihr Wunsch, Lady«, versicherte Thomas, »ist mir so gut wie ein Befehl!« Er leistete sich sogar eine Art Verbeugung und tat, als ziehe er einen Hut – in Rokokomanier. »Jedenfalls war es mir ein

ganz besonderer Genuß, verehrtes gnädiges Fräulein Isolde, Ihnen endlich begegnet zu sein.«
Womit er diese hausgemachte heilige Johanna einfach stehenließ – mitsamt Rassehund und Schrotflintenknecht. Er entfernte sich gemeinsam mit Dagmar, und beide wirkten ungemein erheitert.

Inzwischen bahnte sich, im Haus des Altmeisters Adam, das geplante, verschwenderisch auszustattende Festabendessen der Familie Sonnenberg an. Veranstaltet wurde es zu Ehren des heimgekehrten Sohnes. Die maßgebliche Organisation lag in den Händen von Mutter Emma. Immer noch gelang es ihr mühelos, die Menschen ihrer Umgebung als Hilfskräfte einzusetzen.
Altmeister Adam hatte eigenhändig seinen Friseursalon in eine Art Speiserestaurant verwandelt. Dort befand sich jetzt ein langer Tisch, zusammengesetzt aus Holzböcken und Tafelbrettern und mit weißen Leinentüchern gedeckt, die ansonsten um die Hälse der Kunden geschlungen wurden. Auch schleppte der Meister, bereitwillig und in dieser Beschäftigung offenbar geübt, aus allen Teilen des Hauses Stühle an, lauter verschiedenartige, insgesamt zwölf. Wie von Mutter Emma angeordnet.
Eva-Ingeborg, Siegfrieds Frau, hatte sich in der Küche zu betätigen. Als Hauptgericht waren vier gebratene Enten vorgesehen. Für Vor- und Nachspeisen, sowie für die Getränke, war Siegfrieds Schwester Erika verantwortlich; sie verfügte, dank ihrer besonderen Beziehungen, über reichliche Mengen an Alkoholika aller Art. Dagmar, die Tochter, sollte Teller, Bestecke und Servietten auslegen, fast neuwertige, aus US-Beständen. Doch sie war noch gar nicht erschienen. »Dieses kleine Luder«, grollte Mutter Emma, »treibt sich vermutlich irgendwo herum. Und wer weiß, mit wem diesmal!«
In dem Trubel der Vorbereitungen geriet auch Siegfried Sonnenberg in die Küche. Er trug über seinem Schlafanzug einen weißblauen Bademantel; darin sah er aus, als befinde er sich auf Kururlaub. Genüßlich schnupperte er am Bratofen. »Das riecht nach Weihnachten! Wie in Jugendzeiten!«
Er setzte sich neben dem Fenster in eine Ecke, die eine gute Übersicht bot – dabei hatte er, ohne es zu ahnen, Altmeister Adams Stammplatz eingenommen. Und von hier aus verkündete er: »Ich würde nun gerne, falls sich das ermöglichen läßt, ein gutes Bier trinken.«

»Das läßt sich ermöglichen«, sagte Eva-Ingeborg. »Was meinst du dazu, Mutter?«
»Warum nicht?« sagte diese entgegenkommend. »Eine Flasche Bier also – dazu zwei Gläser. Eins für ihn, das andere für mich. Denn ich möchte nun endlich einmal ein wenig intensiver mit meinem lieben Sohn plaudern. Ungestört!«
Die Unterredung fand im sogenannten Büro statt. Das war einer der Räume im Adam-Haus, die durch die Festessenvorbereitung in Mitleidenschaft gezogen worden waren. Auch hier waren die Stühle in den als Speiserestaurant zweckentfremdeten Friseursalon abgeschleppt worden – bis auf einen. Und auf diesen, der hinter dem Schreibtisch stand, ließ sich Mutter Emma nieder. Nachsichtig betrachtete sie ihren Sohn, der sich, betont abwartend, gegen eine Wand lehnte. Dann musterte sie unwillig die für Thomas Brandin aufgeschlagene, jedoch nicht aufgeräumte Schlafstelle. »Besonders ordnungsliebend kommt der mir nicht gerade vor!«
»Du wirst dich an ihn gewöhnen, Mutter – und er sich auch an dich. Ich sehe da keine Probleme. Du hoffentlich auch nicht.«
»Darüber später mehr, mein Sohn!« Sie füllte aus der mitgebrachten Bierflasche zwei Gläser. Das weniger gefüllte schob sie Siegfried zu. Der trank es gierig leer, doch ohne erkennbaren Genuß. Sie lächelte ihn an.
»Du kommst mir unausgeglichen, nervös und unzufrieden vor. Ich verstehe das, mein Junge, nach all dem, was du durchgemacht hast. Aber nun bist du endlich wieder im Schoß deiner Familie gelandet. Also solltest du glücklich und zufrieden sein.«
»Bin ich aber nicht, Mutter!«
»Und warum nicht, mein Sohn?«
»Weil hier einfach alles für mich zu laut, zu heftig, zu rücksichtslos besitzergreifend ist. Ich habe gedacht: Ich komme heim, meine Familie nimmt mich mit offenen Armen auf, und wir setzen uns dann alle zusammen. Wir allein! Um über uns und unsere Situation zu beraten. Doch was geschieht? Eine Art Volksfest wird arrangiert! Du läßt zwölf Stühle aufstellen! Aber unsere Familie besteht lediglich aus fünf Personen: Du, ich, meine Frau und unsere Tochter, dazu meine Schwester Erika. Gut – auch noch Thomas Brandin und Meister Adam. Aber sonst niemand!«
»Werde nicht gleich dramatisch, Siegfried – so was bekommt dir nicht! Jetzt schon gar nicht. Deine Nerven waren nie die besten.«
Siegfried atmete hörbar mit leicht offenem Mund. Ihm war, als

müsse er sich auf seine Mutter stürzen. Doch er sagte lediglich gepreßt: »Du behandelst mich immer noch wie ein Kind!«
»Das bist und bleibst du ja auch – mein Kind!« erklärte sie ihm mit reizendem Lächeln. »Ich mag ja nicht immer eine besonders liebe, angenehme Mutter gewesen sein – doch eine gute, treusorgende Mutter war ich stets! Ich habe zu allen Zeiten nur dein Bestes gewollt und oft auch erreicht. Bezweifelst du das?«
»Warum sollte ich? Es würde ja doch nichts ändern.« Nun lächelte auch er. »Du willst mich nun also, gleich am ersten Abend, mit einem Haufen Leuten konfrontieren, die im Grunde nichts als Forderungen anmelden werden. Und du verlangst, daß ich das respektieren soll – nicht wahr?«
»Du scheinst immerhin einige Fortschritte gemacht zu haben!« stellte Mutter Emma erfreut fest. Und souverän fuhr sie fort: »Also – dieser Adam! Der wird abgeschrieben!«
»Von dir?«
»Von dir auch. Das wird hier eine deiner ersten Aufgaben sein.«
»Warum meine?« Siegfried leistete sich nun doch einen leicht aggressiven Ton. »Bin ich denn in deinen Augen nicht nur ein Kind, sondern auch ein Schwächling?«
»Bist du!« stimmte sie ihm freundlich zu. »In bestimmter Hinsicht. Freilich bist du auch ein großartiger Fachmann; du vermagst Ideen zu entwickeln, besitzt sogar eine gewisse erfinderische Energie, was sich schon früher geschäftlich glänzend verwerten ließ. Und daran wird es dir auch jetzt nicht fehlen; die Zeit scheint für neue Ideen sehr empfänglich zu sein. Das mußt du nützen. Ich helfe dir dabei.«
»Und woran sonst noch darf ich mich an diesem Abend erfreuen?«
»Ich habe mir zunächst einmal erlaubt, meinen langjährigen Freund Adolf Greiner einzuladen. Den kennst du. Der ist ein freundlicher, einsichtiger, sehr aufgeschlossener Mensch – und immer noch ein Mann. Auch wenn er gelegentlich, von dir, »Opa Greiner« genannt wurde – doch das hast du gefälligst zu unterlassen, um meinetwillen.«
»Nichts, was ich dir nicht gönne!« versicherte Siegfried schwungvoll. »Und wen, bitte, habe ich sonst noch zu akzeptieren?«
»Erika, deine geliebte Schwester, wird unvermeidlich ihren derzeitigen Freund mitbringen, einen Amerikaner. Weiter möchte ich mich dazu im Augenblick nicht äußern. Doch immerhin haben wir dem einiges zu verdanken.«
»Schläft sie mit ihm?«

»Na klar!« bestätigte Mutter Emma. »Und zwar äußerst erfolgreich – für uns alle. Sollte dich das etwa beunruhigen?«
»Was sollte mich dabei irritieren? Wenn die beiden sich lieben, geht das in Ordnung. Zumal ich ganz sicher bin: Erika weiß, was sie will – und was sie ist. Fragwürdiges ist ihr nicht zuzutrauen.«
»Immerhin handelt es sich bei dem von ihr Erwählten um einen gewissen John Frankfurter! Sicherlich hieß der mal Hans mit Vornamen. Und vermutlich ist er ein Jude deutscher Herkunft. Aber nun darf er hier einen ziemlich einflußreichen amerikanischen Besatzungsoffizier darstellen. Na, was sagst du jetzt?«
»Ich werde beide zu ihrer Wahl beglückwünschen!« erklärte Siegfried spontan.
»Kannst du, sollst du sogar!« ermunterte ihn seine Mutter. »Aber, wenn ich dir raten darf, mit einer gewissen Zurückhaltung! Denn so eine Liebe in Krisenzeiten ist gewöhnlich kein Dauerzustand. Wobei auch noch zu berücksichtigen ist, daß die amerikanische Besatzungsherrlichkeit langsam aber sicher zu Ende geht.«
»Mein Gott, Mutter, wie boshaft, berechnend und – konsequent du doch sein kannst! Du bist nicht nur unverändert – du hast dich sogar in besonderer Weise weiterentwickelt!«
»Freut mich, Junge, wenn du das gemerkt hast.« Sie nahm seine Äußerung als Kompliment. »Ich bin hier wohl die einzige, die keine überflüssigen Gefühle entwickelt, nicht herumschwätzt, keine Luftschlösser baut.«
»Auch Eva-Ingeborg scheint inzwischen einiges von dir gelernt zu haben. Und wie steht es mit meiner Tochter? Die soll ja, mit ihren fünfzehn Jahren, schon einen Freund haben?«
»Und was für einen! Auch der wird erscheinen! Aber bei dem handelt es sich um einen Polit-Kretin sondergleichen – das ist so einer, der ständig die Welt verbessern will. Da mußt du mithelfen, den an die Leine zu legen – wenn nicht gar davonzujagen. Schon im Interesse deiner Tochter.«
»Aber das scheint noch nicht alles an Überraschungen zu sein, mit denen du uns bei diesem superfamiliären Abendessen zu beglükken gedenkst.«
»Richtig erkannt, mein Sohn. Denn hinzu kommen ja noch deine Jugendfreunde!«
»Freunde? Hatte ich jemals welche?«
»Du hattest! Und hast sie immer noch. So gute wie unvermeidliche. Es sind zwei, wenn ich dich daran erinnern darf. Einmal der gute Konrad Kahlers.«

»Den wir damals ›Aal‹ genannt haben? Ein schmieriges, sich durch jeden Dreck hindurchwindendes Wundertier.«
»Der ist hier nun Bürgermeister. Und zwar der beste, den wir jemals hatten – meiner Ansicht nach. Und begleitet wird er von Jürgen Wiese – das ist der, den du immer ›Polyp‹ genannt hast. Der ist nun unser Polizeichef. Und beide freuen sich sehr auf dich!«
»Warum auf mich?« fragte Siegfried Sonnenberg zweifelnd. »Im Grunde sind diese beiden doch immer nur die Freunde von Eva-Ingeborg gewesen.«
»Und das sind sie auch heute noch: die besten Freunde deiner Frau, und somit automatisch auch die unseren. Eine sehr glückliche Konstellation, heute abend! Richte dich darauf ein!«

Zum Protest kam Siegfried Sonnenberg nicht mehr. Denn Thomas Brandin betrat das sogenannte Büro, in dem er seine Schlafstelle hatte. Er wirkte reichlich heiter.
»Sollte ich etwa stören?« fragte er.
»Mich nie!« versicherte Siegfried Sonnenberg. Er fühlte sich ungemein erleichtert beim Anblick seines beschwingten Freundes.
»Mich auch nicht«, stellte Mutter Emma gemessen fest. »Denn inzwischen habe ich mit meinem lieben Sohn bereits so gut wie alles, was wichtig war, besprechen können.«
Worauf sie von Thomas Brandin mit instinktsicherem Mißtrauen wissen wollte: »Und was haben Sie inzwischen getan?«
»Mich herumgetrieben!« sagte Thomas munter. »Kreuz und quer durch die Gegend. Um mir eine Art Überblick zu verschaffen.« Er stellte sich neben seinen Freund Siegfried, lehnte sich wie dieser an die Wand. »Dabei hat mich Dagmar begleitet. Ein ganz prächtiges Mädchen – mein Kompliment, Siegfried! Ich habe dir zwar schon immer eine ganze Menge zugetraut – eine solche Tochter jedoch nicht unbedingt.«
»Manchmal«, sagte Siegfried, ergeben vor sich hinlächelnd, »kann man sich's gar nicht erklären, was man so alles in seinem Leben zustande gebracht hat.«
»Wohin, Herr Brandin«, wollte die hellwache Mutter Emma wissen, »hat Sie denn Dagmar begleitet? Sie machen den Eindruck, als habe es sich um einen recht vergnüglichen Spaziergang gehandelt. Wohin also ging's?«
»Zur Rosenburg.«
»Was vermutlich allein Ihre Idee gewesen ist, Herr Brandin – denn Dagmar meidet dieses Gebäude wie die Pest. Aber das ist blanker

Unsinn. Ein ausgeprägtes Vorurteil!« Mutter Emma stellte das bemüht sachlich fest. »Was glaubten Sie, dort suchen zu müssen?«
»Das frage ich mich auch«, sagte Siegfried spöttisch.
»Der reinste Zufall!« versicherte Thomas Brandin, der sich ahnungslos stellte. »Diese Rosenburg wirkte auf mich irgendwie anziehend – neben all diesen Trümmerfeldern. Ich wollte sie mir ein wenig näher ansehen. Doch was dann dabei zum Vorschein kam, hätte ich mir kaum vorzustellen gewagt.«
»Und was?« fragten Mutter und Sohn wie aus einem Mund. »Was kam zum Vorschein?«
»Zunächst ein scharfer Rassehund«, berichtete Brandin. »Dann eine sich jugendlich gebärdende Walküre – mit dem herrlichen Namen Isolde. Diese selbstbewußte Dame veranstaltete mit uns ein Paradiesvertreibungsspiel mit Hilfe eines Schrotflintenknechts.«
»Doch immerhin – ihr lebt noch!« stellte Siegfried amüsiert fest. Mutter Emma jedoch zeigte sich ehrlich entsetzt.
»So weit hätten Sie es niemals kommen lassen dürfen, Herr Brandin! Schon gar nicht gemeinsam mit Dagmar, meiner Enkelin. Mann Gottes, Sie müssen entweder sehr leichtsinnig oder völlig ahnungslos oder auch ziemlich verrückt sein!«
»Letzteres war der schon immer«, meinte Siegfried, wobei er seinem Freund zuzwinkerte. »Erstaunlich ist nur, daß ihn alle für normal halten.«
»So was soll es wohl geben!« Mutter Emma betrachtete Thomas Brandin bedauernd. »Aber Sie sind kaum fünf oder sechs Stunden hier, Herr Brandin – und schon lassen Sie sich auf heikelste Abenteuer ein! Ich kann kaum glauben, daß es sich um einen Zufall gehandelt haben sollte.«
»Dann glaube es eben nicht!« stellte ihr Sohn anheim.
»Ihr seid ja völlig ahnungslos – alle beide!« verkündete Mutter Emma energisch. »Ihr wollt anscheinend nicht kapieren, was hier tatsächlich vor sich geht!«
»Gemeinsam mit diesen Rosenburg-Werners?« wollte Siegfried wissen.
»Erspare dir leichtfertige Vermutungen, mein Sohn!« sagte sie scharf. »Und Sie, Herr Brandin, sollten gefälligst jenem Hause fernbleiben.« Auch ihn blickte sie streng verweisend an. »Während der sechs Jahre langen Abwesenheit meines Sohnes ist hier allerhand geschehen – und vieles, das uns alle ganz direkt angeht.«

»Und dieser Werners ist daran beteiligt – auch direkt? Darf man wissen, auf welche Weise!« Siegfried ließ nicht locker.
»Alles zu seiner Zeit!« entschied Mutter Emma. »Zunächst einmal empfehle ich euch beiden dringend, derartige Sondertouren in Zukunft zu vermeiden. Ihr braucht mich nur zu fragen, bevor ihr hier irgend etwas unternehmt – auch wenn es euch noch so belanglos erscheinen sollte. Fragt mich – darauf bestehe ich!«
Sie waren sprachlos.
Mutter Emma schritt hinaus – dem großen Festschmaus entgegen. Auch diesmal war sie sicher, wie stets, einen flurbereinigenden Kahlschlag hinterlassen zu haben.

Für Mutter Emma war nun alles klar, übersichtlich, nahezu harmonisch. Die zweckvoll auserlesene, mit berechnender Umsicht zusammengestellte Sonnenberg-Großfamilie hatte sich eingefunden. »Zu Ehren des heimgekehrten Sohnes«, wie es hieß.
Wohl war die Stimmung bei der allgemeinen Begrüßung einigermaßen gedämpft, doch keinesfalls ohne Herzlichkeit. Siegfried Sonnenberg, im dunklen Anzug, den er auf dringlichen Wunsch seiner Frau angelegt hatte, durfte sich als der zu feiernde Mittelpunkt fühlen. Das hatte seine Mutter geschickt arrangiert. Er drückte ihm entgegengestreckte Hände, blickte in blanke Gesichter, ließ sich umarmen – Willkommensgrüße überfluteten ihn wie ein lauwarmer Regen.
Er durfte sich am obersten Ende der Festtafel niederlassen. Rechts von ihm plazierte sich seine Mutter, jederzeit bereit, ihn wachsam abzuschirmen. Der Stuhl links von ihm war, was ihn erfreute, für seine geliebte Schwester Erika reserviert worden. Die war jedoch für längere Zeit mit dem An- und Abschleppen von Speisen und Speiseresten beschäftigt.
Den Platz neben Erika nahm ihr derzeitiger Freund, John Frankfurter ein; ein kleiner, fast zierlicher, ungemein beweglich wirkender Mann. Und neben Mutter Emma hockte wie üblich der unzutreffend mit »Opa« bezeichnete Adolf Greiner: recht stattlich, nicht ungepflegt, geradezu oberlehrerhaft korrekt gekleidet.
Am anderen Ende des Tisches, Siegfried gegenüber, saß seine Frau Eva-Ingeborg inmitten jener »Jugendfreunde«, die vorgaben, gleichermaßen die ihren wie die seinen zu sein. Zuerst Konrad Kahlers, der Bürgermeister – jovial, gemütlich, augenzwinkernd und verbrüderungsbereit. Dann Jürgen Wiese, der örtliche Polizeichef – würdevoll, mit erkennbarem Selbstbewußtsein um sich blik-

kend, sofern er nicht gerade Eva-Ingeborg mit versonnener Ergebenheit betrachtete.
Der Rest dieser Festfressenteilnehmer verteilte sich wie folgt: An der Breitseite des Tisches saß die muntere Dagmar mit ihrem mürrisch wirkenden Saisonfreund. Auf der anderen der ahnungslos glückliche Adam, den genußbereiten Brandin neben sich. Das waren die zwölf Teilnehmer dieses denkwürdigen Abends.
Viele Worte wurden zunächst nicht gewechselt. Man hatte schließlich riesige Portionen zu verspeisen und eine Menge zu trinken. Das meiste davon hatte John Frankfurter, seiner Erika zuliebe, aus amerikanischen Armeebeständen angeliefert: Stapel von Konserven, ganze Flaschen-Batterien. Die Anwesenden prosteten ihm zu.
Doch als dann die vier geschmorten Enten aufgetragen wurden, verstummten die Gespräche vollends. Denn diese Tiere waren gut im Fleisch, knusprig braungebraten, mit Bratäpfeln gefüllt, mit Rotkraut und Kartoffelknödeln garniert. So speisten denn alle wortlos und schmatzend.
Doch bald danach, beschwingt durch echt französischen, in Wassergläsern servierten Cognac – ebenfalls en gros geliefert von John Frankfurter –, kam lautstark freudige Stimmung auf.
Am oberen Ende des Tisches sagte Mutter Emma ermunternd zu ihrem Sohn: »Da siehst du also, wie man dich und deine Heimkehr feiert! Glücklich solltest du sein – und dankbar!«
»Mir ist schlecht«, versuchte Siegfried auszuweichen. »Vermutlich war das Essen zu fett und der Schnaps zu stark – für mich. So was will erst verdaut sein.«
»Willst du damit etwa andeuten, daß du schon wieder einmal dringend austreten mußt? Beherrsche dich, bitte!«
Doch da erhob John Frankfurter sein Glas, beugte sich Siegfried entgegen und versicherte ihm: »Sie sind sehr zu beneiden, Herr Sonnenberg – und zu beglückwünschen!«
»Bin ich das, Mister Frankfurter? Und weshalb wohl – Ihrer Ansicht nach?«
»Ihrer Schwester Erika wegen! Sie ist ein wunderbares, liebenswertes Geschöpf. Trinken Sie darauf mit mir?«
Erika griff mit einer Hand nach Johns Händen und zog sie an sich. Die andere Hand hielt sie dem Bruder entgegen. »Trinkst du darauf mit ihm?«
»Selbstverständlich, gerne! Auf euer Wohl also – und viel Glück!«
»Opa« Greiner lächelte amüsiert Mutter Emma zu. »Das nenne ich

die Zeichen der Zeit erkennen! Eine schöne, große Versöhnungsgeste! Feinde von einst wünschen endlich Freunde von heute zu werden. Und so was machen unsere Frauen möglich – deutsche Frauen! Deren Großzügigkeit mutet manchmal geradezu grenzenlos an.«

Es roch nach Bratenresten, Alkohol und Schweiß. Frankfurter bot Cuba-Zigarren an. »Mittelklasse«, sagte er, »lediglich ein Dollar pro Stück.«

Konrad Kahlers, der Bürgermeister, am unteren Ende des Tisches, blinzelte Eva-Ingeborg zu. Er saß nun dicht neben ihr. »Unser Siegfried scheint glücklicherweise ziemlich unverändert zu sein.«

»Anscheinend in jeder Hinsicht«, bestätigte sie ihm vertraulich.

Konrad Kahlers nickte zustimmend. »Darauf wird es auch ankommen! Bei alldem, was nun hier möglichst bald zu geschehen hat. Am besten gleich morgen.«

»Muß es wirklich so schnell gehen?« fragte Eva-Ingeborg.

Darauf näherte sich ihr, von der anderen Seite, Jürgen Wiese, der zweite der Jugendfreunde und derzeit oberster Polizeichef von Rosenburg. Mit nahezu amtlicher Feierlichkeit versprach er: »Falls du jemals in irgendwelche Schwierigkeiten geraten solltest, Eva-Ingeborg, meine Verehrteste, dann werde ich die bereinigen! Darauf kannst du dich verlassen.«

»Mische dich da lieber nicht ein, Jürgen«, empfahl ihm Kahlers. »Du weißt doch gar nicht, worum es hier wirklich geht!«

»Das bekomme ich heraus!« versicherte Wiese überzeugt. »Auf die Dauer bleibt mir nichts verborgen! Außerdem richtete sich doch mein Angebot an Eva-Ingeborg.« Dabei blickte er zu Siegfried hin.

Zur gleichen Zeit begann im Mittelfeld dieser festfreudigen Gesellschaft eine ziemlich lautstarke Auseinandersetzung. Sie wurde von Dagmar ausgelöst und richtete sich gegen ihren politbewußten Saisonfreund.

Zu dem hatte sie kurz vorher provozierend gesagt: »Was glaubst du zu sein – eine Art Weltverbesserer? Das ich nicht lache! Du bist doch auch nur ein Herdenschaf – wie alle anderen hier. Du behauptest, alles widert und kotzt dich an! Doch du sitzt, genau wie die anderen, hier herum, schlägst dir den Bauch voll und vernebelst dein Gehirn mit Alkohol. Aber um das zu sagen, was du angeblich denkst, fehlt dir der Mut!«

»Ich beabsichtige nicht, diese Familienfeier zu stören, Dagmar!« verteidigte sich der Jüngling. »So tolerant bin ich nun einmal.«

»Der ist ein guter Junge«, lobte der alte Adam, bereits wohlig trunken. »Im Grunde sind sie das alle – wenn auch manchmal etwas verwirrt. Wir haben überlebt! Was haben wir nicht alles hinter uns bringen müssen – und auch gebracht!«
»Na klar – das ist es!« stellte Dagmar streitbar fest. »Einfach alles hinter sich bringen! Die Nazis, die verbrannten Juden, den versauten Krieg – einfach alles! Hauptsache: endlich vorbei! Dann nichts wie sich vollfressen, sich besaufen und große Reden schwingen! Niemand hat gewußt, wohin die Reihe ging! Nicht wahr, so ist es doch, Thomas Brandin?«
Der lächelte sie an. »Ganz so einfach, Dagmar, ist das wohl nicht gewesen. Was Sie aber kaum wissen können. Denn damals, als dieses sogenannte Dritte Reich begann, waren Sie noch gar nicht geboren. Und als es offiziell endete, 1945, waren Sie ganze zehn Jahre alt.«
»Derartige Anspielungen«, rief nun Dagmars Saisonfreund verächtlich über den Tisch hinweg, »können Sie sich schenken! Versuchen Sie doch nicht, uns für zu jung zu verkaufen – für unreif, unerfahren, voreilig urteilend! Wir brauchen doch nur die Augen aufzumachen, um das zu sehen, was ist – draußen vor der Tür und hier im Zimmer. Das reicht!«
»Das reicht wohl nicht ganz«, gab der Heimkehrer Thomas Brandin mit sprödem Lächeln zu bedenken. »Denn man muß wohl auch noch wissen, wie es dazu gekommen ist. In euren Augen, nicht wahr, haben wir Älteren unser Volk systematisch ruiniert – sozusagen bei vollem Bewußtsein, wenn auch wohl mit getrübtem Verstand.
Wir haben diesen Hitler, meint ihr doch, für einen Herrgott gehalten und ihn inbrünstig angefleht: Erlöse uns von allem Übel, wie Juden, Kommunisten und Vaterlandsverrätern! Schick jene zur Hölle und uns auf die Schlachtfelder, damit wir die wahren Werte der deutschen Menschheit verteidigen können. So waren wir also bereit, uns töten zu lassen. Auszurotten, um nicht selber ausgerottet zu werden! Waren wir so – war es so?«
»Sie!« stieß Dagmars Saisonfreund, von ihr angefeuert, empört hervor. »Sollten Sie etwa versuchen, sich über uns lustig zu machen?«
»Kinder, Kinder!« rief der alte Adam beschwörend aus. »Doch nicht diese Töne! Nicht an einem so einzigartigen Abend wie diesem! Euer Problem besteht vermutlich darin: Ihr trinkt viel, doch ihr könnt nichts vertragen.«

»Aber ihr – ihr habt einen verdammt starken Magen – ihr verdaut einfach alles! Sogar einen Hitler!« rief Dagmar. »Ihr seid dickfellige Dinosaurier, die jetzt endlich auszusterben haben!«
Der alte Adam schüttelte betrübt seinen Kopf. Auch Eva-Ingeborg blickte unwillig. »Opa« Greiner lachte meckernd auf. Dagmar betrachtete Thomas blinzelnd, der sich offenbar so behaglich fühlte wie ein schnurrender Kater.
Dann, auf einen fordernden Wink von Mutter Emma, drohte die wohl unvermeidliche Festrede des Bürgermeisters Konrad Kahlers anzuheben. Denn Reden zu halten, offizielle, das war hier in Rosenburg-Neuheim nicht nur sein Privileg, sondern auch seine immer mehr ausufernde Leidenschaft.
Er klopfte mit einem nicht mehr sauberen Tafelmesser gegen sein gefülltes Glas. Aufmerksamkeit stellte sich unverzüglich ein. Denn längere Reden ermöglichten angenehm entspannende Verdauungspausen. Konrad Kahlers erhob sich schwergewichtig, nicht ohne Eva-Ingeborg vertraulich zugelächelt zu haben. Jovial blickte er in die Runde – bis zu Mutter Emma, vor der er sich andeutungsweise verbeugte. Dann begann er:
»Mein lieber, guter Siegfried – mein Jugendfreund! Nun weilst du wieder mitten unter uns! Sehr verehrte, hochgeschätzte Frau Emma! Meine gleichermaßen verehrungswürdige Eva-Ingeborg! Sehr liebe, teure Freunde! Verläßliche Weggefährten und von Herzen Anteilnehmende! Dies ist ein großer, bedeutsamer, uns alle überaus bewegender Augenblick.
Denn du bist endlich heimgekehrt, mein lieber Siegfried. Dich hier nun vor mir zu sehen, umgeben von den Deinen, die dich lieben, die du liebst – das ist ein herzbeglückendes Erlebnis. Du hast unsagbar Schweres durchmachen müssen – wir wissen das. Du mußtest durch die Hölle dieser fürchterlichen, rücksichtslosen Nachkriegszeit gehen – doch du hast alles überstanden.
Und das offensichtlich mit Stärke – eben mit der Stärke eines unzerstörbar deutschen Menschen. Das sieht man dir an – das beglückt mich, das weiß ich zu rühmen. Und alle um dich stimmen darin mit mir überein . . .«
Alle starrten Siegfried Sonnenberg an, der am obersten Ende des Tisches saß. Nachsichtig seine Mutter; zärtlich seine Schwester; aufmerksam John; leicht skeptisch »Opa« Greiner. Und Eva-Ingeborg lächelte ihm zu. Chefpolizist Wiese nickte bedeutsam vor sich hin, um dann einen kräftigen Schluck zu nehmen. Dagmars Saisonfreund schnaufte verächtlich, und Adam, der Alte, vergoß

Tränen der Rührung, ohne sich ihrer schämen zu müssen. Dagmar aber betrachtete forschend diesen sie immer intensiver interessierenden Thomas Brandin.
Der war tief in seinen Sessel gesunken und beobachtete, mit steigender Aufmerksamkeit, seinen Freund Siegfried. In dessen Augen blitzte Wachsamkeit – wie etwa in jenem Augenblick seiner Gefangenschaft, da es, wegen einer falsch angelegten Frisur bei einem Sowjetmenschen, nahezu um Leben und Tod gegangen war. Und ähnlich war seine Reaktion auch hier.
Bürgermeister Konrad Kahlers allerdings führte, ahnungslos, weiter aus:
»Dein Schicksal, mein Freund Siegfried, muß wohl als ein sehr schweres bezeichnet werden. Jedoch auch das, was inzwischen über uns, die in der Heimat Zurückgebliebenen, hereingebrochen ist, darf nicht als leicht oder gar unwesentlich abgetan werden. Auch wir mußten uns unserer Haut wehren – wozu eine Menge Tapferkeit und Entschlossenheit gehört hat. Doch auch das ist nun vorbei – weil auch du nun endlich wieder zu uns gestoßen bist. Und nun werden wir *gemeinsam* alle erdenklichen Hindernisse überwinden.«
»Welche?« fragte Siegfried Sonnenberg lauernd.
»Welche auch immer!« tönte Kahlers, und fügte hinzu: »Denn wer wohl, ich bitte dich, Siegfried, könnte unsere herzliche Harmonie gefährden? Du bist da – wir sind um dich! Im Geiste umarmen wir dich – alle. Und nun ergreife das Wort!«
»Tu das!« flüsterte ihm Mutter Emma eindringlich zu.
Und so erhob sich Siegfried Sonnenberg und damit auch zugleich sein Glas. Und sagte:
»Na – dann Prost!«
Und das war schon alles, was er dazu sagte.

Siegfried Sonnenberg und Thomas Brandin entzogen sich alsbald dem sehr fröhlich gewordenen Familienfest. Sie begaben sich, Schulter an Schulter, leicht schwankend, ins Freie. Und hier bepinkelten sie dann schweigend die nächste Hausruine, die malerisch von einem hellen Mond beschienen wurde.
»Na – was sagst du nun?« wollte Siegfried wissen.
»Was soll ich dazu sagen.« Thomas hob die Schultern, ohne seine Tätigkeit zu unterbrechen. »Irgendwie ist das wohl alles sehr menschlich.«
Die Ruinen vor ihnen sahen wie vielversprechende archäologische

Objekte aus. Aus dem Adam-Haus, hinter ihren Rücken, erklang ein deutsches Heimatlied – »Dich, mein stilles Tal, grüß' ich tausendmal.« Auch das war offenbar zu Siegfrieds Ehren gedacht; es war das Lieblingslied der Jugendfreunde.

»Hast du mitbekommen, Thomas, was hier gespielt wird?«

»Ich glaube – ja, Siegfried. Die wollen offenbar einiges von dir – vermutlich sogar eine ganze Menge. Aber ist das was Besonderes?«

»Nicht bei meiner lieben Familie. Das hast du richtig erkannt. Was mich jedoch aufhorchen läßt, ist die enorme Schnelligkeit, mit der ich vereinnahmt werden soll – kaum daß ich angekommen bin.«

»Bei einigen hatte ich durchaus den Eindruck: die freuen sich ehrlich, daß du wieder zu Hause bist.«

»Ja – einige wenige. Meine liebe Schwester und meine so wunderbar eigenwillige Tochter; der gute alte, ahnungslose Adam auch. Alle anderen jedoch muten geradezu unheimlich entschlossen an. Die wissen ganz genau, was sie von mir wollen – sie wußten das schon immer.«

»Doch diesmal gedenkst du ihre Spiele nicht mitzumachen. Stimmt's?«

»Könnte sein, Thomas. Aber misch dich da nicht ein – das möchte ich dir nicht zumuten.«

»Ich will es aber!« versicherte Brandin herzlich. »Ich bin ziemlich vergnügungssüchtig veranlagt, wie du weißt – und außerdem bin ich nun mal mit dir befreundet. Nur mit dir. Also bleibe ich hier – bei dir.«

»Aber doch nicht allein meinetwegen?«

»Durchaus deinetwegen – sagen wir: in erster Linie.« Thomas Brandin lächelte in das Mondlicht hinein. »Doch du vermutest richtig: etwas anderes kommt noch hinzu.«

»Das habe ich mir gedacht – schon seit geraumer Zeit, lange bevor wir hier ankamen. Denn deine allzu spontane Bereitschaft, schon im Gefangenenlager, mich nach Rosenburg zu begleiten, war mir gleich aufgefallen. Aber ich habe dich niemals nach dem ›Warum‹ gefragt. Jetzt aber frage ich. Also?«

»Deine Vermutung stimmt, Siegfried. Doch du solltest nun nicht gleich darauf bestehen, eine Erklärung dafür zu erhalten. Vielleicht morgen – oder in den nächsten Tagen. Im Augenblick ist mir zum Kotzen übel. Deine Leute haben uns nicht nur durch schöne Reden besoffen gemacht, sondern auch noch durch Sturzfluten von Alkohol. Wir vertragen das einfach nicht! Auch du wirkst wie betäubt.«

»Aber besinnungslos bin ich noch lange nicht – und auch du bist das nicht. Weiche mir also nicht aus. Du weißt, mir kannst du vertrauen.«

Das tat Thomas Brandin dann auch. »Es handelt sich«, bekannte er, »um diesen Mann namens Werners. Um den, der da oben auf seiner Rosenburg haust. Überrascht dich das etwa?«

»Nein«, sagte Sonnenberg einfach. »Nach dem hast du in den vergangenen Jahren immer wieder gefragt; ich sollte dir immer wieder von ihm erzählen. Das habe ich denn auch getan. Und keine Fragen gestellt. Aber jetzt sind doch einige fällig. Willst du sie beantworten?«

»Will ich – zumal du offenbar großen Wert darauf legst. Ist auch berechtigt. Also dieser Werners! Der war damals, in den letzten Monaten des Krieges, einer der Generäle der »Festung Königsberg« – einer von drei oder vieren. Aber Werners war ein ganz scharfer Hund. Er hat meinen Vater standrechtlich zum Tode verurteilt – und hat sich sogar noch angesehen, wie dieses Urteil unverzüglich vollstreckt wurde.«

»Mit welcher Begründung?«

»Mit den üblichen Argumenten: Feigheit vor dem Feind, unehrenhaftes Verhalten, Hochverrat! Mein Vater war Hauptmann der Infanterie und hatte erkannt, daß alles verloren war, daß es nur noch darum ging, überflüssige Opfer zu vermeiden. Dafür setzte er sich ein. Tausende wären möglicherweise durch ihn gerettet worden. Doch dazu kam es nicht. Werners befahl, daß Vater zu sterben hatte.«

»Du hast deinen Vater sehr geliebt?«

»Nein – das ist es nicht«, gestand Thomas ein. »Ich habe meinen Vater kaum gekannt – richtiger gesagt: in jener großdeutschen Zeit ergab sich kaum Gelegenheit, einander kennenzulernen. Doch als dann, so nach und nach, meine Familie verlorenging, durch den Krieg getötet wurde, blieben nur noch wir beide übrig.«

»Ja – auch so kann man sich näherkommen.«

»Er wurde für mich zum einzigen Menschen in meinem Leben – wie ein Symbol für allerletzte Hoffnung. Doch dann ermordeten sie ihn – wie noch hunderttausendfach in jenen Monaten des Untergangs gemordet wurde. Aber in diesem Fall ist mir der Täter bekannt – und der muß nun die Rechnung begleichen. Der muß zahlen!«

»Wie?«
»Genau wie mein Vater – also mit seinem Leben! Und deshalb, Siegfried, bin ich hier.«
Im flimmernden Funkeln des Mondlichtes standen sie eng nebeneinander. Endlich erklärte Siegfried Sonnenberg:
»Da scheinen wir uns beide eine ganze Menge an Schwierigkeiten eingehandelt zu haben. Versuchen wir's durchzustehen. Gemeinsam.«

3

Nichts ist beständig – alles ist Übergang

Eine sanfte Sonne glänzte über Rosenburg und vergoldete zärtlich sogar die Ruinen. Und die Menschen lächelten einander zu. Zumindest jene, die an diesem Maientag des Jahres 1950 den Friseursalon des Altmeisters Adam aufsuchten. Der Salon wurde offiziell um neun Uhr vormittags geöffnet. Bald darauf fand hier ein neugieriges Gedränge statt – und das Siegfrieds wegen. Denn seine Heimkehr hatte sich schnell herumgesprochen, und seine besonderen Fähigkeiten waren unvergessen. Mithin erschienen zahlreiche weibliche Wesen, um sich ihre Haartracht verschönern zu lassen.

»So einen Andrang«, stellte der Altmeister beglückt fest, »hat es hier in den letzten Jahren noch niemals gegeben! Das ist ja wie in schönsten Friedenszeiten!«

Adam selbst fertigte die männlichen Kunden ab, wobei er von Thomas Brandin fachgerecht unterstützt wurde. Er besorgte, wie er es von Siegfried im Kriegsgefangenenlager gelernt hatte, den Vorschnitt; der alte Meister erledigte schwungvoll den Rest. Scheren klapperten, Kämme rauschten, die Haare flogen nur so! Während sich die weiblichen Kunden wohlig von Siegfried Sonnenberg behandeln ließen: »Sie haben so sichere, überaus wohltuende Hände, Meister!«

Die hatte er – schon immer gehabt. Seiner Frau Eva-Ingeborg war das bekannt. Sie hatte sich hinter der Kasse plaziert und nahm derlei Ovationen scheinbar gelassen hin, versäumte jedoch nicht, die von ihr festgesetzten Preise systematisch zu erhöhen. Sie wußte, welch besondere Qualifikation ihr Mann besaß.

Denn der war gewiß ein unvergleichlicher Meister in seinem Metier. Er vermochte, allein mit Schere, Kamm und Rasiermesser, jede noch so ungebärdige Haarflut zu bändigen, sie in schwungvolle, wohlgeordnete Formen zu bringen. Es gelang ihm, selbst ganz dünnes, strähniges Haar aufzulockern, zu bauschen und füllig erscheinen zu lassen. Er bemühte sich auch wirksam darum,

die Gesichtszüge seiner Kundinnen durch gefälligere Frisuren zu verfeinern.
In der Tat, Siegfried Sonnenberg hatte nichts von seinem großen Können verloren; und das nicht nur, weil er am weiblichen sowjetischen Lagerpersonal fleißig hatte üben können, sondern auch weil er sich von modischen Einflüssen und alten Gebrauchsmustern befreit hatte.
Jetzt konnte er allein seiner Phantasie folgen, konnte individuell gestalterisch tätig werden. Die Frauen und Mädchen von Rosenburg waren entzückt – von seinen Fähigkeiten und von ihm persönlich. »Siegfried«, gestand ihm eine seiner früheren Kundinnen, die als eine der ersten erschienen war, »du bist ja inzwischen noch besser geworden. Einfach ganz groß! Schön, daß du endlich wieder da bist!«
Eine Bemerkung, die Eva-Ingeborg an der Kasse nicht entging. Nicht etwa, daß Frau Sonnenberg eifersüchtig gewesen wäre, das war sie schon lange nicht mehr. Es ging ihr allein um den besonderen Wert ihres Mannes als Friseur. In dieser Hinsicht hatte er ihr sehr gefehlt.
Bei seiner Beschäftigung verwendete Siegfried – was Meister Adam bekannt war und wofür er vorgesorgt hatte – zwei Sorten Wasser; jeweils nach der Struktur der zu bearbeitenden Haare. Einmal Leitungswasser, das hier in Rosenburg immer noch klar und sauber war; für kräftigen Haarwuchs. Sodann aber auch aufgefangenes Regenwasser, das im Keller kühl gelagert wurde. Damit ließen sich spröde, leicht verfilzte Haare sanft aufweichen.
Adam blinzelte Thomas Brandin begeistert zu. Der staunte ehrlich – denn sein Freund Siegfried entwickelte Fähigkeiten, die selbst er bei ihm nicht unbedingt vermutet hatte: geschäftige Gestaltungsfreude, beschwingtes Entgegenkommen, feinfühligen Instinkt für weibliche Wünsche. Brandin blickte zu Eva-Ingeborg hinüber – und die nickte ihm sichtlich zufrieden zu.
Bei nächster sich bietender Gelegenheit suchte er ein Gespräch mit ihr. »Sie sollten sich eigentlich beglückwünschen – seinetwegen!«
»Tue ich auch! Denn schließlich sind er und ich gleichberechtigte Teilhaber eines gemeinsamen Unternehmens. An dem offenbar mein Mann auch Sie Anteil nehmen lassen will. Meinetwegen geht das in Ordnung.«
»Und – ihre Frau Mutter?«
»Meine Schwiegermutter, meinen Sie? Nun, die ist hier ihrer Ansicht nach immer noch das maßgebliche Familienoberhaupt. Mit

der müssen Sie sich wohl noch arrangieren, was gar nicht leicht sein dürfte, wie ich vermute. Mit mir haben Sie's einfacher – auch in menschlicher Hinsicht. Denn Sie sind mir gar nicht unsympathisch. Und wie gefällt Ihnen unsere Tochter?«

Als sich Brandin daraufhin entfernte, lächelte sie ihm nach. Und sie lächelte immer noch, als »Mutter Emma« bei ihr auftauchte. Die sah prüfend um sich und erfaßte mit scharfem Blick das Wesentliche. Worauf sie feststellte: »Der ist ja nun schon wieder ganz in seinem Element, der Siegfried! Einfach prächtig, dieser Junge! Dem traue ich sogar zu, daß er auch noch mit alldem fertig wird, was hier noch auf ihn zukommt.«

Siegfried Sonnenberg konzentrierte sich ganz auf seine Kundinnen. Für die Behandlung ihrer Haare benutzte er auch Öl – und zwar Olivenöl von italienischer Herkunft. Es war ihm gelungen, einen Fünfliter-Kanister davon in der Küche aufzuspüren; Mister Frankfurter hatte ihn für seine Erika angeliefert. Aber mit reinem Öl – das hatte Siegfried herausgefunden, und zwar bereits in Rußland, bei Verwendung von Sonnenblumenextrakten – konnte ein Friseur mit gestalterischer Phantasie eine Menge anfangen.

So gelang es ihm – eben als einem der Besten seiner Branche, und wahrlich nicht nur in Rosenburg! – in diesen wenigen Vormittagsstunden eine sich bald als sehr bedeutsam erweisende Spezialmethode zu entwickeln. Und zwar aus der lapidaren Erkenntnis heraus, daß Öl sehr vielseitig verwendbar ist. Sowohl für die Haare, als auch für die Haut, sowie für die sie bearbeitenden Hände.

Aus den durch seine Praxis gewonnenen Erkenntnissen erstand dann Siegfrieds neuestes Produkt: »Sonnenbergs Universal-Mixtur«! Sie basierte auf sorgfältig gefiltertem Öl, mit Zusätzen von reinem Alkohol und einer dezenten Beimischung von Parfümextrakten. Das sollte baldmöglichst fabrikmäßig hergestellt, abgefüllt und vertrieben werden. Man erhoffte sich einen vielverkauften Markenartikel! Eva-Ingeborg rechnete sich bereits große Chancen aus.

Als gegen Mittag der Betrieb geschlossen wurde, war man freudig erschöpft. Thomas Brandin lehnte sich gegen die Wand, Siegfried ließ sich, beglückt und leicht entkräftet, in einen Friseursessel fallen und streckte die Beine weit von sich. Altmeister Adam aber eilte leicht schwankend zur Kasse.

Was ihm Eva-Ingeborg dort vorweisen konnte, machte ihn zunächst sprachlos. Dann aber stellte er vergnügt fest: »Das über-

trifft selbst meine kühnsten Erwartungen! Endlich geht es wieder aufwärts! Mein Gott – daß ich das noch erleben darf!«
In dieses freudige Idyll brach nun abermals geschäftig Mutter Emma ein. »Nur keine Müdigkeit vorschützen, meine Lieben!« rief sie. »Das Mittagessen wird in Kürze serviert werden. Und unser Gast ist bereits eingetroffen! Dem solltest du dich jetzt widmen, Eva-Ingeborg.«
»Mach ich«, sagte sie bereitwillig und entfernte sich.
Siegfried Sonnenberg sah ihr nach. »Ein Gast? Wer denn?«
»Konrad Kahlers, der Bürgermeister – habe ich dir das nicht schon gesagt? Der ist diesmal allein deinetwegen gekommen; er wünscht sich mit dir zu unterhalten.«
Siegfried richtete sich in seinem Friseurstuhl auf. Er sprach nun sehr langsam, betont deutlich.
»Ich erinnere mich nicht, Herrn Kahlers um eine Unterredung ersucht zu haben.«
»Was auch gar nicht nötig gewesen ist, mein Junge! Denn schließlich gehört Konrad so gut wie zur Familie. Der ist immer für uns dagewesen, wenn wir ihn brauchten; und dann hat er getan, was immer er vermochte. Doch diesmal ist er sozusagen dein Gast.«
»Was will er von mir?«
»Das wird er dir schon sagen – nach dem Essen. Ich habe dein und Konrads Leibgericht gekocht. Und ich kann dir nur raten: Bemühe dich, auf ihn zu hören. Der verdient das – und dabei könnten wir alle verdienen. Das meint auch Eva-Ingeborg.«
»Hätte die nicht«, mischte sich nun Thomas Brandin neugierig ein, »nach allem, was ich da so gehört habe, auch Frau Kahlers sein können?«
»Das geht Sie nichts an, Herr Brandin – das und so manches andere auch nicht!« Mutter Emma reagierte schroff. »Jedenfalls ist sie nicht Frau Kahlers!«
»Aber eben das«, meinte nun auch Siegfried herausfordernd, »hätte Eva-Ingeborg jederzeit werden können – wenn ich nicht heimgekehrt wäre.«
»Aber Jungchen, mein Jungchen!« warf der alte Adam besänftigend ein, »so was solltest du nicht einmal im Traum denken!«
»Warum eigentlich nicht?« fragte Thomas höflich. »Solche Vorgänge sind doch sehr menschlich. Seit wann müssen denn Witwen unbedingt versauern – zumal wenn sie derartig attraktiv sind?«
»Schluß mit diesem Unsinn!« befahl Mutter Emma mit der ihr eigenen Energie. »Was ihr da auch so alles in langen Kriegsgefange-

nennächten ausgebrütet haben mögt – hier ist das nicht zu gebrauchen. Bei uns hat endlich alles wieder halbwegs normal zu verlaufen. Zunächst – zu Tisch!«

Das wahrhaft köstlich zu nennende Mittagessen wurde in der geräumigen Wohnküche des Hauses Adam serviert, die noch mit stattlichen Resten altfränkischer Möbel ausgestattet war. Das Mahl verlief ohne bedeutsame Gespräche; es wurde nahezu schweigend, fast schon andächtig, genossen. Denn diese Schweineschnitzel in Pilzsoße waren auf kleiner Flamme gesotten worden, und dazu gab es braungoldene Bratkartoffeln.
»Köstlich, ganz köstlich!« stellte Konrad Kahlers genießerisch fest. »So was macht dir keiner nach, Mutter Emma! Stimmt's Siegfried?«
»Zumindest ist mir und Thomas ein derartiger Genuß in den letzten fünf, sechs Jahren nicht vergönnt gewesen.« Das wurde halb scherzend gesagt und auch so aufgenommen. Die Anwesenden lachten ein wenig, ohne sich vom Essen ablenken zu lassen. Brandin diesmal schon gar nicht; wortlos würgte er größere Fleischmengen in sich hinein.
Doch unmittelbar nach diesem prächtigen Mittagessen dirigierte Mutter Emma den Großteil der Anwesenden hinaus; mit der ihr eigenen Direktheit. »Du, lieber Adam, solltest dich eine Stunde aufs Ohr legen. Sie, Herr Brandin, auch! Eva-Ingeborg und ich haben noch einiges im Keller und an der Kasse zu tun. Ihr könnt euch so völlig ungestört fühlen.«
Auf diese Weise blieben, nach nur wenigen Minuten, Kahlers und Sonnenberg allein in der Wohnküche zurück. Genau wie von Mutter Emma geplant. Sie hatte ihnen ermunternd eine Flasche Enzian hingestellt und zwei Gläser dazu. Zunächst rührten sie jedoch nichts an.
Die beiden betrachteten sich; und obgleich sie sich schon ein Leben lang kannten, war es, als sähen sie nun einander zum ersten Mal.
Endlich bemerkte Konrad Kahlers plump-vertraulich: »Wir sind doch schließlich alte Freunde seit unserer Kindheit!«
»Sind wir das?« Siegfried Sonnenberg hatte wieder das Gefühl, daß er hier ausgenutzt werden sollte, wenn nicht gar vereinnahmt – was diesem Konrad in ihrem gemeinsamen Leben ja schon mehrfach gelungen war, in aller »Freundschaft« natürlich!
»Ich bin mir niemals wirklich sicher gewesen«, sagte Siegfried,

»wem eigentlich deine sogenannte Freundschaft gegolten hat. Mir – oder Eva-Ingeborg.«
»Ich verehre, bewundere sie, das gebe ich zu! Das habe ich schon damals getan, als sie noch nicht deine Frau war. Warum sollte ich das leugnen – du weißt es ja! Doch dann hat sie dich geheiratet – nicht mich. Und diese Tatsache habe ich stets respektiert, sozusagen hundertprozentig – was du endlich anerkennen solltest. Mach also nicht immer wieder unnötigen Scheiß deswegen! Ich bin dein Freund – und eben als solcher habe ich mich bereits mehrmals engagiert. Für dich!«
»Und jetzt auch? Warum? Weshalb?«
»Du kennst mich eben immer noch nicht gut genug.« Kahlers blickte betrübt wie ein Kind, das von seinem Lieblingsspielplatz vertrieben werden soll. »Du meinst vermutlich, daß ich stets auf meinen Vorteil aus bin? Nun ja – das ist nicht einmal ganz unrichtig. Doch noch zutreffender könnte man sagen: ich lege keinen Wert darauf, benachteiligt zu werden. Daher auch mein stets bereitwilliges Entgegenkommen.«
»Es gibt vermutlich nicht wenige in Rosenburg, die über solch eine Erklärung lachen würden – falls ihnen noch nach Lachen zumute ist.«
»Nun gut«, stimmte Kahlers robust zu. »Einige halten mich für ein Schwein – andere jedoch für einen Wohltäter. Jedenfalls pflege ich niemals Freunde zu betrügen oder zu täuschen – und in diesem Fall handelt es sich gleich um zwei: um dich und Eva-Ingeborg. Hinzu kommt noch Mutter Emma. Die übers Ohr zu hauen, würde nicht einmal ich riskieren.«
Das allerdings war ein Argument, das sogar auf Siegfried überzeugend wirkte. »Vermutlich scheinst du mir nun beibringen zu wollen«, sagte er, »daß mir inzwischen die Einsicht in gewisse Möglichkeiten, die sich in Rosenburg ergeben könnten, abhanden gekommen ist. Das meinst du doch wohl?«
Konrad Kahlers lächelte, mächtig erleichtert. Er fühlte sich verstanden und griff, als wäre er hier der Hausherr, zur bereitgestellten Enzianflasche, um die Gläser bis zum Rand zu füllen. Die nahmen sie auf, hielten sie einander entgegen und tranken sie leer. Siegfried schüttelte sich. »Ein fürchterlich-herrliches Gesöff – auch daran muß ich mich wohl noch gewöhnen!«
Kahlers nickte Sonnenberg zu und bemühte sich, die Stimmung weiter zu verbessern.
»Während der Nazizeit habe ich mich, wie du wohl weißt, ein we-

nig, doch ganz bewußt, zurückgehalten. Dabei war ich nicht ungefährdet – es gab Augenblicke, in denen ich mich sogar als verfolgt fühlen mußte. Wenn ich dennoch, als städtischer Angestellter, unbeschadet überlebt habe, so ist das nicht zuletzt Mutter Emma zu verdanken – sie hat sich für mich eingesetzt.«

»Mir kommen gleich die Tränen der Rührung!« Siegfried Sonnenberg lachte ungeniert. »Meine herrliche Heldenmutter ist allerdings nie ein saudumm dahintrottendes Herdentier gewesen. Sie hat niemals versäumt, sich abzusichern, hat immer erkannt, worauf es ankam! Und auch jetzt hat sie alle eingeplant: mich als brauchbaren Friseur, Eva-Ingeborg als charmante Werbung, dich als maßgeblichen Bürgermeister, mit dem man sich gutstellen muß.«

»Wenn dich das vergnügt stimmt, Siegfried, macht es mich hoffnungsvoll! Und damit kann ich jetzt wohl deutlich werden!«

Und nun kam heraus, um was es ging. Es handelte sich um ein Objekt, das »die Nordwiesen« genannt wurde.

Diese Nordwiesen waren ein verfilztes, sumpfiges, so gut wie verödetes Gelände; also weder landwirtschaftlich noch sonstwie nutzbar zu machen. Es wurde lediglich von einsamen Spaziergängern und sich absondernden Liebespaaren frequentiert. Diese Wiesen erstreckten sich über ein Areal von nahezu vierzigtausend Quadratmetern. Der Vater von Siegfrieds Vater, also der Schwiegervater von Mutter Emma, hatte es einst höchst preiswert aufgekauft und dann seinen Erben überlassen – ohne ahnen zu können, welch einzigartiges Wertobjekt damit viel später seiner Familie zufallen würde.

Das versuchte Bürgermeister Kahlers, wenn auch höchst vorsichtig, seinem Freund Sonnenberg klarzumachen. »Diese Nordwiesen mögen zunächst als ein ziemlich minderwertiges Gebiet erschienen sein – doch eben das sind sie nicht mehr, sobald sich dafür eine hochwertige Nutzung anbietet.«

»Sollte es dort etwa Ölquellen geben?« fragte Siegfried ironisch.

»Unsinn!« Der Bürgermeister versuchte nun noch deutlicher zu werden. »Es handelt sich hier, und nun solltest du aufhorchen, Siegfried, um folgendes: Das Bundesverkehrsministerium, das ein Parteifreund von mir leitet, plant den Ausbau beziehungsweise eine verkehrsentlastende Abzweigung der Autobahn Frankfurt–München. Und zwar über Würzburg. Dabei soll unser Rosenburg eine Art Drehscheibe werden. Entsprechende Pläne liegen bereits vor, ministerielle Zusagen sind erteilt, lediglich eine hier von uns zu bestätigende Flurbereinigungs-Urkunde wäre noch notwendig.«

»Muß ich die bestätigen?«

»Nicht du allein, Siegfried. Und eben das ist das Problem. Doch auch das könnte sich lösen lassen, wenn du bereit wärest, den Anfang zu machen. Denn das in deinem Besitz befindliche Gelände, also diese Nordwiesen, reicht allein für dieses Projekt nicht aus. Ein anderes, unmittelbar daneben liegendes Terrain müßte unbedingt noch hinzukommen.«

»Wobei es sich um einen Grundbesitz handelt, der diesem Werners gehört«, stellte nun Sonnenberg hellwach fest. »Und ausgerechnet mit dem soll ich mich arrangieren?«

»Sollst du. Mußt du sogar! Und das möglichst schnell; ohne Komplikationen. Denn sonst könnte uns womöglich dieses große, zukunftsvolle Projekt durch die Lappen gehen: der unmittelbare Anschluß an zwei Autobahnen! Mein Gott, siehst du denn nicht ein, was sich damit ermöglichen ließe – für dich, für uns alle!?«

»Aber eben für diesen Werners auch!«

»Und wennschon! Ich jedenfalls bin bereit, dafür zu sorgen, daß bei diesen Verhandlungen Werners' Bäume nicht gleich in alle Himmel wachsen. Aber zu einem Abschluß mit ihm müssen wir baldmöglichst kommen. Noch haben wir in Rosenburg die Vorhand. Aber für einen solchen Autobahnkreuzungspunkt kommen noch zwei weitere Standorte in Frage, bei anderen Gemeinden. Eine Verlegung muß in jedem Fall vermieden werden – nicht zuletzt in deinem Interesse!«

»Aber auch im Interesse dieses Herrn Werners!«

»Du solltest deine unangebrachten Vorurteile vergessen, Siegfried. Hier geht es um bedeutsame Geschäfte. Dieser Ansicht ist auch Mutter Emma – was du nicht ganz außer acht lassen solltest.«

»Zumal ihr beide, Mutter Emma und du, offenbar schon ganz konkrete Vorstellungen davon zu haben scheint, in welchem Ausmaß sich dieses Geschäft lohnen könnte.«

»Haben wir!« Konrad Kahlers glaubte nun seiner Sache sicher zu sein. »Die Vorteile liegen auf der Hand. Denn sobald von den beiden Grundbesitzern, also von dir und von Werners, das Gelände für die Autobahn und die zwei großen Zubringerschleifen zur Verfügung gestellt wird, bleibt immer noch genügend Raum übrig. Raum, um darauf Tankstellen, Rasthäuser und Lagerhallen zu errichten – auch Fabriken, und wer weiß, was sonst noch alles!«

»An sich keine sonderlich schöne Vorstellung, Konrad. Wenn hier anstelle von Waldwiesen reihenweise Schuttabladeplätze entstehen sollten!«
»Derartige Anwandlungen solltest du dir ersparen, Siegfried! Das allein für dich Wichtige ist, auch nach Ansicht von Mutter Emma, daß du dir mit dem gewiß sehr hohen, noch auszuhandelnden Betrag, den dir das Verkehrsministerium sofort auszuzahlen bereit ist, dein Sonnenberg-Haus wieder aufbauen könntest! Und dort könntest du dann auch einen geräumigen Friseursalon errichten, mit allen erdenklichen Modernitäten, mit technisch hochleistungsfähigen amerikanischen Einrichtungen! Nun? Eine Unterschrift von dir genügt.«

»Wie fühlen Sie sich denn hier so?« Diese Frage stellte Mutter Emma dem Thomas Brandin im sogenannten Büro des Adam-Hauses, während sich Kahlers und Sonnenberg in der Küche unterhielten. Sie wirkte entgegenkommend, was bei ihr ziemlich selten war. »Geht es Ihnen gut?«
»Bestens!« Er hockte auf dem für ihn aufgeschlagenen Feldbett. »Die Verpflegung ist sagenhaft, die Betreuung absolut erstklassig! Geradezu paradiesische Zustände herrschen hier – im Vergleich zu dem, was wir hinter uns gebracht haben.«
»Das freut mich zu hören!« Sie schien auf dem Bürosessel hinter dem Schreibtisch geradezu zu thronen – entsprechend hoheitsvoll blickte sie auch. »Und ich hoffe sehr, Sie legen Wert darauf, Herr Brandin, daß Ihnen das alles erhalten bleibt?«
»Darauf lege ich tatsächlich Wert«, bestätigte der, nun mit großer Aufmerksamkeit.
»Sie sind der Freund meines lieben Sohnes«, stellte Mutter Emma fest. »Und als solcher nehme ich an, werden Sie sicher auch bereit sein, alles zu tun, was für ihn gut und vorteilhaft ist?«
»Das dürfen Sie annehmen, Frau Sonnenberg.« Thomas Brandin versuchte, nicht ohne Erfolg, sehr höflich zu erscheinen. »Aber würden Sie mich, bitte, ein wenig näher darüber aufklären, welche Art von Unterstützung Sie sich vorstellen?«
»Das werde ich gerne tun, Herr Brandin.« Mutter Emma blickte ihn suggestiv an. »Mein lieber Sohn weiß noch nicht, noch nicht genau, was hier so alles auf ihn zukommt – und Sie, der Sie ja die hiesigen Verhältnisse noch weit weniger kennen, wissen das natürlich erst recht nicht. Dafür habe ich Verständnis. Doch leider haben Sie sich, bestimmt ahnungslos und hoffentlich auch unbe-

absichtigt, auf einen Vorgang eingelassen, den ich sehr bedauere. Und den Sie bereinigen müssen.«
»Gerne, sehr gerne! Sie brauchen mir nur zu sagen, worum es sich handelt.«
»Sie haben – und das noch dazu in Gegenwart meiner Enkelin Dagmar, einem unreifen Kind – ein Mitglied der Familie Werners schwer brüskiert. Die Tochter des Generals – Isolde.«
»Habe ich das? Nun, falls das der Fall gewesen sein sollte und wenn mir das, Ihrer Ansicht nach, leid zu tun hat, Frau Sonnenberg, dann will ich nicht widersprechen. Berücksichtigen Sie aber bitte, daß Dagmar nicht das geringste damit zu tun hat – sie begleitete mich lediglich.«
Mutter Emma schnaufte unwillig. »Sie brauchen sich hier nicht als Kavalier aufzuspielen – nicht bei diesem fürchterlich eigensinnigen Kind. Dagmar läßt sich mit Wonne auf jede Dummheit ein. Das sollten sie nicht unterstützen!«
»Wenn Sie das nicht wünschen, unterstütze ich es auch nicht.«
Thomas Brandin genoß diese Unterredung sehr; sie erschien ihm außerordentlich vielversprechend. »Ich habe also, Ihrer Ansicht nach, einen schweren Fehler gemacht. Das bedaure ich. Doch was soll ich nun tun? Mich entschuldigen? Selbstverständlich – wenn Sie das wünschen. Jedoch wie? Bei wem?«
Das vernahm Mutter Emma nicht ungerne, wenn auch nicht ganz frei von Mißtrauen; davon war sie niemals frei. Doch sie ließ sich in ihrem Vorgehen nicht beirren: »Nun, mein Lieber, lassen Sie sich dies sagen: ich lege Wert auf ein möglichst harmonisches Verhältnis mit der Familie Werners! Warum dem so ist, werden Sie, eben als Siegfrieds Freund, vermutlich sehr bald erkennen. Und deshalb halte ich eine Entschuldigung für dringend notwendig. Und zwar Herrn Werners und seiner Tochter Isolde gegenüber. Wären Sie dazu bereit?«
»Aber ja!« versicherte Thomas genüßlich, sogar mit einigem Eifer. »Die Frage ist nur: wie könnte mir das gelingen? Wie gelange ich denn zu Isolde und ihrem Vater – an diesem Bluthund und dem Schrotflintenträger vorbei? Wie kommt man denn überhaupt in diese Rosenburg?«
»Das, Herr Brandin, könnte ich Ihnen ermöglichen. Und zwar mit Hilfe des dort lebenden Geistlichen; der ist nicht nur ein äußerst angenehmer Mensch, sondern auch mir sehr verpflichtet. Wenn Sie also bereit sind, meinem Wunsch zu entsprechen, werde ich das arrangieren.«

»Akzeptiert! Ich werde mich also entschuldigen – für alles, wofür ich mich möglicherweise zu entschuldigen habe. Zufrieden, Frau Sonnenberg?«
»Nein!« rief sie, nun alarmiert. »Das kommt mir alles zu einfach, zu verdächtig vor. Schließlich kenne ich meinen Sohn – und wenn Sie tatsächlich sein einziger Freund sind, dann beunruhigt mich diese Bereitwilligkeit.«
»Unnötigerweise«, versicherte Thomas Brandin. »Siegfrieds Schilderungen über Sie haben mir großen Respekt abgenötigt – Ihnen gegenüber. Schließlich kennt der Sie von Kindheit an.«
Sie betrachtete ihn forschend. Dann sagte sie kopfschüttelnd: »Es ist gar nicht leicht zu begreifen, wie zwei so völlig verschiedenartige Menschen zueinander gefunden haben.«
»Das«, sagte Brandin bescheiden, »ergab sich eben so.«

Drittes Zwischenspiel: Wie sie zueinander fanden

Das war, damals und dort, ganz normal, sowohl in dem einen, wie auch in dem anderen, nur dreißig Kilometer entfernten Lager: Die Insassen krepierten wie die Fliegen, hier wie dort, und bald war in jedem Lager nur noch die Hälfte der ursprünglichen Belegschaft am Leben. Wodurch sich ganz zwangsläufig anbot, diese beiden Anstalten zusammenzulegen. Nach einem Zehnstundenmarsch schrumpften die Reste des Brandin-Lagers abermals zusammen – was den Vorteil hatte, daß die Portionen der bereitgestellten Suppe, für die Überlebenden ein wenig größer wurden. Müde schleppten sie sich den ihnen zugewiesenen Baracken entgegen. Dort gerieten sie dann in den Bereich der sogenannten Kriegsgefangenenselbstverwaltung.
Einer von diesen Verwaltern nahm die auf ihn zuschwankenden Neulinge in Empfang und wies sie ein. Das geschah mit kaum gedämpften Befehlstönen. »Du hier – du dort! Platz ist genug. Und der kann hier nur noch größer werden!«
Worauf Thomas Brandin in die Baracke 6 dirigiert wurde. »Dort, hinten links, befindet sich noch eine Schlafstelle.«
»Aber da liegt bereits einer!«
»Bestimmt nicht mehr allzu lange; der wird garantiert bald krepieren. Dann kannst du dieses Doppelbettgestell für dich allein vereinnahmen. Wofür du uns dankbar sein solltest.«

Brandin kroch in den Bretterverschlag. Dort erblickte er ein zerschlagenes, blutendes, kaum noch atmendes Wesen. Das lag da schon fast leichenhaft erstarrt, mit wachsbleichem Gesicht. Weitgeöffnete Augen starrten auf den Neuankömmling.
»Wer hat dich denn so zugerichtet, Mensch?« wollte Brandin wissen. »Die Russen?«
»Die sogenannten Kameraden«, sagte der Geschundene mit überraschend deutlicher Stimme. »Das besagt doch wohl alles. Also kümmere dich lieber nicht um mich, wenn du hier ungefährdet überleben willst.« Worauf dieser Siegfried Sonnenberg die Augen schloß und verstummte. Er schien sein Leben für beendet zu halten.
Noch in der gleichen Nacht wurde im sogenannten Lazarett des Lagers eingebrochen. Dabei wurden Verbandsmaterial, Heilsalben und schmerzlindernde Tabletten entwendet – Medikamente, die für erkrankte Russen bestimmt waren. Damit versuchte Brandin seinen Barackengefährten zu behandeln.
Am nächsten Tag war im Lager der Teufel los. Der über den Einbruch äußerst empörte Kommandant befahl Stehappelle, Sonderzählungen, Namensaufrufe, Körperkontrollen, Barackendurchsuchungen. Das waren Vorgänge, die erfahrungsgemäß stundenlang andauern konnten. Wobei dann so mancher umfiel, wie tot liegenblieb und abtransportiert wurde – in Friedhofsnähe.
Doch diesmal wurde dem Kommandanten frühzeitig zugeflüstert: Baracke 6! Das sagte der deutsche Dolmetscher, der stets darauf bedacht war, seine Verläßlichkeit zu beweisen. Dorthin also begab sich der Kommandant mit *seinem Gefolge.*
Zu dem gehörte auch die verantwortliche medizinische Betreuerin dieses Lagers, eine Ärztin, von der nur der Vorname bekannt war: Natascha. Die untersuchte sicher und schnell den hinten links auf seiner Pritsche liegenden Mann. Dann erklärte sie: »Bei dem finden sich alle im Lazarett entwendeten Medikamente wieder. Anscheinend sind sie ziemlich fachgerecht angewendet worden.«
Der Kommandant beugte sich unwillig über dieses Bündel Mensch und erkannte, um wen es sich handelte. »Sonnenberg«, stellte er fest, wobei er wie automatisch seinen präzis-dekorativen Haarschnitt betastete. »Mußte das sein? Um diese Medikamente hättest du mich bitten können – ich würde sie dir nicht verweigert haben.«
Worauf ihm der Dolmetscher in seiner Eigenschaft als Vertrauensmann hörbar deutlich zuflüsterte: »Der dürfte es gar nicht gewe-

sen sein – der kann sich ja kaum mehr bewegen. Doch direkt neben dem liegt neuerdings ein gewisser Brandin . . .«
»Der«, erklärte Siegfried, wie mit allerletzter Anstrengung, »war es nicht!«
»Schon gut, Mann«, beschwichtigte der Kommandant großmütig, was auch seiner Natur entsprach. »Werde möglichst bald wieder gesund, Sonnenberg – bis zum nächsten bei mir notwendig werdenden Haarschnitt! Auf den lege ich allergrößten Wert.«
Damit war diese Angelegenheit für ihn erledigt. Nur für ihn. Fürchterliche Folgen sollten sich aus dieser Affäre noch ergeben – aber auch eine der recht seltenen wahren Freundschaften.

Am frühen Nachmittag dieses herrlichen Frühlingstages in Rosenburg-Neuheim – wir sind immer noch im Monat Mai des Jahres 1950 – erklärte Siegfried Sonnenberg, eine knappe halbe Stunde nach seiner Unterredung mit Bürgermeister Kahlers, lässig, aber bestimmt: er denke nicht daran, gleich wieder den Friseursalon Adam durch seine Anwesenheit zu beglücken.
Er wünsche sich zunächst einmal »die Füße zu vertreten«! Auf dem alten Pflaster seiner Heimatstadt. Auch benötige er dringend frische Luft.
Darauf entfernte er sich, ohne auf Einwände zu achten. Lächelnd schritt er durch die Trümmerfelder im innersten Stadtkern von Rosenburg, dem Marktplatz zu. Dort, beim Eingang zum Keller des stark beschädigten, aber immer noch verwendungsfähigen Rathauses, erblickte er ein Hinweisschild: Zur Polizei. Zu dieser Institution gehörte, dort nun dominierend als »leitender Beamter«, der zweite seiner »Jugendfreunde«: Jürgen Wiese. Der, in seinem weißgetünchten Kellerloch, blinzelte Siegfried beglückt entgegen.
»Wie schön, daß du mich aufsuchst – mich als ersten! Das empfinde ich als einen Vertrauensbeweis. Den ich auch verdiene!«
Dieser Jürgen Wiese war ein schmaler, schmächtiger, nahezu zwergenhafter Mann. Doch er besaß ein geradezu riesenhaftes Selbstvertrauen. Er hielt sich für ungemein stark, besonders in geistiger Hinsicht, auch für überaus energisch und ungewöhnlich weitsichtig. Fast feierlich erklärte er Siegfried: »Auf mich kannst du stets rechnen. Du stehst unter meinem Schutz!«
»Tatsächlich, Jürgen!« Sonnenberg ließ sich, höflich aufgefordert, vor dem zerbrechlichen Fichtenbretterschreibtisch auf einem gleichfalls wackelnden Stuhl nieder. »Und was verstehst du darunter?«

»Für dich, Siegfried, regele ich einfach alles. Zumal ich mir vorstellen kann, warum du zu mir gekommen bist.« Jürgen Wiese gab sich scharfsinnig; seine zerknautschte Dackelvisage und seine durchdringenden Blicke sollten wohl amtlich wirken. »Du bist vermutlich deiner Todeserklärung wegen hier.«
Sonnenberg war überzeugt, sich da verhört zu haben. »Sagtest du ›Todeserklärung‹? Mit Bezug auf mich?«
»Nichts, was sich nicht bereinigen ließe! Immer vorausgesetzt, daß dabei die richtigen Hände und der rechte Geist am Werk sind! Das wirst du mir gewiß zutrauen. Bei meinen Erfahrungen und bei unserer Freundschaft. Denn schließlich bin ich nicht irgendwer!« Eine Behauptung, die er selber gerne glaubte.
Jürgen Wiese, der Polizeigewaltige von Rosenburg, hatte sich fleißig hochgedient – und zwar durch alle erdenklichen deutschen und dann auch großdeutschen Zeitströmungen hindurch. Das hatte schon 1930 begonnen, als er achtzehn war. In der Weimarer Republik war er ein vorsichtiger Neutraler gewesen; dann, im Dritten Reich, ein behutsam ausweichender Volksgenosse, und nunmehr ein vorsichtig zustimmender Mitgänger in der sich offenbar demokratisch gebärdenden Bundesrepublik.
Auch im sehr privaten Bereich blieb er ein unauffälliger Bürger. Allerdings gehörte er auch zu jenen, die heftigste Zuneigung zu Eva-Ingeborg empfunden hatten; er verehrte sie immer noch, allerdings wohl auf eine eher sublimierte Art. Jedenfalls wesentlich anders als dieser Konrad Kahlers, der derzeitige Bürgermeister, der nach wie vor auf Eva-Ingeborg »scharf« war. Vermutlich hatte der, allein ihretwegen, immer noch nicht geheiratet.
Jürgen Wiese jedoch war es gegeben, sich inzwischen von derartigen Wunschträumen zu lösen. Er hatte eine Gemüsehändlerin geehelicht und mit ihr drei Kinder gezeugt. Ziemlich prächtige, wie er glaubte – sie ähnelten ihm alle. Leider war nur eins davon männlichen Geschlechts. Jedenfalls hatte sich Wiese als Siegfrieds wahrer Jugendfreund bewährt. Und ein solcher gedachte er auch weiterhin zu sein.
»Menschenskind, Jürgen – was soll denn dieser ausgemachte Blödsinn! Von wegen Todeserklärung! Ich lebe! Ich sitze vor dir!«
Der Polizeichef bestätigte das. »Doch eben dieses müssen wir nun auch von Amts wegen überzeugend glaubhaft machen! Wozu diverse Dokumente gehören. Etwa deine Geburtsurkunde, dein Soldbuch oder Wehrpaß, weiterhin ordentliche Entlassungspa-

piere aus der Kriegsgefangenschaft. Damit könnten wir das schaffen.«
Siegfried Sonnenberg hatte den Eindruck, auf einem fremden Stern gelandet zu sein. »So viel hochgestapelter Unsinn ist einfach nicht faßbar, Mensch! Wer hat es sich denn da geleistet, eine Todeserklärung zu beantragen – und warum?«
»Das weißt du nicht?« Und obgleich Jürgen Wiese stets überzeugt war, sich als Polizeimensch in allen, auch noch so niedrigen Lebensbereichen auszukennen, staunte er jetzt doch. »Das ist schlimm. Doch falls du unbedingt wissen willst, wer eine solche Erklärung gefordert hat: das ist deine Mutter gewesen.«
Doch das war eine Eröffnung, die Sonnenberg gar nicht sonderlich zu überraschen schien. Mit dergleichen hatte er gerechnet. Fast schien es nun, als erlöse ihn diese Tat von letzten Zweifeln.
»Und – warum hat sie das getan?« Jürgen Wiese war stets bereit, sich schicksalhaften Vorgängen zu stellen. Dennoch reagierte er verlegen. »Nicht einmal das weißt du?«
»Kläre mich auf!«
»Also gut, Siegfried, wobei ich dich sehr bitten möchte, deine liebe Mutter zu verstehen! Sie ist eine allgemein bewunderte Person. Sie setzt sich entschlossen für dich ein und versucht dir möglichst freie Hand zu schaffen. Dieser Nordwiesen wegen – vermutlich . . .«
Nun endlich verstand Siegfried Sonnenberg alles, was da auf ihn zugekommen war. Jetzt begriff er, welch ein gewichtiger Beweggrund hier in Wahrheit dominierte: Sein Vater, der Lokomotivführer, hatte in seinem Testament eine ganz große Absicherung getroffen – vielleicht gegen seine Frau, Mutter Emma, möglicherweise für ihn, Siegfried. Die entscheidende Klausel besagte: Bei einem Verkauf von Grundstückswerten, also auch der Nordwiesen, sei eine doppelte Zustimmung notwendig – also die von Mutter und Sohn gemeinsam. Es sei denn, einer von beiden existiere nicht.
»Ich«, stellte Siegfried Sonnenberg fest, »ich existiere! Ich bin da, Mensch! Hier. Das genügt mir. Auf deine ›Glaubhaftmachung von Amts wegen‹ scheiße ich!«
»Sei da nur nicht so sicher!« warnte ihn der Freund ehrlich besorgt. »Du hast offenbar keine Ahnung davon, was alles in dieser Welt, auch in einer so wohlgeordneten wie der unseren, immer noch möglich ist.«

In der großen Welt um Rosenburg geschah in diesem Jahr 1950 auch folgendes:
Der Friedensnobelpreis wurde Professor Dr. Ralph J. Bunch zuerkannt, dem Enkel eines amerikanischen Negersklaven. Er erhielt ihn für seine Bemühungen, den Konflikt zwischen Juden und Arabern beizulegen. Hermann Ehlers, CDU, starb; er war der hochangesehene erste Präsident des Deutschen Bundestages. Wirtschaftsminister Ludwig Erhard strebte eine weitgehend freie Marktwirtschaft für Westdeutschland an, und zugleich wurde, sehr behutsam, mit Hilfe der westlichen Großmächte eine Remilitarisierung vorbereitet. Und zu gleicher Zeit waren immerhin, allein im »Westen«, noch etwa 1,5 Millionen Menschen als »vermißt« gemeldet.
Churchill dachte an eine Europa-Armee gegen den Bolschewismus. In England wurde der einst aus Nazideutschland emigrierte Atomphysiker Klaus Fuchs wegen Spionage zugunsten der UdSSR verhaftet und verurteilt. Gleichzeitig schlossen die Sowjetunion und die Volksrepublik China feierlich einen Freundschaftspakt – für dreißig Jahre. Harry Truman, Präsident der USA, traf erste Anstalten, den selbstherrlichen Fernost-General MacArthur seines Postens zu entheben.
Der Literaturnobelpreis ging an Bertrand Russell. Der erstmals verliehene »Friedenspreis des deutschen Buchhandels« wurde Max Tau zugesprochen, einem beglückend um Versöhnung bemühten Juden, der gerade noch überlebt hatte. T. S. Eliot schrieb »Die Cocktail-Party«; Christopher Fry »Venus im Licht«; Hemingway den Roman »Über den Fluß und in die Wälder«.
In diesem Jahr starben: Heinrich Mann, der einzigartig begabte und geschichtsbewußte Bruder von Thomas Mann. Auch Hedwig Courths-Mahler, eine sehr deutsche, innig fabulierende Schriftstellerin mit Millionenauflagen. Weiter Ernst Wiechert, der gott- und naturnahe ostpreußische Erzähler, der von den Qualen des Konzentrationslagers gezeichnet war. Sodann starb auch der trefflichste aller Spöttler über sehr menschliche Schwächen, »der älteste Dichter aller Zeiten«, einst Zeitgenosse eines Oskar Wilde, nunmehr über neunzig Jahre alt: der in England lebende Ire George Bernard Shaw.
Die einst zu den »Entarteten« der Nazis gehört hatten, die Maler Arp, Beckmann, Braque, Dix und Chagall – endlich wurden sie weltweit anerkannt und schufen wieder vielbeachtete Bilder wie auch Hartung, Hofer und Kokoschka. Die Geisteswissenschaftler

Jaspers, Jung und Malraux zählten zu den vielverehrten Vielgelesenen jener Tage. Und Kurt Weill, wahrlich nicht nur Komponist der »Drei-Groschen-Oper-Songs«, starb in seinem Exil in den USA.
Albert Einstein wurde das uneingeschränkt verehrte Vaterbild der internationalen Wissenschaft. Er veröffentlichte seine »Allgemeine Feldtheorie«; eine ebenso geniale, wie für den Durchschnittsmenschen nicht mehr faßbare Ergänzung seiner berühmten Relativitätstheorie.
Die Weltbevölkerung wurde in diesem Jahr 1950 auf 2,3 Milliarden geschätzt. Der Bau erster atomarer Stromerzeugungsfabriken, später Atom-Reaktoren genannt, begann in den USA. Zugleich wurden in Europa dreißigtausend Rosenarten gezüchtet; ein Triumph der Gärtner.
Registriert zugleich wurden damals allein in Westdeutschland: 988 000 Witwen. Dazu kamen 1 300 000 Waisen – vaterlose, mutterlose, völlig verlassene Geschöpfe. Hunderttausende von Kriegsgefangenen strömten oder schlichen noch immer heimwärts – zumeist aus dem Osten kommend.
In der Frauenmode dominierte ein »betont weiblicher Stil«: kleine Hüte, kurz gelockte Frisuren, mittellange Röcke. Die ersten Langspielplatten, die ersten Taschenbücher, die ersten Fernsehbilder tauchten auf. Und sportlich interessierte Zeitgenossen durften einen neuen Weltrekord im Kugelstoßen registrieren: 17,95 Meter durch J. Fuchs, USA.

Als sich Thomas Brandin am späten Nachmittag jenes Tages allein der Rosenburg näherte, tat er das mit unternehmungsfreudiger Neugier. Er durchschritt die dichte Allee der großen dekorativen Linden und erblickte bald in einiger Entfernung ein einladend geöffnetes Tor. Und diesmal keinen Bluthund, keinen Flintenträger, kein streitbares Weibsbild. Dort stand lediglich, von Kopf bis Fuß schwarz gewandet, ein Geistlicher.
Der lächelte ihm verhalten, doch unverkennbar herzlich entgegen. Und so klang auch seine Stimme.
»Sie sind mir, falls Sie Herr Brandin sind, angekündigt worden. Und zwar von unserer verehrten Frau Emma Sonnenberg. Jede ihrer Empfehlungen empfinde ich als verpflichtend – Sie sicherlich auch. Darf ich das annehmen?«
»Sie dürfen.«
»Sie haben um eine klärende Unterredung gebeten. Mit Herrn

Werners und seiner Tochter Isolde. Zwecks Bereinigung möglicher Mißverständnisse. Ist dem so?«
»Dem ist wohl so!«
»Dann darf ich Sie bitten, mir zu folgen.«
Der Geistliche schritt voran; er trug seine Kleidung wie eine Uniform. Brandin trottete neugierig hinter ihm her. Sie erreichten schnell einen im Erdgeschoß der Rosenburg befindlichen saalartigen Raum; er wirkte fast so groß wie ein Fußballplatz.
Darüber spannte sich eine schwergewichtige, bedrückend massive Balkendecke. Der Fußboden war mit weiß-blau karierten Platten ausgelegt. In der Mitte stand klotzig ein riesiger Eichentisch. Um diesen herum gruppierten sich klobige, hochlehnige Stühle. Sie waren mit stark abgenutzten Sitzflächen aus rissigem Leder überzogen.
Gemälde in verschwenderischer Anzahl bedeckten die Wände. Sie stellten, ohne Ausnahme, dumpf-bedeutsam vor sich hinblikkende Ahnen dar. Weit mehr als nur ein Dutzend. Und mitten unter ihnen, gleichsam diese Ahnenreihe ergänzend, erblickte Thomas Brandin zwei lebende menschliche Wesen. Zunächst einen großen, hageren, geiergesichtigen Mann, den General Werners; er war in ein Gewand nach Jägerart gehüllt. Neben ihm stand seine Tochter Isolde. Brandins erster Eindruck verstärkte sich noch: diese Isolde wirkte recht kompakt, pferdeartig vollfleischig, dennoch keineswegs verfettet. Weit eher konnten ihre Formen walkürenhaft genannt werden.
Diese beiden blickten Brandin fragend an. »Kommen Sie näher!« rief Werners. Seine befehlsgewohnte Fistelstimme klang vereinnehmend, ganz so, als beherrsche er noch immer Divisionen. »Kommen Sie noch näher!«
Thomas trabte gehorsam auf sie zu. Er wollte sich diesen Anblick aus nächster Nähe gönnen. Allerdings nahm er keine militärische Haltung an. Er lächelte Isolde zu. Und die schien, was ihn freute, zu erröten.
»Sie heißen Brandin, Thomas mit Vornamen?« fragte Werners, der General, distanziert, doch nicht ohne gönnerhaftes Wohlwollen. »Welche Truppengattung? Wo im Einsatz gewesen?«
»In den letzten fünf Jahren in russischer Kriegsgefangenschaft. Vorher bei einer Sanitätseinheit in der Nähe Dresdens.«
»Dresden!« sagte nun General Werners, mit erkennbarem Abscheu. »Das ist eins der ganz dunklen, denkbar scheußlichsten Kapitel dieses Krieges gewesen! Das erbarmungslose Dahinschlach-

ten von Hunderttausenden wehrloser Menschen; zumeist Frauen und Kinder. Und genau jene Leute, die für dieses Massaker verantwortlich sind, erlauben sich nun, über uns zu richten.«
»Das leider doch wohl, in sehr vielen Fällen, nicht ganz unberechtigt?« meinte Brandin nahezu sanft.
»Lassen wir das!« wehrte Werners schroff ab. »Sie jedenfalls haben glücklicherweise überlebt, wie ich ja auch – und Ihr Freund Sonnenberg dazu. Dafür sollten wir unserem Herrgott dankbar sein!«
Der General hielt nach seinem Geistlichen Umschau – doch der hatte sich bereits entfernt; schließlich wurde er hier nicht mehr gebraucht. Worauf Werners dieses Gespräch, nun wieder mit soldatischer Sachlichkeit, fortsetzte: »Sie heißen also Brandin.«
»Sollte Ihnen dieser Name irgendwie bekannt sein?« fragte nun Thomas mit hoher Aufmerksamkeit.
»Selbstverständlich«, bestätigte Werners, nach wie vor ganz Truppenbefehlshaber und Vater seiner Soldaten. Selbst jetzt noch. »Brandin ist ein im Norden Deutschlands häufig vorkommender Name – die süddeutsche Version lautet Brandner. Mir sind etliche Männer, die so hießen, begegnet, einige Dutzend – nicht erst seit ich Divisionskommandeur war. Mein Gedächtnis ist immer noch ausgezeichnet.«
»Tatsächlich?«
»So ist es!« Werners wirkte nun leicht ungeduldig. »Doch deshalb sind Sie nicht hier. Man hat mir gesagt, Sie wünschen sich zu entschuldigen. Nun gut – tun Sie das! Ich bin stets entgegenkommend. Also eben nicht der Mensch, für den mich hier so manche halten – wie etwa Ihr Freund Sonnenberg.«
Thomas Brandin schien das alles nicht zu registrieren. Er blickte, über General Werners hinweg, auf Isolde, sie allein sah er an. Die gab sich repräsentationsbewußt, gleichsam in sich ruhend wie ein Standbild. Doch ihre silberhell schimmernden Augen betrachteten den Besucher intensiv und offenbar nicht ohne eine gewisse Zuneigung. Das erkannte Brandin.
»Ich bin ja durchaus bereit, mich zu entschuldigen. Wofür und weshalb – das brauchen Sie mir nur zu sagen, Herr Werners. Dabei bitte ich Sie jedoch, meine Einstellung Ihrem Fräulein Tochter gegenüber nicht in Zweifel zu ziehen.«
»Was soll denn das heißen?« rief Werners scharf verweisend. »Was hat denn Sie – ausgerechnet Sie! – meine Tochter zu interessieren? Die dürfte Ihnen, da bin ich absolut sicher, nicht die ge-

ringste Aufmerksamkeit gewidmet haben. Nicht wahr, mein Kind?«
»Natürlich nicht, Vater!« versicherte Isolde. Wobei sie, vor sich hinblinzelnd, vermied, ihren Vater und Thomas Brandin anzusehen. »Ich weiß schließlich«, fügte sie sehr leise, doch bestimmt hinzu, »wer ich bin – und was ich will.«
»Davon bin auch ich überzeugt!« stimmte Werners zu. Dabei musterte er Brandin nahezu empört. »Sollte Sie dieser Sonnenberg zu irgend etwas Fragwürdigem inspiriert haben?«
»Der weiß gar nicht, daß ich hier bin.«
General Werners fühlte sich alarmiert. »Sollten Sie etwa schon in seinem Interesse handeln, ohne sich vorher noch mit ihm absprechen zu müssen? Das wäre schlimm. Sonnenberg ist nicht ungefährlich.«
»Für Sie, Herr Werners?«
»Nicht für mich selbst – auch wenn der manchmal einiges in dieser Hinsicht versucht haben sollte. Doch dann wäre er von völlig falschen Voraussetzungen ausgegangen. Der hat mich verkannt, mich vermutlich sogar für seinen Feind gehalten, was selbstverständlich niemals zutraf. Ich habe immer nur meine Pflicht getan! Mithin kann ich nur versichern, daß ich nicht das geringste damit zu tun hatte, wenn er damals, 1944, nicht weiterhin freigestellt, sondern zum Kriegsdienst eingezogen wurde.«
Thomas Brandin reagierte höchst aufmerksam: »So was vernehme ich zum ersten Mal. Doch falls das zutreffen sollte . . .«
»Ich weiß nur soviel: dieser Siegfried Sonnenberg konnte wohl kaum als nationalbewußt bezeichnet werden. Der leistete sich vielmehr Ansichten, die geradezu volksfeindlich anmuteten; was doch gewiß sehr bedauerlich war. Doch selbst der dürfte, hoffentlich, inzwischen erheblich zugelernt haben. Habe ich Recht, Herr Brandin?«
Nun schaltete sich Isolde ein. »Auch ein Mißverständnis«, gab sie, hörbar atmend, zu bedenken, »wäre, im Hinblick auf Herrn Sonnenberg, vorstellbar. Doch das ließe sich bereinigen. Das würdest auch du, lieber Vater, wünschen – ebenso wie Herr Brandin und ich.«
»Eine höchst bemerkenswerte Ansicht Ihres verehrten Fräulein Tochter!« versicherte Thomas.
»Nicht unbedingt für mich!« entschied Werners. Nun war er wieder ganz General, mit befehlsgewohnter Entschlossenheit. »Wenn's um Grundprinzipien geht, bin ich unbeirrbar.«

Er war nun einmal ein erklärter Mann der Ordnung – seiner Ordnung, war für Eindeutigkeit und Klarheit. Und als Mann seiner Ordnung glaubte er zu erkennen: diese Zeit drohte aus den Fugen zu geraten. Was einst Moral und Sittenbewußtsein war, artete in enthemmte Lasterhaftigkeit aus; Begriffe wie Treue, Ehe, Ehre wurden von wild wachsendem Egoismus verdrängt. Ein Mann war nun nicht mehr ein Mann – denn zu viele Männer hatten sich in Waschweiber verwandelt.

Deshalb ordnete Werners an: »Sie, Herr Brandin, muß ich ersuchen, sich fortan jeder persönlichen Äußerung, mich oder meine Tochter betreffend, zu enthalten. So etwas steht Ihnen nicht zu! Und du« – das betraf Isolde – »solltest dich nunmehr in dein Zimmer zurückziehen. Über das, was möglicherweise noch zu sagen ist, reden wir später.«

Isolde richtete sich stolz auf, wodurch ihre stattliche Figur noch betont wurde. Sie entfernte sich, nicht ohne Brandin fast vertraulich zugeblinzelt zu haben. Was dieser mit Wonne registrierte. Doch sonderlich viel Zeit, das auszukosten, war ihm nicht vergönnt.

Denn General Werners stellte fest: »Erlauben Sie sich niemals mit mir, der ich stets aufrecht und entgegenkommend bin, irgendwelche krummen Touren! Dann nämlich könnten Sie mich von einer Seite kennenlernen, die ich Ihnen gerne ersparen möchte.«

»Eine Seite, die Sie jedoch Siegfried Sonnenberg nicht erspart haben – wollten Sie das andeuten?«

»Unsinn, Mann! Falls Ihr Sonnenberg so was annehmen sollte, wäre das ein Mißverständnis – das können Sie ihm ausrichten. Ich bin nicht nachtragend und lege Wert auf eine gute, konstruktive Zusammenarbeit – wie sie mir auch von Frau Emma Sonnenberg angeboten wurde. Eine höchst bemerkenswerte, überaus zu respektierende alte Dame. Die hat Sie wohl hergeschickt – oder?«

»Nicht unbedingt«, sagte Thomas Brandin. »Ich hatte lediglich beabsichtigt, mich bei Ihrem Fräulein Tochter zu entschuldigen. – Wenn auch vielleicht unnötigerweise, so doch sehr gerne.«

»Reden Sie nicht um den Brei herum, Mensch!« Werners zeigte sich empört. »Versuchen Sie gefälligst nicht, den eigentlichen Sinn dieses Gesprächs mit fragwürdigen Methoden zu verfälschen! Derartige Manipulationen vermögen mich bedenklich an Siegfried Sonnenberg zu erinnern. Auch der pflegte, sobald Deutlichkeit erwünscht war, ausweichend und verdrehend um das eigentliche Thema herumzureden.«

»Sollten Sie etwa meine Bemerkungen über Ihr verehrtes Fräulein Tochter als Zumutung empfinden?«

»Offenbar sind Sie nicht in der Lage«, behauptete Werners, der noch immer auf eine gewisse Erkenntnis wartete, »die besonderen Verhältnisse bei uns, in unserem Rosenburg, zu durchschauen. Nicht einmal eine Ahnung haben Sie davon. Doch eben darüber sollten Sie, das empfehle ich Ihnen, intensiver nachdenken, gründlicher nachforschen. Denn ich vermag mir kaum vorzustellen, daß Sie darauf aus sind, die Position Ihres Freundes Siegfried Sonnenberg unnötig zu gefährden. Um sich dazu auch noch eine so hervorragende Frau wie Mutter Emma leichtfertig zum Feinde zu machen.«

»Ich werde Ihre Ansichten, wie wohl angeregt, dem hier in Frage kommenden Adressaten gerne zur Kenntnis bringen.« Er meinte Sonnenberg.

»Tun Sie das – ebenso taktvoll wie, hoffentlich, wirksam!« riet ihm Werners, der General, souverän. »Und das ist wohl schon alles, was ich Ihnen sagen wollte. Sie dürfen das als eine Art Befehl betrachten.«

»Befehle«, sagte Brandin, selbst jetzt noch gemütlich wirkend und ohne sich von der Stelle zu rühren, »vermögen mir schon lange nicht mehr zu imponieren. Im Laufe der Jahre sind mir eine ganze Menge davon zugemutet worden – darunter nicht wenige, die sich als überaus fragwürdig, wenn nicht gar als total sinnlos und blödsinnig herausgestellt haben. Einige gab es sogar, die nur noch als kriminell zu bezeichnen waren – leichtfertige, ohne Rücksicht auf zahllose Menschenleben. Ich hoffe nicht, daß so was ewig weitergeht.«

»Hüten Sie sich davor, zu einem Opfer der Denkweise Ihres Freundes Sonnenberg zu werden!« warnte der General.

»Er wie ich«, erklärte Thomas Brandin, »haben inzwischen fünf fürchterliche Jahre gemeinsam verbracht. Und dabei nichts weiter versucht, als zu überleben; was uns schließlich auch gelungen ist. Das sollten Sie zur Kenntnis nehmen. Ihr verehrungswürdiges Fräulein Tochter scheint das begriffen zu haben. Sie – nicht.«

»Ach, Menschenskind, Brandin – kommen Sie mir doch nicht mit einem derartig belanglosen Geschwätz! Ihr Kerle fühlt euch offenbar als arme, verfolgte, mißverstandene Wesen. Ihr seid einfach nicht in der Lage, über euren reichlich eng gewordenen Horizont hinauszublicken.«

»Sie jedoch, Herr Werners, vermögen das?«

»Ich bin, müssen Sie wissen, stets ein erklärter Gegner dieses Hitlers gewesen. Manches Mal stand ich so gut wie mit einem Fuß im Konzentrationslager, fast in unmittelbarer Galgennähe; als Weggefährte von Widerstandskämpfern. Auch mir ist Kriegsgefangenschaft nicht erspart geblieben. Und dennoch wurde ich hier, nach meiner Heimkehr, maßlos geschmäht. Obgleich ich stets nichts als meine Pflicht getan habe. Auch das sollten Sie bedenken.«

»Habe ich nun gerührt zu sein, Herr Werners?«

»Ich glaube Ihnen ausreichend Gelegenheit gegeben zu haben, Herr Brandin, darüber nachzudenken, womit und mit wem Sie hier konfrontiert worden sind. Und auch darüber, welch eine ungewöhnlich prächtige Frau Mutter Ihr Freund und Kamerad Sonnenberg besitzt. Falls der das immer noch nicht erkannt haben sollte, täten Sie gut daran, ihm das schleunigst beizubringen.«

Siegfried Sonnenberg suchte, unmittelbar nach seinem Gespräch mit dem Polizeigewaltigen Jürgen Wiese, seine Mutter Emma auf. Die befand sich in dem allein für sie reservierten Zimmer des Adam-Hauses im obersten Stockwerk. In der Mitte des Raumes stand eine großräumige Doppelliege in nachgeahmtem Bauernstil, massiv gezimmert, mit Feldblumen-Ornamenten bemalt, bis hinauf zum Betthimmel In diesem prächtig-mächtigen Schlafkastengestell hatte einstmals Meister Adam jahrzehntelang versucht, seine Ehe zu festigen, also seine Familie zu vergrößern. Drei Kinder entstanden dort. Sie kamen, gemeinsam mit ihrer Mutter, in jener Bombennacht um, just in dem Moment, da sie glaubten, sich in Sicherheit gebracht zu haben. Vater Adam hatte das Haus gehütet und deshalb überlebt.

Nun hauste er, aller Bequemlichkeit entsagend, in einer Dachkammer, während das beste und geräumigste Zimmer im Hause von Mutter Emma bewohnt wurde. Natürlich war es sauber und gepflegt. Auf den Stühlen lagen Schonkissen, die Schränke waren sorgfältig geschlossen, die Fensterscheiben blitzblank.

Auf dem Doppelbett hockten, als Siegfried Sonnenberg den Raum betrat, reichlich eng beieinander, seine Mutter Emma und deren sogenannter ständiger Begleiter oder auch Lebensgefährte, den man seit mehr als einem Jahrzehnt schon »Opa Greiner« nannte. Er und Mutter Emma stellten ein überaus mächtiges Zweigespann dar. Sie waren das doppelköpfige Oberhaupt dieser Familie.

»Opa Greiner« war fast genauso alt wie Mutter Emma – also Anfang Sechzig. Und wie sie war auch er ein überaus munteres, ausdauerndes Geschöpf, genußfreudig und stets zu ironischen Witzeleien aufgelegt, die niemals ganz frei von hinterhältigen Bosheiten waren.

Siegfried Sonnenberg setzte sich zu den beiden an den äußersten Rand des Bettes. »Habe ich euch etwa gestört?«

»Hast du nicht. Könntest du auch gar nicht«, sagte Opa Greiner amüsiert. »Falls wir ungestört sein wollen, pflegen wir die Tür abzuschließen.«

»Du bist uns ja bereits angekündigt worden, lieber Sohn«, sagte Mutter Emma. »Was dich nicht weiter verwundern wird; bei uns funktioniert nun wieder das Telefon.« Fürsorglich blickte sie ihren Siegfried an. »Da hat mich dieser Armleuchter Wiese angerufen und gemeint, du könntest dich vielleicht beunruhigt fühlen. Sollte das wirklich der Fall sein?«

»Und wenn es so wäre – was dann?«

»Dann müßtest du einsehen, daß du keinen Grund dazu hast!« stellte Greiner fest. Schutzbereit legte er einen Arm um Mutter Emmas Schultern, und die schien sich ihm, wenn auch ein wenig ungelenk, entgegenzuschmiegen. »Allein wichtig dabei ist doch nur dies: Wer gehört zu wem? Freundschaften, mein lieber Junge, sind immer gut, aber sie kommen und gehen; von Dauer sind sie selten. Was letzten Endes allein zählt, ist die Familie.«

Zu ihr rechnete sich natürlich auch dieser Greiner, was durchaus verständlich war. Aber Siegfried Sonnenberg hörte nicht auf ihn. Er blickte allein seine Mutter an.

»Man hat mir«, sagte er zu ihr, »die Kopie eines Schriftstückes vorgelegt. Einen Antrag auf Todeserklärung. Mich betreffend.«

»Nur keine Aufregung, mein lieber Junge!« Greiner mischte sich besänftigend ein. »So was ist doch zeitgemäß und durchaus normal.«

Wiederum sah Siegfried nur seine Mutter an. »Stimmt es, daß du diese Todeserklärung veranlaßt hast?«

Mutter Emma bemühte sich um sein Verständnis – was ihr offenbar nicht leichtfiel. Sie schüttelte ihr schlohweißes Löwenhaupt. »Kannst du das nicht begreifen? Du irritierst mich. Ich hätte dich für klüger und einsichtiger gehalten. Denn dabei, mein Lieber, hat es sich um die Bewahrung und die Ausnutzung eines gemeinsamen Erbes gehandelt.«

Worauf nun wieder Greiner das Wort ergriff: »Dafür waren zwei Unterschriften nötig: die deiner lieben Mutter, und dann noch die deine. Doch du warst nicht zu erreichen. Niemand wußte, wo du

dich aufhieltest – ob es dich überhaupt noch gab. Und Zeugen ließen sich finden, die dein Ableben bestätigten.«
»Also hat man tatsächlich versucht, mich für tot erklären zu lassen? Und Eva-Ingeborg, meine Frau, hat zugestimmt?«
»Selbstverständlich ist auch sie zu diesem Komplex befragt worden – wie alle anderen Mitglieder unserer Familie. Sogar Erika. Doch sie alle haben schließlich einsehen müssen, daß wir, in diesem Notfall, nicht anders handeln konnten. Was regt dich denn dabei so auf?«
Siegfried Sonnenberg vermochte sich vorzustellen, wie eine derartige »Familienbefragung« durchgeführt worden, wie diese »Einsicht« zustande gekommen war. Schließlich glaubte er, seine Mutter zu kennen – und zwar nicht erst seit dem frühen Tod seines Vaters. »Nun gut«, stellte er fest. »Aber ich lebe – ich bin da!«
»Ein Zustand, über den wir uns alle freuen!« versicherte Greiner großväterlich-herzlich. »Du brauchst also jetzt nur, gemeinsam mit deiner lieben Mutter, alle von Konrad Kahlers vorbereiteten Verträge, wie mit Gemeinde, Land und Bund abgesprochen, zu unterschreiben. Worauf du sogleich ein reicher Mann bist! Damit kannst du dein Elternhaus prächtig wieder aufbauen. Auch einen Friseursalon allererster Klasse errichten. Und auch sonst noch rundherum kassieren.«
»Doch was – wenn ich das gar nicht will?«
»Soll das etwa ein Witz sein?« fragte Greiner munter. Doch er hatte, wie auch Mutter Emma, bereits erkannt: das war kein Spaß.
Siegfried bemühte sich, den beiden seine Ansicht klarzumachen. »Warum sollte denn ausgerechnet ich diesem Werners Gelegenheit geben, sich mit meiner Hilfe noch mehr zu bereichern? Und auch noch diesem Konrad Kahlers zu einem weiteren bürgermeisterlichen Triumph verhelfen? Damit er Eva-Ingeborg noch mehr imponiert? Außerdem denke ich an unseren Altmeister Adam. Ich will nicht hoffen, daß man von mir verlangt, diesen guten Mann kaltzustellen.«
»Mein Sohn«, sagte Mutter Emma, während sie ihn geringschätzig betrachtete, »du bist schon immer ein äußerst phantasievolles Geschöpf gewesen – bereits als Kind. Was jedoch erfreulicherweise nicht ausschloß, daß du auch ganz real denken konntest, sogar scharf rechnen. Als Friseur bist du nicht nur ein Künstler, sondern auch ein geschickter Geschäftsmann gewesen. Und ebendeshalb traue ich dir auch diesmal keine kostspieligen Gemütsanwandlungen zu.«

Siegfried Sonnenberg starrte vor sich hin, von wildwuchernden Gedanken heimgesucht. Dann sagte er, ein wenig mühsam: »Da hat man also versucht, mich für tot zu erklären – damit meine Unterschrift unter einem vielleicht fragwürdigen Vertrag gar nicht erst notwendig wird.«

»Ein Vertrag, Siegfried, zu deinem Vorteil! Zum Vorteil deiner Familie! Doch nun bist du ja hier – jetzt kannst du unterschreiben.«

»Und sollte ich mich weigern, das zu tun – was dann? Werdet ihr dann auf andere Weise versuchen, mich auszuschalten? Denn wenn ich nun schon nicht mehr für tot zu erklären bin, könnte ich doch beispielsweise als unzurechnungsfähig bezeichnet werden? Als ein durch Erlebnisse in der Kriegsgefangenschaft seelisch erkranktes Geschöpf. Ihr wärt auch in der Lage, einen Arzt zu finden, der das bescheinigt.«

»Das«, sagte nun Herr Greiner, indem er sich witzig-ironisch gab, »ist in der Tat eine Anregung, die gar nicht dumm ist! Die könnten wir in Betracht ziehen, falls du Wert darauf legen solltest, einer persönlichen Entscheidung auszuweichen.«

»Das würde ich denn doch verabscheuen!« rief Mutter Emma. Um schnell hinzuzufügen: »Es ist auch gar nicht notwendig. Denn meinem Sohn Siegfried ist es offenbar bereits geglückt, hier die Preise für sich und seine Familie geschickt in die Höhe zu treiben.«

»Tatsächlich, Mutter?«

»Ich durchschaue dich, mein Junge! Auch diesmal habe ich schnell begriffen, warum du deinen Brandin veranlaßt hast, sich mit Werners zu beschäftigen.«

»Hat er das getan?«

»Mit ziemlich überzeugendem Erfolg! Er scheint unseren Werners reichlich unsicher gemacht zu haben – also zu Zugeständnissen bereit. Das ließ mich der Geistliche andeutungsweise wissen. Mithin läuft hier alles ziemlich vielversprechend an. Du bist eben auch in dieser Hinsicht hochbegabt – also ganz mein Sohn!«

»Na bravo, bravo!« rief Herr Greiner beglückt. »Das ist doch bestens!«

Am späten Abend dieses Tages, nach einem wiederum herzhaften, sicht- und hörbar genossenen Familienessen, drängte Siegfried Sonnenberg ins Freie, den Freund an seiner Seite. Als Begleitung diente ihnen eine volle Flasche mit bestem britischen Gin – aus den von John Frankfurter gelieferten Kellerbeständen; Schwester Erika hatte sie ihrem Bruder zugesteckt.

Damit begaben sich die Freunde über die mondumglänzten Trümmerfelder der Innenstadt zum ehemaligen Sonnenberghaus. Sie waren absolut zielsicher und musterten die Ruine mit prüfendem Blick. Dabei stellten sie fest, daß das Kellergewölbe völlig intakt wirkte; es war zwar primitiv, doch recht gründlich abgedichtet worden. Das Erdgeschoß darüber würde sich vermutlich ziemlich schnell wieder ausbauen lassen. Das obere Stockwerk jedoch, mit dem glockenartigen Dach, war offensichtlich schwer beschädigt. »Sei vorsichtig!« empfahl Brandin dem Freund. »Ich habe den Eindruck, die obere Fassade könnte jederzeit herabstürzen – und jeden unter sich begraben, der sich in diesem Gefahrenbereich aufhält. Und ich nehme nicht an, daß du inzwischen lebensmüde geworden bist.« – »Ganz im Gegenteil, Mensch! Hier in Rosenburg werde ich immer munterer!«
Im verwildert wuchernden Vorgarten, in der Nähe der Eingangstür, ließen sich Siegfried und Thomas auf dem Stamm eines umgestürzten Baumes nieder. Die Hausruine glänzte im Mondlicht und ließ im oberen Teil der Fassade erhebliche Risse erkennen. Sonnenberg zog die Ginflasche hervor; sie gluckerte verlockend.
»Mir geht's wie dir«, bestätigte Thomas Brandin. »Auch ich drohe hier immer munterer zu werden.«
»Gönne ich dir! Ich habe gehört – von wem, brauche ich dir wohl nicht extra zu sagen, daß du diesem Werners einen Besuch abgestattet hast.«
»Und zwar mit Wonne!«
»Ahnt der, wer du bist – und warum du hierhergekommen bist?«
»Nicht im geringsten! Denn Brandins gab es haufenweise in seinem Leben – alles Untergebene: kämpfende, dienende, ausgezeichnete, gefallene, oder erschossene. Ungleich wichtiger war es für den, die Gelegenheit zu nutzen und sich als Gegner Hitlers, als bewußter Widerstandskämpfer aufzuspielen. Und als vielfach geschmähter Heimkehrer noch dazu!«
»Das sieht dem ähnlich!« Siegfried lachte zornig und reichte die Flasche Gin dem Freund. »Gegen Hitler könnte der tatsächlich was gehabt haben – denn sein Führer hat ihn nicht befördert, nicht schnell genug, wie er sich einbildete. Werners war beim Endkampf lediglich Generalmajor; ganz sicherlich wäre er gern Generalfeldmarschall gewesen. Auch so was kann Widerstand erzeugen. Und vielfach beschimpft wurde er tatsächlich. Und zwar von Heimatvertriebenen. Denn er hat sich stets mit Erfolg geweigert, auch nur einen einzigen in seinem Schlößchen aufzunehmen.«

»Welch eine versaute Welt!« stellte Thomas Brandin fest, während er die Ginflasche in den Armen hielt, als wäre sie ein Säugling. Er machte dennoch einen vergnügten Eindruck. »Versaut, mein Lieber, ist gar kein Ausdruck dafür«, meinte Siegfried und betrachtete versonnen die Risse in der Hausfassade. »Man hat inzwischen versucht, mich für tot erklären zu lassen, und würde mich zweifellos auch für geistesgestört ausgeben, falls erforderlich.«
»Irgendwie«, sagte Brandin sehr nachdenklich, »könnte das sogar zutreffen. Nach all dem, was wir da so miteinander in der Kriegsgefangenschaft erleben mußten. Aber auch in diesen wenigen Tagen danach. Dabei bin ich mir so manches Mal wie ein lebender Leichnam vorgekommen. Oder wie jemand, dem man versucht hat, das Hirn auszupusten.«
»Genauso fühle ich mich auch«, bestätigte Siegfried.
Und mehr dazu zu sagen schien nicht nötig – war auch nicht möglich. Denn in diesem Augenblick tauchte schlürfend und fauchend aus der Kellerruine jenes monströse weibliche Wesen namens Gartner auf, die »Großmutter des Teufels«. Sie watschelte, in eine große, schwarze, talarartige Decke gehüllt, auf die Freunde zu. Dort angelangt, griff sie nach der Ginflasche. Breitbeinig stand sie da und trank mit großem Genuß daraus.
Danach ließ sie sich zwischen den beiden Männern nieder. »Ihr seht aus wie eingeweichte Unterhosen! Was für mich, als Hausfrau, ja kein unerfreulicher Anblick ist. Aber dennoch, meine Knaben, tut ihr mir leid. Solltet ihr endlich gemerkt haben, in welch massiven Scheißhaufen ihr geraten seid?«
»Selbst wenn das der Fall wäre«, sagte Siegfried, »würden wir auch da noch herauskommen. Nach dem Motto: Das Leben ist nun mal gefährlich, doch es übt kolossal.«
»Genau das, mein Junge, hat dein offizieller Vater, der Lokomotivführer, auch immer gesagt. Ein großartiger Mann! Doch selbst der hat bald kapiert, an was, oder besser gesagt, an wen man in seinem Leben geraten kann.«
»Was Sie vermutlich damit meinen, kann ich mir denken«, sagte Thomas Brandin ermunternd.
»Soviel Dreck sich auszudenken, das kannst nicht einmal du, mein Jungchen!« belehrte sie ihn. »So clever du auch zu sein scheinst, Thomas – du kannst es dir nicht vorstellen! Das wird auch anderen Leuten nicht gelingen – mich ausgenommen.«
»Dann«, so forderte Sonnenberg entschlossen, »kläre uns auf, Klementine!«

»Wenn du wirklich darauf bestehst, Siegfried, mein lieber Kleiner, dann will ich es versuchen.« Sie griff, um Stärkung bemüht, erneut nach der Ginflasche. »Dein Großvater«, verkündete sie dann, »ist wohl das wahre Genie in eurer Familie gewesen – dir übrigens nicht ganz unähnlich, mein Junge, nicht nur rein äußerlich. Der hatte den sicheren Griff! Was er auch anpackte, er verwandelte es in Gold. Seine Schweine waren die prächtigsten weit und breit, seine Kühe gaben die fetteste Milch, seine Pferde galten bald als die edelsten Zuchttiere. Er kaufte Wiesen und Wälder an. Doch dann starb er – vorzeitig. Willst du wissen, woran?«

»Nicht unbedingt, Klementine. Doch wie ich dich kenne, wirst du mich darüber aufklären wollen. Ja?«

»Er starb – aus Kummer über seinen Sohn, deinen Vater, wegen dessen Heirat. Mit dieser Emma. Die erkannte er als gefährlich; eine Verbindung mit ihr lehnte er ab. Zumal dein Vater auch zahlreiche andere weibliche Wesen hätte bekommen können. Auch mich. Doch lassen wir das.«

»Lassen wir das«, stimmte Siegfried bereitwillig zu. »Doch was geschah dann weiter – deiner Ansicht nach?«

»Du wurdest geboren! Und bald danach begann dein Vater Haus und Hof zu vernachlässigen – auch seine Frau. Oder sie ihn. Sein Besitz drohte zu verfallen. Er machte sich aus dem Staub und wurde Lokomotivführer. Damit erfüllte er sich einen leidenschaftlichen Knabenwunsch. Fünf Tage in der Woche war er unterwegs. In den restlichen zwei Tagen betrank er sich – oft bis zur Bewußtlosigkeit. Wohl um zu vergessen.«

»Und das trug sich hier zu, in diesem Haus?«

»Meistens hier. Oft genug hat er dich in seinen Armen durch die Räume geschleppt, durch den Garten – er hat dich einfach aus dem Schlaf gezerrt.«

»Das gehört zu meinen frühesten Erinnerungen«, bestätigte Siegfried Sonnenberg. Das Mondlicht blendete ihn, er wandte den Kopf und suchte den tiefen Schatten. »Wie durch dicke Nebelwände erinnere ich mich an Vaters Gesicht. Es war naß – vor Schweiß und Tränen. Er kam mir unendlich verlassen, traurig und müde vor. Er preßte mich an sich – man könnte fast sagen: er klammerte sich an mich! Dann starb er.«

»Weißt du auch, wie er starb, mein Junge? Unter welchen Umständen und warum?«

»Nein.« Siegfrieds Stimme klang rauh; die ihm gereichte Ginflasche ergriff er nicht. »Ich weiß nur so viel: eines Tages war Vater tot. Dann standen wir an seinem Grab; und meine Mutter sagte zu mir: Nimm dich zusammen.«

»Nun, mein Junge, willst du wirklich erfahren, wie dein Vater gestorben ist?«

»Sag mir auch das noch, Klementine – wenn du es wirklich so genau weißt.«

»Ja, das weiß ich, genau, mein Jungchen. Denn in jener Nacht, in der dein Vater starb, hatte er sich in meiner Wohnung wieder einmal betrunken, bis kurz vor einem völligen Zusammenbruch. Er klagte nicht, er klagte nicht an, er wirkte wie tief verloren. Ich schleppte ihn dann in dieses Haus, zu seiner Frau, deiner Mutter. Und hier erbrach er sich, verlor das Gleichgewicht, lag dann, kreidebleich nach Luft ringend, dicht bei der Tür auf dem Fußboden.«

»Und – seine Frau?«

»Stand da, betrachtete ihn. Regungslos. Ich habe zu ihr gesagt: Benachrichtige den Arzt, Emma! Sofort. Sonst stirbt er!«

»Hat sie den Arzt kommen lassen?«

»Nein! Dein Vater starb noch in der gleichen Nacht. Und zwar an jener Stelle, wo ich ihn hintransportiert hatte – also auf dem Fußboden dicht bei der Tür. Dort hat ihn seine Frau einfach liegenlassen – bis er krepierte.«

Thomas Brandin bemühte sich, nachzuempfinden, was seinen Freund in diesem Augenblick bewegen mußte. Nur mühsam gelang es ihm, sich aus der starren Haltung zu lösen, in die er beim Anhören dieser Geschichte verfallen war. »Vermutlich«, sagte er schließlich zu »des Teufels Großmutter«, »vermutlich sehen Sie das alles so, wie Sie es nun einmal sehen wollen.«

»Kann sein«, gab sie schnaufend zu. »Ich bin nun mal ein altes, häßliches, hinterhältiges Weib. Doch ich lüge nie. Siegfried weiß das.«

Der nickte ihr zu – und dann reichte er ihr abermals die Flasche Gin, als habe er ihr einen großen Preis zu übergeben. Die trank sie leer. Siegfried betrachtete sie versonnen. »Aber das – das spüre ich, Mutter Klementine – ist noch nicht alles.«

»Das reicht doch wohl!« rief Thomas Brandin besorgt.

»Sag, was du noch weißt, Mutter Klementine«, forderte Siegfried.

»Damals«, sagte sie langsam, »gab es im Leben deiner Mutter bereits diesen Greiner. Und der befand sich auch in jener Nacht bei ihr, als dein Vater starb.«

4

Rechnungen wollen beglichen werden

Der nächste Tag in diesem Monat Mai 1950 begann für einige Mitglieder der Familie Sonnenberg erfreulich und vielversprechend. Nachdem sich Siegfried nach ziemlich unruhigem Schlaf (selbstverständlich nicht mit seiner Frau Eva-Ingeborg) aus seinem Teil des doppelten Ehebettes erhoben hatte, betrachtete er sie aufmerksam. Sie stand bereits am Waschtisch, recht verlockend gekleidet.

»Ich bin nunmehr entschlossen, das Haus meines Vaters, unser Haus, wieder aufzubauen«, verkündete Siegfried.

Diese große Neuigkeit wurde unverzüglich von Eva-Ingeborg weiterverbreitet. Und zwar an Mutter Emma und damit auch an Greiner.

Die beiden reagierten beglückt.

»Na also!« stellte »Opa Greiner« mit Genugtuung fest. »Der spurt!«

»Was nicht weiter verwunderlich ist«, meinte Mutter Emma mit großem Selbstbewußtsein. Sie legte sich wieder in ihr Bett zurück, in dem sich immer noch ihr »Lebensgefährte« befand. »Siegfried mag noch so fürchterliche Phantasieanwandlungen haben – doch sobald es ums Geschäft geht, kann er erstaunlich tüchtig und raffiniert sein. Das hat er von seinem Großvater – von dem habe selbst ich noch allerhand lernen können.«

So schien denn diese Rosenburger Sonnenbergwelt wieder in Ordnung gekommen zu sein. Das glaubte auch Altmeister Adam in seiner fürchterlichen Ahnungslosigkeit feststellen zu dürfen. Denn sein Salon erwies sich weiter als ein Kassenfüller sondergleichen. Dies nicht zuletzt wegen eines Schildes, auf dem in leuchtendroten Farben hingepinselt war:

An die verehrte weibliche Kundschaft.
Meister Siegfried Sonnenberg
frisiert hier nun wieder.

Dabei handelte es sich um eine gemeinsame Idee von Brandin, Adam und Eva-Ingeborg, die offensichtlich schnell den gewünschten Erfolg gezeitigt hatte: die Damen kamen! Die Frau des Schuldirektors ebenso wie jene des Gemeinderatsvorsitzenden, die Fleischersgattin und das Eheweib des örtlichen Polizeigewaltigen Jürgen Wiese. Sie alle waren noch zeitgemäß dürr und wenig gepflegt – doch zum ersten Mal nach den vielen entbehrungsreichen Jahren konnten sie sich eine Verschönerung leisten. Siegfried bediente sie aufmerksam.
Er arbeitete schnell, mit sanft-festen Griffen, mit einfühlsamen Worten. Dabei versicherte er jeder Dame, hier könne es sich natürlich nur um allererste Versuche handeln. Derzeit mangele es ihm noch an Instrumenten, Apparaturen und Pflegemitteln, die zu beschaffen er jedoch bereits bemüht sei. Er müsse da sehr um Nachsicht bitten.
Die Damen blickten entzückt zu ihm hoch, nachdem sie in den Spiegel geschaut hatten. Ihre Haare bekamen wieder Form und Glanz, flossen geschmeidig und seidig dahin. Und das, erkannte Altmeister Adam fachgerecht, war nach nur geringer Verwendung von Regenwasser und Sonnenblumenöl erreicht worden, ohne daß Siegfried zunächst die bei den bearbeiteten Damen übliche Grundfrisur merklich verändert hatte. Derartige fachliche Feinheiten, verkündete Sonnenberg, kämen erst später – etwa nach der dritten oder vierten Grundbehandlung.
So lächelte denn Adam beglückt; und Eva-Ingeborg kassierte mit steigender Freude und mit lässigen Blicken auf die unter den Händen des Meisters dahinschmelzenden Kundinnen. Selbst Brandin glaubte abermals registrieren zu können: sein Freund Siegfried war, auch als Friseur, eine Art Genie. Allerdings, meinte Thomas, ein reichlich berechnendes Genie.
Die Stimmung im »Salon« war angenehm und zuversichtlich. Und das auch dann noch, als kurz vor Mittag eine prallblonde Schönheit auftauchte, mit herrlich strahlenden Blauaugen. Dieses Wesen wirkte ungemein herzlich und freundlich aufgeschlossen.
»Gott zum Gruß!« rief sie in den Raum hinein, allen Anwesenden zu. Worauf sie sich zunächst einmal der in Türnähe an der Kasse sitzenden Eva-Ingeborg zuwendete. »Sie sehen glänzend aus, Frau Sonnenberg!«
»Sie auch!« Es war nicht eindeutig erkennbar, wie das gemeint war. Denn der stets aufmerksame Brandin hatte den Eindruck, Eva-Ingeborg könnte gesagt haben: Sie mich auch!

Doch diese unbeirrbar strahlende Person schritt nun auf Sonnenberg zu. »Da bist du ja endlich wieder, Siegfried!«
»Schön, dich zu sehen, Margot«, versicherte er. Offenkundig um rein geschäftliche Freundlichkeit bemüht, geleitete er sie zu einem Sessel. Hier lächelte er in den Spiegel hinein; ihr zu.
Dann begann er eine Flut von kräftigen, seidigen Haaren zu entflechten. »Unverändert«, stellte er fest.
In diesem Augenblick betrat auch Konrad Kahlers, der Bürgermeister, den Salon mit einem jovialen und herzlich gedachten »Gott zum Gruße«. Dann nickte er Adam und Brandin stadtväterlich-freundlich zu, um sich nun direkt mit Eva-Ingeborg zu beschäftigen. Er ergriff ihre ihm entgegengestreckte Hand, beugte sich tief darüber, wie um sie zu küssen, ja sie geradezu andächtig zu berühren.
Dann rief er Siegfried zu: »Freue mich, dich zu sehen, mein Freund! Mit Genugtuung habe ich vernommen, daß du hier wieder voll einzusteigen gedenkst – in unsere Arena. Das begrüße ich!«
»Freut mich, wenn dich das freut«, meinte Sonnenberg beiläufig. Er deutete an, daß er gerade mit seiner Kundin intensiv beschäftigt sei. »Doch lassen wir uns zunächst nicht ablenken.«
Das wurde für eine Art internen Scherzes gehalten. Kahlers blinzelte gutgelaunt zu Eva-Ingeborg hinüber und meinte dann: »Unser guter Siegfried scheint nun tatsächlich wieder recht munter am Werk zu sein!« Sie nickte ihm bestätigend zu.
Worauf sich Kahlers vergnügt an Altmeister Adam wendete. »Da sich hier nun offenbar alles glänzend entwickelt, muß wohl auch ich Wert darauf legen, entsprechend in Erscheinung zu treten. Darf ich also um allerbeste Rasur und Haarschnitt bitten?«
Worauf sich der Altmeister, assistiert von Brandin, unverzüglich mit ihm beschäftigte; Eva-Ingeborg kam hinzu. Während sich die einen fachmännisch seinem Kopf widmeten, war die andere auf ein freundliches, verbindlich-unverbindliches Gespräch bedacht, das an sein Herz und seine Gefühle gerichtet war. Denn Eva-Ingeborg vermochte Männer, die sich um sie bemühten, wie Kahlers und Wiese, aber auch andere, mit großer Geschicklichkeit auf ganz kleiner Flamme schmoren zu lassen.
Diese eingetretene Konstellation ermöglichte nunmehr eine ziemlich ungestörte Unterhaltung zwischen Siegfried und Margot. »Was kann ich für dich tun, meine Liebe?« wollte er wissen.
Sie sah blinzelnd zu ihm hoch. »Zunächst, Siegfried – mein Haar!

Es dunkelt zu schnell nach. Glaubst du, daß sich dagegen irgend etwas machen lassen könnte?«
»Dergleichen, Margot, ist an sich kein besonderes Problem – wenn man über die notwendigen Mixturen verfügt; die aber besitze ich noch nicht. Doch nur ein wenig Geduld – und ich werde versuchen, für dich, für dein Haar, ein Spezialmittel zusammenzubrauen.«
»Du bist großartig«, bekannte Margot verhalten. »Und das bist du schon immer gewesen – nicht nur als Friseur. Und ebendeshalb, lieber Siegfried, freue ich mich so sehr darüber, daß du wieder hier bist. Dich habe ich, wie wohl kaum jemand sonst, vermißt.«
Margot durfte wohl zu den wenigen Menschen zählen, deren Existenz in Siegfrieds Leben ihm Augenblicke tiefster Freude bereitet hatte. Und wenn die auch nur beklagenswert kurz gewesen waren, so doch von beglückender Aufrichtigkeit. Nun war sie, wie er wußte, mit einem Rechtsanwalt verheiratet, der sich in Rosenburg niedergelassen hatte.
»Bist du glücklich, Margot?« fragte er sie leise, wobei er fast zärtlich ihren Hinterkopf massierte. »Bist du wenigstens – zufrieden?«
»Zufrieden, irgendwie, war ich wohl immer – und jetzt bin ich das auch. Aber – glücklich? Kann man das denn jemals sein? Doch, ja – zumindest einmal bin ich das tatsächlich gewesen. Und du weißt das.«
Er wußte es. Doch dieses schöne Eingeständnis betraf nicht ihn; leider nicht. Er sah sie lächeln, ohne daß sie auch nur andeutungsweise errötete. Bei ihm mußte sie das nicht. Auch wenn er der einzige war, der miterlebt hatte, was einstmals, nun bereits vor einem Jahrzehnt, geschehen war. Damals hatte Siegfried dieser Margot, rein zufällig, einen freundschaftlichen Besuch abstatten wollen. Doch dabei hatte er sie in einer überaus heiklen, absolut eindeutigen Situation angetroffen; sie lag mit einem Mann nackt in ihrem Bett. Und dieser Mann war ihr Bruder gewesen.
Siegfried hatte lediglich »Pardon« gesagt und sich schleunigst zurückgezogen. Danach war er den beiden noch oft begegnet, einzeln oder gemeinsam. Er ließ sich jedoch niemals dazu verleiten, irgendein Wort über jene heikle Begegnung zu verlieren. Und falls ihn entsprechende Andeutungen erreichten, hatte er die mit der Bemerkung unterbunden: »Versucht nicht, mir irgend etwas einzureden!«
»Wir beide lieben, verehren dich sehr«, bekannte Margot nun sehr leise. »Und meinem lieben Bruder geht es gut. Der hat sich hier in

Rosenburg in den ersten Nachkriegsjahren, gemeinsam mit meinem jetzigen Mann, eine Anwaltskanzlei aufgebaut. Um sich dann sehr bald von uns zu trennen – und du allein wirst dir vorstellen können, weshalb.«

»Will ich mir gar nicht vorstellen, Margot! Doch immerhin würde ich gerne wissen wollen, wo sich dein Bruder jetzt befindet. Was macht er?«

»Er lebt in München.« Wohlig genoß sie seine zart massierenden Hände. »Dort betätigt er sich als Rechtsanwalt, Steuerberater und Vermögensverwalter. Und als solcher ist er in das sichtlich aufblühende Baugeschäft eingestiegen; Hoch- und Reihenhäuser, Stadtvillen, Mietskasernen und Landsitze. Du verstehst?«

»Genau das war bei ihm zu vermuten. Denn in diesem Bereich kannte er sich schon frühzeitig aus. Und das hört sich gut an – für mich.« Er durchkämmte geschickt Margots dunkel-goldene Haarflut, legte sie in wundersam weiche Wellen. »Ich würde mich gerne mit deinem Bruder unterhalten.«

»Soll er herkommen?«

»Würde er das tun?«

»Jederzeit! Bestimmt dann, wenn du darauf Wert legst.«

»Darauf würde ich Wert legen«, bestätigte Siegfried. Worauf er sich wieder mit ihren prächtigen Haaren beschäftigte. »Denen werde ich funkelnden Glanz verleihen – wie einem reifen Ährenfeld in leuchtender Sonne. Ich gedenke für dich einen Extrakt aus Birkenrinden und Pfefferminzblüten zu filtern – im zaristischen Rußland war das eine Art Geheimrezept für adlige Damen.«

Hiermit hatte Siegfried Sonnenberg ein weiteres, seiner dann später äußerst erfolgreichen Kosmetik-Präparate erdacht. Er wollte es tatsächlich, als es soweit war, »Mixture Margot« nennen. Doch dann, in der Fabrikation, erhielt dieses Elixier, vielleicht mit Rücksichtnahme auf Eva-Ingeborg, den Namen: Sonnenbergs Haartonikum Nummer eins.

Doch nichts davon war in dieser Stunde vorauszusehen. Obgleich das alles, sehr eng, miteinander zusammenhing – die Frisur Margots und Siegfrieds schöpferische Gedanken dabei. Doch zunächst wollte er lediglich wissen: »Du könntest also tatsächlich veranlassen, meine Liebe, daß dein Bruder hier erscheint?«

»Aber ja, Siegfried!« versicherte Margot beflissen. »Es gibt nichts, was der nicht für dich tun würde! Und deshalb brauche ich meinen Bruder nicht erst groß zu bitten. Der wird kommen. Schon morgen – wenn du willst.«

Das Mittagessen war an diesem Tage im Hause Adam – von Mutter Emma fachkünstlerisch zubereitet – ganz besonders verlokkend: Schweinebraten mit handgeriebenen Kartoffelklößen und speziellen Zutaten; kegelartig auf zwei Keramikplatten aufgetürmt.
In der geräumigen Wohnküche des Adam-Hauses saßen sie nun traulich vereint: Familienmittelpunkt Mutter Emma und ihr völlig unvermeidbarer Herr Greiner. Dann auch Eva-Ingeborg; sie zwischen Siegfried und Thomas. Dazu Meister Adam – menschenfreundlich um alle bemüht, hilflos ergeben wie immer, mit blaßblau vertrauensseligen Augen. Unmittelbar neben ihm befand sich Dagmar; sichtlich munter, hellwach und unentwegt streitbar, blickte sie über die aufgetürmten Speisen. Und, wie besonders bereitwillig, über Thomas Brandin hinweg.
Doch zunächst konnten diese Festessenteilnehmer unabgelenkt alles ihnen Angebotene in sich hineinmampfen. Bis dann »Opa Greiner« kauend verkündete:
»Das, meine liebe Emma, ist der wohl beste Schweinebraten, den ich jemals genießen durfte.«
»Den habe ich nach überlieferten Hausrezepten der Frau meines Schwiegervaters, also der Großmutter von Siegfried, angefertigt – sozusagen meinem Sohn zu Ehren.«
»Das sollte dich dankbar stimmen, mein Junge«, forderte Greiner gemütvoll. »Genieße das!«
»Mache ich«, sagte Siegfried Sonnenberg. Wobei er Thomas Brandin anschaute. »Fällt nicht schwer – was?«
»Durchaus nicht!« versicherte der, freudig kauend. »Und so etwas Herrliches haben wir jahrelang entbehren müssen! Da muß man doch dankbar sein.«
Worauf sich die Sonnenberg-Tochter Dagmar einmischte: »Und das ist schon alles, was euch Helden erfreut? Mein Gott – ihr seid so müde, versoffen und gefräßig geworden! Und sonst – interessiert euch nichts?«
Mutter Emma blickte Eva-Ingeborg auffordernd an. Und die sagte unverzüglich: »Du solltest dich ein wenig mehr zusammennehmen, Dagmar. Manchmal kannst du fürchterlich herausfordernd sein! Aber so habe ich dich wirklich nicht erzogen.«
»So bin ich nun mal geworden!« fauchte Dagmar. »Zumal wenn ich mir das hier ansehen muß! Ihr mampft da herum! Als sei dieser Hitler an nichts anderem schuld, als daß ihr jahrelang keinen Schweinebraten essen konntet. Oder soll ich ›fressen‹ sagen?«

»Ach dieses vorschnelle Geschwätz der Jugend!« rief Greiner, nun in der Tat ein Opa. »Es ist einfach nicht auszurotten!«
»Genauso wie die Scheiß-Hitlerei bei uns Deutschen!«
»Bitte, Dagmar«, sagte ihre Mutter streng, nach einem Ermunterungsblick von Frau Emma. »Nimm gefälligst Rücksicht auf deinen Vater und seinen Gast! Bedenke bitte, woher sie kommen.«
»Nur keinen Streit!« bat Altmeister Adam, nahezu beschwörend. »Mißverständnisse lassen sich beseitigen – mit Geduld und Nachsicht und Toleranz! Meinst du das nicht auch, Siegfried?«
Der lehnte sich nun, überaus gesättigt, in seinem Stuhl zurück. Er betrachtete seine Umgebung – mit Heiterkeit und Wohlwollen, in die er auch seine Tochter Dagmar mit einbezog. Und ihr fiel erstmals auf, was Brandin längst bemerkt hatte: ihr Vater besaß hellglitzernde, fuchsschlaue Augen! Ihre hochgespielte Empörung wich nun einer lauernden Neugier.
Siegfried Sonnenberg jedenfalls sagte, behaglich ausgestreckt: »Was mich zunächst einmal beschäftigt, sind ein paar ganz einfache Anregungen.«
Was er darunter verstanden haben wollte, erklärte er sogleich. Erstens: der Adam-Friseursalon sei aufzuteilen, und zwar durch eine Trennwand; der kleinere Teil davon für männliche Kunden, der andere für weibliche. Zweitens: man müsse noch viel mehr den ganzen Raum beherrschende Spiegel installieren, zwecks Förderung von Helligkeit und Atmosphäre. Drittens: es müßten diverse Grundsubstanzen für Haarpflege und Haarformung angeschafft werden, wie Öle, Seifen, Fette, sowie reiner Alkohol. Und alles das in größeren Mengen.
»Sehr gut erkannt, völlig zutreffend, absolut notwendig!« stimmte Altmeister Adam fast hymnisch zu. »Aber wie ist das zu erreichen? Einen Tischler, für die Zwischenwand, könnte ich auftreiben – falls du dessen Frau frisierst. Und in der Rosenburg gibt es ganze Wände von Spiegeln; vielleicht ist dort etwas zu machen, denn der Werners sieht Geld gerne. Die von dir verlangten Grundsubstanzen jedoch sind hier immer noch große Mangelware. Die könnte vielleicht nur einer herbeischaffen: Mister Frankfurter, der mit deiner Schwester ...« Er blickte zu Mutter Emma hinüber. »Aber das geht wohl zu weit?«
»Das geht entschieden zu weit!« versicherte sie energisch. »Der hat bisher lediglich Getränke und Konserven geliefert. Ziemlich großzügig – Erikas wegen! Was mir jedoch niemals sonderlich gefallen hat.«

Dagmar lachte freudig-hohnvoll auf, um sich abermals einzumischen. »Den hast du wohl stets verabscheut – was? Vermutlich weil er Jude ist! Was dich aber nicht, liebe Großmutter, daran gehindert hat, von ihm zu leben – wie wir anderen auch. Und das nicht schlecht. Für dich scheint der jedoch nun langsam überflüssig zu werden – aber noch nicht für meinen lieben Vater! Der benötigt ihn dringend – wegen der sogenannten Grundsubstanzen, die er dann den alten Weibern in die Haare schmiert.«
»Einfach fürchterlich – dieses Benehmen!« stieß Mutter Emma höchst unwillig hervor. »Muß man sich das bieten lassen?«
Wobei unverzüglich Herr Greiner in Aktion trat. »Selbstverständlich, liebe Dagmar, sind wir keine Antisemiten! Wir haben nicht das geringste gegen jüdische Mitmenschen einzuwenden. Zumal uns damals, in den ersten Monaten nach dem Krieg, jeder Rettungsring willkommen sein mußte. Wir waren auf dem wohl erschütterndsten Tiefpunkt unseres Daseins angelangt. Völlig schuldlos wurden wir heimgesucht.«
»Aber jetzt«, glaubte Dagmar zu erkennen, »habt ihr euren US-Besatzungsjuden nicht mehr nötig?«
Altmeister Adam war entsetzt und sprachlos. Brandin jedoch grinste Dagmar wohlwollend an. Und auch die Augen des Vaters Siegfried wirkten ermunternd. Eva-Ingeborg sah besorgt fragend Herrn Greiner und Frau Emma an; die hielten sich, wie einander beruhigend, bei den Händen.
Dann sagte Mutter Emma, sehr beherrscht und wohl auch klug berechnend:
»Du läßt dich da zu Vermutungen hinreißen, Dagmar, die keinesfalls zutreffen. Wenn mir an jener Angelegenheit irgend etwas mißfallen hat und immer noch mißfällt, dann ist es dieses fragwürdige, unklare Verhältnis zwischen ihnen. Die sind nicht verheiratet, doch sie leben zusammen!«
»Aber eben das, Großmutter, offensichtlich sehr gerne!«
»Was aber nicht unserer Moral entspricht – auf die wir uns endlich wieder besinnen sollten! Die sollten endlich heiraten – oder sich trennen. Meinst du das nicht auch, Siegfried?«
Der schien sich völlig überfordert vorzukommen, was er dann auch deutlich zu machen versuchte.
»Um das beurteilen zu können, benötige ich ein wenig Zeit.«
»Schließlich«, meinte nun auch der grinsende Thomas Brandin, »soll sogar der liebe Gott sechs Tage gebraucht haben, um diese Welt zu erschaffen. Doch wie lange sind wir jetzt hier?«

»Sehr gut bemerkt!« bestätigte ihm Greiner mit der ihm eigenen Munterkeit. »Und wer ist hier schon ein Gott?«
»Immerhin scheint sich der eine oder andere so vorzukommen«, sagte Siegfried.
Und Mutter Emma beschwichtigte: »Das ist der richtige Weg! Nur nichts überstürzen! Und das solltest auch du einsehen, Dagmar. Für dich habe ich übrigens deine Lieblingsspeise vorbereitet – einen Kaiserschmarrn, mit viel Rosinen, einer Menge Zucker und frischen Eiern! Was sagst du nun?«
Dagmar ließ sich jedoch durch nichts mehr besänftigen. Denn jede Sorte von Entgegenkommen wollte ihr überaus verdächtig erscheinen. Entsprechend reagierte sie nun: mit völlig enthemmter, nahezu explosionsartiger Wut:
»Was seid ihr doch für ein unsagbar beschissener Haufen! Eine Mutter, die ihren Sohn hemmungslos tyrannisiert – fleißig bestärkt von einem angeblichen Opa! Weiter eine Frau, die ihren Mann nur noch schamlos auszunutzen versucht. Und dann eine Schwester, die sich bei einem jüdischen Amerikaner erhebliche Vorteile erschläft! Und all das angeblich nur zum Wohle der Familie!«
Siegfried sah seine Tochter trotz allem ermunternd an. »Nur weiter so! Was sonst noch?«
»Um erst gar nicht«, stieß dieses angebliche Kind zornig hervor, »von einem ahnungslos mißbrauchten, gutmütigen Trottel zu reden! Womit ich Sie meine, Herr Adam! Und Sie wissen, ich mag Sie; sehr. Aber das mußte einmal gesagt werden!«
»Kind, Kind!« konnte der alte Meister nur noch betrübt ausrufen. »Wohin soll das führen?«
»Nun gut«, sagte Mutter Emma empört, »nachdem du dich ausgeschleimt hast, kannst du dich entfernen!«
»Sie scheint aber noch nicht alles gesagt zu haben.« Siegfried Sonnenberg betrachtete seine Tochter Dagmar mit ernsthaft neugierigen Augen. »Denn diese Sammlung von Eindeutigkeiten ist wohl nicht ganz vollständig. Solltest du etwa mich vergessen haben?«
»Falls du das unbedingt hören willst, lieber Vater – warum nicht!« Dagmars Stimme klang nun sehr hell, fast keuchend. »Ziemlich deutlich ist zu erkennen, daß ihre beide, Thomas und du, möglichst ungestört sein wollt – um euer Privatleben zu pflegen, oder eben das, was ihr dafür haltet. Fast wie eine Art altmodisches Ehepaar, das sich endlich hinter Stacheldraht gefunden hat. Und das nun alle erdenklichen Zugeständnisse macht; nur um seine Tage

und die dazugehörenden Nächte ruhig und ungestört verbringen zu können.«

Auch das waren so verwegene Behauptungen, daß sie fast allen Anwesenden die Sprache verschlugen. Bis auf einen – Thomas Brandin. Der wollte nun, geradzu begierig, wissen: »Wie kommst du denn ausgerechnet auf so etwas, Dagmar?«

»Instinkt, Gefühl, Beobachtungsgabe!« glaubte sie herausfordernd feststellen zu können. »Oder solltest du etwa in der Lage sein, mir zu beweisen, daß meine Vermutungen nicht zutreffen?«

»Jederzeit, Dagmar! Sofort. Aber warum sollte ich das? Willst du unbedingt darauf hinaus?«

»Und wenn ich nun ›ja‹ sage, Thomas? Was dann?«

Siegfried Sonnenberg jedoch als einziger wirkte völlig unbeeindruckt, nahezu heiter.

»Behauptungen, Vermutungen und Deutungen kann man jederzeit in beliebiger Menge äußern. Doch wohin wir auch immer greifen – wir fassen nichts als schnell zerfließenden Schlamm, der uns durch die Hände rinnt. Wobei wir uns trotzdem noch fragen sollten: Läßt sich nicht doch etwas daraus machen?«

»Bravo, mein Sohn«, rief ihm Mutter Emma zu. »Mache daraus was! Du kannst es!«

In den Nachmittagsstunden suchte Siegfried Sonnenberg seine geliebte Schwester Erika auf. Er traf sie in jenem Haus am Rande von Rosenburg, das sie seit einigen Jahren gemeinsam mit John Frankfurter bewohnte. Dieses villenartige Gebäude hatte sich einst ein höherer SS-Funktionär mit Reichsgeldern errichtet.

Entsprechend war dieser Prunkkasten auch ausgestattet: mit klobigen Balken, viel kaltem Marmor und dunkel wie eine Ritterburg. Doch selbst diese trutzige Herrenmenschenatmosphäre hatte Erika ein wenig aufhellen können. Und zwar durch zarte lichtdurchlässige Vorhangschleier, farbenfreudige Tapeten und bunte Orientteppiche. Hier herrschte nun eine gewisse gediegene Gemütlichkeit.

Und die wurde durch Erikas frauliche Herzlichkeit noch verstärkt. Siegfried erkannte das sofort. Seine Schwester umarmte ihn herzlich und führte ihn zu John. Der saß an seinem Schreibtisch; sichtlich erfreut über Siegfrieds Besuch. Dem ging er entgegen und rief: »Herzlichst willkommen!«

»Das«, sagte Siegfried offen, »wäre ich gerne. Doch möglicherweise muß ich euch enttäuschen. Denn, ehrlich gesagt, ich komme

nicht etwa her, um euch eine höfliche Visite abzustatten. Vielmehr möchte ich einiges von euch erbitten. Doch an Bittsteller, nehme ich an, John, sind Sie gewöhnt.«
»Bin ich, Siegfried«, bestätigte Frankfurter gelassen. »Aber Erikas wegen lasse ich mich immer wieder gerne darauf ein. Und besonders bereitwillig für Sie, Siegfried. Denn ich lege großen Wert darauf, Ihnen gefällig zu sein. Ich verehre, ich liebe Ihre Schwester. Und ich glaube auch zu wissen, was Sie beide einander bedeuten. Doch zunächst sagen Sie mir, was wollen Sie trinken?«
»Das gleiche wie Sie, John.«
»Am hellen Tag«, sagte der, »bevorzuge ich Mineralwasser.«
»Eine Wahl, der ich mich anschließe.«
Sie ließen sich in der breit-behaglich angelegten Sessel-Sofa-Gruppe im unteren großen Raum nieder. Dabei plazierte sich Erika, als suche sie Schutz bei ihm, dicht neben John. Er umarmte sie zärtlich.
Siegfried betrachtete beide mit behutsamer Aufmerksamkeit. Und er war sicher, feststellen zu können: hier war er zwei sich liebenden Menschen begegnet. Daran Anteil zu nehmen fiel ihm nicht schwer; und spontan äußerte er: »Ihr seid glücklich – das spürt man.«
»Ich wußte, daß du das erkennen würdest!« sagte Erika, dankbar und beglückt.
»Aber doch wohl nicht ganz ohne Vorbehalt«, meinte John Frankfurter mit verständnisvollem Lächeln. »Sie haben gewiß ganz bestimmte Fragen zu stellen. Gut. Dazu sind Sie, Siegfried, Sie in allererster Linie, berechtigt. Etwa diese: Warum haben Erika und ich noch nicht geheiratet?«
»Nun gut – da Sie offenbar auf diese Frage zu warten scheinen, John, stelle ich sie. Also: Warum nicht?«
»Aus mehreren Gründen, Siegfried.« Frankfurters heiteres Entgegenkommen war nicht ganz frei von Besorgnis. »Zuerst dies: Falls wir heiraten sollten, besteht Mutter Emma auf einem kirchlich abgesegneten Bündnis. Doch in diesem Fall würde ich Wert darauf legen, daß die Hochzeitszeremonie nach meinem religiösen Ritus stattfindet, also dem jüdischen. Das aber will ich Erika nicht zumuten.«
»Kannst du aber – solltest du!« sagte sie entschieden.
»Das kann und darf ich nicht, Erika, mein Liebling. Ich muß Rücksicht auf deine Familie nehmen.«
»Das mußt du nicht mehr«, rief sie. »Nicht jetzt, wo Siegfried wie-

der hier ist! Denn der ist nun, nach ungeschriebenen, doch immer noch geltenden Gesetzen, das sogenannte Oberhaupt unserer Familie. Und wie ich ihn kenne, wird er nichts gegen unsere Heirat einzuwenden haben – nach welchem Zeremoniell auch immer. Stimmt's?«

»Das trifft zu«, bestätigte Siegfried, wobei er seine Schwester zärtlich betrachtete. »Doch davon solltest du dir zunächst nicht allzuviel versprechen.«

»Nicht«, erkannte Erika prompt, »solange hier noch Mutter dominiert! Ist es das, was du sagen willst?«

Er nickte. »Unsere Mutter hat in den leider langen Jahren meiner Abwesenheit, und nicht nur in dieser Zeit, unsere Familie ziemlich umfassend beherrscht. Aber auch für sie gesorgt, sie beschützt wie eine Glucke, sie verteidigt wie ein Wachhund! So was zu würdigen bietet sich an. Zumindest läßt es sich nicht einfach, von heute auf morgen, vergessen oder überspielen.«

»Du willst damit wohl sagen«, vermutete Erika, »daß du Zeit brauchst, um damit fertig zu werden. Und daß auch wir uns damit abzufinden haben. Nun gut – das werden wir! Jedoch wie lange soll das noch so weitergehen?«

»Es wird wohl darauf ankommen, wieweit es mir gelingen wird, hier wieder halbwegs geregelte, also normal zu nennende Verhältnisse zu schaffen. Und eben dabei, John, rechne ich auf Ihre wohl immer noch einflußreiche Stellung – und die sich daraus ergebenden Möglichkeiten.«

Frankfurter lächelte wie ergeben vor sich hin, wobei er weiter eine von Erikas Händen umspannte. »Stellung«, sagte er. »Möglichkeiten, Einfluß?« Er schüttelte den Kopf. »Das, Siegfried, war einmal.«

»Immerhin, John, sind Sie hier noch Captain der U.S.-Army! Mithin nach wie vor mit erheblichen Vollmachten ausgestattet, speziell für die wirtschaftlich-finanzielle Entwicklung in unserem Bezirk. Und damit läßt sich doch wohl eine ganze Menge anfangen!«

»Welch ein Irrtum, Siegfried!« sagte John, nicht ganz ohne Bedauern. »Denn ich bin hier keinesfalls so eine Art bevollmächtigter U.S.-Gauleiter, wie vielleicht einige annehmen. Den meisten von mir betreuten Deutschen dürfte inzwischen wohl ziemlich klargeworden sein, daß ich nichts anderes als ein eingesetzter Betreuungsbeamter bin. Zuständig für Nachhilfe in Demokratie – mit schnell schwindendem Einfluß.«

»Also nichts weiter wie ein Werkzeug«, sagte Siegfried Sonnen-

berg, »ein Rädchen unter zahllosen anderen, Teil einer gigantischen Planierraupe. Etwa, um diese Nazinachfolgegesellschaft in brauchbare Leute zu verwandeln? Wofür eigentlich?«
»Sie scheinen da einiges zu ahnen, Siegfried«, gab John Frankfurter zu. »Aber Sie können nicht wissen, was tatsächlich auf uns, beziehungsweise auf Sie, zuzukommen droht. Nämlich eine Art nicht nur geduldeter, sondern sogar planmäßig geförderter Wiederauferstehung Ihres Deutschlands. Und das sogar in militärischer Hinsicht.«
Siegfried fühlte sich versucht, schallend aufzulachen. Das tat er jedoch nicht. Denn der Ernst in dem schönen, einem byzantinischen Engel ähnelnden Gesicht von John Frankfurter ließ das nicht zu.
»Sind denn wir Deutsche nicht völlig am Ende, auf dem totalen Nullpunkt angelangt? Sind wir nicht wie Aussätzige der Weltgeschichte; mit Millionen von Leichen belastet, mit Kriegsverbrechern im ganzen Land – bis hin zur Rosenburg?«
»Das, Siegfried, war einmal.«
»Und was ist jetzt, John?«
»Dieses Deutschland, zumindest das restliche, das westdeutsche, ist ein hochgehandelter internationaler Saisonartikel geworden. Ihr werdet nun wieder gebraucht. Und zwar dringend.«
»Diese Ruinenwelt?«
»Die jedoch nach wie vor bevölkert ist, von zahlreichen, überaus verwertbar anmutenden deutschen Menschen! Und eben die scheinen über ganz besondere, offenbar jetzt wieder schätzenswerte Vorzüge zu verfügen: über Beharrlichkeit, Ausdauer und unzerstörte Energie. Der ideale Stehaufmännchen-Typ!«
»Und mit diesen offenbar noch ganz stattlichen Restbeständen an Helden glaubt man noch einiges anfangen zu können?«
»Eine ganze Menge, vermutlich. Denn genau solche Typen sind nun wieder sehr gefragt. Und zwar gegen den potentiellen Feind der westlichen Welt – die Sowjetunion.«
Siegfried war zutiefst erschrocken. »Das kommt mir wie völliger Irrsin vor!«
»Das ist auch meine Ansicht«, stimmte Erika eifrig zu. »Doch ich würde das gern ein wenig anders formulieren. John scheint hier ganz fürchterlichen Vorstellungen ausgeliefert zu sein.«
»Dabei, meine Liebe, mußt du schon mit meiner verwegenen jüdischen Phantasie rechnen – und mit meinen realistischen Erfahrungen.«
Diverse diesbezügliche Erfahrungen glaubte Siegfried Sonnen-

berg auch zu besitzen. Und deshalb fühlte er sich berechtigt, zu sagen: »Unser Deutschland ist doch inzwischen am Arsch der Welt gelandet! Wir haben nicht nur Europa, wir haben auch andere Kontinente auf dem Gewissen. Dieser von uns entfesselte Weltkrieg hat an die einhundert Millionen Opfer gekostet! Darunter auch fünf bis sechs Millionen Ihres jüdischen Glaubens – die wurden erschlagen, vergast, verbrannt! Doch nun wollt ihr, ihr Amerikaner, die ihr ohne eure Juden kaum existenzfähig seid, diese Deutschen wieder voll in Funktion bringen?«
»Das ist zwar noch nicht spruchreif, doch es scheint sich, wie unvermeidbar, anzubahnen.«
»Sogar mit Typen wie Werners – was?«
»Der gehört gewiß dazu. Und er und seinesgleichen scheinen das bereits zu wittern. Morgenluft! Aber so was läßt sich nicht von heute auf morgen machen – doch in zwei, drei Jahren sicherlich.«
»Drei Jahre«, überlegte Siegfried, »das sind mindestens eintausend Tage! Und in denen kann noch eine ganze Menge geschehen. In dieser Zeit könnten wir versuchen, wie es in einem guten deutschen Sprichwort heißt, unsere Schäfchen ins trockene zu bringen. Also unsere persönlichen und geschäftlichen Angelegenheiten zu ordnen. Darf ich diesbezüglich mit Ihnen rechnen, John?«
»Ich bin bereit dazu, Siegfried.«
Worauf dann plötzlich dieses Gespräch in ganz reale Bahnen zurückkehrte. Denn Sonnenberg verlangte: Öle, Fette, Seifen, Alkohol und Hautcreme – in jeder erreichbaren Menge. Das wurde ihm von John zugesichert; Erikas wegen.

An diesem Nachmittag war Thomas Brandin gerade dabei, den Polizeigewaltigen von Rosenburg, Jürgen Wiese, gründlich einzuseifen, um ihn dann zu rasieren. Doch Altmeister Adam stürzte auf ihn zu. »Laß mich das machen! Denn da wartet jemand auf dich, mein Junge.«
»Wo?«
»Vor dem Haus, auf der Straße. Sie will dich unbedingt sprechen.«
»Wer?«
»Na – eben sie! Warum fragst du, Mensch – du weißt doch genau, um wen es sich handelt. Laß sie nicht warten – die nicht! Deine Arbeit erledige ich.«
Thomas Brandin nickte und begann sich sorgfältig die Hände zu säubern. Währenddessen widmete sich der Altmeister dem Polizeimenschen. Der versuchte zu demonstrieren: ihm entging

nichts! Dabei blickte er im Spiegel Adam an und fragte den, kaum gedämpft: »Warum macht denn deine neueste Hilfskraft schon wieder Pause?«
»Er hat eine Verabredung«, flüsterte Adam vieldeutig, wobei er Wiese fleißig weiter einschäumte.
Der blieb unbeirrbar Polizeibeamter. »Verabredungen – während der Dienstzeit? Sind wir tatsächlich schon so weit gekommen, daß hier kaum noch jemand so richtig weiß, was Disziplin ist? Von wegen Verabredung! Dieser Brandin hat noch nicht mal seine polizeiliche Anmeldung ausgefüllt, mir nicht seine Papiere vorgelegt! Dafür solltest du sorgen.«
»Werde ich veranlassen, Wiese. Doch zunächst einmal, nehme ich an, wirst du wissen wollen, mit wem er verabredet ist?«
Das sagte ihm Adam. Worauf Jürgen Wiese zu erstarren schien. Sein auf amtliche Würde und dienstliche Forschheit trainiertes Polizeigesicht mutete jetzt geradezu nachdenklich an. »Was könnte denn das zu bedeuten haben?« fragte er. »Dieser Brandin scheint ja ein recht bemerkenswertes Bürschlein zu sein! Den muß man wohl scharf im Auge behalten.«
Inzwischen hatte Brandin den Friseurkittel abgelegt, seine Jacke abgebürstet und sich ins Freie begeben. Um dann dort, zwischen vom Schutt gereinigten Ruinen, jene Person zu erblicken, der zu begegnen er gehofft hatte: Isolde Werners, die Generalstochter, in Begleitung ihres Bluthundes.
»Der heißt Pluto«, erklärte sie ihm, statt einer Begrüßung. »Pluto vermag zwar ungeheuer bedrohlich zu wirken, ist jedoch ein ziemlich harmloses Wesen. Er kann sogar recht gutmütig und friedfertig sein, solange ich ihm nicht etwas anderes empfehle.«
Thomas näherte sich Isolde dennoch mit gewisser Vorsicht. »Immerhin haben Sie diesmal nicht auch gleich Ihren schießbereiten Flintenträger mitgebracht. Kann ich das als eine Art Ermunterung betrachten?« Isolde war in ein weites Jagdkostüm gehüllt, das dennoch ihre überaus fülligen Formen nicht ganz zu verbergen vermochte. Sie sagte, herrschaftlich distanziert, ja fast streng abweisend: »Herr Brandin, es handelt sich bei meinem Besuch keinesfalls um ein Entgegenkommen – vielmehr um mein Bemühen, mögliche Mißverständnisse zu bereinigen.«
Er betrachtete sie mit höflichem Lächeln. Ihr Gesicht schimmerte rosig im Abendschein; ihre Opernstimme besaß wagnerianische Ausdrucksstärke. Er war bereit, diesen prächtigen, ihn einigermaßen verwirrenden Anblick zu genießen.

»Lassen Sie mich bitte wissen, Fräulein Werners, was Sie unter Mißverständnissen verstehen? Doch nicht etwa Vorgänge, die Ihre Person betreffen – im Zusammenhang mit mir?«
»Natürlich nicht!« erwiderte sie kurz. Dabei zog sie ihren Pluto so heftig an sich, daß der Brandin bedrohlich anknurrte. »Ich bin lediglich hier, um einiges aufzuklären – aber nichts, was irgendwie mit uns beiden zu tun haben könnte. Bitte nehmen Sie das zur Kenntnis.«
Sie wandte sich nun hastig von ihm ab. Fast tänzelnd ging sie vorwärts. Souverän – doch durchaus einladend.
Er folgte ihr unverzüglich – und damit auch ihrem sogenannten Bluthund, der jedoch nun irritierend friedfertig-schafsartig neben ihr einhertrottete. Brandins Neugier wuchs mit jedem Schritt; sein Interesse an dieser großartigen germanischen Figur nahm stark zu.
Isolde strebte dem ziemlich verwahrlosten Stadtpark entgegen. Unmittelbar dahinter lagen die schon mehrfach erwähnten Nordwiesen.
An einer schon recht wackligen, aber noch tragfähigen Bank blieb sie stehen. »Setzen wir uns!«
Das war wie Anregung und Befehl zugleich. Sie ließen sich nieder. Jeder am äußersten Ende dieser Sitzgelegenheit. Und Pluto hockte sich, unaufgefordert, zwischen sie.
Isolde streichelte ihren freudig hechelnden Höllenhund zärtlich. Dann sagte sie: »Ich rate Ihnen noch einmal, Herr Brandin, meine Beweggründe, die zu dieser Unterredung geführt haben, nicht mißzuverstehen. Sie sind keinesfalls persönlicher Natur!«
»Das finde ich bedauerlich.«
Sie wehrte mit unwilliger Geste ab. »Ich bin allein meines Vaters wegen hier.«
Brandin musterte sie aufmerksam. »Heißt das etwa, daß er Sie dazu veranlaßt hat?«
Isolde reagierte mit einiger Heftigkeit, wobei auch ihr Pluto unruhig zu werden drohte. »Wenn Sie etwa glauben sollten, Herr Brandin, daß ausgerechnet mein Vater mich dazu veranlaßt haben könnte, mich mit Ihnen zu treffen – dann kennen Sie ihn schlecht.«
»Also sind Sie, Fräulein Werners, aus eigenem Antrieb gekommen – um sich mit mir zu unterhalten?«
»Aber keinesfalls über private, persönliche Dinge!« Pluto knurrte auf, wie um sie zu bestätigen. »Mich bewegt allein ein Mißverständnis, das sich bei Ihrem Gespräch mit meinem Vater ergeben

haben könnte. Das hätte er wahrlich nicht verdient. Und darüber sollten Sie auch Ihren Freund, Herrn Sonnenberg, aufklären.«
»Ach wissen Sie, verehrtes Fräulein Isolde – in dieser Hinsicht mache ich mir kaum noch Sorgen. Denn mein Freund Siegfried hat sich offenbar, wenn auch sehr langsam, an die zeitgemäßen Zustände und Zumutungen gewöhnt. Ja er beginnt sogar, sich darauf zu spezialisieren. Aber Ihr Herr Vater, meinen Sie, reagiert darauf weit empfindsamer?«
»Er ist gewiß sehr feinfühlig – besonders wenn es um Ehrbegriffe geht.« – »Geht es denn darum? Bisher habe ich lediglich angenommen, es handle sich um die Nordwiesen und das dort anschließende Gelände. Womit man hier glaubt die ganz großen Geschäfte machen zu können.«
»Aber das, ich bitte Sie, Herr Brandin, ist doch nur zweitrangig; nichts wie ein rein äußerlicher Vorgang!« Isolde wirkte jetzt sehr mutig, auch entschlossen, die von ihr erkannte Wahrheit deutlich auszusprechen. »Es geht doch in erster Linie um einen Neubeginn. Um unsere gemeinsame Zukunft!«
Thomas staunte. Er beugte sich noch ein wenig weiter vor, um Isolde näher betrachten zu können. Dabei jedoch kam er ihr nicht allzu nah, das ließ Pluto nicht zu. »Ich muß Sie nun doch bitten, verehrtes Fräulein Werners, mir das ein wenig genauer zu erklären.«
»Ich glaube, Sie sind nicht hinreichend darüber aufgeklärt, Herr Brandin, daß in unserem Rosenburg bereits seit Jahrzehnten eine Art politische Gegnerschaft, um nicht zu sagen Feindschaft besteht. Und zwar zwischen der Familie Sonnenberg und der unseren. Das begann nicht erst mit Siegfrieds Vater, dem Lokomotivführer, der wohl stets ein überaus unruhiger Geist gewesen ist. Vielmehr dürfte bereits dessen Großvater als eine höchst eigenwillige Persönlichkeit erkennbar gewesen sein.«
»Und dazu noch diese Mutter Emma!«
»Ja, diese Frau kam noch dazu! Doch Frauen können wesentlich realer denken als Männer; und deshalb wollen sie vor allem bewahren, erhalten, beschützen! Ich nehme an, Herr Brandin, daß Sie kein Dummkopf sind, mich also verstehen – vielleicht sogar: gerne verstehen wollen! Ihres Freundes wegen.«
Thomas Brandin hatte nun erhebliche Mühe, sein Gleichgewicht zu bewahren. Das nicht zuletzt dieses Pluto wegen. Denn irgendeine verdächtig erscheinende Annäherung an seine Isolde erlaubte der nicht.

»Ich soll also«, versuchte Brandin klärend festzustellen, »meinen Freund Siegfried dahingehend bearbeiten, daß er einem Gemeinschaftsprojekt mit Ihrem Vater zustimmt?«
»Das wäre gewiß ein guter Neubeginn«, sagte Isolde, offenbar maßlos erleichtert. »Aber das, bitte, habe ich nicht gefordert, sondern lediglich angeregt. Doch falls Sie dazu bereit sein sollten, Herrn Sonnenberg in diesem Sinne zu beeinflussen, wäre ich Ihnen dankbar. Sehr!«
»Falls Sie mir dabei noch eingestehen würden, verehrtes Fräulein Isolde, daß Sie nicht zuletzt meinetwegen hier sind, wäre ich sehr glücklich, das zu vernehmen.«
Isolde Werners starrte ihn an – über Pluto hinweg. Den hatte sie eng an sich gezogen, der aber dennoch bedrohlich sprungbereit aussah. »Ja – und nein!« sagte sie dann langsam. »Ja – wenn Sie mir behilflich sein wollen, die besonderen Probleme meines Vaters zu lösen. Nein – wenn Sie etwa versuchen sollten, mich irgendwie für sich zu vereinnahmen. So was hat noch niemand gewagt!«
»Genau das aber, Isolde« – und dabei blickte er sie ziemlich entschlossen an –, »würde ich gerne wagen! Aber es wird sich wohl kaum durchführen lassen – zumindest nicht gleich jetzt; schon gar nicht in Gegenwart Ihres Höllenhundes. Den sollten Sie bei unserer nächsten Begegnung zu Hause lassen.«
»Vielleicht, Thomas«, gestand sie ihm zu. »Weil ich Sie für einen verständigen, taktvollen Menschen halte. Ich bin sicher, daß Sie sich auf keine fragwürdigen Abenteuer einlassen werden. Schon gar nicht bei mir. Das stimmt mich hoffnungsvoll – für uns beide. Doch zunächst geht es hier um wesentlich andere, weit näher liegende Dinge.«

Fast zur gleichen Zeit besichtigte Siegfried Sonnenberg wieder einmal die Halbruine seines Familienhauses. Dabei begab er sich, mit der gebotenen Vorsicht, über eine bereitstehende, primitive Leiter zum oberen Stockwerk.
Dort betrachtete er, kriechend, den mit Brettern, Resten von Dachpappe und Blechteilen abgedichteten Zwischenboden. Erfreut stellte er fest, daß dieses Haus recht gut gegen Regen, Schnee und austrocknende Hitze abgesichert war. Das einzig wirklich Gefährliche war die obere Fassade. Denn die drohte jederzeit einzufallen. Das konnte von jedem heftigen Sturm bewirkt werden. Aber es war auch ein leichtes, den Einsturz selber zu bewerkstelligen. Bei-

spielsweise durch einen hebelartig montierten Balken, der sich in eine der dort klaffenden Öffnungen hineinschieben ließ – nachdem man einen Klotz oder Ziegelstein daruntergelegt hatte. Ein kräftiger Fußtritt dann nur – und unverzüglich würden sich dreißig bis vierzig Zentner Ruinenmasse lösen und abwärts prasseln.
Siegfried ließ sich, nachdem er das festgestellt hatte, gedankenvoll und ziemlich beeindruckt auf einem Mauervorsprung nieder. Dort starrte er vor sich hin, wofür er sich sehr viel Zeit ließ. Doch alsbald wurde er von seinen gewichtigen, weit vorausschauenden Träumen erlöst.
Denn da erschien ein Besucher, der zu ihm hoch sah und ihm zurief: »Da bin ich, mein Lieber!« Eine Stimme, die eindeutig geschäftig klang, jedoch mit herzlichem Unterton. »Wie von dir gewünscht.«
Dabei handelte es sich um Margots Bruder. Also um jenen Rechtsanwalt, der nun in München lebte. Er genoß die Überraschung ungemein, die er Siegfried bereitet hatte. »Solltest du mich etwa nicht so bald erwartet haben?«
Sonnenberg stieg eilig abwärts, begab sich auf ihn zu, reichte ihm die weit ausgestreckten Hände. Sie wurden freudig ergriffen. »So was wie dich gibt es also noch!«
»Es schien mir unvermeidlich, deinem Ruf Folge zu leisten, Siegfried! Du weißt eben noch, wie man sich Menschen verpflichten kann. Durch eine echte Freundschaft!«
Sie glaubten sich allein. Doch vom Keller her belauerte Klementine diese beiden. Mit gespannter Neugier, aber auch mit unverhohlenem Wohlwollen.

Altmeister Adam bemühte sich zu Mutter Emma ins obere Stockwerk. Denn an deren Wohlgefallen war ihm stets gelegen. Wie üblich fand er bei ihr, in seinem früheren Schlafzimmer, den sogenannten Opa Greiner vor – auch daran hatte er sich inzwischen gewöhnt. Und beiden verkündete er: »Da braut sich was zusammen!«
»Was denn wohl?« fragten die neugierig.
»Unser Thomas Brandin hat Besuch bekommen. Und zwar ausgerechnet von dieser Isolde Werners. Mit der ist er spazierengegangen! Was könnte das zu bedeuten haben?«
Mutter Emma lachte erleichtert auf. Ihr Herr Greiner meckerte zustimmend. Beide blinzelten sich zufrieden an. »Das ist doch bestens!«

»Daß die unseren Thomas zu vereinnahmen sucht?« Adam blickte verwirrt. »Warum mischt die sich hier ein?«
»Sie ist eben ganz die Tochter ihres Vaters«, klärte ihn Greiner auf. »Wohlerzogen, wie sie ist – im Gegensatz zu anderen Kindern –, wird sie nichts tun, was nicht auch den Interessen ihres Vaters entspricht. Das nenne ich wahren Familienzusammenhalt!«
»Aber was, bitte«, wollte Adam wissen, »hat dieser Brandin damit zu tun?«
»Der ist schließlich der Freund meines Sohnes Siegfried«, stellte Mutter Emma fest. »Auf den hört er!«
»Und das erklärt doch wohl alles!« ergänzte Greiner. Beider freudige Genugtuung war unverkennbar. »Offenbar entwickelt sich alles ziemlich prächtig. Damit werden wir gewiß weiterkommen. Dieser Junge scheint es ja faustdick hinter den Ohren zu haben!«

Margots geliebter Bruder, der Rechtsanwalt aus München, unternahm nun auch mit seinem Freund Siegfried Sonnenberg einen kleinen Spaziergang. Nach kaum mehr als zehn Minuten landeten sie im unbeschädigten »Fränkischen Krug«; einem Restaurant am Rande dieser kleinen, einstmals so idyllischen Stadt. Dort ließen sie sich nieder.
Als die dort vorhandene Bedienung endlich auftauchte, offerierte sie ihnen mißmutig Mineralwasser, alkoholfreies Bier, gespritzten Wein. Doch sie verlangten nach dem Wirt. Der reichlich lustlos daherkam. Doch als er seine Gäste erkannte, wurde er sofort höflich und servierte ihnen persönlich einen fränkischen Wein von hoher Qualität in einer Bocksbeutelflasche. Julius Echter Spital Würzburg, Spätlese. Jahrgang 1933.
Sie bedankten sich. Und der Wirt versicherte: »Gerne geschehen, verehrte Herren! Freut mich sehr, Sie als meine Gäste begrüßen zu dürfen. Stets zu Diensten. In welcher Hinsicht auch immer.«
Sie tranken schweigend, genußvoll ein erstes Glas von diesem erlesenen Getränk. Dabei blinzelten sie sich an. Um dann sehr schnell zur Sache zu kommen.
»Also, mein lieber Siegfried«, wollte Margots Bruder wissen, »worum handelt es sich denn?«
»So ganz genau«, gestand Sonnenberg ein, »weiß ich das noch nicht. Doch zumindest habe ich die Absicht, mein Haus wieder aufzubauen – das Haus meiner Familie.«
»Glaube zu verstehen.« Der Rechtsanwalt reagierte ohne Zögern. »Doch dazu gehört Kapital. Erwartest du das – von mir?«

»Du kannst nun ganz einfach nein sagen, mein Lieber. Ich werde deine Entscheidung respektieren. Ohne jede Enttäuschung, ohne dir auch nur den geringsten Vorwurf zu machen.«

»Das weiß ich, Siegfried«, sagte Margots Bruder. »Doch ich nehme an, du appellierst gar nicht so sehr an einen Freund, sondern, sagen wir, an einen dir befreundeten Geschäftsmann. Wobei du dir vermutlich vorstellen kannst, daß ich persönlich die für dein Projekt benötigte Summe gar nicht besitze. Wäre das der Fall, könnten wir diesen Teil unseres Gesprächs bereits beenden; ich würde dir selbstverständlich alle meine Mittel zur Verfügung stellen.«

»Was ich jedoch nicht annehmen würde! Woran ich gedacht habe, ist folgendes: Ich denke an deine Beziehungen zur Immobilienbranche; die soll bei euch ja schon wieder florieren.«

»Daran denke ich auch die ganze Zeit. Ich sehe auch keine sonderliche Schwierigkeit, die von dir für erforderlich gehaltene Summe zu beschaffen. Nur frage ich mich: Hast du das überhaupt noch nötig? Denn soweit ich informiert bin, könntest du hier in Kürze einen Großteil deines Grundbesitzes verkaufen – zu einem ziemlich günstigen Preis.«

»Könnte ich – ja«, gab Siegfried Sonnenberg gedehnt zu. Wobei er den Rechtsanwalt freundlich anblickte, als warte er auf weitere Erkenntnisse.

Der schien mehr und mehr zu verstehen. Bedächtig nickte er Siegfried zu. »Vermutlich rechnest du mit Komplikationen. Etwa mit den Machenschaften eines Bürgermeisters Kahlers. Aber auch mit den Eigenwilligkeiten weiterer Teilnehmer an diesem Geschäft, etwa dem deutsch-völkischen Streithammel Werners. Und dagegen gedenkst du dich abzusichern?«

»Stimmt genau. Könnte ich damit rechnen, daß du mir helfen würdest, mein Haus wieder aufzubauen? Auch dann, wenn dieses andere, so verdächtig forcierte Geschäft in die Binsen gehen sollte?«

»Das könnte ich dir versprechen, Siegfried! Zumal du mir, was ja sein muß, genügend Sicherheiten zu bieten vermagst. Nicht etwa nur deine speziellen Fähigkeiten als Friseur und Fabrikant – auch deinen Grundbesitz.«

»Du weißt doch hoffentlich, daß ich es da mit erheblichen Schwierigkeiten zu tun habe. Denn nach dem Testament meines Vaters sind bei allen Entscheidungen, die das Projekt ›Nordwiesen‹ betreffen, zwei Erben absolut gleichberechtigt: meine Mutter und ich.«

»Dieses Hindernis, Siegfried, muß nicht entscheidend sein, so un-

bequem es auch anmutet. Versuche das auf irgendeine, vielleicht auf eine ganz verblüffend einfache Weise zu beseitigen. Oder dich zu verständigen! Alles andere ist dann nur noch ein Kinderspiel.«
Sie schwiegen sich längere Zeit an. Dabei genossen sie ihren Frankenwein. Der war von betäubend fruchtiger Schwere.
»Für dich, Siegfried«, versicherte der Rechtsanwalt in herzlicher Vertraulichkeit, »würde ich einfach alles tun, was ich nur vermag. Meiner Schwester Margot wegen. Denn was du damals, für sie, oder besser für uns, getan hast . . .«
»War absolut selbstverständlich! Ist nicht erwähnenswert. Du solltest es endlich vergessen!«
»Das vergesse ich nie!« Margots Bruder hob sein Glas – und sah durch es hindurch, als wolle er seinen Gesprächspartner mit dem Schimmer des Weins vergolden. »Doch wie ich dich kenne, Siegfried, willst du nichts geschenkt haben. Wie auch ich nicht. Denn auf das übliche Anwaltshonorar lege ich diesmal keinen Wert.«
»Worauf dann, lieber Freund? Sage es mir, und ich werde tun, was mir möglich ist. Also?«
»Es handelt sich um Margot, meine geliebte Schwester.« Der Rechtsanwalt trank sein Glas fast hastig leer, dann füllte er es erneut. Und während der folgenden Sätze blickte er Siegfried nicht an, sondern fixierte nur das Weinglas.
»Meine geliebte Schwester Margot ist schon immer ein überaus zärtlich veranlagtes, ungemein liebebedürftiges Geschöpf gewesen. Dabei war sie oft sehr unglücklich – und das nicht zuletzt durch meine Schuld. Und nur du allein weißt, was ich damit sagen will.«
»Ich weiß es nicht, mein Lieber. Das solltest du dir endlich merken.«
»Nun gut, gut!« Dankbar legte der Rechtsanwalt seine Hände auf die von Sonnenberg. »Doch Margots Schicksal beschäftigt mich ungemein.« Er machte den Eindruck, als sei es ihm um eine Art Wiedergutmachung zu tun. »Sie hat wohl eine Menge sehr verschiedenartiger Freunde gehabt, worunter ich sehr gelitten habe. Aber nun ist sie verheiratet, mit meiner voreiligen Nachhilfe übrigens – und diese Ehe kommt mir nicht gerade ideal vor. Doch es hätte schlimmer sein können.«
»Als ich Margot neulich bei mir im Friseursalon wiedertraf«, berichtete Siegfried Sonnenberg, »machte sie einen gelösten, nahezu heiteren Eindruck.«
»Davon hat sie mir erzählt. Und so lebhaft wie schon lange nicht

mehr. Sie scheint sich tatsächlich überaus glücklich gefühlt zu haben, als sie dich wiedersah.«
»Wieso?«
»Wohl vor Freude, endlich wieder einem wahren Freund begegnet zu sein. Denn das bist du für sie. Und ich bitte dich nun: Versuche es auch tatsächlich zu sein!«
»Ist das – deine Gegenforderung?«
»Das ist lediglich ein Wunsch von mir, Siegfried – weiter nichts. Wobei ich sehr hoffe, daß seine Erfüllung dir nicht schwerfallen würde.«
»Durchaus nicht. Aber ich kann dir nichts versprechen.«
»Mußt du ja auch nicht«, versicherte der Rechtsanwalt. Dennoch lächelte er ungemein hoffnungsvoll. »Du bist schon immer ein bemühter Freund deiner Freunde gewesen – und nun wohl erst recht.«
»Was veranlaßt dich, das zu glauben?«
»Du kommst mir, im Grunde deines Wesens, völlig unverändert vor – nur jetzt wesentlich entschiedener, entschlossener als damals!«
»Dazwischen liegen mindestens fünf Jahre. Und das waren die wohl schlimmsten in meinem Leben. So gut wie unbeschreibbare.«
»Natürlich kann ich nicht wissen, mein Lieber, was sich alles in deinem Bereich ereignet hat. Doch festzustellen ist wohl: Umgebracht hat das dich nicht. Deshalb würde ich nun gerne wissen wollen: Was mußte geschehen, damit du zu dem wurdest, was ich hier nun vor mir erblicke?«
»Vielerlei«, meinte Siegfried fast lächelnd. Er ließ eine weitere Flasche Wein servieren. »Und alles ging im Grunde sehr – menschlich zu. Allerdings versteht man zu verschiedenen Zeiten jeweils etwas anderes darunter.«

Viertes Zwischenspiel: Wie damals ihre ersten gemeinsamen Überlebensversuche begannen

Siegfried Sonnenberg lag auf seinem Pritschenbett. Er röchelte kaum noch; sein Körper war glühend heiß. Thomas Brandin betreute ihn hingebungsvoll. Er sah Siegfried vor sich liegen, als wär's sein Bruder; oder gar sein Vater. Und einen Vater hatte er bereits verlieren müssen, unter scheußlichen Umständen.

Er stopfte Tabletten in Siegfried hinein; spülte mit Tee nach. Der von ihm entwendete, ihm auf Weisung des Kommandanten belassene Medikamentenvorrat ging langsam zur Neige. Siegfried erbrach sich, immer wieder. Doch beharrlich wollte er wissen: »Warum – tust du das?«

»Weil ich nun mal hier bin, Mensch! Könnte auch sein, daß ich mir denke: Wenn es mir einmal derartig dreckig gehen sollte, wird sich vielleicht auch einer finden, der mir hilft.«

Einige Tage danach erschien am »Sterbestall«, wie die Holzpritsche genannt wurde, auf der Thomas und Siegfried nebeneinander lagen, ein großer, gewichtiger Mensch. Er brauchte sich nicht erst vorzustellen; denn in diesem Lager wußte jeder, auch Brandin: das war Eichler, ein Feldwebel, der Anführer jener Gruppe, die den inneren Bereich dieser Vorhölle beherrschte. Der musterte Sonnenberg sachverständig und meinte dann: »Der kratzt ab.«

»Das«, sagte Brandin leise, »glaube ich nicht – will ich nicht glauben.«

»An sich ist nichts dagegen einzuwenden«, bestätigte ihm Feldwebel Eichler lässig. »Ein Kamerad betreut den anderen – das geht in Ordnung. Aber der hier krepiert – garantiert. Wenn es soweit ist, meldest du dich bei mir.«

Siegfried jedoch lebte weiter. Auch noch etliche Tage später, als in dieser Barackengruft der Gefreite Vesper erschien. Der war, als Organisator der inneren Lagerführung, die sogenannte »rechte Hand« des Feldwebels Eichler. Ein kleiner, fast zierlich wirkender Mensch; so tänzelte er auf fast mädchenhafte Weise daher – und gleichermaßen eunuchenhaft klang auch seine Stimme. Doch der Inhalt seiner Worte war nicht gerade sehr sanft.

»Was soll denn das, Mensch!« sagte er zu Brandin, nach kurzem Blick auf Sonnenberg. »Solltest du etwa versuchen, dieses schäbige, unnötige Stück Leben noch weiter zu verlängern? Das ist nicht in unserem Interesse. Denn die Medikamente, die du hier nur verschwendest, könnten andere Kameraden weit besser gebrauchen. Oder weißt du etwa nicht, daß dieser Sonnenberg nichts als ein Arschkriecher ist, der sich bei den Sowjets angewanzt hat?«

»Was geht mich das an?« widersprach Brandin. »Was hat mich das anzugehen? Und ich frage mich: Wer oder was glaubt *ihr* denn zu sein?«

Vesper reagierte nun beinahe betrübt. »Wenn du das nicht weißt, dann ist das schlimm – sehr schlimm; für dich. Denn wir sorgen hier für Ruhe, Ordnung und Sicherheit; für eine gerechte Vertei-

lung, Verpflegung und den Schutz der wahren Kameraden. Wozu aber diese Wanze von Friseur nicht gehört. Kapiert?«
»Und was – wenn der Kommandant davon erfahren sollte?«
»Soll das etwa eine Drohung sein – du Scheißkerl?«
»Lediglich eine Anregung. Denke mal darüber nach, Kamerad.«
Vesper zog sich, wie überaus angewidert, zurück. Um bald abermals zu erscheinen. Diesmal gemeinsam mit Feldwebel Eichler. Und beiden folgte, im bärenhaften Trott, ein kistenhaft-kompaktes Wesen: Unteroffizier Beckmann, genannt »der Schläger«. Auch: der Totschläger.
Eichler meinte: »Wir gedenken dir nur mal lediglich gut zuzureden, Brandin. Wir wollen nicht, daß du etwa auf dumme Gedanken kommst. Was dir dann nämlich blühen könnte, wird dir unser Kamerad Beckmann nun mal kurz flüstern.«
Das tat der dann auch unverzüglich – mit wahrem Genuß. Beckmann verpaßte Brandin eine »Abreibung«. Doch lediglich, wie geplant, eine solche der leichteren Art. Er bewegte allein seine Beine; mit denen trat er Brandin auf die Füße, dann in den Unterleib. Brandin fiel um, krümmte sich, blieb starr und lautlos liegen.
Doch da meldete sich, von einer der Nebenpritschen her, ein älterer, zitternder Mann mit flatternder Greisenstimme. Er hieß Schulze, war knapp über vierzig, ausgehungert, vom Fieber zerfressen. Für ihn hatte Brandin einige der für Sonnenberg bereitliegenden Tabletten abgezweigt. Und der krächzte nun heiser: »Aber Kameraden! So was kann man doch nicht machen!«
Er wurde sofort von Eichler blockiert. »Was wagst du da zu behaupten, du Scheißkerl?« Und Vesper fragte eindringlich: »Solltest du etwa glauben, irgend etwas gesehen zu haben?« Dann machte er Platz – für Beckmann, den Totschläger. Und der näherte sich aktionsbereit seinem neuesten Opfer.
Thomas Brandin jedoch raffte sich auf. Seine Schmerzen vermochten noch nicht seinen Verstand zu trüben. Warnend rief er dem alten Schulze zu: »Halte gefälligst deine vorlaute Schnauze, Mensch! Du hast wirklich nichts gesehen!«
»Na also!« stellte Eichler hochbefriedigt fest. »Hier wird also gespurt. Und das fortan hoffentlich hundertprozentig!«
Er schritt davon – seine Gefolgsleute ihm nach; tänzelnd der eine, bärenhaft tapsend der andere. Sie hatten ihre Welt wieder einmal in Ordnung gebracht. Und wenn auch nur vorübergehend, so doch fürs erste eindeutig und überzeugend.
Erst Stunden danach verließ Thomas Brandin die Baracke. Es sah

aus, als begehre er lediglich frische Luft einzuatmen. Er trottete jedoch auf die Scheißgruben zu, die stets voll besetzt waren. Dort hockten herum dumpf vor sich hin starrende verkrümmte Gestalten, mit hinausgereckten Hinterteilen, aus denen blutiger Brei sikkerte.

Doch an denen ging er vorüber. Er begab sich, nach einigen weiteren kurzen Umwegen, auf jenes Tor zu, das ihr Lager von den Gebäuden der sowjetischen Kommandantur trennte. Hier angekommen, verlangte er von dem Wachhabenden, die Frau Doktor zu sprechen.

Das wurde ihm ermöglicht. Der Sowjetmensch führte ihn zu Natascha in die Lazarettbaracke. Sie musterte ihn schnell und sachverständig. »Sie sehen recht krank aus, Brandin.« Das klang nicht ganz unbesorgt – was er bescheiden überhörte.

»Ich bin lediglich hier, Frau Doktor, um Sie zu bitten, Sonnenberg in Ihr Lazarett aufzunehmen.«

»Das kann, das darf ich nicht«, versicherte sie bedauernd, wenngleich nicht ohne Distanz. »Nach den für mich verbindlichen Bestimmungen habe ich lediglich Krankheiten zu behandeln. Nicht aber Verletzungen, die sich Kriegsgefangene gegenseitig beigebracht haben könnten. Damit könnten sie nicht nur unberechtigterweise in den Genuß ärztlicher Betreuung gelangen, sondern sich auch bessere Verpflegung erschleichen.«

»Könnten die. Vielleicht aber auch nicht!« gab Brandin zu bedenken. »Denn ich nehme nicht an, daß Sie Ihren Kommandanten um seinen nächsten prächtigen Haarschnitt bringen wollen. Doch eins ist sicher: wenn Sie Sonnenberg nicht helfen, wird er sterben.«

Darauf begab sich die Ärztin Natascha zur Baracke 6. Dort untersuchte sie Sonnenberg überaus gründlich, um schließlich festzustellen: »Der hat Sumpffieber. Also – Lazarett.«

Sonnenberg bäumte sich auf, sah Natascha groß an und stammelte mühsam und so energisch wie möglich: »Nein! Nicht ohne den!« Damit deutete er auf Brandin. »Wenn ich den hier allein zurücklasse, schlagen sie ihn tot!«

Die Ärztin Natascha schloß ihre dunkelglänzenden Augen. Dann verkündete sie plötzlich, mit einer kurzen Handbewegung, Brandin gegenüber:

»Auch Sie haben vermutlich Sumpffieber. Also ab mit euch beiden – ins Lazarett.«

Womit sie, für Wochen, in Sicherheit waren.

Konrad Kahlers, der Bürgermeister von Rosenburg-Neuheim, fühlte sich beunruhigt, wenn nicht gar alarmiert. Sein Jugendfreund Jürgen Wiese, der Polizeigewaltige, hatte ihn angerufen: »Da scheint es Schwierigkeiten zu geben – im Bereich von unserem Siegfried. Möglicherweise muß ich da durchgreifen – amtlich!«

Bürgermeister Kahlers begab sich sogleich abwärts, in den Keller des Rathauses, wo sich die Büros der Rosenburger Polizei befanden. Als er die Räume durchschritt, um am Ende zu Wiese zu gelangen, kam er kaum dazu, den Beamtenrespekt, der ihm hier entgegengebracht wurde, auch zu genießen. Er wünschte dringend den »Polizeichef« zu sehen.

Der hockte hinter seinem Schreibtisch und wühlte in Papieren. Einige sonderte er aus. Und eines hielt er Kahlers entgegen – als präsentierte er einen Orden auf einem Kissen. Doch der griff nicht danach.

»So geht das nicht«, behauptete Wiese, mit kaum unterdrückter Empörung. »Das mußt du denen mal klarmachen. Denn bei allem Wohlwollen, zumindest Eva-Ingeborg gegenüber, könnte ich mich gezwungen sehen, ein Amtswort zu sprechen: ein scharfes! Obwohl Siegfried unser Freund ist, was ich als sehr verpflichtend empfinde. Und du gewiß auch.«

»Ich auch – gewiß!« bestätigte ihm Kahlers unverzüglich und zur Flurbereinigung entschlossen. »Worum geht es denn eigentlich, Mensch?«

»Um diesen Brandin! Um dessen Weigerung, seine Papiere vorzulegen, sich polizeidienstlich registrieren zu lassen. Der verbringt statt dessen einen Großteil seiner Zeit mit höchst fragwürdigen Unternehmungen. Und davon sollte unser Siegfried unverzüglich unterrichtet werden. Denn was dieser Brandin tut, könnte ich mir vorstellen, paßt dem Siegfried sicher überhaupt nicht in den Kram.«

»Und was ist denn nun eigentlich passiert?«

»Dieser Brandin ist gesehen worden – und zwar ausgerechnet in Begleitung einer Isolde Werners. Mit der ging er spazieren. Sie hielten sich auch fast eine Stunde lang auf einer Bank im Stadtpark auf. Da staunst du – was?«

»Da staune ich tatsächlich, Mensch! Und zwar über deine armselige Ahnungslosigkeit, was Siegfried anbelangt. Ich bin nämlich absolut sicher: genau das hat er gewußt, auch gebilligt, vielleicht sogar angeregt.«

»Aber ich bitte dich, Konrad, doch nicht nach alldem, was da so zwischen den Sonnenbergs und den Werners gewesen ist! Das war doch eine erklärte Todfeindschaft!«
»Die muß ja nicht ewig dauern!« Kahlers winkte nachsichtig ab. »Es besteht nicht der geringste Anlaß, sich um unseren Siegfried Sorgen zu machen.«
»Mache ich mir aber! Und zwar im Hinblick auf diesen zweiten Vorgang, über den ich nun mit dir sprechen muß. Ich meine die beantragte Todeserklärung.«
»Darüber bin ich unterrichtet – auch Siegfried weiß davon. Das kannst du schleunigst vergessen.«
»Vergessen!« rief Wiese ehrlich verwundert. »Einfach vergessen – einen amtlich registrierten Vorgang? Der ist doch nicht so ohne weiteres aus der Welt zu schaffen. Denn um eine beantragte Todeserklärung ungültig zu machen, müßte erneut ein entsprechender Antrag, ein Auflösungsantrag, gestellt werden. Und zwar von dem Beantrager – also von Frau Emma Sonnenberg.«
»Na schön – dann wende dich an sie!«
»Habe ich getan. Ganz amtlich. Ich habe sie aufgefordert, den Antrag zurückzuziehen. Worauf sie mir gegenüber die Erklärung abgab: »So was von mir zu verlangen, ist doch absurd. Der lebt, befindet sich hier, ist also nicht tot!«
»Was ja auch zutrifft!« Kahlers begann nun doch Schwierigkeiten zu wittern, gewiß unnötige, aber vielleicht doch sehr heikle. »Mein Gott, Menschenskind, bausche nur nichts auf – nicht ausgerechnet jetzt! Mach hier nur keinen Scheiß!«
»Ich habe mich allein an meinen amtlichen Richtlinien zu orientieren«, sagte Wiese, sehr bemüht, sich souverän zu geben. »Und diese besagen: solange der Todeserklärungsantrag nicht rechtsweglich annulliert wird – so lange besitzt unser Siegfried hier keine offizielle Existenzberechtigung. Und das sollte ihm nun wohl unverzüglich mitgeteilt werden. Von mir. Oder eben von dir – falls du darauf Wert legst.«
»Darauf, Jürgen, lege ich nicht den geringsten Wert«, eröffnete ihm Kahlers. Denn er wußte, daß Mutter Emma das nicht wollte. Sie pflegte stets jeden, der sich ihr anbietenden Vorteile auszunutzen. Sogar diesen! Was ihm in diesem Fall nur recht sein konnte – denn schließlich zogen sie beide, Mutter Emma und er, am gleichen Ende des Taus.
Deshalb sagte er nun, durchaus freundschaftlich und nachsichtig gestimmt: »Du bist doch sonst ein gründlich überlegender, verläß-

licher Mann. Auch eine gewisse Zurückhaltung war stets deine Stärke. Warum willst du nun hier vorsprechen?« Und dann warnte er ihn ganz massiv: »Ich kann mir einfach nicht vorstellen, daß du neuerdings Wert darauf legst, für einen Idioten gehalten zu werden?«

»Etwa weil ich meine Pflicht zu tun gedenke?« Wiese saß puppensteif in seinem Sessel. »Weil ich einem Freund, unserem Freund, zur Seite stehe? Willst du mich etwa daran hindern?«

»Selbstverständlich, Jürgen, kannst du alles tun, was du für notwendig und richtig hältst. Doch in diesem Fall würde ich dir gerne, was du mir ja stets erlaubt hast, einen guten Rat erteilen. Du wirst dich erinnern, daß es sich stets um Ratschläge gehandelt hat, die du akzeptieren konntest. Ich habe so gehandelt aus Freundschaft, weil sich unsere Lebenswege immer sehr eng nebeneinander bewegt haben und weil meine Vorteile auch die deinen gewesen sind. Und eben genau das, mein Lieber, könnte auch jetzt der Fall sein.«

»Wie denn wohl?« fragte Wiese neugierig.

»Kümmere dich nicht um Brandin – wer ist der schon? Und vor allen Dingen, Jürgen: mache mir unseren Siegfried nicht unnötig scheu! Wir stehen vor bedeutsamen Entscheidungen, von denen Rosenburgs Zukunft abhängt, und die mir, offen gesagt, dieses Bürgermeisteramt noch auf längere Zeit sichern könnten. Womit denn auch du in deinem Amt sicher wärst.«

»Na schön, na gut!« würgte Jürgen hervor. Immer wieder brachte Kahlers es fertig, ihm Qualen zu bereiten. »Aber meine polizeiamtlichen Grundprinzipien gebe ich nicht auf! Dazu fühle ich mich verpflichtet.«

»Brauchst du ja auch nicht, Jürgen. Du kennst mich – ich rede dir in nichts hinein, ich verlange nichts von dir. Diesmal rege ich lediglich an: Halte dich ein wenig zurück, übe dich in Geduld! Nur noch zwei, drei Tage – dann könnte hier alles gelaufen sein. Bis dahin jedoch, mein Lieber, sozusagen Gewehr bei Fuß! Kann ich mich darauf verlassen? Kann ich? Na, fein, Mensch.«

Am späten Nachmittag dieses Tages fanden sich, von Meister Adam, gewiß auf Anregung von Mutter Emma, freundlich dirigiert, Siegfried und Thomas in der Wohnküche des Hauses ein. Dort stand auf dem Tisch ein noch warmer, duftender Napfkuchen – allein für sie, und auf dem Herd eine Kanne mit Bohnenkaffee, sicherlich aus John Frankfurters Lieferungen gebraut.

Sie machten sich freudig darüber her, wobei Thomas Brandin munter bekannte: »Manchmal komme ich mir hier vor wie ein Mastschwein – und doch muß ich gestehen: es gefällt mir! Dir auch?«
Siegfried nickte, brach ein Stück von dem Kuchen ab und beschnupperte es wie ein Hund den Knochen. »Erstaunlich«, sagte er versonnen, »wie schnell man sich an alles gewöhnt – was da so auf einen zukommt.«
»Das könnte auch kolossale Magenverstimmungen zur Folge haben.« Brandin kaute dennoch mit Genuß. »Doch die nehmen wir wohl in Kauf – was?«
Siegfried Sonnenberg bemerkte des Freundes offenbar ungetrübte Heiterkeit. Er gönnte sie ihm. Doch er fühlte sich versucht, ihre Ursache zu ergründen. »Hast du einen guten Tag gehabt? Ähnlich gut wie ich? So voller Feuerwerk – ohne daß man gleich erkennen kann, was alles damit beleuchtet wird?«
»Scheint so!« bestätigte Thomas Brandin. »Denn ich hatte das einzigartige Vergnügen, mich mit Fräulein Isolde Werners unterhalten zu dürfen. Sie selbst hat mich zu diesem Gespräch angeregt, wobei ich mir vorgekommen bin wie auf einer Opernbühne – oder wie auf den Wagnerfestspielen in Bayreuth. Mithin bin ich wahrscheinlich nicht unbeeindruckt! Willst du wissen, warum?«
»Will ich!« versicherte Siegfried. »Aber erst nach dem Kaffee. Den wünsche ich möglichst ungetrübt zu genießen.«
Sie tranken den Kaffee nahezu feierlich auf John Frankfurters Wohl und zugleich auf das von Erika, Siegfrieds geliebter Schwester.
Danach verlangte Siegfried von seinem Thomas zu wissen: »Was wollte denn ausgerechnet die Isolde von dir?«
»Genau das, was du vermutest! Sie redete auf mich ein! Wobei es war, als habe sie eine Schallplatte besprochen, die sie mir dann nur vorzuspielen brauchte. Es handelte sich um folgendes: ihr Herr Vater, dieser höchst ehrenwerte General Werners, sei ein an sich überaus angenehmer Mensch und dennoch im Grunde verkannt. Er sei sehr bemüht, sich in die neuesten Rosenburger Verhältnisse einzustimmen. Man sollte ihm also, das deutete sie an, entgegenkommen; das könnte sich lohnen.«
»Lohnen? Für wen denn wohl?« fragte Siegfried heiter. »Für diesen Werners? Für mich? Oder etwa auch – für dich?«
»Möglicherweise – ja«, gab Brandin ziemlich ungeniert zu. »Auch ich könnte daraus gewisse Vorteile ziehen – im Hinblick auf Isolde

Werners. Denn die ist absolut einmalig – oder eben, falls du das lieber hören solltest, ungemein vielversprechend.«
»Soll das ein Witz sein?« fragte Siegfried Sonnenberg ungläubig. »Oder war es etwa keiner?«
»Nicht unbedingt. Aber du solltest stets in Rechnung stellen, daß ich dein Freund bin, Siegfried. Traue mir also das zu, was du auch dir zutraust. Auf diese Weise könnte sich eine ganze Menge anfangen lassen.«
»Schon möglich, Thomas. Nur – bisher habe ich immer geglaubt, daß du gar nicht zu deinem Vergnügen hier bist; sondern eher um eine Art Abrechnung zu betreiben.«
»Das eine, mein Freund, muß doch das andere nicht ausschließen. Auch die sogenannte Rache will nicht unbedingt nur kalt genossen werden – es ist durchaus vorstellbar, daß man dabei sogar eine Art heißes Vergnügen empfindet. Und eben das scheint sich hier geradezu anzubieten.«
»Wozu gewisse Zugeständnisse gehören, meinst du?«
»Ohne daß sie endgültig zu sein brauchen. Bedenke das, bitte.«
Siegfried legte ein angebissenes Kuchenstück zur Seite. »Soll das etwa heißen, daß du mich überreden willst, dem Vater deiner Isolde offiziell entgegenzukommen? Dies zumindest ihr gegenüber anzudeuten? Nur um ihr einen Gefallen zu tun, von dem du dann möglicherweise profitieren könntest?«
»So ungefähr solltest du das sehen«, bestätigte Thomas Brandin munter. »Aber dabei nicht vergessen, daß du und ich – nicht nur in diesem Fall – unter Profit etwas wesentlich anderes verstehen, als diese Leute. Ist das deutlich genug? Also, in der Tat: Falls du nun, offiziell, auf die versöhnliche Tour schaltest, sie zumindest andeutest, könnte sich das lohnen – und nicht nur für mich.«
Siegfried betrachtete den Freund mit steigendem Interesse. »Was du dir da ausgedacht hast – ist ja fast so etwas Ähnliches wie damals, in unserem früheren Leben. Wie lange ist das schon her – etliche Monate, endlose Jahre?«
»Gelernt ist eben gelernt!«
»Einverstanden also, Thomas! Ich gehe auf deinen Vorschlag ein.«
»Worüber ich Isolde berichten kann?«
»Kannst du nicht nur, sollst du sogar.« Siegfried Sonnenberg ergriff das beiseite gelegte Kuchenstück, um es zu verspeisen. Die Genüsse dieser Welt schienen sich zu summieren. »Flüstere also deiner Isolde zu, ich sei nun, da durch dich beeinflußt, offenbar zu größeren Zugeständnissen bereit. Das kann sie dann auch ihrem

Vater einsingen. Und genau das kannst du auch meiner lieben Mutter erzählen – falls sie dich danach befragt, was durchaus anzunehmen ist. Diese Freude sollten wir ihr gönnen. Und unserem Kahlers auch, denn den wird sie unverzüglich davon unterrichten.«
»Bestens!« stellte Thomas Brandin hocherfreut fest. »Wir verstehen uns eben – vollkommen!«
»Völlig überflüssig daher, das erst noch zu versichern – meinst du nicht auch?«

Für den nächsten Vormittag hatte Konrad Kahlers, der Bürgermeister, zu einer »Konferenz« gebeten, um, auf lange Sicht, die Rosenburger Verhältnisse zu klären. Sie fand im sogenannten großen Ratssaal statt.
Das war ein nur geringfügig beschädigter Raum: Balkendecke, Wandholzverkleidung, Fußbodenbelag, auch Tisch und Stühle – sie alle waren aus dunklem, wie verklebt wirkendem Eichenholz, stammten noch aus der vorigen Vorkriegszeit. Die Fenster jedoch wirkten ganz neu, reichlich minderwertig, provisorisch. Sie waren spät nach der großen Bombennacht eingesetzt worden.
Bürgermeister Kahlers war vorsorglich als Erster erschienen, um die Konferenzteilnehmer einzeln begrüßen zu können, was betont herzlich geschah, mit fast feierlichen Worten. Seine Formulierungen wiederholten sich mit nur geringen Nuancen. »Und hoffe ich sehr auf eine gute, fruchtbare Zusammenarbeit . . .«
Als erster traf Werners ein, der General außer Dienst. Er wirkte steif-würdig und war modisch jagdgerecht gekleidet. Seine Tochter Isolde begleitete ihn. Sie führe, erklärte er dem Bürgermeister, seine Korrespondenz, begleite ihn aber auch aus gesundheitlichen Gründen, denn er leide, immer noch, unter etlichen Nachwirkungen des Krieges. Dafür habe er vollstes Verständnis, versicherte Kahlers.
Dann trotteten zwei Stadträte herbei, beide von der Partei des Bürgermeisters, angeblich zuständig für Verkehr und Bauplanung. Mit ihnen erschien auch ein Vertreter der Bundesregierung, ein Oberregierungsrat des federführenden Ministeriums. Diese drei glichen sich verblüffend: sie wirkten karg sachlich, bemüht neutral, wie ideale Beamte.
Dann erst tauchte, drei Minuten nach der angesetzten Zeit, Sonnenberg auf, und gleich hinter ihm Brandin.
»Mein Freund«, erläuterte Siegfried, »begleitet mich, um mich

eventuell abzuschleppen – falls mir hier schlecht werden sollte. Das ist eine Vorbeugungsmaßnahme gegen mögliche Nachwirkungen der Kriegsgefangenschaft.« Dabei grinste er den ihn anstarrenden Konferenzteilnehmern ins Gesicht, doch, wie es schien, ohne die Anwesenheit von Werners zur Kenntnis zu nehmen.

»Also – dann wollen wir mal zum Wohle unserer schönen Heimatstadt tätig werden!« sagte Kahlers. Worauf er den Anwesenden die für sie bestimmten Plätze anwies. Er selbst ließ sich an einer Breitseite des Tisches nieder. Rechts von ihm durfte sich Werners plazieren, mit Tochter Isolde. An seine Linke winkte er Siegfried nebst Kamerad Brandin. Die restlichen drei Herren, in ihrer Mitte der Bundesregierungsvertreter, besetzten die Gegenseite.

Konrad Kahlers eröffnete die »Konferenz«, so nannte er diese Geschäftsbesprechung beharrlich, mit bürgermeisterlicher Verbindlichkeit. Er danke den verehrten Anwesenden für ihr Erscheinen und hoffe zuversichtlich, daß nun ein endgültig klärendes Gespräch stattfinden werde, welches alle Interessen berücksichtige – die der Anwesenden sowohl wie auch das Interesse ihres Gemeinwesens, ihres Landes, und des Bundes. »Doch zunächst darf ich den Herrn Vertreter des Verkehrsministeriums um eine Art Grundsatzreferat bitten.«

Die Stimmung im Raum war durchaus erwartungsvoll, wenn auch deutlich gedämpft. Fast alle Anwesenden schienen sich zunächst mit den ihnen vorgelegten Unterlagen zu beschäftigen. Isolde blickte fragend zu Thomas hinüber, und der nickte ihr vertraulich, auch vielversprechend zu. Sie errötete, sichtlich erfreut. Worauf sie kurz mit ihrem Vater flüsterte. Der reckte sich auf, soweit das bei ihm noch möglich war.

Das geschah, während der Vertreter der Bundesregierung das von ihm erbetene »Grundsatzreferat« hielt. Was er vorbrachte, war hier weitgehend bekannt. Das wußte er, was ihn jedoch nicht hinderte, die bei solchen Gelegenheiten üblichen Gemeinplätze der Planungsbeamten anzubringen und auszubauen – diesmal die »Nordwiesen« und das angrenzende Gelände betreffend. Das werde nunmehr, sozusagen im Interesse der Allgemeinheit, dringend benötigt.

Eilfertig breitete er sodann vor den Anwesenden eine Karte aus, die das Gemeinwesen Rosenburg im Mittelpunkt zeigte. Dort waren, in suggestiv roter Farbe, gewisse Landschaftsveränderungen oder eben »Bereinigungen«, eingezeichnet worden. Sie stellten geplante Ableiter- und Zubringersysteme einer bereits beschlossenen, also auch finanziell abgesicherten, in jeder Fahrtrichtung dreispurigen Autobahn dar. »Ein Unternehmen sondergleichen. Damit wird Rosenburg aufblühen!«

Das wußte auch Konrad Kahlers. Daher verkündete er munter: »Ich sehe keinerlei Schwierigkeiten - jetzt nicht mehr.« Er blickte in die Runde und dann allein Siegfried an. »Uns fehlt diesbezüglich allein die grundsätzliche Zustimmung unseres verehrten Mitbürgers Sonnenberg. Der wir nunmehr jedoch wohl sicher sein dürfen? Nicht wahr, Siegfried?«

Der nickte durchaus entgegenkommend. Dabei blickte er jedoch, mit leicht verschleiert wirkenden Pokeraugen, zum ersten Mal Werners an. »An mir jedenfalls wird es nicht liegen - falls dieses Projekt doch noch scheitern sollte.«

»An mir auch nicht!« behauptete Werners prompt.

Der war jetzt sicher, nicht zuletzt nach den Andeutungen seiner Tochter Isolde, diesen Sonnenberg durchschauen zu können. Offensichtlich würde der nun zu erheblichen Zugeständnissen bereit sein. Denn wer war der überhaupt schon? Ein politisch irregeleiteter Querkopf! Nun ja, ein recht brauchbarer Friseur - mit einer Hausruine und einem Sumpfwiesengelände im Hintergrund. Wer dagegen war er? Immer noch Herr über die Rosenburg, mit angrenzenden Feldern, Wiesen und Wäldern - dazu noch mit der Pension eines Generals! Darüber hinaus standen ihm auch sonstige Einkünfte aus Pacht- und Leihverträgen zur Verfügung. Mithin fühlte er sich außerordentlich überlegen. Und das wollte er denn auch unverzüglich zeigen, zunächst einmal im Grundsätzlichen.

»Ich bin hier stets, wie Sie alle wissen, als ein vorbildlich bemühter Mitbürger und Kamerad in Erscheinung getreten. Und ich habe erhebliche Opfer gebracht - nicht zuletzt im Krieg. Dennoch wurde ich getäuscht und sogar mißbraucht. Von diesem Hitler - wie wir ja wohl alle. Doch es hat mich zutiefst befremdet, um nicht zu sagen schmerzvoll berührt, mich ausgerechnet in meiner Heimatstadt sehr verletzenden Mißverständnissen und hinterhältigen Beschuldigungen ausgesetzt zu sehen!«

Kahlers war nun ehrlich entsetzt über die Art, in der seine Konferenz sich entwickelte. Denn dieser Werners pokerte hier ganz einfach zu hoch. Doch um zu ergründen, wer oder was den General dazu veranlaßt haben könnte, ein solches Schauspiel aufzuführen, fehlte einfach die Zeit.

»Aber ich bitte Sie, verehrter Herr Werners!« tönte der Bürgermeister besorgt, fast flehend, »derartige Irrungen und Verwirrungen sind wir doch wohl alle, mehr oder weniger, ausgesetzt gewesen. Das ist doch – Vergangenheit! Worum es hier und heute geht, das ist die Planung, die Gestaltung unserer Zukunft!«
»Die ja auch ich bejahe!« versicherte der General außer Dienst hartnäckig. »Ich bin durchaus bereit, mich bei meinen Mitbürgern einzureihen. Man muß mir nur versichern, glaubhaft versichern, daß ich hier wirklich willkommen bin. Etwa durch eine Art offizieller Ehrenerklärung – für meine Person. Das würde es mir ermöglichen, mich in meiner Stadt vorbehaltlos zu engagieren. Zum Wohle unseres Gemeinwesens.«
»Nun ja, nun ja, Herr Werners!« beruhigte ihn Kahlers. Sein heftiges Bemühen, auch noch dieses völlig unerwartete Hindernis zu überwinden, war unverkennbar. »Wenn Sie unbedingt darauf bestehen sollten, wird es auch geschehen.«
Der Bürgermeister blickte fragend seine beiden Stadträte an. Und die nickten wie brave Esel. »Warum nicht!« sagte der eine. »Warum nicht!« sagte auch der andere. Worauf Kahlers summierend feststellte: »Dessen dürfen Sie also sicher sein, Herr Werners.«
Nun schien der General überzeugt, daß er diese national-politische Pokerrunde bereits gewonnen hatte. Jetzt kam es ihm nur noch auf die Höhe des möglichen Gewinns an. Deshalb wollte er wissen: »Ist das auch die Ansicht von Herrn Sonnenberg?«
»Nein«, sagte dieser, mit überzeugend schlichter Selbstverständlichkeit.
Werners schien nach Luft zu schnappen – sein Herrenreitergesicht rötete sich leicht. Isolde blickte alarmiert zu Thomas hinüber. Der stieß Siegfried vergnügt warnend in die Seite, während die Stadträte diesmal, ausnahmsweise, nicht nickten. Sie schüttelten vielmehr ihre so rührend erscheinenden Schafsköpfe. Der Bundesregierungsvertreter saß steif da, ehrbar und begriffsstutzig zugleich. Und der Bürgermeister meinte, mit Mühe an sich haltend: »So was will schließlich gut überlegt sein!«
»Habe ich etwa anzunehmen, Herr Sonnenberg«, fragte jetzt Werners ganz direkt, mit bebenden Untertönen, »daß Sie sich weigern, eine Ehrenerklärung für mich abzugeben?«
»Ja«, sagte Siegfried verblüffend einfach.
Abermals versuchte Konrad Kahlers zu besänftigen: »Das, bitte, sollte man wohl so sehen: Herr Sonnenberg ist erhebliche Zeit von

Rosenburg abwesend gewesen. Mithin kann er also nicht wissen, was hier, wie Sie festgestellt haben, Herr Werners, inzwischen alles geschehen ist. Also kann er auch nicht irgend etwas ehrenerklärend bestätigen und bezeugen, wovon er keine Ahnung hat? Ist dem so, Siegfried?«
»Dem ist wohl so«, bestätigte Sonnenberg verdächtig bereitwillig. Worauf die Anwesenden glaubten, aufatmen zu können. Auch noch, als er hinzufügte: »Doch darauf, meine ich, kommt es hierbei gar nicht an! Hier soll, soweit ich informiert bin, ein Geschäft abgewickelt werden – jedoch keine Vergangenheitsbewältigung, oder wie man derartige Versuche auch immer nennen mag.«
»Nicht unrichtig bemerkt!« stimmte Kahlers zu. »Ich glaube, diese Feststellung sollten wir akzeptieren.«
»Und – meine Ehre?« beharrte Werners.
»Sie wird dabei nicht zu kurz kommen! Wir anderen werden Ihrem persönlichen Wunsch voll entsprechen!« beruhigte ihn der Bürgermeister. »Gleich in den nächsten Tagen wird eine entsprechende Erklärung erfolgen. Das garantiere ich Ihnen, Herr Werners, darauf gebe ich Ihnen mein Wort. Doch zunächst lassen Sie uns bitte das erledigen, wozu wir uns hier versammelt haben: den Ankauf des benötigten Geländes! Darf ich Sie bitten, Herr Oberregierungsrat, weiterhin diesbezüglich zu referieren?«
Das geschah. Wobei abermals festgestellt wurde: die Nordwiesen und das angrenzende Gelände würden benötigt. Zugleich! Wären also die Herren Besitzer bereit, sich in den Verkauf derselben einzulassen? Gemeinsam? Das schien bestätigt zu werden, denn keiner der beiden widersprach.
»Auf das gemeinsam akzeptierte Objekt«, führte der Regierungsvertreter nunmehr sehr schwungvoll aus, »kommt es dabei an! Dafür sind die vereinigten Käufer, Land und Bund, durch mich bevollmächtigt vertreten, bereit, eine Million Mark zu zahlen. Und zwar nach jedem gewünschten Modus – entweder in bar oder in Raten plus anfallender Zinsen. Darf ich fragen, ob das akzeptiert wird?«
»Warum denn nicht?« Werners schnaufte unverkennbar freudig. Väterlich legte er seinen rechten Arm um die Schultern seiner geliebten Tochter. Isolde schmiegte sich an ihn, doch ohne dabei Thomas Brandin aus ihren großen Augen zu lassen.
Der lächelte ihr zu; während er vernahm, daß Siegfried gedämpft auflachte, um dann gedehnt zu sagen:
»Warum nicht?«

Bürgermeister Kahlers breitete nun, als gedenke er seinen Segen zu erteilen, gleichsam die ganze Rosenburgwelt umschließend, die Arme aus. »Na also! Dann sind wir uns ja einig!«
Werners, weiterhin freudig schnaufend, meldete sich erneut zu Wort – genauer wohl: er zog es an sich. »Ich möchte jedoch betonen, daß es mir keineswegs leichtfällt, auf das beanspruchte Gelände zu verzichten – ich hatte damit große Pläne vor! Doch ich bin, wie Sie sehen, bereit, mich den Notwendigkeiten, dem Verlangen unserer Stadt und unserer Bürger, zu beugen.«
»Bravo!« rief Konrad Kahlers anerkennend. »Ich danke Ihnen sehr für Ihre Bereitschaft, Herr Werners.« Und das klang, als habe er in diesem wichtigen Augenblick »Herr General« gesagt. »Sie akzeptieren also dieses Angebot?«
»Selbstverständlich! Da das allgemein von mir gewünscht wird. Ein Entgegenkommen jedoch, das auf Gegenseitigkeit basieren muß, nach dem Prinzip: jedem das gleiche, also jedem die Hälfte!«
»Fünfzig zu fünfzig also!« Siegfried Sonnenberg schien genau auf diese Erklärung gewartet zu haben; sie erheiterte ihn sichtlich. »Oder sollte ich mich verhört haben?«
»Keinesfalls, Herr Sonnenberg!« Werners reagierte unbeirrt selbstbewußt – einige leicht bestürzt wirkende Gesichter geruhte er erst gar nicht zur Kenntnis zu nehmen. »Schließlich handelt es sich dabei um ein gemeinsames Objekt – mithin muß denn auch wohl die erstrebte Gemeinsamkeit eine totale sein.«
»In diesem Fall jedoch«, warf Siegfried ein, der immer munterer wurde, »läßt sich alles ziemlich exakt berechnen. Denn meine Geländeanteile machen mindestens sechzig Prozent aus. Dementsprechend sind sie zu honorieren.«
»Bei den von Ihnen angegebenen sechzig Prozent«, stellte Werners fest, »handelt es sich um ein versumpftes, verkommenes, brachliegendes Gelände. Während das meine fruchtbar und ausbaufähig ist, von festem Untergrund, mit einer sehr verwendungsfähigen Kiesgrube ausgestattet! Das wird der Vertreter der Bundesregierung gewiß bestätigen können.«
Der bestätigte das, fügte aber hinzu: »Es geht hier jedoch allein um das Ganze!«
Ebendeshalb gedachte Werners die sich für ihn ergebenden Vorteile auszunutzen. »Das Ganze also! Achten Sie darauf, Herr Sonnenberg!«
»Sie übernehmen sich!« stellte Siegfried fest.
»Ich«, sagte der General groß, »wahre nur meine Rechte!«

Alarmiert rief Kahlers aus: »Keine voreiligen Festlegungen, bitte! Darüber sollten wir reden!«
»Mit gewissen Leuten kann man aber nicht reden!« provozierte Sonnenberg. »Schon gar nicht mit jenen, die da glauben, immer nur anordnen und befehlen zu müssen.« Er raffte seine Unterlagen zusammen und erhob sich. »Mit mir jedenfalls ist so was nicht zu machen!«
»Nur keine überstürzten Entschlüsse!« jaulte Konrad Kahlers gequält. »Davor kann ich nur warnen!«
Doch Siegfried Sonnenberg strebte bereits der Tür entgegen. Thomas Brandin folgte ihm; nicht ohne Isolde vielversprechend zugeblinzelt zu haben. Nun wußte und ahnte hier keiner mehr, was da wirklich gespielt wurde.

Mutter Emma, dicht neben ihr Herr Greiner, empfing ihren Sohn Siegfried überaus hoffnungsvoll – in der Wohnküche des Adam-Hauses. Da sie offenbar Wert darauf legte, mit ihm ein höchst internes Gespräch zu führen, hatte sie mögliche Störungen vorsorglich ausgeschaltet.
Altmeister Adam war eingeredet worden, er habe sich im Friseursalon aufzuhalten – der dort vorzunehmenden Umbauten wegen. Eva-Ingeborg war zu Kahlers dirigiert worden, dem sie einen von Mutter Emma gebackenen Kuchen zu überbringen hatte; »Bienenstich« war eine ihrer köstlichsten Spezialitäten. Und Dagmar hatte den Auftrag erhalten, sich mit Thomas Brandin zu beschäftigen – wozu sie gerne bereit gewesen war. Sie wollte ihm ihre Schallplattensammlung vorführen: Armstrong, Goodman und Basie. »Onkel« John Frankfurter hatte auch sie großzügig beliefert.
Damit waren also diese drei ganz unter sich: die stets hellwache Mutter Emma, der dauernd neben ihr hockende »Opa« Greiner, und Siegfried, dessen unerschütterlicher Gleichmut etwas Beängstigendes an sich hatte.
»Du bist offenbar ein ganz Großer!« sagte Frau Emma durchaus anerkennend zu ihrem Sohn. »Das habe ich zwar schon immer geahnt, doch dieses Ausmaß konnte selbst ich nicht voraussehen. Du beginnst mir wirklich Freude zu machen.«
»Wenn du das sagst, Mutter, dann wird es wohl stimmen«, meinte Siegfried entgegenkommend, wenngleich nicht ohne Vorsicht. »Wodurch ich mir allerdings ein so großes Lob verdient haben könnte, vermag ich mir nicht vorzustellen. Doch das wirst du mir gewiß erklären.«

Siegfried vermied es, seiner Mutter in die scharfen graugrünlichen Augen zu sehen. Lediglich die Flaschen, die sie vor ihm hingestellt hatte, betrachtete er andächtig. Denn die waren von hoher Qualität, das wohl Allerbeste, was John Frankfurter jemals angeliefert hatte. »Und so was Feines, glaubst du, verdiene ich?«
Greiner, der Familiengroßfuchs mit seiner meist sanft klingenden Predigerstimme, begann nunmehr: »Wir – also deine liebe Mutter und ich – sind über das informiert worden, was du dir da vor einer knappen Stunde geleistet hast, bei der Besprechung im Rathaus mit Kahlers und Werners. Und wenn dein Veto auch einen reichlich verwegenen Eindruck macht, so hast du dir, wie man gemeinhin zu sagen pflegt, keinesfalls die Butter vom Brot nehmen lassen. Und das, mein Lieber, hat uns gefreut.«
»Siegfried«, stellte nun Mutter Emma tief zufrieden fest, »ist schließlich mein Sohn, auf den ich stolz bin; und gewiß auch stolz sein kann.«
»Jawohl, mit Berechtigung«, bestätigte Greiner. »Denn diesen Burschen hast du kräftig Feuer unter ihren dicken Hintern gemacht. Die spuren nun in unserem Sinne. Kahlers hat uns bereits weitgehend unterrichtet. Dieser Werners hat inzwischen erkannt, daß er da wohl entschieden zu hoch gestapelt hat. Der will seine Felle nicht wegschwimmen sehen!«
»Was ein geradezu genußreicher Anblick gewesen wäre«, meinte Siegfried versonnen.
»Halte dich nicht bei solchen Wunschträumen auf, mein Sohn!« ermahnte ihn Mutter Emma. »Du hast bereits eine ganze Menge erreicht – das sollte genügen.«
»Na – was denn wohl?«
Wieder war es Greiner, der es ihm erklärte – nach einem ermunternden Seitenblick seiner Lebensgefährtin. »Dieser Werners ist nun, wie Kahlers versichert, zu allen erdenklichen Zugeständnissen bereit, um dieses Geschäft dennoch machen zu können. Er beharrt also nicht mehr auf einen Anteil von fünfzig zu fünfzig – er ist nun bereit, sich mit vierzig Prozent zufriedenzugeben. Na – was sagst du nun, mein Junge?«
»Wenn ich mich aber dennoch auf diesen Vertrag nicht einzulassen gedenke – was dann?«
»Bitte, Siegfried, leiste dir keine schlechten Scherze«, forderte Mutter Emma mit mildem Tadel. »Nicht in dieser Angelegenheit! Dafür ist sie zu bedeutsam – für uns alle.«
»Für mich nicht! Es gibt schließlich auch noch andere Lösungen.«

»Schon möglich, mein Sohn. Aber eben diese ist, nach Lage der Dinge, mit Abstand die beste.«
»Nicht unbedingt nach meiner Ansicht«, beharrte Siegfried sanft.
»Aber nach meiner!« Mutter Emma wurde nun wesentlich massiver. »Schließlich haben wir hier monatelang auf dieses Projekt hingearbeitet, Kahlers und ich. In deiner Abwesenheit, doch letzten Endes allein für dich. Nun bist du gerade noch rechtzeitig eingetroffen – um zu unterschreiben.«
Siegfried Sonnenberg schien vorübergehend verstummt zu sein. Er entfernte den Korken einer original schottischen Whiskyflasche, mit garantiert zwölf Jahre altem Inhalt, und trank kräftig daraus. Dabei blickte er Mutter Emma und dann Greiner an.
Der rief ihm augenzwinkernd »Prost« zu, um dann überaus gemütlich zu meinen: »Warum sollte er denn nicht unterschreiben? Da kannst du ganz beruhigt sein, liebe Emma. Siegfried ist schließlich kein undankbarer Sohn – aber auch kein dummer Hund, kein ahnungsloser Trottel.«
»Und warum«, fragte Siegfried sehr höflich, »sollte ich das eine oder andere nicht sein?«
Ein weiterer vertraulich ermunternder Seitenblick von Frau Emma veranlaßte Greiner mit seiner Aufklärung fortzufahren. »Da du gescheit und geschickt bist, mein Lieber, weißt du auch, daß du, rein juristisch, gar keine Berechtigung hast, irgendwelche Entscheidungen allein für dich zu treffen, sondern nur solche mit deiner lieben Mutter gemeinsam.«
»Wobei du hier in meinem Auftrag handelst, mein Sohn«, sagte Frau Emma energisch, »und mit meinem Einverständnis. Ich werde also deine Unterschrift, die in meinem Sinne erfolgt, jederzeit bestätigen.«
»Was willst du mehr!« rief ihm Greiner anfeuernd zu. »Hier ist alles pure Harmonie!«
»Sie überwältigt mich geradezu!« Siegfried erhob sich und barg die Flasche mit dem alten schottischen Whisky in seinen Armen wie ein kleines Kind. »Zunächst einmal gedenke ich mich zu besaufen. Morgen werden wir weitersehen.«

Der nächste Tag war wohl der schönste in diesem Rosenburger Frühling. Nahezu sommerliche Temperaturen kündigten sich bereits am frühen Vormittag an. Die Sonne strahlte über den Ruinen; Bäume und Sträucher leuchteten in hellem Grün, und überall sangen die Vögel.

Das Frühstück im Adam-Haus vereinte fast die ganze Sonnenberg-Familie. Mutter Emma hatte eigenhändig ein stark duftendes Brot gebacken, das nicht geschnitten, sondern gebrochen wurde. Eva-Ingeborg war es gelungen, frisch geknetete, goldgelbe Butter zu besorgen. Und Dagmar lieferte aus den Beständen von Erika und John beste britische Erdbeermarmelade an. Thomas Brandin hatte ihr sein besonderes Verlangen danach eingestanden.
So frühstückten sie denn – offenbar recht fröhlich, mit sichtlichem Genuß, ohne viel dabei zu reden. Die erhoffte Harmonie schien sich eingestellt zu haben. Siegfried wirkte gelöst, fast heiter; zumindest so, als gäbe es jetzt für ihn keinerlei Probleme mehr. Und dann verkündete er, nach diesem köstlichen Frühstück gedenke er sich zur Familienhausruine zu begeben.
»Um sie wegen des Ausbaus, der schnellstens erfolgen sollte, zu besichtigen. Ich gehe voraus, gemeinsam mit Thomas. Und ich würde mich freuen, wenn ihr bald nachkommen würdet – du, liebe Mutter, dazu unser verehrter Herr Greiner. Damit ihr dort eure Wünsche, Anregungen, Forderungen anmelden könnt, die ich bereitwillig berücksichtigen werde.«
Dieses vielversprechende Angebot wurde freudig akzeptiert. Mutter Emma und ihr Greiner wechselten verständnisvolle Blicke. Ihre Saat schien aufzugehen. »Wir kommen – gerne!«
»Fein!« Siegfried entfernte sich schnell, und Thomas folgte ihm. Es galt den Schauplatz der nun wohl unvermeidlichen Geschehnisse zu inspizieren.
Eine knappe halbe Stunde später war es dann soweit. Flirrendes Frühlingslicht umgab die Sonnenberg-Ruine. Hier schienen die Vögel noch weit liebreicher als anderswo zu singen. Blumenbüsche dufteten intensiv.
Dort bei der freistehenden, wie himmelwärts gerichteten, durchlöcherten und zerborstenen Hausfassade hielt sich Siegfried Sonnenberg auf. Nur wenige Meter hinter ihm, von unten nicht zu erblicken, hockte sprungbereit Thomas Brandin. Unmittelbar unter ihnen, erwartungsvoll einander zugeneigt, standen Frau Emma und ihr Greiner. Mit freudiger Erwartung blickten sie aufwärts.
Siegfried rief ihnen von oben her zu: »Das alles werden wir auf- und ausbauen! Großzügiger und schöner als zuvor! Die Höhe des Hauses wird erhalten bleiben, das wäre mein Vorschlag. Doch wir werden jeden Raum wohngerecht und geschäftlich voll ausnutzen – vom Keller bis zum Boden. Für euch beide gedenke ich das obere

Geschoß herzurichten. Und zwar mit allen komfortablen Extras, mit eigener Toilette und Badezimmer. Einverstanden?«
»Sehr einverstanden, mein lieber Junge!« bestätigte Greiner und sah zu ihm hoch.
»Nun kommt hier wohl alles in die richtige Ordnung!« stimmte Mutter Emma freudig zu.
»Nichts wünsche ich mir mehr!« rief Siegfried. Um dann freundlich, und nicht unbesorgt, hinzuzufügen: »Aber ich würde euch raten, euch woanders hinzustellen! Denn da, wo ihr gerade steht, ist es nicht ganz ungefährlich!«
»Warum denn das, mein Sohn?«
»Die Fassade über euch könnte jederzeit einstürzen – ich kann euch nur warnen!«
»Aber, aber!« Nicht nur Mutter Emma lachte – ihr Greiner auch. Doch das ahnungslose Lachen dieser beiden sollte ihre letzte Lebensäußerung sein. Denn nun stürzte die Fassade tatsächlich ein. Sie fiel, wie nach einem Hebeldruck, in sich zusammen, – stürzte direkt auf Frau Emma Sonnenberg und Herrn Greiner zu und begrub sie – mit fürchterlichem Getöse – unter sich. Dichte Staubwolken wirbelten auf. Sie schienen sogar die Sonne über Rosenburg vorübergehend zu verdunkeln.
Die Vögel flogen aufgeschreckt davon. Das lichte Grün der nahen Bäume war wie hastig überpudert vom erstickenden Staub. Lähmende Stille legte sich alsbald auf diesen Ort des Grauens.

Der Schauplatz dieser vormittäglichen Ereignisse wurde sogleich von Neugierigen heimgesucht. Viele Leute aus Rosenburg, gleich alarmierten Geiern, eilten herbei.
Sie erblickten einen riesigen Steinhaufen, den man bereits durchwühlt hatte – um möglicherweise noch Lebenszeichen wahrzunehmen und die Opfer zu bergen. Die dabei aufgefundenen Leichen lagen jetzt zusammengekrümmt ein wenig seitwärts – mit einer Zeltplane abgedeckt.
Und weiter konnten Siegfried Sonnenberg und Thomas Brandin erblickt werden. Sie hockten, eng nebeneinander, auf einem umgestürzten Baumstamm. Mit großen, alles um sie herum registrierenden Augen und unbeweglichen Gesichtern.
Sie bemerkten dabei genau die sich vorsichtig, schaulüstern, auf sie zu bewegenden Leute, meist Frauen, einige mit Kindern, aber auch Männer; sie schüttelten verwundert die Köpfe. Und wahrlich nicht zuletzt registrierten sie auch Frau Klementine, des »Teufels

Großmutter«. Sie spielte neben den Leichen lautstark das Klageweib. Endlich traf der erste Polizist ein und versuchte sich als Ordnungshüter zu betätigen; er nahm Absperrungsmaßnahmen vor. Dann tauchte auch sein Vorgesetzter auf: Polizeichef Jürgen Wiese. Und der war bestrebt, alles sich ihm hier Darbietende ganz sachlich, nach kriminalistischen Grundsätzen zu betrachten. Doch zuvor nickte er Siegfried mit der Bemerkung zu: »Na – scheußlich. Mein Beileid. Das hat uns gerade noch gefehlt.«

Worauf Wiese dann diesen Schauplatz bemüht fachgerecht besichtigte – denn es konnte ja auch ein Tatort sein! Er schritt Entfernungen ab, kroch zum Obergeschoß hoch, musterte alles sich ihm Anbietende eingehend. Doch dann schüttelte er seinen Kopf, den er für einen sehr klugen Kopf hielt. Seine Schweinsaugen begannen sich zu weiten.

Glücklicherweise, nicht nur für ihn, traf dann Konrad Kahlers, der Bürgermeister, an diesem Ort des grausigen Geschehens ein. Der registrierte, nach nur kurzem Seitenblick auf Trümmerhaufen und Leichen, die Anwesenheit von Siegfried. Auf den strebte er zu, bei dem angekommen, streckte er ihm beide Arme entgegen. Zog ihn an sich!

»Mir fehlen einfach die Worte«, versicherte er, Sonnenberg umarmend, »um dir zu sagen, wie sehr ich das alles beklage – wie tief ich mit dir fühle, mein lieber Freund! Welch ein fürchterlicher Unglücksfall!«

»Danke.« Siegfried klopfte Konrad auf die Schultern. »Daß es ein Unglücksfall war, solltest du auch unserem Jürgen Wiese klarmachen. Denn der scheint nicht ganz deiner Ansicht zu sein.«

»Der ist eben ein Polizist«, meinte Thomas Brandin entschuldigend.

Bürgermeister Kahlers jedoch war ein erklärter und auch bewährter Praktiker; mithin wußte er, was er nun zu tun hatte. Er hielt sich nicht länger bei seinen wohlberechneten Beileidsbekundungen auf, sondern widmete sich unverzüglich seinem Polizeichef. Er nahm ihn auf die Seite. »Was hältst du denn davon?«

»Ich muß leider bekennen«, erwiderte dieser beflissen, »einiges gefällt mir nicht, beunruhigt mich sogar.«

Eine Reaktion, die Kahlers ganz und gar nicht in sein Konzept paßte. Denn Siegfried Sonnenberg wurde hier ganz dringend gebraucht. Irgendwelche Fragwürdigkeiten aufkommen zu lassen, konnte man sich nicht leisten. Und das war es, was er Jürgen Wiese klarmachen mußte.

Der Bürgermeister schaltete auf sentimental. Die Mobilisierung von Gefühlen hatte sich stets als recht brauchbar erwiesen. »Mein lieber Weggefährte Wiese, hier handelt es sich schließlich nicht um irgend jemand, sondern um unseren Freund von Jugend auf. Den wir lieben! Und wenn der in eine heikle Situation geraten sein sollte, so bedarf er eben unserer tatkräftigen Hilfe, um ihn da wieder rauszuholen. Und die wirst du ihm wohl nicht verweigern.«

»Natürlich nicht. Das könnte ich allein schon im Hinblick auf unsere Eva-Ingeborg nicht tun!«

»Na, siehst du!« sagte Kahlers. »Dann tu also mal etwas! Ebenso tatkräftig wie überzeugend, hoffe ich. Nicht nur als Kriminalist. Hier geht es um Freundschaft, Mensch! Und die ist schließlich kein leerer Wahn.«

Dem stimmte Jürgen Wiese zu. Worauf er sich sogleich um überzeugende entlastende Recherchen bemühte. Er ließ Messungen vornehmen, Skizzen anfertigen, einen ärztlichen Befund beschaffen. Sodann Vernehmungen anstellen, aus denen alsbald Zeugenaussagen wurden. Diese amtliche Befragung führte er persönlich durch.

Die diesbezüglichen Ergebnisse waren eindeutig. Also eben amtlich, mithin unerschütterlich.

Siegfried Sonnenberg äußerte sich folgendermaßen: »Kurz bevor die obere Fassade dieser Hausruine einstürzte, hielt ich mich etwa zwei bis drei Meter seitwärts davon auf. Alles geschah sehr plötzlich, wohl im Bruchteil einer Sekunde. War einfach nicht zu verhindern.«

Dann Thomas Brandin: »Ich befand mich im Augenblick des Einsturzes etwa fünf Meter hinter der plötzlich zusammenbrechenden Wand. Die sah ich, weit vor mir, abkippen. So was war nicht vorauszusehen gewesen, überraschte mich also maßlos. Was ich zunächst erblickte, war das entsetzte Gesicht meines Freundes.«

Nun aber Frau Klementine Gartner, »des Teufels Großmutter«. Wenn die auch zunächst noch einige Zeit lang scheußlich schrille Klageweibertöne von sich gab, so reagierte sie doch bei der intensiven Befragung durch Polizeichef Wiese absolut sachlich. »Das alles, was die Herren Sonnenberg und Brandin gesagt haben, kann ich nur bestätigen! Jede Einzelheit. Ich habe alles ganz genau gesehen. Dabei hielt ich mich auf dem Not-Toilettenhäuschen im Freien auf. Doch eben von dort aus hat man einen guten Überblick, kann man auch alles genau hören.«

»Und das sogar zu beschwören sind Sie bereit – wenn es sein muß?«
»Bin ich! Kann ich! Herr Sonnenberg stand weit da oben, Herr Brandin viele Meter dahinter. Und diese brüchige Fassade war schon lange dem Einsturz nahe – damit habe ich Tag für Tag, fast Stunde um Stunde gerechnet. Irgendwann einmal mußte so was passieren. Außerdem kann ich dann noch bezeugen: Siegfried hat seine Mutter, und den diese begleitenden Herrn Greiner, eindeutig davor gewarnt, sich allzu nahe vor dieses einsturzgefährdete Haus zu stellen. Doch die haben darüber nur gelacht! Jawohl gelacht! So ist es gewesen!«
Worauf denn Jürgen Wiese polizeiamtlich glaubte feststellen zu können:
»Hier hat es sich, unbezweifelbar, um einen Unfall gehandelt. Um einen überaus tragischen, höchst bedauernswerten, doch unmißverständlich festgestellten Unfall. Nichts anderes, nichts weiter sonst. Mithin werden die diesbezüglichen Untersuchungen damit als amtlich abgeschlossen erklärt. Die dabei angefallenen Leichen werden zur Bestattung freigegeben.«
Die Leichen lagen nun in schlichten Särgen aus ausgesuchtem, gutbearbeitetem, gebeiztem Buchenholz. Sie waren im Friseursalon des Adam-Hauses aufgestellt worden. An der Ladentür dieses Unternehmens hing ein Schild: Wegen Trauerfall bis auf weiteres geschlossen.
Die Särge, bereits verschraubt und mit Blumen bedeckt, standen mitten in jenem Raum, wo sich bei Festlichkeiten, wie etwa zu Ehren von Siegfrieds Heimkehr, der große Tisch befunden hatte. Doch nun standen die dort verwendeten Stühle an den Wänden. Sie waren alle besetzt.
Denn schließlich galt es nunmehr, am Vorabend dieses großen Begräbnisses, an dem gewiß zahlreiche Leute von Rosenburg teilzunehmen begehrten, diesen »lieben Toten« im Familienkreis letzte Ehrungen zu erweisen. Kerzen flackerten, es roch nach Tannen und Talg, auch nach Alkohol. Derartige Tröstungen standen in Mengen bereit: Himbeergeist und Bier, Kognak und Gin, Kirschwasser und Frankenwein. Sich damit zu stärken, hatten die Anteilnehmenden gewiß notwendig.
So gut wie niemand fehlte, der zu diesem Kreis gehörte – oder gehören wollte. Es gab dabei nur eine erkennbare Ausnahme: Dagmars derzeitiger Deutschlanderneuerungsjüngling hatte von ihr Weisung bekommen, sich fernzuhalten. Sie müsse sich, hatte sie

ihm angedeutet, ihrer engeren Familie widmen; und dazu gehöre er noch nicht, noch lange nicht.
Thomas Brandin saß in einer Ecke, Dagmar hatte sich neben ihn plaziert, wie um ihn zu betreuen. Was er sich gerne gefallen ließ.
Alleiniger Mittelpunkt war Siegfried Sonnenberg. Für den hatte sein Meister Adam den größten Sessel dieses Hauses bereitgestellt; unmittelbar vor den Särgen. Und dort saß der nun; ziemlich steif, fast verbohrt schweigend, mit ausdruckslosem Gesicht. Fast schien es, als wäre er kurz davor, erlösend einzuschlafen; wie nach endlich getaner Arbeit.
Das aber ließ der bemühte Meister Adam nicht zu. Dessen heftige Ergriffenheit setzte sich in Wortkaskaden um. Und da er sich, in väterlicher Fürsorge, ganz dicht hinter Siegfried niedergelassen hatte, blieb Sonnenberg nichts anderes übrig, als derartige Klagegesänge über sich ergehen zu lassen:
»Deine liebe Mutter, mein Siegfried, habe ich ungemein verehrt. Sie ist eine wunderbare Person gewesen. Stets verständnisvoll, immer hilfsbereit und selbstlos. Als ich hier so gut wie am Ende war, hat sie mich aufgerichtet, stand sie mir bei, mit Rat und Tat! Mein Gott, habe ich mich manchmal gefragt, was wäre ich, wenn es sie nicht gegeben hätte? Ihr habe ich zutiefst dankbar zu sein.«
Siegfried Sonnenberg hörte sich das mit endloser Geduld an; er schien sogar, ziemlich mechanisch, zustimmend zu nicken. Dabei griff er nach einem gefüllten Bierglas und blickte sich um; in den vom Kerzenlicht flimmernden, halbdunklen Raum hinein. Um dann dieses Glas, ohne getrunken zu haben, wieder abzustellen.
Mit halbgeschlossenen Augen registrierte er, daß seine geliebte Schwester Erika sich mit ihrem John Frankfurter abgesondert im hintersten Teil des Raumes aufhielt. Die hatten sich bei ihren Händen gefaßt und wirkten schweigsam und bedrückt. Dennoch lächelten sie Siegfried zu – sobald sie erkannten, daß er zu ihnen herübersah. Ein wenig seitwärts von ihm, gleichfalls in unmittelbarer Nähe der Särge, saß Eva-Ingeborg, seine Frau. Tapfer trauernd, schwarz gekleidet und hoch aufgerichtet, was ihre Formen sehr zur Geltung brachte. Sie demonstrierte offenbar stolze Schicksalsergebenheit. Wobei sie, wie stets, von den sie umsorgenden Männern flankiert war: von Konrad Kahlers und Jürgen Wiese.
Dabei glaubte offenbar Kahlers, möglicherweise von Meister Adams Gefühlsausbrüchen inspiriert, nunmehr auch seinerseits, letzte Erkenntnisse von sich geben zu müssen. »Sie ist eine große,

bedeutsame Frau gewesen – unsere liebe, nunmehr leider verblichene Mutter Emma! Von klugem Geist erfüllt, mit äußerster Tüchtigkeit ausgestattet, stets großzügig und verständnisvoll, selbstbewußt und entgegenkommend. Sie wußte noch, was wahre Größe ist! An der, mein lieber Siegfried, kannst du dir ein Beispiel nehmen! Mußt du. Wirst du auch.«
Wiese schien da nicht nachstehen zu wollen. Auch ihm gelang es einigermaßen, seinen wuchernden Gefühlen Ausdruck zu verleihen. Zunächst füllte er sein Glas, zugleich das von Eva-Ingeborg und jenes von Kahlers, mit Frankenwein, Kitzinger Mainleite. Worauf es dann war, als trinke er, salutierend, dem Sarg zu.
»Was haben wir Mutter Emma nicht alles zu verdanken! Jürgen, mein lieber Junge, hat sie oft zu mir gesagt, laß dich niemals beirren! Du bist ein gerechtigkeitsbewußter Mensch – versuche das stets zu bleiben! Und wie sie kochen konnte! Wie sie uns betreut hat! Schon als wir noch Kinder waren – wir Jugendfreunde! So was wie sie wird es nicht noch einmal geben. Da stimmst du mir doch zu, Siegfried?«
»Da stimme ich dir zu«, sagte der.
Und mehr brauchte Siegfried Sonnenberg glücklicherweise in diesem Augenblick nicht zu sagen. Denn jetzt wurde die Tür weit geöffnet. Und herein schritt Isolde Werners.
Sie trug einen übergroßen Frühlingsblumenstrauß mit sich. Doch so fest gebündelt der auch erschien – er vermochte ihre Kompaktheit nicht zu verbergen. Isolde überblickte, offenbar mühsam atmend, die stumme Trauerversammlung. Allein Siegfried Sonnenberg sah sie an. Auf den schritt sie zu. Vor ihm blieb sie stehen. Dem hielt sie die mitgebrachten Blumen entgegen. »Ich muß wohl sehr um Verzeihung bitten, weil ich hier ungebeten eingedrungen bin. Ich persönlich hätte so was niemals gewagt. Doch damit entspreche ich einem besonderen Wunsch meines Vaters. Der bittet Sie, ihm, uns zu erlauben, Anteil nehmen zu dürfen. Durch mich.«
»Was eine schöne, ganz große Geste ist, Siegfried!« rief Konrad Kahlers. »Die wirst du gewiß nicht abweisen.«
»Warum sollte er denn das?« fragte Wiese. »Das ist schließlich eine weitere Ehrung für unsere Mutter Emma, die deren einzigartiger Persönlichkeit gilt – über den Tod hinaus.«
Solchen Erkenntnissen schien sich Siegfried Sonnenberg nicht verschließen zu wollen. Und zwar deshalb nicht, weil er Thomas Brandins heftiges Interesse an diesem Vorgang wahrzunehmen vermochte – und damit auch an der Person, die ihn ausgelöst

hatte. Also erhob er sich und schritt auf Isolde zu. Deren Hände schienen vor Erregung zu zittern.
Er deutete eine Verbeugung an: »Falls Sie wünschen sollten, sich zwischen uns niederzulassen, Fräulein Werners – Sie sind willkommen.«
»Bravo!« rief Bürgermeister Kahlers, kaum gedämpft.
»So muß es sein!« bestätigte der Polizeigewaltige Wiese.
»Danke, danke!« hauchte Isolde, unendlich erleichtert. Sie starrte Siegfried beglückt an. »Das, Herr Sonnenberg, ist weit mehr Entgegenkommen, als ich jemals erhoffen durfte. Bitte erlauben Sie mir diese Blumen abzulegen – auf den Sarg Ihrer Frau Mutter.«
Siegfried deutete auf den rechten hölzernen Schrein. »Tun Sie das, wozu Sie hergekommen sind.«
Dort also deponierte Isolde Werners ihre Blumen. Und zwar mit einer feierlich-segnenden Geste, die wie eingeübt wirkte. Nahezu alle Anwesenden zeigten sich anerkennend und befriedigt.
Sie wirkte nun sehr glücklich, wie erlöst. Wobei sie, nur kurz, zu Thomas Brandin hinüberblinzelte. Doch dann widmete sie sich schnell wieder Siegfried Sonnenberg. »Ich muß Sie wohl um Verständnis bitten – für diesen Frühlingsblumenstrauß. Mein lieber Vater bestand eigentlich auf einem schweren dunklen Gebinde; dem feierlichen Vorgang angemessen. Doch ich habe mir die Freiheit genommen, bunte, strahlende Blumen auszuwählen. Gleich einem letzten heimatlichen Gruß.«
»Das empfinde ich als eine sehr gute Wahl«, bestätigte Siegfried; nunmehr ohne jede Zweideutigkeit.
»Dann darf ich mich also beruhigt entfernen. Denn damit ist hier meine Mission beendet. Ich wünsche nun wirklich nicht länger zu stören.«
»Darf ich Ihnen meine Begleitung anbieten?« wollte Thomas Brandin wissen.
»Aber ja – warum nicht?« Isolde zeigte sich durchaus entgegenkommend. »Falls Sie das wünschen, und falls Herr Sonnenberg oder sonst jemand nichts dagegen hat – dann soll mir das recht sein.«
»Ich«, sagte nun Dagmar, entschlossen aufstehend, »ich komme gerne mit!«
»Du bleibst hier!« forderte ihr Vater ebenso sanft wie entschlossen. »Das erledigt Thomas alleine!«
Worauf dann Thomas Brandin Isolde Werners hinausbegleitete.

Diese Nacht über Rosenburg-Neuheim war von kalter Klarheit. Am Himmel funkelten die Sterne wie auf Bildern in einem Märchenbuch. Der Mond erstrahlte in sanftem Glanz – gleichsam literarisch verwertbar.
»Mich friert!« behauptete Isolde Werners.
»Dann erlauben Sie mir, daß ich Sie ein wenig wärme!« bot sich Thomas Brandin an. »Ich jedenfalls fühle mich wie im Hochsommer.«
Er legte den rechten Arm um sie und zog sie an sich. Das ließ sie geschehen, blieb jedoch unbeweglich – ohne sich an ihn zu schmiegen. Aber ihre Bereitschaft dazu war verspürbar.
»Ich bin sehr, sehr zufrieden«, bekannte sie ihm. »Vielleicht sogar irgendwie glücklich! Denn alles ging unverhofft gut. Herr Sonnenberg hat sich, was mich sehr zu bewegen vermochte, als ungemein verständnisvoll erwiesen. Was ich gewiß nicht zuletzt Ihnen zu verdanken habe, Herr Brandin.«
»Für Sie, Fräulein Werners«, versicherte er nahezu schwungvoll, »bin ich stets bereit, einiges zu tun. Wieviel – vermögen Sie kaum zu ahnen.«
Isolde mutete beschwingt an, schien sich ungemein erleichtert zu fühlen. Ihre große, schwierige Mission war gelungen! Und nun drängte sie sich ihm, der sie wie beschützend umarmte, entgegen. Sie war ihm dankbar – ungemein.
Unterdessen hatten sie den teilweise verwüsteten Stadtpark erreicht, dessen Wiesenflächen und Strauchgebilde nun eng miteinander verfilzt waren. Doch der Mond beleuchtete diese städtische Steppenlandschaft, als wäre sie ein geheimnisvoller Garten. Sie ließen sich auf derselben Bank nieder, auf der sie erst neulich Platz genommen hatten – doch nunmehr ohne Hund und wie weltenfern von allen Menschen.
»Ich«, sagte sie abermals, bereits ein wenig näher bei ihm, »bin Ihnen wirklich sehr dankbar, Herr Brandin. Das jedoch, muß ich Ihnen eingestehen, mit einer Empfindung, die mich nicht wenig bedrückt.«
»Verständlicherweise!« Brandin nickte ihr zu und zog sie noch enger an sich, wie um sie zu wärmen. »Sie können sich vermutlich nicht daran gewöhnen, daß man Ihnen vorbehaltlos entgegenkommt. Männer sind in Ihrem Leben wohl so etwas wie Sperrgebiete – mit einer Ausnahme: Ihr Vater!«
»Könnte sein, daß Sie das richtig erkannt haben, Thomas«, sagte sie leise. Groß und fragend sah sie ihn an.

Er rutschte nun ein wenig höher, um seinen Kopf in die Nähe des ihren zu bringen. Schließlich war er drei bis sechs Zentimeter kleiner als sie, was ihn jedoch nicht weiter zu stören schien. »Darüber, Isolde, wollen wir reden.«
Und sie fragte, nun kaum noch ausweichend: »Warum?«
Worauf er sich über sie beugte und mit seinem Gesicht das ihre berührte. Seine Haltung war fast scheu, nahezu zärtlich zu nennen. Sie ließ ihn, wenn auch leicht erschauernd, gewähren. Seine linke Hand glitt abwärts – von ihren Haaren zu ihrem Hals, dann ihrer Brust entgegen. Isolde erzitterte.
Thomas Brandin sagte dabei verhalten: »Man könnte nun sagen, Isolde, die Gelegenheit sei denkbar günstig. Wir sind nun einmal hier; du und ich! Du könntest aber auch annehmen, was jedoch bestimmt nicht zutrifft: Ich bin, nach etlichen Jahren Kriegsgefangenschaft, nichts wie ein ausgehungertes Tier, das sich auf jede sich irgendwie anbietende Beute stürzt. Und bei dir vielleicht sogar in der Hoffnung, eine sogenannte großartige Partie machen zu können! Mit der Tochter eines sehr vermögenden Vaters, für die sich jeder Einsatz lohnt. Also auch in rein körperlicher Hinsicht.«
»Sage so was nicht, Thomas! Bitte, sage das niemals wieder!« Sie dehnte sich nun seinen Händen entgegen, die sie zugleich auf ihrem Rücken und auf ihrer Brust verspürte. Sie atmete schwer. »Bin ich – ein Objekt?« stöhnte sie, ohne ihm auszuweichen. »Nichts wie ein Objekt?«
»Bist du nicht, Isolde! Doch ebendeshalb solltest du auch bereit sein, das zu akzeptieren, was auch ich empfinde. Ganz einfach dies: Ich liebe dich.«
»Sage das noch einmal, Thomas – bitte!«
»Ich liebe dich, Isolde. Ich wünsche nichts als ein Teil von dir zu sein; daß wir zusammengehören! Ohne daß einer von uns fragen muß: Wer bist du, woher kommst du, was hast du? Die absolut völlige Vorbehaltlosigkeit zwischen zwei Menschen. Nichts sonst ersehne ich mehr. Bist du dazu bereit?«
Das war sie. Und das bewies sie ihm auch. Mit einer für sie geradezu verwegenen Tapferkeit. An der sie jedoch bald hell lodernde Freude empfand.

Die feierlich gedachte Familienversammlung vor den beiden Särgen im Adam-Haus drohte inzwischen in dumpfer Trunkenheit zu versinken. Die Anwesenden blinzelten wie betäubt träge vor sich hin und betrachteten ihre Gläser, die niemals leer wurden. Dabei

flackerten Trauerkerzen, deren Brenndauer unendlich zu sein schien.
Altmeister Adam entfernte sich, tiefbewegt, tränenüberströmt; wohl dem Kotzen sehr nahe, begab er sich zu seiner Schlafstelle, nach einem Abstecher zur Toilette. Erika und John zogen sich wortlos zurück, Hand in Hand – jedoch nicht, ohne noch einmal Siegfried herzlich-verständnisvoll zugelächelt zu haben. Bald drängte dann auch Dagmar ungestüm ins Freie, mit spürbar heftigem Unwillen. Vermutlich gedachte sie Thomas nachzuspüren – dem und dieser Isolde.
Bei den beiden feierlich dunklen Särgen blieben nur wenige zurück. Einmal der offenbar unerschütterlich geduldige, gelegentlich auch ungeniert gähnende Siegfried Sonnenberg. Doch dazu auch seine stets wachsame Ehefrau Eva-Ingeborg. Dann auch die beharrlichen Freunde: Kahlers, der Bürgermeister, und Wiese, der Polizeichef. Der eine geruhsam-lauernd, der andere klotzig und selbstbewußt. Abermals drängten sie sich nun in den Vordergrund.
»Haben wir denn nicht einfach alles getan – für dich?« verlangte Wiese zu wissen. »Ich jedenfalls, Siegfried, bin da voll eingestiegen, habe dir jede erdenkliche Entlastung verschafft! Dafür solltest du mir dankbar sein.«
»Dafür, daß du deine Pflicht getan hast?« fragte nun Siegfried mäßig erheitert. »Denn ich muß doch nicht etwa annehmen, du hättest gegen deine Erkenntnisse und Überzeugungen, als Polizeibeamter, gehandelt?«
»Das natürlich nicht!« behauptete Wiese steif.
Dieser Jürgen Wiese war gewiß kein sonderliches Problem – weitaus schwieriger war der Konrad Kahlers. Denn bei dem handelte es sich keinesfalls um einen naiven Amtsmenschen, vielmehr um einen ganz routinierten Macher. Das zeigte sich bald aufs neue. Kahlers leistete es sich dabei sogar, Siegfried demonstrativ zu umarmen. Den zerrte er aus seinem Sessel und preßte ihn, geradezu innig, an seine fette Brust.
»Du liebst deine Mutter! Also bist du gewiß auch bereit, ihrem Letzten Willen zu entsprechen, mein Freund. Davon bin ich überzeugt!«
Sich soviel massiver Herzlichkeit zu entziehen, war Sonnenberg entschlossen. Doch das gelang ihm erst durch eine verblüffend zutreffende Behauptung: »Hier wird, den ganzen Abend lang, immer nur von dem Inhalt des einen Sarges geredet. Um den herum-

geredet! Kein Wort jedoch habe ich dabei über den anderen Sarg vernommen, in dem sich Herr Greiner befindet. Wobei wohl nicht auszuschließen ist, daß der möglicherweise mein Erzeuger gewesen sein könnte.«

»Nur keine fragwürdigen Vermutungen, Siegfried, mein Lieber!« riet ihm Kahlers besorgt. »Laß dich niemals von so was ablenken! Denn letzten Endes handelt es sich dabei allein um eindeutig erkennbare Realitäten – unser Rosenburg betreffend. Wobei es jetzt allein auf dich ankommt.«

»Wer bin ich denn schon?« gab Siegfried zu bedenken. »Bin ich etwa ein Sohn ohne einwandfrei nachweisbaren Vater? Und dann noch der Sohn einer Mutter, die entschlossen dazu gewesen ist, mich amtlich als tot erklären zu lassen?«

»Ein beklagenswerter Irrtum – nichts weiter!«

»Der aber wohl berücksichtigt werden muß!« erklärte Siegfried beharrlich. »Denn solange ich hier offiziell als tot zu gelten habe, was vermutlich noch monatelang andauern kann, vermag ich rein rechtswirksam nichts Verbindliches zu unterschreiben. Und das ist wohl schon alles, was ich dazu zu sagen habe.«

Das geschah im Wonnemonat Mai des Jahres 1950. Und noch fünf Jahre später, 1955, schien sich daran nichts Wesentliches geändert zu haben. Alles mutete an, als wären bereits damals die entscheidenden Würfel gefallen und alle wichtigen Weichen in Rosenburg gestellt worden.

Ein Irrtum mehr! Ein vermutlich fürchterlicher – aber anscheinend unvermeidbar. Er wurde dennoch genossen.

2. Buch

1955 – Eine Saat geht auf

1

Alles scheint seine Preise zu haben

An einem Hochsommertag des Jahres 1955 hielt der Personenzug in Richtung München, von Frankfurt kommend, im Bahnhof Rosenburg. Dieser Zug hatte schnell und nur wenig kreischend gebremst – alsbald stand er fast lautlos da. Die elektrisch angetriebene Lokomotive surrte lediglich wie ein gemütlich kochender Wasserkessel.
Nur wenige Menschen verließen den Zug. Einige mit schwerem Gepäck. Andere trugen ihre strapazierfähigen Koffer und Taschen mit sich. Die schleppten sie munter und unternehmungslustig dem Ausgang zu.
Dem Wagen der 1. Klasse entstieg lässig Siegfried Sonnenberg. Er wirkte leicht füllig, sein Gesicht glänzte rosig – doch die Augen funkelten unverändert in blanker Fuchsschläue. Er hielt nach Thomas Brandin Ausschau, den er bald bei der zentralen Ausgangstür erblickte. Sie hoben, einander grüßend, eine Hand – mehr war nicht notwendig.
Dann gingen sie aufeinander zu, ohne die anderen Leute zu beachten. Beide waren in leichte, sommerliche Anzüge gehüllt – von gleicher grauer Farbe. Siegfried transpirierte ein wenig, wohl der dickgefüllten Aktentasche wegen, die er mit sich trug. Brandin nahm sie ihm ab.
»Gott zu Gruße!« rief ihnen der stets aufmerksame Bahnhofsvorsteher zu. Das war der gleiche Eisenbahnmensch, der sie hier vor fünf Jahren, 1950, auf ziemlich rauhe Weise begrüßt hatte. Doch nunmehr wirkte er sichtlich wohlgenährter und war mithin auch ungleich wohlwollender. »Eine angenehme Reise gehabt, Herr Sonnenberg?« wollte er, sich anbiedernd, wissen.
»Scheint so«, meinte Sonnenberg, wobei er Brandin zublinzelte. »Eine recht angenehme Reise sogar – fragt sich nur, für wen?«
Der Bahnhofsvorstand nahm das für einen gelungenen Scherz. Er lachte zustimmend und anerkennend; wobei er die flache rechte Hand an seine rotleuchtende Dienstmütze legte. Er fühlte sich

wohl endlich wieder vorbildlich uniformiert; dem Trend der Zeit entsprechend.
»Ich habe«, verkündete Brandin dem Freund, »eine Art Imbiß im Restaurant beim Bahnhof für uns vorbereiten lassen. Ich hoffe, es findet deine Zustimmung!«
»Für so was bin ich immer zu haben!« bestätigte ihm Siegfried munter. Wenn sie auch in den letzten fünf Jahren ziemlich gefräßig gewesen waren, es hatte noch nicht ausgereicht, ihr in den zehn Kriegs- und Nachkriegsjahren angestautes Nachholbedürfnis zu befriedigen. Äußerlich jedoch schienen sie endlich dem Zustand einer totalen Sättigung nahegekommen zu sein.
Im Hauptraum des aus einer Ruine provisorisch aufgebauten Restaurants beim Bahnhof standen blankgescheuerte Tische. Doch in dem allein für sie reservierten Nebenraum waren weiße Leinentücher aufgedeckt. Darauf befanden sich gleichfarbige Servietten und funkelnde Gläser; daneben ziemlich strapaziert wirkende Bestecke. Und ein gewiß köstlicher Frankenwein wartete bereits in einem mit Eisbrocken gefüllten Holzkübel.
Die Freunde setzten sich eng nebeneinander und blinzelten sich an. Zunächst einmal tranken sie; dann verspeisten sie mit sichtlichem Genuß Bratwürste auf Kraut. Erst danach, als sich die Bedienung, eine lässig-träge Mädchenfrau, entfernt hatte, begannen sie offen miteinander zu reden.
»Vermutlich ist alles ziemlich gut gegangen«, stellte Thomas Brandin fest. »Das glaubt man dir ansehen zu können.«
»Nicht nur gut – vielmehr allerbestens!« bestätigte Siegfried Sonnenberg dem Freund, wobei er frisches Brot und kräftigen Käse an sich zog. »Doch das ist wohl nicht weiter verwunderlich, nach unseren intensiven Vorarbeiten. Denn Margots Bruder, der Rechtsanwalt, und John Frankfurter mit seinen amerikanischen Beziehungen haben einfach alles Erdenkliche getan, um dieses große Geschäft zustande zu bringen.«
»Dann kannst du nun also hier die von dir geplante Fabrik für kosmetische Erzeugnisse aufbauen?«
»In jeder erdenklichen Größenordnung! Eine Fabrikation, die auf den von mir entwickelten Produkten basieren wird – und zusätzlich auch auf von mir ausgehandelten amerikanischen Verwertungsrechten; mit einer Anteilbasis, die all unseren Erwartungen entspricht. Wir sind also voll im Geschäft.«
»Na prächtig, Siegfried – für dich!«
»Für dich auch, Thomas! Denn schließlich hast du dich in den letz-

ten Jahren als Geschäftsführer für mich betätigt – und zwar recht erfolgreich. Deine Position bauen wir nun aus.«

»Hört sich recht gut an«, sagte Thomas dankbar und zugleich auch bedauernd. »Doch wie du weißt, beherrschen mich leider andere Interessen. Ich habe mit meinem eigentlichen, meinem hauptsächlichen Problem fertig zu werden. Immer noch. Nach wie vor.«

Worum es sich, bei diesem »Hauptproblem«, handelte, brauchte keiner von ihnen auszusprechen. Das war der Werners-Komplex! Und da war inzwischen folgendes geschehen.

Damals, 1950, glaubte der »General« befürchten zu müssen, seine geliebte Tochter könnte ausgerechnet einem Brandin, und somit dem Sonnenberg-Clan, verfallen sein. Deshalb hatte er Isolde entschlossen von Rosenburg entfernt und zu einer Verwandten geschickt, einer vom gleichen Geiste wie er selber. Sie besaß ein Gut in Niedersachsen. Und dort hatte sich seine Tochter, anscheinend voll abgeschirmt, bei strengster familiärer Postzensur, fortan aufgehalten.

»Nun aber kommt Isolde wieder hierher zurück. Das hat sie mich wissen lassen. Ihr Vater scheint sie dringend zu benötigen. Das mutet recht vielversprechend an – für mich.«

»Mein lieber Thomas«, sagte der Freund bemüht nachsichtig, »warum denn all diese Anstrengungen? Die sind doch ohne jede erkennbare Wirksamkeit. Laß diese Werners doch sausen, Mensch! Denn rein juristisch kommst du an diesen vermutlichen Mörder deines Vaters nicht heran; gegen den kannst du keine gerichtlich verwertbaren Beweise vorbringen.«

»Dennoch denke ich nicht daran aufzugeben. Und das weißt du!«

»Doch irgendeinen praktischen Sinn, Thomas, vermag ich da wirklich nicht zu erkennen. Solltest du etwa versuchen wollen, diesen Werners vor aller Öffentlichkeit bloßzustellen. Doch nicht etwa mit dem Material, das du inzwischen fleißig gesammelt hast, und das ich leider kenne? So schön scheußlich das auch sein mag – es ist, im Hinblick auf eine Anklage gesehen, ziemlich unbrauchbar. Das einzige, was du damit erreichen könntest, wäre eine massive Verleumdungsklage – gegen dich. Und dann wärst du es, der verurteilt werden würde.«

»Dann hättest du eben einen Vorbestraften zum Freund«, scherzte Brandin, allerdings ohne sonderliche Freude dabei zu empfinden. »Aber du kannst sicher sein, ich werde dir das ersparen. Ohne zu vergessen, daß diese Rechnung beglichen werden muß!«

»Was willst du wirklich, Thomas? Eine Menge Staub aufwirbeln, Unsicherheit verbreiten, einen internen Heckenschützenkrieg führen? Mann, so was bedeutet enorme Unruhe – auch für mich. Für unsere Geschäfte!«
»Du könntest dich ja offiziell von mir und meinen Machenschaften distanzieren. Manche geheimen Freuden, für uns beide, wären trotzdem nicht ausgeschlossen. Schließlich wäre es nicht das erste Mal, daß wir uns einen derartigen Einfall leisten.«
»Den Teufel werde ich tun, mich auf so was einzulassen! Wir befinden uns hier nicht mehr im Höllendschungel eines Kriegsgefangenenlagers – sondern eben in Rosenburg. Das ist zwar auch kein allzu großer Unterschied – doch die Spielregeln sind denn doch ein wenig anders. Denn sobald du hier auf Werners, ganz direkt, sozusagen frontal losgehst, störst du eine Menge Kreise und machst dir mit Sicherheit einen Haufen Gegner.«
»Na – wen denn wohl?«
»Nicht nur den Idioten Wiese, sondern auch den raffinierten Kahlers. Und vermutlich auch noch Eva-Ingeborg. Und vor allen Dingen solltest du nicht so ohne weiteres darauf hoffen, daß dich dieser Werners an seine Tochter Isolde heranlassen wird.«
»Ach was, Mensch! Schließlich ist der immer noch ein alter eingefleischter Militarist. Und haben denn nicht etliche von dieser Sorte, sobald sie keinen Ausweg mehr sahen, einfach kapituliert? Warum sollte ich den denn nicht in die Enge treiben können – so oder so?«
Siegfried Sonnenberg schüttelte bedächtig seinen gewiß klugen Kopf.
»Müssen diese nicht ganz ungefährlichen Komplikationen denn unbedingt sein, mein Freund? Schließlich leben wir jetzt in einer Zeit der ganz großen Geschäfte, an der sich auch Generale bereitwillig zu beteiligen wünschen. Ein neues, reiches Leben blüht aus den Ruinen!«
»Verlange nicht von mir, zu glauben, daß auch du nun auf diese Linie eingeschwenkt bist.«
»Ich sehe das viel einfacher, Thomas, greifbar realistisch. Eine Isolde hat noch niemals zu deiner Welt gehört – ein Werners erst recht nicht. Laß also die Finger von denen! Bleibe bei mir.«
»Um dann womöglich zu erleben, Siegfried, daß du mit Gott und der Welt, und sogar mit diesem Werners, ganz dicke Geschäfte machst? So was solltest du weder dir noch mir zumuten.«
»Derartige Geschäfte«, meinte jetzt Sonnenberg bedächtig, »sind

relativ. Die müssen ja auch nicht gleich zum Vorteil eines Werners ausschlagen.«

»Nur keine voreiligen Versprechungen, Siegfried! Wenn es um Gewinne geht, dann – das habe ich ja erlebt – paktierst du sogar mit dem Teufel. Und ich stehe dann dabei – als dein sogenannter leitender Angestellter, der sich jedoch exakt nach deinen Anordnungen richten muß.«

»Das müßtest du nicht, Thomas«, versicherte Siegfried, nun noch bedächtiger. »Zum Beispiel dann nicht, wenn ich dich, was ich schon seit einiger Zeit in Erwägung ziehe, zu meinem Teilhaber mache. Und das sozusagen auf familiärer Basis.«

Brandin reagierte mit Heiterkeit.

»Mann Gottes – du scheinst ja tatsächlich zu enormen Scherzen aufgelegt zu sein, die mir allerdings nicht besonders gelungen vorkommen wollen. Solltest du etwa in Erwägung ziehen, daß ich in deine Familie einheirate? Na – und wer könnte dann wohl die Glückliche sein? Doch nicht etwa deine Frau, Eva-Ingeborg?«

»Die nicht«, widersprach Sonnenberg überzeugt. »Die ist mir lieb und sehr viel wert. Und wieviel sie mir wirklich wert ist, ahnt sie hoffentlich noch gar nicht.«

Darauf blickte Siegfried den Freund groß an. »Merkwürdigerweise bist du nicht sofort auf den doch wohl sehr naheliegenden Gedanken gekommen, um welche Person es sich handeln könnte. Nämlich um meine Tochter Dagmar. Doch in dieser Hinsicht, und das bemerke ich nun schon seit Jahren, scheint eine Art geistige Sperre bei dir zu existieren.«

»Bei uns beiden!« stellte Brandin fest.

»Völlig überflüssigerweise – meiner Ansicht nach. Denn Dagmar ist dir zugetan. Um nicht zu sagen: sie liebt dich! Da bin ich ziemlich sicher.«

»Was denn, was denn?« fragte Thomas Brandin verwundert und erregt zugleich. »Du nimmst doch nicht etwa an, daß ich jemals versuchen würde, mich in deine internsten Kreise hineinzudrängen! Ganz abgesehen davon, daß Dagmar noch ein Kind ist.«

»Das war sie vielleicht vor fünf Jahren, als wir hier eintrafen. Doch nun ist sie zwanzig! Von wegen ein Kind – ich bitte dich!«

»Ich jedenfalls bin etwa zwei Jahrzehnte älter als sie! Das solltest du bedenken.« – »Nicht ganz, Thomas – du bist ihr kaum mehr als fünfzehn Jahre voraus. Und ein derartiger Altersunterschied will mir für eine Ehe sogar recht günstig erscheinen. Nach den inzwischen von mir gesammelten Erfahrungen.«

»Aber deine Tochter«, rief jetzt Thomas Brandin ziemlich aufgeregt, »ist doch im Grunde ihres Wesens völlig andersartig veranlagt als ich – als wir beide!«
»Das scheint nur so!« sagte Sonnenberg nachsichtig. »Ich durchschaue sie. Ich weiß, warum sie uns immer so wütend provoziert. Sie glaubt, sich ihrer Haut wehren zu müssen – um nicht zu einem Gebrauchsgegenstand herabgewürdigt zu werden. Darüber solltest du bei Gelegenheit nachdenken.« Und freundschaftlich fügte er hinzu: »Doch nun, mein Lieber, komm mit! Begeben wir uns nach Hause – wie man das gewöhnlich so nennt.«

Siegfried und Thomas verließen gemeinsam das Restaurant beim Bahnhof von Rosenburg. Nach zehn miteinander verbrachten Jahren waren sie enger denn je einander zugesellt. Der auch hier wie betreuungsbereit lauernde Bahnhofsvorsteher legte, abermals grüßend, die rechte Hand an seine rote Dienstmütze. Das wurde von den beiden nicht weiter beachtet, was den Beamten aber auch nicht kränkte – das vollzogene Zeremoniell an sich und als solches genügte ihm.
Sie überquerten den Bahnhofsvorplatz, der jetzt total erneuert war. Dort standen gärtnerisch beschnittene Bäume und Sträucher, sowie sorgfältig grün bepinselte Bänke; die Wege waren dick bekiest, der Rasen dazwischen ordentlich und gepflegt. Darüber schritten sie hinweg, dicht an einem Warnschild vorbei, welches das Betreten der Grünflächen verbot. Diese nun wieder amtlich betreute Rosenburger Außenwelt schien einigermaßen in Ordnung zu sein.
»Unser Fahrzeug steht bereit«, sagte Brandin und wies auf einen Volkswagen.
»Laß die Karre stehen!« entschied Sonnenberg. »Die brauchen wir nicht – nicht für die wenigen hundert Meter bis zu unserem Haus.«
Und dann bekannte er, fast ein wenig verlegen: »Immer noch beherrscht mich das Verlangen, diese Strecke zu Fuß abzuschreiten – Meter um Meter. Wie damals vor fünf Jahren, als wir hier ankamen und unser Haus suchten. Um dann wie gebannt jenem Anblick entgegenzugehen, vor dem uns einigermaßen unheimlich zumute war.«
Inzwischen war die einstige Sonnenberg-Ruine wieder aufgebaut und massiv ausgebaut worden. Die Fassade wirkte mächtig, fast imposant; sie entsprach genau dem ursprünglichen Zustand, je-

doch verzierten sie nun leuchtende Farben in verschwenderischer Fülle; Weiß und Blau herrschten vor. Die Wände waren verstärkt, die Zwischenstockwerke stabil ausbetoniert; große Räumlichkeiten waren so entstanden.

Im Erdgeschoß befand sich der Sonnenberg-Friseursalon. Der bestand aus einer Damen- und einer Herrenabteilung; beide waren voneinander durch Empfangs-, Warte- und Verkaufsräume getrennt. Ein anerkannt stark frequentiertes Unternehmen – weit und breit ohne jede Konkurrenz.

Mit Altmeister Adam freilich war schon lange nicht mehr zu rechnen. Der hatte sich, vor drei Jahren, an einem Fensterkreuz aufgehängt – und zwar vermittels zusammengeknüpfter, chemisch gereinigter Friseurtücher. Das war ohne jede Klage oder gar Anklage geschehen; sein Abschiedsschreiben hatte lediglich verkündet: »Ich folge meinen Lieben nach!« Sein Begräbnis war stattlich und sehr bewegend gewesen.

Bald danach begann sich hier, unmittelbar hinter dem wiederaufgebauten Sonnenberg-Haus, etwas breitzumachen, was zunächst lediglich wie ein schäbiger Schuppen aussah. Sehr schnell wurde dieser Schuppen dann zu einer Art Fabrikationsbaracke ausgeweitet – erst mit drei, dann mit zwölf, schließlich mit sechsundzwanzig Mitarbeitern. Sie fabrizierten Sonnenbergs Elixiere, Mixturen und Spezialpräparate für Haut und Haare.

Das war ein Anblick, der Siegfried Sonnenberg immer wieder zu entzücken vermochte – nun erst recht. »Hier«, sagte er stolz zu seinem Freund, »haben wir unwiderruflich Fuß gefaßt, ein stabiles Fundament gelegt – und so machen wir nun weiter. Verstärkt!«

»Sei nicht allzu sicher, daß du hier in Rosenburg alsbald den Ton angeben kannst.« Thomas lächelte etwas mühsam. »Denn inzwischen sind auch andere nicht untätig gewesen. Werners zum Beispiel. Auch der verdient am Wiederaufbau der Rosenburgruinen, und zwar ziemlich kräftig – durch seine Kiesgruben, Gewächshäuser und Erdtransportunternehmen. Und nun ist er sogar dabei, eine Zementfabrik zu errichten!«

»Na und wennschon – so was ist doch nichts wie Massenmist!« glaubte Siegfried, völlig unbeeindruckt, feststellen zu können. »Dabei handelt es sich um Geschäftemacherei mit Methoden von vorgestern! Was jedoch, und nicht nur hier, sehr bald dominieren wird, ist ein hochtechnisiertes Spezialistentum, eine überregional ausgebaute Feinfabrikation. Und genau das gedenke ich zu entwickeln. Mit dir!«

»Hört sich gut an, Siegfried. Das mag ja für dich in Ordnung gehen – doch nicht gleich auch für mich. Denn mir ist da so eine Idee gekommen – nachdem ich von Isoldes Heimkehr hörte und dann noch ihren Brief an mich gelesen habe. Diesen Brief zeige ich dir gerne; aber nur dir allein.«
»Ach, Mensch, da kann ich dich nur warnen! Hüte dich vor gewissen Weibern. Unterschätze die niemals! Wenn die unbedingt was von dir wollen, und meistens wollen sie was, dann vermögen sie dir Schwierigkeiten zu bereiten, an denen du ersticken kannst. Ich weiß, wovon ich rede.«
Wobei, wie auf ein Stichwort, die Haupttür des Sonnenberg-Friseursalons geöffnet wurde. Und dort kam zum Vorschein: ein blutjunges, dunkelhaariges, sinnlich wirkendes Wesen mit schwellenden Lippen und graublauen Scheinwerferaugen. Diese kompakte Weiblichkeit stürzte sich Siegfried gleichsam entgegen.
»Da bist du ja – endlich!« rief sie.
Es handelte sich um Christiane Clements, eine der Friseusen in seinem Salon. Doch sie war nicht nur eine unter fünf anderen, sondern die attraktivste, anschmiegsamste, liebesbedürftigste. In Siegfried sah sie ihren Lehrmeister und Mentor – deshalb war sie stets bemüht, ihm zu gefallen; in jeder Hinsicht.
Ihre Art des Umgangs machte Sonnenberg, zumal in Gegenwart von Brandin, reichlich verlegen. Was ihn auch davon abhielt, direkt auf dieses Friseursalonprachtstück zuzugehen – seine Augen jedoch blitzten Christiane feurig an. Er streckte ihr lediglich, sehr auf Distanz achtend, seine rechte Hand entgegen. Die ergriff sie hastig, zog sie an sich.
Brandin schob sich zwischen beide. Demonstrativ legte er einen Arm um Christiane und meinte gemütlich: »Na – wie schön, Fräulein Clements! Das nenne ich eine herzliche Begrüßung. Sie zeigt, wie außerordentlich harmonisch das Arbeitsklima in unserem Betrieb ist. Doch ich muß wohl nicht annehmen, daß es sich hier um eine Art privater Kundgebung handelt – in aller Öffentlichkeit. Oder?«
»Nein«, versicherte Christiane hastig.
»Bitte, misch dich da nicht ein, Thomas«, forderte Siegfried verhalten.
Christiane Clements schien leicht zu erröten. Sie zog sich unverzüglich zurück. Mit leicht wippenden Bewegungen, die eine Menge wohlgerundetes Fleisch zeigten.

Auch Brandin sah ihr nicht ohne Wohlwollen nach. Dann aber blickte er seinen Freund offen an.
»Wenn ich mich hier nicht einmische, mein Lieber, dann werden das gewiß andere tun. Mit einiger Bestimmtheit deine Frau!«
»Da kennst du Eva-Ingeborg aber schlecht!« Sonnenberg lachte rauh auf. »Zumindest auf diesem Gebiet ist die geradezu tolerant.«
»Irre dich da nicht, Siegfried – sie ist schließlich eine Frau! Deine Frau. Die könnte zwar aus Zweckmäßigkeit, aus Berechnung vielleicht, ein Auge zudrücken. Eins jedoch wird sie niemals hinnehmen: eine Verlagerung ihrer Besitzverhältnisse.«
»Ach, Mensch, Thomas – male doch nicht gleich den Teufel an die Wand!«
»Was ich da andeute, ist sicherlich nur das, worüber du vermutlich manchmal nachgedacht hast.«
»Du kennst mich, wie wohl niemand sonst. Alles, was mit mir zusammenhängt.«
»Und deshalb weiß ich: falls Eva-Ingeborg wittern sollte, daß sie durch dich Schwierigkeiten bekommen könnte – dann wird sie dir welche machen. Und dann hast du hier einen Zirkus auf dem Hals, den selbst du nur sehr mühsam verkraften könntest. Falls überhaupt.«

Dieses großzügig aufgebaute Sonnenberg-Haus, das Siegfried jetzt betrat, war überaus gediegen, geräumig und auch solide ausgestattet. Helle Farben beherrschten das dekorative Interieur,;das einfache, planvolle Zweckmäßigkeit erkennen ließ.
Außer den Frisiersalons befanden sich im Erdgeschoß noch ein Büro und zwei weitere ausgebaute Räume. Die gehörten zum persönlichen Bereich von Thomas Brandin.
Darüber lag die Sonnenberg-Wohnung. Sie bestand aus einer geräumigen Küche, einem unmittelbar daran angrenzenden Hauptraum, meist als Speisezimmer benutzt, sowie zwei durch ein stattliches Bad getrennten Schlafräumen für Hausherrn und Hausfrau.
Im Obergeschoß gab es noch etliche Räumlichkeiten mit gemütlich wirkenden Schrägdecken. Dort befand sich Siegfrieds Arbeitszimmer, auch Labor genannt. Und daran schlossen sich die Zimmer für die Familienangehörigen: eins für die Tochter Dagmar, von Siegfried selbst liebevoll und mit großer Phantasie eingerichtet; sie fühlte sich dort sehr wohl. Ein weiterer Raum war stets für die geliebte Schwester Erika reserviert; sie benutzte ihn jedoch kaum, da sie weiterhin mit John Frankfurter zusammenlebte.

Zum Haus gehörten auch ebenso großzügig ausgebaute Kellerräume. Dort stapelten sich Materialien in Tonnen, Fässern und Korbflaschen; sie waren für die Sonnenberg-Produkte bestimmt. Und dazu kam noch eine komplette, gemütlich anmutende Kleinwohnung mit Bad, Toilette, einem größeren Wohn- und einem kleineren Schlafzimmer. Dort hauste, mietfrei, von Siegfried stets freundlich betreut, Klementine Gartner, einstmals »Großmutter des Teufels« genannt. Doch die übte sich nunmehr in kaum begreiflicher Zurückhaltung. Was nicht besagen wollte, daß sie nicht dennoch jederzeit bereit gewesen wäre, wirksam massiv in Erscheinung zu treten. Falls das ihr Siegfried verlangen sollte.
Und wenn das auch zunächst nicht der Fall zu sein schien, so erlahmte doch Klementines Wachsamkeit nicht im geringsten. Sie belauerte einfach alles, ihr entging nichts – die von ihr beherrschten Kellerfenster waren wie Beobachtungsstände. So hatte sie diesmal ihren Siegfried erblickt, wie er vor dieser aufdringlichen Christiane zurückgewichen war. Worauf dann dieser kleine, ausgekochte Sauhund, dieser Brandin, für den sie eine gewisse Schwäche besaß, das prächtige Flittchen abgewimmelt hatte.
Doch diese beiden, das glaubte Klementine feststellen zu können, so geschickt sie sich auch aufführten, ahnten offenbar gar nicht, bei wem sie da in Wahrheit Anstoß erregten. Nämlich bei Eva-Ingeborg. Denn die hatte gewiß nicht zufällig Mutter Emma in den letzten Jahren ihres Lebens zu ihrem Liebling erklärt. Und das wollte was heißen.
Nach Klementine hielt Siegfried Sonnenberg freudig Ausschau. Das erkannte sie entzückt; sie zeigte sich unverzüglich an einem der von ihr weit geöffneten Kellerfenster – ihm und Brandin.
»Da bist du ja, meine liebe Alte!« rief er ihr zu. »Dein Anblick hat mir gefehlt.«
»Grüß dich Gott, mein lieber Kleiner!« gurrte sie freudig. »Schön, daß du wieder da bist; wenn auch mit deinem Freund. Strahlend siehst du aus! Und das vermutlich nicht nur dieser niedlichen Friseuse wegen, die ich dir ja gönne.«
»Ihnen entgeht offenbar gar nichts – was?« scherzte Brandin anerkennend.
»Dazu bin ich schließlich hier, mein kleines Jungchen. Als eine Art Cerberus, wie mein Siegfried gesagt hat. Für ihn. Und dem würde ich nun gerne was flüstern. Unter vier Augen.«
Sonnenberg dirigierte Brandin mit seiner Aktentasche voraus, zu Eva-Ingeborg hin. »Sage ihr, ich komme gleich. Ich will nur noch

kurz überprüfen, ob der Laden hier richtig klappt. Inzwischen kannst du meiner lieben Frau die sie gewiß erfreuende Mitteilung machen, daß alles bestens läuft! Eine Nachricht, für die sie dir dankbar sein wird. Auch so was schafft eine angenehme Atmosphäre.«

Brandin entfernte sich ohne Umstände. Klementine sah nachdenklich hinter ihm her und meinte dann zu Siegfried: »Du kannst dich beglückwünschen, daß der dein Freund ist. Denn zum Feind jedenfalls würde sogar ich den nicht haben wollen. Doch ich frage mich, mein Jungchen, ist der tatsächlich dein Freund – bleibt er das auch?«

Siegfried starrte sie ungläubig an. Dieses Kellerfenstergespräch drohte eine völlig unerwartete Wendung zu nehmen. »Solltest du etwa glauben, berechtigt zu sein, diese Freundschaft anzuzweifeln?«

»Nein, mein Lieber!« erklärte sie nun unmißverständlich, »keinerlei Berechtigung, nicht einmal irgendeinen Verdacht – dieser Knabe ist in Ordnung. Der versucht ja sogar deiner Eva-Ingeborg zu widerstehen, was doch viel heißen will. Und es ist nur zu hoffen, daß der so bleibt! Das ist gewiß nicht einfach in einer Zeit, in der Mütter ihre Kinder verkaufen und Frauen ihre Männer in Geschäftsobjekte verwandeln – mit Hilfe von angeblich guten Freunden.«

Sonnenberg hatte sich auf einen Stein in unmittelbarer Nähe des Kellerfensters niedergelassen, um intensiver mit seiner Klementine reden zu können. »Vermutlich spielst du damit auf Konrad Kahlers an?«

Sie nickte ihm anerkennend zu. »Du hörst offenbar das Gras wachsen, mein lieber Kleiner – auch deshalb mag ich dich. Kahlers jedenfalls, ein Bürgermeister – den dieses Rosenburg, weiß Gott, verdient hat, ist in den Tagen deiner Abwesenheit um Eva-Ingeborg nur so herumgewimmelt. Frage mich nicht, warum – doch ganz gewiß nicht nur aus reiner Liebe. Was der wirklich will, wird dir deine Frau vermutlich bald beibringen.«

»Danke, meine gute Alte!« sagte Siegfried Sonnenberg. Er erhob sich ein wenig schwerfällig. Sein Verlangen, unverzüglich das ihm angetraute Eheweib aufzusuchen, hatte erheblich nachgelassen. Er gedachte fürs erste einmal seine Friseursalons zu inspizieren.

Dabei begab er sich zunächst in die Abteilung »Herren«. Dort schien alles erwartungsgemäß komplikationslos zu verlaufen. Drei von ihm sorgfältig ausgesuchte und fachgerecht trainierte

Friseure waren fleißig am Werk. Den von ihm eingeführten, hierorts die Mode bestimmenden Haarschnitt von gepflegter Schlichtheit, mittellang, straff geordnet, konnte man als »Rosenburger Modell« bezeichnen.
Der Salon der »Damen« war ungleich vielschichtiger und anspruchsvoller. Denn Siegfried hatte schnell erkannt, daß weibliche Wesen im Durchschnitt fünf- bis zehnmal soviel wie Männer in Frisuren investierten.
»Meister Sonnenberg«, rief ihm Frau Wiese zu, die Gattin des Polizeigewaltigen von Rosenburg (ihr wurden, dank der Jugendfreundschaft Siegfrieds mit ihrem Mann, Sonderpreise gewährt), »mein Haar scheint an Glanz verloren zu haben.«
»Das täuscht, meine Liebe!« versicherte Siegfried nach kurzem Kennerblick. »Das wahrhaft Seidige glänzt nicht – es schimmert sanft, wie eben bei Ihnen.«
»Wenn Sie das sagen, Meister Sonnenberg, dann wird es auch zutreffen«, stimmte sie bereitwillig zu. »Aber könnte man vielleicht nicht doch diesen seidigen Schimmer ein wenig verstärken?«
»Könnte man, selbstverständlich! Etwa durch einige in kürzeren Abständen erfolgende spezielle Waschungen und Spülungen. Kostenpunkt pro Stück DM 10,–; Sonderpreis für bevorzugte Kundinnen. Ansonsten DM 15,–. Lassen Sie sich gleich für die nächste Woche vormerken – wir machen das dann so vier- bis sechsmal. Sie werden staunen! Und grüßen Sie bitte Ihren Mann, meinen Freund Jürgen.«
Geschäftig begab er sich zur nächsten Kundin. Das war Frau Hurek, die Metzgermeistersgattin; eine betont anspruchsvolle, aber auch zahlungskräftige Person. Was er ansonsten bei den wenigen bewilligten »Sonderpreisen« einbüßte, das holte er bei »Salondamen« wie dieser mühelos wieder herein. »Irgendwelche Wünsche?« fragte er höflich, wobei er sie im Spiegel anlächelte.
»Herr Sonnenberg!« rief sie klagend und wälzte ihre zwei Zentner im ächzenden Sessel. »Bitte achten Sie auf meine Haut! Sie wirkt wie überhitzt, scheint zu viel Feuchtigkeit zu produzieren. Was kann man dagegen tun?«
Weniger fressen, nicht so viel saufen, sich mehr Bewegung verschaffen – dachte Sonnenberg; wobei er sie freundlich anblickte. Doch er sagte: »Eine etwas ältere Haut, und jede Haut ab Mitte Zwanzig beginnt zu altern, pflegt im allgemeinen auszutrocknen. Ihre jedoch nicht, was an sich ein gutes Zeichen ist.«
Seine Ungeniertheit war grenzenlos! »So gut wie nichts, was sich

nicht korrigieren läßt. Ich habe da, eigens für Sie, eine Creme entwickelt, die Schweißabsonderungen aus allzu produktionsfähigen Hautporen wirksam dämpft. Wir werden uns also einer entsprechenden Kur unterziehen – und Ihr Gesicht wird wieder das eines rosigen Kindes sein!«
»Ich bin Ihnen sehr, sehr dankbar, Herr Sonnenberg!« rief sie entzückt aus.
»Gerne geschehen! Und grüßen Sie, bitte, Ihren verehrten Herrn Gemahl. Eine private Unterhaltung mit ihm, gleich in den nächsten Tagen, würde ich begrüßen, sie wäre wohl auch sehr angebracht. Wobei Sie ihm ganz vertraulich andeuten könnten: sein Wunsch, auf dem Gelände der Nordwiesen eine Fleischwarenfabrik aufzubauen, scheint sich nun erfüllen zu lassen.«
Damit entzog er sich weiteren Anerkennungsbekundungen, aber auch zusätzlichen Fragen. Eilig wandte er sich einer nächsten Kundin zu, die ihm in jeder Hinsicht ungleich anspruchsvoller zu sein schien. Sie wurde meistens von ihm persönlich betreut. Doch sofern das nicht möglich war, von seiner derzeit besten und auch geschicktesten Kraft – von Christiane Clements.
Bei dieser Kundin handelte es sich um Margot. Und die war nicht nur die Frau eines hiesigen Anwalts, vielmehr auch die Schwester eines Rechtsanwalts mit stattlichen Büros in München und Frankfurt. Und ebendiesem, der seine Geschäfte juristisch abschirmte, fühlte sich Sonnenberg überaus verpflichtet. Und damit auch Margot.
Sie wirkte immer noch wie ein verwöhntes, schmollendes, beständig unzufriedenes Kind. Siegfried beugte sich ihr, weit vorgeneigt, entgegen. Dabei jedoch, als suche er Halt, legte er einen Arm um Christiane, die sich ihm ihrerseits entgegenschmiegte.
Doch seine Aufmerksamkeit schien allein Margot zu gelten. Weder sie noch er vermochten zu ahnen, daß sie einmal seine dritte Frau werden sollte. Im Augenblick jedenfalls konzentrierte er sich allein auf eine von ihm entworfene Zeichnung. »So etwa stelle ich mir die von dir angeregte Frisur vor«, meinte er. »Die mutet zwar reichlich phantasievoll an, doch so was kannst du dir leisten. Dein ausdrucksstarkes Gesicht verträgt die wunderbarsten Verwandlungen!«
Ich, dachte er dabei, rede da herum, zögere durch gefällig nichtssagendes Geschwätz nur hinaus, was nun bald unvermeidlich ist; die Unterredung mit meiner Frau Eva-Ingeborg. Wobei er, instinktiv, Schwierigkeiten witterte. Doch was, hatte er sich zu fragen,

war denn nicht schwierig – in dieser Zeit? Fast hastig, als habe er Erhebliches zu befürchten, zog er seine Hand vom Hinterteil der prallen Christiane zurück.
Margot schob die seidige Haarflut aus ihrem betörend niedlichen Puppengesicht, um ihn unbehindert groß anzusehen. »Nun, Siegfried – bist du zufrieden? Ist dir bei deiner Geschäftsreise ein gutes, günstiges Arrangement geglückt – mit Hilfe meines Bruders?«
»Ein denkbar bestes!« bestätigte er. Auch wenn ihn dabei wiederum das Verlangen befiel, seine Hand auf Christianes untere Rückenpartie zu legen – er tat es nicht. Er erkannte, daß es nun ratsam war, sich allein auf Margot zu konzentrieren. »Dafür bin ich dir dankbar«, sagte er. »Sehr!«
»Du sagst immer so schöne Dinge, Siegfried!«
»Und ich meine auch das, was ich sage – diesmal bestimmt. Ich würde dir gerne meine uneingeschränkte Dankbarkeit beweisen, liebe Margot. Nur weiß ich nicht, noch nicht, auf welche Weise. Doch falls du bestimmte Wünsche haben solltest – du brauchst sie nur zu äußern.«
Sie blinzelte ihn sanftäugig an. »Darüber sollten wir uns unterhalten, Siegfried – vielleicht schon morgen. Bei mir. Etwa in den frühen Abendstunden, wenn dir das recht ist; bei einer Tasse Tee? Dabei wird leider mein Mann nicht anwesend sein können; er ist verreist. Kommst du dennoch?«
»Warum nicht, liebe Margot?« antwortete Siegfried, ohne sonderlich zu zögern. Wobei er jedoch, wie um Christiane zu beruhigen, abermals seine Hand auf ihren Rücken legte, doch diesmal etwas weiter oben. Zugleich sagte er: »Jedenfalls mutet dein Haar, liebe Margot, ganz prachtvoll an; fest und geschmeidig zugleich, und von gepflegter Fülle bis in die Spitzen hinein. Für dich werde ich mir noch weitere neue Frisuren einfallen lassen, wenn du erlaubst.«
»Ich erlaube dir auch das – einfach alles. Und zwar gerne!«
Er lächelte sie dezent an. Er löste sich auch von Christiane und zog sich eilig zurück. Dies vermutlich in der Erkenntnis: es gab kaum noch eine Begegnung, die nicht aus einer Kette von Forderungen zu bestehen schien. Mithin zögerte er nun auch nicht mehr, sich zu Eva-Ingeborg zu begeben.
Siegfried Sonnenberg begegnete seiner Frau im sogenannten Hauptbetriebsbüro. Das war ein Raum, der von ihr beherrscht wurde. Er befand sich unmittelbar hinter den Frisiersalons im Erd-

geschoß und war von betont gepflegter Zweckmäßigkeit – übersichtlich, klar, wohlgeordnet, wie genau zu ihr passend.
Dort standen sich immer mehr füllende Aktenregale an den Wänden, dazu Tafeln mit Prospekten, Produktionsverzeichnissen und Fabrikationsplänen. Ferner befanden sich in diesem Raum drei Schreibtische. Zwei kleinere, mehr am Rande, waren für Siegfried Sonnenberg und Thomas Brandin bestimmt; der eine war zuständig für den Bereich Entwicklung, der andere für An- und Auslieferungen. Der dritte Schreibtisch jedoch, dominierend in der Mitte, stellte gewissermaßen die zentrale Verwaltung der Firma dar. Das war der Schreibtisch von Eva-Ingeborg.
Sie selbst, obgleich nunmehr bereits ein wenig über vierzig Jahre alt, durfte immer noch als eine Person von höchst gepflegter, attraktiver Schönheit gelten – mithin einem erfolgreichen Friseur und Geschäftsmann durchaus angemessen. Eva-Ingeborg strahlte eine starke, doch keinesfalls aufdringliche Sinnlichkeit aus – mit verlockend vollen Lippen und wie verschleiert wirkenden Augen. Sie vermochte überaus reizvoll zu wirken – doch eben nicht für ihn, ihren offiziellen Mann.
Den lächelte sie nun an. Sie erhob sich sogar, um ihn zu begrüßen, reichte ihm eine kühle feste Hand. Dann hielt sie sogar ihr Gesicht hin, das er mit seinem Mund berühren durfte. Worauf sie, einladend, auf einen Sessel aus hellbraunem Leder wies, der vor ihrem Schreibtisch stand.
Dort ließ sich dann Siegfried, wie weisungsgemäß, nieder. Sie schob ihm die von Brandin antransportierte Aktentasche zu. Zugleich breitete sie vor sich diverse zurechtgelegte Unterlagen aus, um dann, entschlossen sachlich und geschäftig zu sagen: »Es hat also den Anschein, Siegfried, daß sich hier nun alles ziemlich nach Wunsch entwickelt.«
»Man könnte sogar sagen: überaus vielversprechend, Eva-Ingeborg.«
»Was auch immer du darunter verstehen solltest, Siegfried – doch hoffentlich nichts, was auch unsere privatesten Verhältnisse beeinflussen könnte.«
»Das, Eva-Ingeborg, solltest du nicht einmal in Erwägung ziehen. Denn zwischen uns dominiert schließlich etwas sehr Wesentliches; seit vielen Jahren schon. Nämlich das, was man unser familiäres Geschäftsleben nennen könnte.«
»Das ist auch schon immer meine Ansicht gewesen«, stimmte sie zu. »Wenn mir das auch manchmal gar nicht leichtgefallen ist.

Doch immerhin – wir hatten uns, klug und wohl auch tolerant, wie wir sind, sehr weitgehend arrangiert. Wobei wir dann allerdings, schon lange nicht mehr, das führen, was man gemeinhin eine Ehe nennt. Doch wir sind und bleiben, das haben wir uns versichert, eine Familie, eine unzerstörbare Gemeinschaft! Das hast du stets akzeptiert. Ist das immer noch anzunehmen?«

»Voll und ganz!«

»Wenn ich das jedoch auch jetzt noch glauben soll, dann wäre es für dich wohl angebracht, ein wenig vorsichtiger zu sein – nicht nur im Hinblick auf diese Christiane Clements, die gönne ich dir ja – durchaus. Doch dabei solltest du dich nicht gleich derart gehenlassen. Nicht in der Öffentlichkeit! So was macht keinen guten Eindruck.«

»Aber ich bitte dich, Eva-Ingeborg«, verteidigte er sich, um Verständnis werbend, »unsere verbindliche familiäre Zusammenarbeit sollte niemals angezweifelt werden! Das auch dann nicht, wenn einige weibliche Wesen in meinem Arbeitsbereich tätig sind. Die kommen und gehen!«

»Doch auf gewisse Grenzen, Siegfried, sollte man jederzeit achten. Was *ich* stets getan habe. Denn mir kann man in dieser Hinsicht nichts anlasten, nicht einmal die geringste diesbezügliche Verdächtigung vorbringen. Bei mir nicht.«

Und das, vermochte Siegfried zu erkennen, war ja wohl das Phänomenale bei ihr; bei dieser, seiner Frau! Denn bestimmt hatte die, da war er sicher, ihre privaten, gewiß nicht ungehemmten Abenteuer gehabt. Mußte sie noch immer haben; so wie die aussah! Eva-Ingeborg strahlte, so schien es ihm, eine derartige Menge an Sinnlichkeit aus, als sei sie einem Männermagazin entstiegen. Mithin war wohl durchaus anzunehmen, sie würde nicht nur gelegentlich ihren ausschweifenden Vergnügungen nachgehen. Wie die aussehen könnten, vermochte sich Siegfried ohne weiteres vorzustellen.

In erster Linie mit Konrad Kahlers. Das sogar vermutlich mit einer gewissen Regelmäßigkeit; wenn der immer noch nicht verheiratet war, dann gewiß ihretwegen. Auch Jürgen Wiese kam in Frage – da der ihr stets überaus ergeben war, angeblich nur aus inniger Freundschaft.

Und darüber hinaus waren wohl noch etliche weitere Kerle zu vermuten. Mal einer seiner Friseure; oder auch der eine oder andere seiner Lieferanten. Und eben dann vielleicht auch, jedenfalls nicht ganz auszuschließen, Thomas Brandin.

»Du mutest beklagenswert abgelenkt an«, stellte sie nachsichtig fest. »Du solltest zur Sache kommen.«
Er nickte, schnell zustimmend. Er fühlte sich aus seinen dumpfsinnlichen Gedanken aufgeschreckt. Doch zu Ende denken wollte er sie lieber nicht. Scheinbar interessiert blätterte er in seinen Unterlagen.
Also – fest stand doch wohl: die schlief gewiß irgendwo herum! Das jedoch vermutlich niemals hier, in diesem Hause. Ganz nach ihren Prinzipien: jedes Aufsehen vermeiden, nicht die geringste Andeutung davon in die Öffentlichkeit dringen lassen, keinen Anhaltspunkt für einen Skandal bieten! Sie war eben eine Meisterin des Verschleierns! Und das wohl nicht nur auf diesem Gebiet.
»Also, Siegfried«, wollte sie jetzt wissen, »kommen wir nunmehr zur Sache. Was glaubst du denn bei deinem Nordwiesenprojekt erreicht zu haben? Oder eben – erreichen zu können?«
Er war nur allzu gerne bereit, sich von seinen schwülen Vorstellungen ablenken zu lassen. »Dabei handelt es sich um den Ausbau unserer Fabrikationen, in erheblichen Größenordnungen. Die dürfen nun als nahezu voll finanziell abgesichert gelten. Sogar noch weitere Unternehmungen könnten sich anschließen; etwa eine Fleischfabrik, ein chemisch-pharmazeutisches Werk. Außerordentlich vielversprechend, das Ganze.«
»Für wen denn wohl, Siegfried?« fragte sie ihn, katzenhaft sanft lauernd. »Für dich?«
»Für uns beide, Eva-Ingeborg – selbstverständlich. Für unsere Familie.«
»Und mit welchen Bedingungen – meinst du?«
»Bedingungen?« fragte er, nun reichlich überrascht. »Besondere Bedingungen? Von wem angemeldet und beansprucht? Von dir?«
Sie überging diese besorgten Fragen zunächst mit einer Gegenfrage. »Solltest du wirklich sicher sein, daß es sich bei deinen Planungen um die einzige realistische Lösung handelt? Was überaus risikoreiche, uns auf viele Jahre festlegende Investitionen bedeuten könnte. Wenn nicht gar höchst fragwürdige Spekulationen. Doch da gibt es schließlich noch ganz andere Möglichkeiten. Zumindest eine, eine sehr sichere, scheint sich anzubieten.«
»Na, welche denn wohl?«
»Darüber solltest du dich möglichst bald, am besten gleich morgen, mit Konrad Kahlers unterhalten.«
»So – sollte ich das?« Siegfrieds Mißtrauen war nun hellwach. »Doch wenn ich das ablehne, für völlig überflüssig halte? Wenn

ich also, ganz entschieden, allein auf dem von mir geplanten Nordwiesenprojekt bestehe? Was dann?«

»Dann allerdings, mein lieber Siegfried«, erklärte ihm Eva-Ingeborg, vor sich hin lächelnd, »würde ich dich tatsächlich dazu zwingen müssen, dich mit meinen besonderen Bedingungen bekannt zu machen.«

»Nun gut – ich höre!«

»Wie du wohl weißt«, klärte sie ihn wie nachgenießend auf, »hat mir deine liebe Mutter, Frau Emma, noch kurz vor ihrem Tod, alle ihre Ansprüche auf diese Nordwiesen übereignet. Testamentarisch und notariell beglaubigt! Was ein überaus verpflichtender Vertrauensbeweis ist, für den ich gewiß sehr dankbar zu sein habe. Und das bin ich ja auch.«

»Nun ja, meine Liebe – das ist mir bekannt«, bestätigte Siegfried etwas mühsam. »Doch was, bitte – besagt das schon? Rein praktisch?«

»Ganz einfach dies, Siegfried: das Verfügungsrecht über die Nordwiesen gehört uns beiden. Dabei hat jeder von uns die gleichen Anteile – also jeweils fünfzig Prozent. Und was nun auch immer dort errichtet werden sollte, worüber ich dir jede Entscheidung, weit entgegenkommend und vertrauensvoll überlassen habe: dieses Objekt gehört zur Hälfte mir!«

»Was vermutlich nichts wie ein Irrtum mehr ist – genau besehen«, wehrte Siegfried ab. »Denn dabei muß ich dir wohl zu bedenken geben, meine liebe Eva-Ingeborg: dein angeblicher Anteil von fünfzig Prozent, den ich gar nicht bestreite, besitzt allein Geltung für den dortigen Grund und Boden. Doch nicht auch zugleich für das, was darauf einst stehen wird.«

»Lieber Siegfried, versuche bitte nicht, mich für dumm zu verkaufen!« empfahl sie entschieden. »Tatsache ist allein, daß du ohne meine Zustimmung auf unseren Nordwiesen nichts unternehmen kannst. Nichts ohne mich! Doch in voller Übereinstimmung mit mir so gut wie alles.«

»Mein Gott«, erkannte Sonnenberg bestürzt, »du hast mir schon immer eine Menge zugemutet – nun auch das noch?«

»Wir gehören schließlich zusammen.«

»Aber ja, ja – das ist es doch, Eva-Ingeborg!« sagte er suggestiv, nicht ohne Hoffnung. »Unsere Gemeinschaft besteht nun seit zwanzig Jahren – und wir haben immer wieder versucht, das Beste daraus zu machen, was uns auch gelungen ist.«

»Bisher schon, Siegfried, das gebe ich zu. Doch eben das könnte

sich ändern – von einem Tag auf den anderen. Zum Beispiel dann, wenn du sozusagen deine Interessen verlagern solltest – auf eine andere Frau hin. Und – was dann?«
»Nur keine dummen Gedanken!« rief er nahezu beschwörend, »ich bitte dich! Doch nicht wegen einer Christiane!«
»Es gibt da so viel Frauen in deinem Arbeitsbereich!« zitierte sie ihn.
»Doch allein mit dir bin ich verheiratet!«
»Schön, daß du dich daran erinnerst«, sagte sie mit der ihr eigenen sanft-beharrlichen Zielstrebigkeit. »Und eben deshalb, nehme ich an, wirst du auch meine Ratschläge berücksichtigen.«
»Welche denn?«
»Zunächst einmal diesen: Setze dich möglichst bald mit Konrad Kahlers zusammen – höre dir seine Vorschläge an! Danach kannst du dich mit deinem Freund Brandin besprechen; und mit dem, wieder einmal mehr, in Kriegsgefangenschaftserinnerungen schwelgen. Doch gerade dies, nehme ich an, könnte dich zu der Einsicht bringen: so gut wie hier ging es dir noch niemals! Zumindest das solltest du aus deiner Vergangenheit gelernt haben. Oder etwa nicht?«

Fünftes Zwischenspiel: Wie sich diese seltsame Freundschaft weiterentwickelte

Am sogenannten »Heiligen Abend« jenes Jahres, den sie gemeinsam im Kriegsgefangenenlazarett verbracht hatten, feierten Siegfried und Thomas »das Fest der großen, fetten Ratte«.
Die zu fangen war Brandin gelungen; mit Hilfe eines gutmütigen Wachpostens. Dieses überaus stattliche, kleinkaninchenartige Tier wurde zunächst ausgenommen, dann in Schneewasser gekocht und schließlich über offenen Holzfeuer gebraten.
Ein Festbraten, durch eine großzügig zu nennende Spende von wohl fünfzehn Gramm Butter ermöglicht. Dazu war die Ärztin dieser Lager, Natascha, bereit gewesen. Dieses ihnen ermöglichte Festmahl verspeisten sie im Schimmer einer mühsam flackernden Wachskerze. Und dabei schien sich Sonnenberg gesund zu fressen.
Brandin war bemüht, sich dieser Ärztin gegenüber dankbar zu erweisen. Fortan versuchte er intensiv und geschickt, in ihrem Laza-

rett mitzuarbeiten. Wobei in diesem Lager das ganz große Sterben weiterging. Besonders schlimm war es zwischen Weihnachten und Neujahr. Da wimmerten und schrien von heftigen Fieberanfällen geschüttelte Menschen – nach ihren Familien, ihren Müttern, dem lieben Gott – oder nach einem Hund. Sie würgten sich, in Ecken verkrochen, ihrem Tod entgegen, röchelten zusammenbrechend, lagen schließlich starr und stumm.

In diesen Tagen und Nächten kam es vor, daß die Ärztin Natascha in Tränen ausbrach. Vielleicht vor Erschöpfung, vielleicht aber auch aus Verzweiflung. Brandin versuchte sie zu trösten.

»Soweit ich gehört habe, Frau Doktor, soll von den sowjetischen Kriegsgefangenen in großdeutschen Lagern jeder zweite krepiert sein. Doch wenn ich da so Ihre Bemühungen sehe, und wenn sie keine Ausnahme sein sollten, dann könnte es durchaus sein, daß in sowjetischen Lagern nur jeder dritte deutsche Kriegsgefangene zu krepieren braucht. So was könnte man geradezu einen Fortschritt nennen.«

Nach diesen Bemerkungen wandte sich die Ärztin Natascha von Brandin ab – der Betreuung Sonnenbergs zu. Darauf machte dessen Gesundung weitere erhebliche Fortschritte. Schon in den ersten Tagen des neuen Jahres konnte Siegfried dem Lagerkommandanten wieder die Haare schneiden – mit beide beglückendem Erfolg.

Dabei wurde dieser Bärenmensch namens Gregorij nunmehr schattenartig von einem fast mausgrauen, beinahe glatzköpfigen Wesen begleitet, einem gewissen Fjedor. Dieses Männchen wurde vom Kommandanten ermuntert, sich gleichfalls frisieren zu lassen.

Worauf Fjedor, mit einer bei ihm völlig unerwarteten Ironie, auf seinen glänzenden Schädel wies. »Was gibt es denn da noch zu frisieren? Dafür benötige ich kaum noch einen Kamm – alsbald wird ein Waschlappen genügen.«

»Erlauben Sie mir, bitte«, bot sich Sonnenberg höflich an, »dieses Objekt ein wenig näher zu untersuchen.«

Das wurde ihm gestattet. Er beugte sich über Fjedors nahezu kahlen Kopf, begann ihn abzutasten und dann zu massieren. Dann stellte er fest: »Kein ganz hoffnungsloser Fall – also möglicherweise reparabel. Vorausgesetzt allerdings, es werden uns gewisse Materialien geliefert, die wohl ohne weiteres beschafft werden könnten.«

»Wird gemacht!« versprach der Bär von Kommandant, wobei er

Fjedor auf eine seiner schmalen Schultern schlug. »Daran, Genosse, solltest du interessiert sein. Nicht zuletzt unserer Natascha wegen! Um bei ihr den von dir gewünschten Gefallen zu erwekken.«

Fjedor reagierte fast schroff ablehnend. Und gab sich als das zu erkennen, was er hier war: der neu ernannte Politkommissar des Lagers. Und eben als solcher erklärte er: »Mir geht es nicht um persönliche Dinge – sondern in erster Linie um Kultur!«

Fjedor hatte davon ganz bestimmte Vorstellungen. Er plante ein gemeinsames Überleben, möglichst in Würde, durch Mobilisierung von Kunst und Geist! Beispielsweise durch organisierte Lesungen literarischer Art – von Goethe über Puschkin bis Gorki. Sodann Theateraufführungen – Euripides, Shakespeare –, wobei es sich in klassischer Manier anbot, die Frauenrollen mit Männern zu besetzen. Und für diese seine großartigen Pläne versuchte er nun Sonnenberg und Brandin zu gewinnen – erkennbar die Lieblinge seines Kommandanten, beziehungsweise der verehrten Lagerärztin.

Siegfried jedoch, dessen Gesundung nun wirklich schnellste Fortschritte machte, behauptete: »Ich bin lediglich ein Friseur. Wenn ich mir aber, dennoch manchmal, wie eine Art Kulturträger vorkomme, dann nur beim Durchkämmen von Haaren, etwa zwecks Absonderung von Schmutzschichten oder von Ungeziefer, oder bei Verfilzungen. Das könnte allerdings bereits der Beginn eines kulturellen Fortschritts sein.

»Das kann ich, als Ärztin, nur bestätigen.« Natascha mischte sich bereitwillig ein. »Und das ist gewiß auch im Sinne unseres Kommandanten.«

»So ist es«, bestätigte der bärenhafte Gregorij. »Das wollen wir machen, Fjedor. Oder hast du irgend etwas dagegen?«

»Natürlich nicht«, versicherte der. »Doch sollten meine besonderen kulturellen Bestrebungen nicht außer acht gelassen werden – eine gemeinsame geistige Überwindung der bestehenden Verhältnisse.«

In dieser Hinsicht wurde Fjedor alsbald – von Sonnenberg und Brandin gemeinsam – aufgeklärt. »Die von Ihnen, Herr Kommissar, offenbar erstrebte Zusammenarbeit zwischen deutschen Kriegsgefangenen und der sowjetischen Kommandantur ist nicht ganz ungefährlich. Denn da existieren, mitten in unserem Lager, und gewiß nicht nur in unserem, etliche restgroßdeutsche Kräfte, die nicht so einfach auszuschalten sind.«

Fjedor lachte auf; er fühlte sich ungemein überlegen. »Genau auf diese Typen bin ich scharf! Die würde ich mit Wonne überführen und abservieren! Und das mit deiner Hilfe, Brandin – und mit deiner, Sonnenberg. Da dürften wir uns doch wohl weitgehend einig sein. Sind wir das?«
»Nein, nein, durchaus nicht, Herr Kommissar«, rief Brandin erschrocken. »Denn was im Lager auch immer an massiven Beeinflussungsmethoden im Schwange sein sollte – dafür wird es niemals greifbare Beweise geben. Wenn hier einer krepiert, den man der Zusammenarbeit mit sogenannten feindlichen Elementen verdächtigt, dann wird sich jede Menge von gezwungenen Zeugen auftreiben lassen, die so gut wie alles behaupten und beschwören werden, was von ihnen verlangt wird.«
»Seid ihr denn total verrückt geworden – ihr Deutschen!« Fjedor entfernte sich überaus angewidert. Der Kommandant und die Ärztin mit ihm. Diese jedoch nicht, ohne Sonnenberg und Brandin ermunternd zugelächelt zu haben.
Bald traf in diesem Lazarett der deutsche Lagerführer ein, Feldwebel Eichler. Diesmal er allein. Er musterte die beiden mit breitem Wohlwollen. »Es geht euch also gut – was ich begrüße. Mir ist zu Ohren gekommen, daß euch diese Sowjets zu bevorzugen gedenken. Das kann mir und meinen Freunden nur recht sein. Sofern das eindeutig in unserem Interesse geschieht, in dem unserer Kameraden.«
»Wenn nicht – was dann?«
»Das solltet ihr euch lieber nicht vorstellen«, empfahl ihnen Eichler. »Vielmehr rate ich euch, die hier dominierenden Kräfte zu erkennen. Anzuerkennen. Ihr habt gar keine andere Wahl. Nicht bei uns. Denn schließlich wissen wir noch, welches die wahren Werte sind. Fortan also arbeiten wir zusammen. Kapiert, Kerle? Kameraden.«

Isolde Werners war endlich heimgekehrt. Der General, begleitet von seinem Leibwächter, Diener und Chauffeur, hatte sie auf dem Bahnhof in Rosenburg in Empfang genommen. Das war mit großer, väterlich-feldherrnhafter Umarmungsgeste geschehen. »Ich begrüße dich, mein liebes Kind«, hatte er ihr zugerufen. »Du hast mir sehr gefehlt – du wirst nun hier gebraucht!«
Ein überaus zärtlich anmutendes Familienidyll wurde mit Nachdruck demonstriert. Vater und Tochter küßten sich auf die Wangen. Der Leibwächter überreichte ihr, sich tief verbeugend, einen

riesigen Blumenstrauß. Dann entschwanden sie rosenburgwärts.
»Das ging mir mächtig nahe«, versicherte der Bahnhofsvorsteher, der dabeigewesen war, allen, die das hören wollten. »Das war geradezu ein Schauspiel. Eins von ganz großer Klasse!«
Aber zum eigentlichen Höhepunkt dieses »Schauspiels« kam es noch am gleichen späten Abend. Ohne Zeugen, doch mit eminenten Folgen; nicht nur für die direkt daran Beteiligten, vielmehr für fast ganz Rosenburg. Ort der Handlung war der Stadtpark.
Er durfte nun als gepflegt bezeichnet werden; mit gekiesten Wegen, gestutztem Rasen und beschnittenen Büschen. Auf einem Beet blühten rote Rosen, daneben standen grüngepinselte Bänke. Und eine davon, wenn auch nun verschönert, war immer noch dieselbe wie vor fünf Jahren.
Dort saß Thomas Brandin, im hellen Mondlicht, lässig zurückgelehnt, mit ausgestreckten Beinen. Er schien vor sich hin zu träumen, den Duft der Blumen einzuatmen – und wartete geduldig. Nicht vergebens.
Denn bald vernahm er hastige, vorwärts strebende Schritte, die auf ihn zukamen. Sie hörten sich wie die eines ungeduldigen jungen Pferdes an. Er erhob sich – und erblickte die erwartete Isolde. Er breitete die Arme aus, und sie stürzte ihm entgegen. Seine Standfestigkeit bei diesem Aufprall war beachtlich.
»Da bist du ja – endlich, endlich!« riefen sie beide fast gleichzeitig. Sie umklammerten sich, als wollten sie einander durchdringen.
»Nun ist es also soweit!« sagte er.
Nicht etwa, daß sie sich in den fünf Jahren, die Isolde im Exil geweilt hatte, nicht miteinander verständigt hätten! Er war wiederholt zu ihr nach Norddeutschland gereist; sie hatten sich heimlich getroffen, auch zahlreiche Briefe miteinander gewechselt. Briefe voller Bekenntnisse, mit eindeutigen Versicherungen – die nunmehr endlich in Erfüllung zu gehen schienen.
»Du hast dich nicht im geringsten verändert – ich aber auch nicht«, hauchte sie nun auf der Bank im Park dicht neben ihm. »Und damit ist jetzt endlich wieder alles so – wie damals.«
Seine Lippen berührten ihr Gesicht – ihre Stirn, ihre Nasenflügel, ihren Mund und ihre Ohren, was sie, wie er herausgefunden hatte, mit atemloser Wonne geschehen ließ. Seine Hände glitten über ihren fülligen, doch zugleich glatten, straffen Körper.
»Wenn das dein Vater wüßte!« sagte er dann, leise auflachend.
»In dieser Hinsicht«, sagte sie, »brauchst du dir kaum Sorgen zu machen. Der scheint nur noch auf seine Geschäfte fixiert zu sein.

Vermutlich denkt er: Was auch immer zwischen uns gewesen sein mag – das ist schon lange vorbei.«
»Ist es aber nicht!«
»Es fängt wohl jetzt erst richtig an«, sagte sie innig und hingebungsbereit.
»Du sagst es!« Thomas zog sie nun fest an sich. »Und das meine ich auch.«
Doch ihr augenblicklich reichlich enthemmtes Entgegenkommen wollte ihm, da er sie genau kannte, sehr bemerkenswert, wenn nicht gar wunderlich erscheinen. Denn ein derartiges Verhalten paßte doch kaum zu ihrer stets in jeder Lebenslage demonstrierten weiblichen Würde oder was immer man darunter zu verstehen hatte.
Doch dann sagte sich Thomas Brandin: Diese langen Trennungen könnten sie hemmungslos vor Sehnsucht gemacht haben. Und dann noch dazu diese wundersam weiche, sanft kochende Hochsommernacht!
Isoldes Haut glühte und glänzte verschwitzt im Mondlicht. Ihr vollfleischiger Körper erwartete Erfüllung. Er begann sie mit sicheren Händen zu entkleiden – was sie, ohne Zögern, mit sich geschehen ließ.
»Du – du bist unsagbar wundervoll!« stöhnte sie. Es war, als zerfließe sie unter ihm.
Die ihm dargebotenen Herrlichkeiten auszukosten, zögerte er nun nicht mehr. Er entblößte Isolde ganz und legte sich über sie. Sie schrie ihr überwältigendes Glücksgefühl aus sich heraus. Offenbar hatte sie in den vergangenen fünf Jahren in diesem Bereich eine ganze Menge zugelernt.
Nachdem es geschehen war, schmiegte sich Isolde längere Zeit bebend an ihn. »Alles zwischen uns ist so unsagbar herrlich! Wir gehören nun endgültig zusammen – meinst du das nicht auch, mein Thomas? Was kann uns jetzt noch trennen?«

Am nächsten Vormittag suchte Siegfried Sonnenberg – wie von Eva-Ingeborg intensiv angeregt – Konrad Kahlers auf, einen seiner angeblichen Jugendfreunde. Den wohl bevorzugtesten Verehrer seiner Frau.
Das geschah im Rosenburger Rathaus, im zentralen Büro des Bürgermeisters. Dort war ein reichlich ausgeprägtes Repräsentationsbedürfnis unverkennbar. Der Schreibtisch bestand aus deutscher Eiche, den Fußboden bedeckte ein Orientteppich, schön prächtig,

obgleich nur von minderer Qualität. An den Wänden hingen, in goldfarbenen Rahmen, alte Kupferstiche – sie stellten diese Stadt im Mittelalter dar.
Konrad Kahlers erhob sich, breitete seine Arme aus, schritt Siegfried Sonnenberg entgegen. Es war ihm sichtlich um eine gewisse Herzlichkeit zu tun. Sie umarmten sich, wenn auch nur, um sich nicht gleich offen in die Augen sehen zu müssen. Danach ließen sie sich auf Lederstühlen nieder – ziemlich dicht einander gegenüber.
Bemüht, nicht die geringste Pause aufkommen zu lassen, erklärte Kahlers bewundernd: »Du, mein Lieber, bist ein ganz ausgekochter Hund, ein fuchsschlaues Kerlchen! Das stelle ich nicht ohne Bewunderung, sogar mit hoher Anerkennung fest. Immer wieder vermag ich mich darüber zu freuen, daß wir miteinander befreundet sind. Was nicht selten auch zu unserem Vorteil war.«
»Und was, glaubst du, Konrad, berechtigt dich nunmehr zu dieser Annahme?«
»Dein Verstand, dein Instinkt, Siegfried! Und eben auch unsere langjährige Freundschaft – die mich auch mit deiner verehrten Frau Eva-Ingeborg verbindet. Wir sind einander zutiefst verpflichtet – das besagt doch wohl alles!«
»Und wie könnte das, meinst du, bei der nunmehrigen Konstellation aussehen?«
Kahlers zeigte sich nicht im geringsten irritiert. Er erklärte: »Vor fünf Jahren hast du darauf bestanden, deine Nordwiesen für diesen Autobahnanschluß nicht freizugeben. Ich habe mir damals gesagt: das ist doch purer Irrsinn! Denn ein Angebot von einer garantierten halben Million schlägt man nicht aus! Doch inzwischen mußte ich einsehen: du hast recht gehabt! Denn nun ist dein Gelände glatt doppelt soviel wert!«
»Was wohl nicht lediglich eine Vermutung von dir ist, Konrad? Offenbar gedenkst du mir jetzt ein ganz reales Angebot zu unterbreiten?«
»Ein überaus handfestes, Siegfried!« Er holte tief Atem, mutete dann jedoch recht zuversichtlich an. »Wie du inzwischen gehört haben wirst, beginnt sich bei uns im Westen eine neudeutsche Bundeswehr zu etablieren. Und die verfügt über einen stattlichen Etat. Das sie betreuende Ministerium ist mit weitem Abstand die finanzkräftigste Behörde dieser Republik.«
»Und ein derartiges Unternehmen gedenkst du zu unterstützen? Und das knapp zehn Jahre nach der wohl fürchterlichsten Kata-

strophe der Menschheit? Einer von uns Deutschen ausgelösten Katastrophe! Und wir können nun sogar an der Wiederaufrüstung verdienen! Willst du das?«

»Das ist es nicht, Siegfried!« Kahlers zog seinen Rock aus; sein Hemd war von den Achselhöhlen bis zur Brust schweißnaß und klebte an seinem Körper. »So was habe ich niemals gewollt!« Und dann bekannte er: »Wir müssen uns auf die neuen Gegebenheiten einstellen, mein Freund. Wenn wir das nicht tun, werden sich ganz schnell andere finden, die nicht zögern, daran zu verdienen.«

»Mit wieviel rechnest du?«

»Das kann ich dir ziemlich genau sagen. Die Bundeswehr beabsichtigt in unserem Bereich ein Gelände aufzukaufen, das ziemlich genau dem Umfang deiner Nordwiesen entspricht. Wobei du jedoch, als erklärter Antimilitarist, der zu sein du gerne vorgibst, was ich auch nicht abstreite, einigermaßen beruhigt sein kannst. Denn dort ist nicht etwa eine Kaserne geplant, sondern lediglich eine Art Bildungsanstalt, eine Schule für Nachrichtenwesen.«

»Um welchen Preis?«

»Wie bereits angedeutet, Siegfried: eine Million Deutsche Mark. Zahlbar sofort. Eine Summe, die man vor fünf Jahren dir und Werners gemeinsam angeboten hat – nun jedoch allein dir. Da solltest du zugreifen. Zumal das unsere Wirtschaft enorm in Schwung bringen würde.«

»Wobei jedoch auch dieser Werners mitverdient – durch seine Kiesgruben, Erdanlieferungen, Ziegelfabrikationen. Und dazu noch mit dem neuerdings geplanten Zementwerk. Das hat der möglicherweise sogar allein dieses Objektes wegen geplant!«

»Na, und wennschon, Siegfried! Kannst du denn nicht endlich vergessen, was angeblich einmal geschehen ist? Deine geradezu peinlich wirkende, wie verbohrt scheinende Feindschaft diesem Werners gegenüber – die ist doch, ich bitte dich, eine Konstellation von vorgestern!«

»Für dich und deinesgleichen gewiß – für mich nicht! Bei mir handelt es sich um Aufrichtigkeit, um Ehrlichkeit und Klarheit. Oder sollte dieser Werners etwa inzwischen eingestanden haben: Jawohl, ich war ein Nazi, ein Militarist; ich habe mitgemacht und mitmachen lassen – aber ich bedauere es!?«

»Ach was, Siegfried, so was spuckt der niemals aus; und du weißt es! Der gehört zu jenen, die einfach unbelehrbar, die nicht zu ändern sind. Doch irgendwann sterben die auch mal aus.«

»Nur dauert so was seine Zeit, Konrad.«

»Willst du unbedingt darauf warten, mein Lieber? Schließlich bist du ein Geschäftsmann! Und als solcher solltest du schnell erkennen: Die Werners-Unternehmungen könnten bei diesem Bundeswehrprojekt tatsächlich so an die einhunderttausend Mark Reingewinn kassieren. Doch was ist das schon – im Vergleich zu einer glatten, so gut wie mühelos zu vereinnahmenden Million!«
Nun zog auch Siegfried Sonnenberg seinen Rock aus. Auch er hatte heftig zu schwitzen begonnen. Er verlangte ein Rosenburger Bier zu trinken; das stand bereit – war sogar vorsorglich gekühlt worden. Beide tranken fast andächtig – doch nicht einander zu.
»Eine Million«, sagte Siegfried bedächtig. »Das scheint an sich eine ganz stattliche Summe zu sein.«
»Genau das, mein Lieber, meint Eva-Ingeborg auch.«
»Dieser Ansicht bin ich jedoch nicht!« erklärte nun Sonnenberg, was sich sehr überlegt anhörte. »Die vielfältige Nutzbarkeit des Geländes scheint ungleich mehr wert zu sein, meiner Ansicht nach.«
»Ist das eine Vermutung?« Kahlers horchte auf; denn inzwischen hatte er gelernt, sehr sorgfältig auf die Reaktionen dieses Mannes zu achten. »Eine Spekulation? Oder am Ende – mehr?«
»Weit mehr!« bestätigte ihm Siegfried. Er zog aus der von ihm mitgebrachten Aktenmappe einige Blatt Papier hervor. Die waren mit dichten Zahlenkolonnen bedeckt. »Diese mehrfach durchgerechneten Aufstellungen, Konrad, solltest du dir anschauen, möglichst genau. Erst wohl danach könntest du dir ein diesbezügliches Urteil leisten.«
Diese Unterlagen, die Kahlers schnell und interessiert an sich zog, besagten zunächst einmal, wie er bilanzsicher erkannte: Die Sonnenberg-Frisiersalons arbeiteten in den letzten Jahren mit steigenden Gewinnen; wenn auch mit keinen sonderlich hohen, so doch mit regelmäßig wachsenden. Was an sich noch keine besondere Überraschung war; bei Siegfrieds erwiesener Tüchtigkeit als Friseur. Doch wahrhaft frappiert war Kahlers, für den Zahlen eine klare Sprache besaßen, von jener Berechnung, die sich aus den Produktionen der Sonnenberg-Kosmetik ergab. Denn diese machte deutlich: In den ersten zwei, drei Jahren nach 1950 war eine beständige Umsatzsteigerung von zehn bis zwanzig Prozent zu registrieren. Dann jedoch, im vierten und nunmehr fünften Jahr, schnellten die dabei erreichten Umsätze um dreißig, vierzig und mehr Prozent in die Höhe, sich geradezu explosionsartig ausweitend. Und nun begann der Jahresumsatz dieser, rein äußerlich,

höchst provisorisch erscheinenden Hinterhofschuppenproduktion drei Millionen Mark zu überschreiten.
»Allerhand!« bekannte Kahlers mit gepreßtem Atem. »Das, Mensch, habe ich weder vermutet noch jemals für möglich gehalten.«
»Und das könnte so weitergehen«, versicherte Siegfried mit freundschaftlichem Entgegenkommen. »Dagegen wäre diese angebotene Million kaum mehr als ein Taschengeld.«
»Das hört sich verdammt gut an, Mensch!« gab Kahlers zu. Er knöpfte, von Hitzewellen überflutet, sein Hemd bis zum Nabel auf, um dann, wie dem Verdursten nahe, ein großes Bier zu trinken. »Sollte ich dir dabei, mein Freund, irgendwie behilflich sein können?«
»Das kannst du, Konrad? Und darauf würde ich Wert legen. Denn um dieses Großobjekt zu voller Blüte zu bringen, wäre mir eine wirksame Absicherung durch deine zahlreichen Beziehungen sehr angenehm. Falls du das willst.«
»Warum, lieber Freund, sollte ich wohl nicht dazu bereit sein?« Kahlers zeigte sich ebenso gewinnbedacht wie interessiert; einmal seines Amtes wegen, aber auch für sich persönlich. »Also, Siegfried, dann schleime dich mal aus; lasse, wie man so sagt, deine Katze aus dem Sack! Worauf legst du wirklich wert?«
»Ich will dabei allein die Vorhand haben – also bestimmen können, wie sich alles zu entwickeln hat. Ohne jede Einschränkung.« Sonnenberg war ziemlich sicher, sich nun letzte Offenheit leisten zu können.
»Und das sogar – gegen deine Frau?«
»Sagen wir, besser: Gemeinsam mit ihr – mit euch beiden! Dazu bin ich durchaus bereit. Doch dabei muß ich die Richtung angeben können, rechtlich uneingeschränkt.«
Was das zu bedeuten hatte, vermochte ein Kahlers verblüffend sicher zu erkennen. »Du legst also Wert auf eine noch auszuhandelnde entscheidende Majorität – also auf mindestens einundfünfzig Prozent aller Anteile! Allein für dich. Nun gut, Siegfried, ich bin nicht abgeneigt, dem zuzustimmen. Doch dabei muß ich mich wohl fragen, wie unsere Eva-Ingeborg auf eine derartige Konstellation reagieren würde?«
»Aber genau das ist es doch, Konrad, was du versuchen solltest, ihr klarzumachen! Wenn einer das kann – dann du!«
»Und – welche Bedingungen wohl, meinst du, Siegfried, wären dabei zu berücksichtigen?«

»Du solltest dich darum bemühen, mein Lieber, unserer Eva-Ingeborg folgendes beizubringen: ein Drittel aller Anteile steht ihr, voll, zur Verfügung! Woraus sich dann folgende Aufrechnung ergibt: Wenn ich etwa nach Gründung einer Aktiengesellschaft, über einundfünfzig Prozent aller Anteile verfügen kann – und sie dann über dreiunddreißig Prozent – dann bleiben immer noch sechzehn Prozent übrig. Und zwar – für dich! – Nun – was hältst du davon?«
»Das hört sich verdammt überzeugend an, Siegfried! Und du meinst, Eva-Ingeborg wird dabei mitmachen?«
»Das, mein Lieber, ist dein Bier! Immerhin für einen zunächst garantierten sechzehnprozentigen Anteil. Den du gewiß nicht ausschlagen wirst?«
»Aber nicht doch – nein!« Kahlers war nun bereit, in den Wassern zu schwimmen, die ihn da gleichsam sturzbachartig überfielen. »Warum sollte ich denn das nicht machen?«
Worauf Siegfried Sonnenberg seinen Jugendfreund genießerisch betrachtete. Denn den hatte er nun, da war er sicher, in eine Art Zwickmühle hineinmanövriert. Aus der herauszukommen, war wohl sehr schwer.
Welche Entscheidung Konrad Kahlers auch traf – dabei ging es ganz eindeutig um Gewinn und Verlust. Und Eva-Ingeborg gehörte dazu. Was die ihm wirklich wert war, mußte sich jetzt wohl, endgültig, herausstellen.

2

Berechenbar ist so gut wie nichts

Jürgen Wiese, der sich als maßgeblich fühlende Polizeimensch von Rosenburg, hockte brütend in seinem Dienstzimmer in den Kellerräumen des Rathauses. Er war, wie er glaubte, ein überaus vertrauenswürdiger Mensch mit ausgeprägtem Gerechtigkeitsgefühl. Daß dies auch entsprechend anerkannt wurde, hätte er gewiß verdient.

Doch dabei bedrohte ihn das würgende Gefühl, übersehen, übergangen zu werden. Nicht nur, daß die von ihm überaus verehrte Eva-Ingeborg ihm immer weniger Zeit widmete und Siegfried fast ständig unterwegs war – auch Konrad Kahlers, der Bürgermeister, schien immer mehr seine eigenen Wege zu gehen; zog ihn also kaum noch ins Vertrauen. So etwas mußte, für einen Mann von Bedeutung wie ihn, einen Freund und Beamten, als kaum noch erträglich empfunden werden.

Dabei verlief hier alles, was das Dienstliche betraf, recht gut. Die Leute von Rosenburg benahmen sich vergleichsweise anständig. Wohl fraßen und soffen sie bei jeder Gelegenheit alles irgendwie Erreichbare in sich hinein. Absolut verständlich – nach all den Entbehrungen. Dabei randalierten sie jedoch nur selten. Das kam gewiß daher, daß Jürgen Wiese hier beharrlich mit fester Hand für Ordnung sorgte. Doch wer dankte ihm das?

Er befahl sich dennoch, unbeirrbar klar einsatzbereit zu bleiben. Das selbst dann noch, als ihm Frau Klementine Gartner gemeldet wurde. Wenn die hier nun auch wie zur Sonnenberg-Familie gehörte, hatte er doch nicht vergessen, daß sie einst als »Großmutter des Teufels« bezeichnet worden war. Mithin blieb sie ihm immer noch höchst verdächtig.

Deshalb versuchte er, sie zunächst an einen niederen Beamten zu verweisen. Das war jedoch nicht möglich. Er mußte sie empfangen. Zumal ihm versichert worden war, es handele sich um eine »höchst delikate Angelegenheit«.

Er kam gar nicht dazu, sie zu begrüßen – sie begrüßte ihn. Und das

mit in Jahrzehnten erworbener Vertraulichkeit. So als wäre er immer noch der Knabe von einst: zwar ziemlich robust, aber auch reichlich dämlich; ein brauchbarer Spielgefährte, mit dem sich stets etwas anfangen ließ.
»Du kommst mir reichlich überanstrengt vor!« rief sie ihm zu. »Solltest du etwa neuerdings, mein liebes Jungchen, zu denken versuchen?«
Jürgen Wiese befahl sich, derartig herausfordernde Frechheiten möglichst ungerührt zur Kenntnis zu nehmen. Dieses fürchterliche Weib war nun einmal so; war schon immer so gewesen. Dagegen schien kein Kraut gewachsen zu sein. Mithin blieb ihm wohl gar nichts anderes übrig, als so zu tun, als amüsiere sie ihn ungemein.
Urgroßmutter Gartner blickte sich in seinem Raum um, lachte meckernd auf und schüttelte ihr weißsträhniges Haupt. »Das darf doch einfach nicht wahr sein, mein Kleiner! Du haust hier immer noch, wie seit Jahren schon, in diesem schäbigen Behördenstall. Ohne neue Möbel, mit zerfetzten Gardinen, mit zusammengenähten Stoffresten als Teppich. Und in dieser Bruchbude fühlst du dich wohl, Mensch? Während alle anderen bereits . . .«
Jürgen Wiese hätte nun sagen können, das sei eine Demonstration der Schlichtheit, einem wahren Beamten angemessen! Dann auch: neue, weit bessere Räume, im Rathausausbau, wären ihm bereits in Aussicht gestellt. Auch auf eine fast fabrikneue Schreibmaschine hätte er hinweisen können, auf die ausgespannte Flagge der Bundesrepublik, auf das Bildnis des Präsidenten, das eingebaute Waschbecken und den stabilen Stahlschrank!
Doch diese Person darauf aufmerksam zu machen, das erkannte er, wäre sinnlos gewesen. Dieses Urweib Klementine vermochte offenbar nur das zu erkennen, was sie zu erblicken begehrte. Um sich weitere Ungewißheit zu ersparen, wollte er wissen: »Nun, Frau Gartner, was führt Sie her?« Und verbesserte sich unverzüglich: »Was führt dich zu mir?«
Sie ließ sich, unaufgefordert, behaglich breit, auf dem Stuhl vor seinem Schreibtisch nieder. Ihr durch offenbar stets reichliche Verpflegung üppig gewordener Körper beugte sich ihm entgegen. Als sie ihn zurückweichen sah, grinste sie fröhlich. »Nun, mein Jungchen – da wirst du staunen! Über das, was ich dir nun zu flüstern gedenke. Dabei könnte sogar dir die Luft wegbleiben. Vielleicht aber auch nicht.«
»Worum – handelt es sich?«

»Neuerdings«, verriet sie ihm, wonnig schnaufend, »besitze ich ein Telefon!« Sie sah ihn lauernd an.

»Na schön und gut!« sagte Wiese, ganz verständnisvoller Polizist. »So was kann vorkommen. Wobei ich mich allerdings frage: Was willst denn ausgerechnet du mit einem Telefon?«

»Genau das, Jürgen, mein Junge, habe ich mich zunächst auch gefragt. Doch mein lieber, guter Siegfried, dein Freund, mein Gönner – in dessen Kellerräumen ich wohne, wie dir bekannt ist; wegen seiner Menschlichkeit und weil der eben noch weiß, was Dankbarkeit ist – der hat mir einfach so einen Apparat in mein Wohnzimmer legen lassen.«

»Einfach so – weil menschlich und dankbar?« Wiese leistete sich überlegene Ironie. »So was glaubst du doch nicht im Ernst, Großmutter Gartner?«

»Natürlich nicht, mein Junge! Schließlich kennst du unseren Siegfried – und ich kenne ihn auch! Der ist ein Rechner, ein Berechner. Der leistet sich so gut wie nichts, was sich für ihn nicht auch lohnt.«

»Und wie, meinst du, könnte das in diesem Fall aussehen?«

»Nun – schon lange benötige ich nicht mehr allzuviel Schlaf. Und so kommt es dann, daß ich in den Nächten herumwandere – so durch die Gegend, um das Haus, um die Fabrikationsschuppen. Fast wie ein Wachhund. Doch eben das hat auch Siegfried, der Gute, bemerkt.«

Jürgen Wiese lachte erleichtert auf. »Das sieht dem ähnlich! Der hat dich dort als eine Art kostenloser Nachtwächter eingesetzt – mit ständiger Telefonverbindung.«

»Was bist du doch für ein kluges Kerlchen, Jürgen – du hast das erkannt! Doch so etwas tue ich eben sehr gerne – für Siegfried schon. Wenn seine Frisiersalons schließen und die Fabrikation aufhört, werden alle Leitungen auf meinen Apparat geschaltet. Falls danach noch einer anrufen sollte, bin ich da. Ich gebe ihm Auskünfte, soweit ich kann; schreibe auch auf, was der will.«

Jürgen Wiese amüsierte sich weiter. Siegfried Sonnenbergs geradezu genial anmutender Ausnutzungsinstinkt vermochte ihn zu erheitern. So was machte dem so leicht keiner nach! »Na prächtig!« meinte er anerkennend. »Du spielst also bei ihm den Wachhund. Doch was, meine liebe Alte, habe ich damit zu tun?«

»Hoffentlich nichts. Nichts mit jenen Anrufen, die mich da neuerdings erreicht haben. Das sind inzwischen bereits zwei gewesen, jeweils erfolgend an einem Mittwoch. Dabei hat eine Stimme zu

mir gesagt: ›Na, wie wär's denn mit heute abend, mein Mäuschen? Machen wir es wieder mal, wie üblich?‹ Oder so etwas Ähnliches.«
Jürgen Wiese kam das, was er da vernehmen mußte, überaus komisch, geradezu irrsinnig blöd vor! Mein Gott, das war ganz einfach umwerfend grotesk! Eine Greisin, seit etlichen Jahren schon dem Grabe nahe – und dies angebliche Liebesgeflüster? Ein Geistesgestörter, vermutlich – folgerte er; kriminalistisch geschult. »Und so was Unanständiges hat dir tatsächlich diese Stimme zugeflüstert?«
»Sei doch nicht so albern, mein Kleiner!« ermahnte ihn Urmutter Gartner robust. »Selbstverständlich war ich gar nicht damit gemeint.«
Wiese horchte auf.
»Wenn nicht du – wer dann?«
»Das kann ich natürlich nicht wissen – nur vermuten. Interessiert es dich, was ich mir dabei gedacht habe?«
Jürgen Wiese wollte das wissen. Womit er prompt dieser verteufelt geschickt an ihn herangetretenen Versuchung erlag. »Also – wer?«
Klementine Gartner schnaufte entzückt, blinzelte ihn an. »Wie gesagt, mein Kleiner – ich kann es nur vermuten. Mein Apparat besitzt die Rufnummer 33 21. Der Privatanschluß von Eva-Ingeborg Sonnenberg hat die Nummer 33 22. Man kann sich da wohl sehr leicht verwählen.«
»Solltest du etwa behaupten wollen«, rief Jürgen Wiese bestürzt und empört, »daß diese Anrufe – für sie bestimmt waren?«
»Rege dich schnell wieder ab, mein Jungchen!« empfahl ihm Klementine herzlich. »Nichts Derartiges habe ich behauptet. Doch du wolltest unbedingt eine Antwort haben. Nun hast du sie!«
»Absurd! Einfach absurd!« glaubte Wiese feststellen zu müssen. Dabei versuchte er, auch weiterhin kriminalistisch-logisch zu denken. »Selbst wenn sich dieser Anrufer verwählt haben sollte – so würde er doch nicht so ohne weiteres eine derartige Formulierung anbringen.«
»So ohne weiteres nicht!« stimmte Klementine nachsichtig zu. »Selbstverständlich habe ich mich zunächst einmal gemeldet. Und zwar genauso, wie das auch unsere Frau Eva-Ingeborg zu machen pflegte. Und deren Stimme soll fast genauso klingen wie meine. Dementsprechend habe ich einfach gesagt: ›Ja – bitte?‹ Und das genügte. Sofort danach leistete sich dieser Kerl sein Angebot.«
»So was«, entschied der sich erfahren fühlende Kleinstadtkrimina-

list, »kann vorkommen. Kommt auch immer wieder vor. Denn da existieren vollgefressene, charakterlich versaute, faulenzende Sittenstrolche – die versuchen sich per Telefon auszuschleimen. Aber daß dergleichen nun sogar schon bei uns vorkommt, hier in meinem Bereich, das gefällt mir nicht!«
Urmutter Klementine sagte nichts dazu. Sie blickte Jürgen Wiese lediglich versonnen an. Es war, als wartete sie nun auf eine ganz bestimmte Frage – die mußte kommen. Bei diesem Polizeimenschen gewiß. Und sie erfolgte dann auch prompt.
»Vermagst du diese Stimme zu beschreiben? Also diesbezügliche charakteristische Merkmale anzugeben? Könnte es vielleicht sein, daß dir diese Stimme sogar irgendwie – bekannt vorkommt?«
»Das könnte sein«, bestätigte Klementine gedehnt, mit zusammengekniffenen, ihn genau beobachtenden Augen. »Eine gewisse Ähnlichkeit . . . nun ja, das wäre schon möglich.«
»Mit – wem?«
»Ach, mein Jungchen, lassen wir das lieber«, wehrte sie behutsam ab. »Oder solltest du unbedingt darauf bestehen, dementsprechend aufgeklärt zu werden?«
»Selbstverständlich muß ich das wissen. Also?«
»Na schön, mein Kleiner. Die Stimme dieses Menschen, der wohl geglaubt hat, mit der schönen Eva-Ingeborg zu sprechen, ist mir tatsächlich bekannt vorgekommen. Und wie! Die hörte sich nämlich an – genau wie jene des Konrad Kahlers!«
Jürgen Wiese verstummte – für längere Zeit. Unruhig bewegte er sich in seinem Sessel – starrte auch kurz die Fahne der Bundesrepublik an. Schließlich betrachtete er seine wie im Gebet gefalteten Hände, die vor ihm auf der Tischplatte lagen.
Dann erhob er sich voller Unruhe. Er blickte auf das Bild des derzeitigen Bundespräsidenten – nicht auf die Gartner. Sein kraftvolles Athletengesicht glänzte wie bei heftigem Kampf. Ihn bedrückte das Gefühl, daß Fürchterliches auf ihn zukam.
Dann fragte er: »Weiß – Siegfried davon?«
»Selbstverständlich!« erwiderte Klementine prompt. »Oder hätte ich den etwa übergehen sollen?«
»Und wie hat er darauf reagiert?«
»Zunächst hat er nur gelacht – ähnlich albern wie du – als er hörte, daß man ausgerechnet mich mit ›Mäuschen‹ angeredet hatte. Doch dann meinte er: ›Das kann doch wohl nur eine blöde Verwechslung sein, ein verspäteter Dummerjungenstreich – oder vielleicht sogar etwas für die Polizei?‹ Also für dich! Und weiter hat

unser Siegfried gesagt: ›Wende dich an unseren Jürgen Wiese – der macht das schon!‹ Machst du das?«
»Mache ich. Muß ich wohl«, bestätigte der Polizeigewaltige, wie hin- und hergebeutelt, doch immerhin in guter Haltung. Er sagte nicht, was er dachte: Diese Eva-Ingeborg und dieser Konrad – die halten sich nicht mehr an Vereinbarungen, die hintergehen einfach alles. Sogar mich!
Er sagte lediglich entschlossen: »Eine Pflicht ist eine Pflicht!«

Im ersten Stockwerk des Hauses Sonnenberg, im ausgebauten Speisezimmer neben der Küche, fand ein Abendessen statt. Eva-Ingeborg hatte es nach den besten Rezepten von Mutter Emma gründlich vorbereitet. Es gab Aale, garantiert frisch gefangene, in Dillsoße gekocht, dazu neue Kartoffeln und knackfrischen Gurkensalat.
Zum Genuß dieses Soupers hatten sich, wie einst, fast alle Mitglieder der vereinigten Sonnenberg-Großfamilie eingefunden – außer Mutter Emma und »Opa« Greiner, die auf dem Friedhof ruhten, in Gottes Namen; Meister Adam in ihrer Nähe. Aber auch ohne Siegfrieds geliebte Schwester Erika und ihren John Frankfurter – die hatten sich entschuldigt; sie fühlten sich nicht wohl bei dieser Hitze im Hochsommer und ließen schön grüßen.
In Empfang nehmen durfte Siegfried, der hier als Hausherr fungierte, seine und seiner Frau Jugendfreunde: Kahlers und Wiese. Sie waren diesmal nicht gemeinsam erschienen, sondern trafen kurz nacheinander ein. Beide wirkten reserviert, ja nahezu feierlich distanziert. Doch das trübte ihre genußfrohe Erwartung kaum. Thomas Brandin, nun ganz zu den Sonnenbergs gehörend, betätigte sich als Schankkellner.
»Was darf es denn sein, meine Herren?«
»Was auch immer«, meinte Kahlers, bestrebt, recht gemütlich zu erscheinen. »Gut ist hier alles! Und angenehm überraschen lasse ich mich immer.« Wobei er zur Küche blickte, Eva-Ingeborg entgegen. Sie eilte sogleich herbei, ihn und auch Wiese zu begrüßen; und zwar beide betont herzlich.
»Wie geht es dir denn so, Mäuschen?« rief Kahlers. »Gut siehst du aus! Du wirst immer schöner.«
»Wie nennst du sie?« fragte Wiese aufhorchend. An diesen Kosenamen erinnerte er sich nur allzu deutlich – Urmutter Klementine hatte ihn ja so hinterhältig informiert. »Sagtest du – Mäuschen?«
»Sagte ich – wie ja schon immer! Netter Kosename. Sagten wir

schon als Kinder. Was dagegen?« Sie kamen nicht dazu, sich weiter darüber auszulassen. Denn nun erschien Dagmar, die Sonnenberg-Tochter. Sie hatte sich geradezu damenhaft gekleidet: weiße Seidenbluse, züchtig bis zum Hals geschlossen, mit romantisch anmutenden Rüschen verziert; dazu ein schwarzer, samtartiger, oben hautenger, unten Falten werfender Rock. Das Bemerkenswerteste jedoch war Dagmars Begleiter – ihr derzeitiger Freund. Sein Name ist unwichtig. Es handelte sich um einen mittelgroßen, reichlich stramm wirkenden Jüngling. Er war, wie sich bald herausstellen sollte, ein zeitgemäßer Vaterlandsverteidiger. Und deshalb wohl hatte ihn Dagmar aufgegriffen und mitgebracht – als Provokation. Erstens ihrer Familie wegen, zweitens aber auch eindeutig im Hinblick auf Thomas Brandin. Den unentwegt herauszufordern, schien ihr ein heftiges Bedürfnis zu sein.
Zunächst jedoch speisten sie – alle mit dem zu erwartenden Appetit. »Köstlich!« rief Kahlers. »Einfach einzigartig!« bestätigte auch Wiese, während er seine Suppe löffelte. »Deine hausfraulichen Qualitäten, verehrte Eva-Ingeborg, reichen an die von Mutter Emma heran. Durchaus!«
Doch bevor noch die Aale in Dillsoße aufgetragen wurden, die bereits von der Küche her ihren köstlichen Duft verströmten, trat Dagmar in Aktion. Sie ermunterte den mitgebrachten »Freund« neuester Machart, seine Ansichten zu verkünden. Und der ließ sich denn auch nicht allzulange nötigen.
»Es ist mir eine besondere Ehre«, versicherte er mit tönender Stimme, »in diesem erlesenen Kreise weilen zu dürfen! Das empfinde ich als verpflichtend – falls ich mir eine derartige Bemerkung erlauben darf.«
»Erlauben Sie sich hier, mein Lieber, was Sie wollen!« gestand ihm Siegfried Sonnenberg zu. »Sie dürfen uns für überaus tolerant halten – zumindest solange das Abendessen dauert.«
Sie speisten zunächst unabgelenkt weiter. Konrad und Jürgen lächelten Eva-Ingeborg an, wobei sie jedoch vermieden, einander anzublicken. Doch Dagmar feuerte beharrlich ihren derzeitigen Freund an: »Nun rede schon weiter!«
Das versuchte der Jüngling auch – über die soeben aufgetischten wohlgeratenen Aale in Dillsoße hinweg. Er hatte ein glattes, helles, blauäugiges Sportlergesicht und schien wie prädestiniert, bei der nächsten Olympiade mitzuwirken. Und mit heller Stimme trompetete er nun der Gesellschaft seine Erkenntnisse vor:
»Wir sind da nun wohl an einem entscheidenden Punkt unserer

deutschen Geschichte angelangt – wenn nicht gar an einem Scheideweg! Denn nach scheußlichsten Rückschlägen dürfen wir nun endlich wieder nach vorne sehen! Dies ist das Gebot der Stunde!«
»Kann ich noch ein weiteres Stück Aal haben?« fragte Siegfried Sonnenberg seine Frau; nichts weiter sonst schien ihn derzeit zu interessieren. Er erhielt zwei Stück, was er dankbar quittierte. Auch Brandin, Kahlers und Wiese schienen lediglich den Wunsch zu haben, möglichst unabgelenkt speisen zu können.
Das jedoch gedachte Dagmar nicht zu erlauben. Sie ermunterte abermals ihren Freund, weitere seiner Erkenntnisse preiszugeben. Was dann auch geschah.
»Dieser Hitler und Konsorten«, verkündete er, »mögen ja durchaus verwegen, vielleicht engstirnig, möglicherweise sogar zum Teil kriminell zu Werke gegangen sein, wie immer wieder behauptet wird. Zugegeben! Doch in einer Hinsicht zumindest hatten sie recht: In ihrer Überzeugung, dieses unser Abendland verteidigen zu müssen. Gegen die herandrängenden asiatischen Horden!«
»Nun gut – warum nicht auch das«, meinte Siegfried nachsichtig abweisend. Er sah nur kurz von seinen Speisen auf. »Man könnte aber auch sagen: Erst dieser Hitler und sein großdeutscher Ganovenverein haben diese sogenannten asiatischen Horden mobilisiert und zu äußersten Leistungen angestachelt. Doch wie dem auch gewesen sein mag – stets werden sich etliche finden, die das alles, so oder so, zu erklären, sozusagen historisch zu untermauern bereit sind. Übrigens ohne daß dies meinen ausgeprägten Appetit beeinflussen könnte – nicht im Augenblick.«
»Aber Sie werden gewiß zugestehen, Herr Sonnenberg, daß diese von uns nun aufzubauende Bundeswehr eine unvermeidbare, geschichtsbedingte Notwendigkeit ist. Das Abendland, die westliche Kultur, unsere Menschen, der Glaube und die Errungenschaft unseres Wiederaufbaus – so was will verteidigt sein!«
Doch als keiner der Anwesenden darauf antwortete, setzte dieser entschlossene Jüngling zu einer ganz direkten Frage an. Und die richtete sich an jene Adresse, von der mit einiger Sicherheit eine positive Antwort zu erwarten war.
»Das ist doch gewiß auch Ihre Ansicht, Herr Bürgermeister?«
Kahlers drohte sich zu verschlucken, er nickte jedoch heftig, um dann, ohne jemand dabei anzusehen, hervorzubringen: »Aber ja, ja – warum nicht!«
»Also bestätigen auch Sie, Herr Bürgermeister, unsere Pflicht zur

Verteidigungsbereitschaft. Und – bestätigt das Herr Sonnenberg auch?«
Siegfried schien nun seine gute Laune wiedergefunden zu haben. »Aber warum müssen denn ausgerechnet *wir* gleich wieder marschieren, Bomber fliegen, Panzer durch die Gegend rattern lassen? Denkbar wäre schließlich auch, daß wir, wenn man uns schon unbedingt bei diesem westlichen Verteidigungsbündnis dabeihaben will, die Sanitäts- und Lazaretteinheiten, die Feldküchen, Straßenbaukolonnen und Frontpuffeinrichtungen stellen.«
»Und die Militärpolizei!« ergänzte Jürgen Wiese mit hervorbrechender Munterkeit. »Auch so was können wir! Garantiert.«
»Was soll denn das!« rief Dagmar aus, weit mehr aufgekratzt als empört. »Hier handelt es sich um höchst wichtige Entscheidungen – und dabei glauben nun einige von euch ihre Witzchen machen, oder einfach leeres Stroh dreschen zu können! Alle weichen aus! Und du, Thomas, bist vermutlich sogar der Schlimmste von allen! Denn angeblich bist du hier angereist, um deine sogenannte Vergangenheit zu bewältigen! Das heißt: mit einigen Leuten abzurechnen, wie du es nennst! Genannt hast.«
»Das allerdings, Dagmar. Aber auf meine Weise!«
»Ach Mensch!« fauchte sie ihn verächtlich an, offensichtlich mit Wonne. »Du machst doch auch nichts anderes, als hier feste mitzuhelfen beim Geldscheffeln! Mit wem, von wem – das ist dir scheißegal, wie allen anderen ja auch!«
»Bitte, mäßige dich!« rief Eva-Ingeborg streng.
»Ihr kotzt mich alle an!« schrie die freudig empörte Dagmar. »Und dieser Brandin besonders! Der ist jetzt offenbar sogar bereit, einer Isolde Werners in den dicken Arsch zu kriechen. Ausgerechnet dieser Zuchtstute!«
Die Sonnenberg-Tochter erhob sich. Sie trampelte hinaus, gefolgt von ihrem derzeitigen Freund; ein kurzer Fingerzeig von ihr hatte genügt, ihn zum Aufbruch zu veranlassen. Die Zurückgebliebenen starrten ihnen nach.
»Mein Gott, was ist denn nur mit diesem Kind los – unter wessen Einfluß ist es geraten?« fragte Eva-Ingeborg ehrlich bestürzt. Ihre Freunde bemühten sich besänftigend um sie. Wobei Kahlers, rechts von ihr, seine Hände auf eine der ihren legte; und das tat Wiese, links von ihr, gleichfalls. »Was – war denn das?« hauchte sie erschüttert.
»Vermutlich die Stimme der Jugend!« erwiderte Siegfried Sonnenberg unbekümmert. »Darauf müssen wir uns langsam einstellen –

Thomas in Besonderheit, vermute ich. Aber nicht unbedingt sofort. Zunächst sollten wir dieses Festmahl noch bis zum Ende auskosten.«

Unmittelbar danach ließ Eva-Ingeborg, was nicht nur sehr taktvoll gedacht, sondern auch wohlüberlegt war, die so verschieden gearteten Freunde allein zurück. Thomas Brandin öffnete zwei weitere Flaschen Frankenwein – Julius Echter-Spital Würzburg 1945, ein schicksalsträchtiger Jahrgang von vorzüglicher Qualität.
Konrad Kahlers, der sich auch in diesem Kreis für tonangebend hielt, glaubte das große, zumindest das einstimmende Wort führen zu können. »Das Abendessen war wieder einmal ganz vorzüglich – wie ja im Hause Sonnenberg traditionsgemäß! Die dabei geführten Gespräche aber wollen mir diesmal nicht gerade positiv vorkommen.« Und, an Jürgen Wiese gewandt: »Meinst du das nicht auch, lieber Freund?«
Der jedoch wich diesmal in überraschender Weise aus, was sofort allgemein auffiel. »Hier scheint mir so manches unklar zu sein! Und dabei fühle ich mich, offen gestanden, nicht sonderlich wohl. Das sage ich nicht nur als Freund, sondern auch als Polizeibeamter!«
Sie staunten ihn an. Kahlers nicht ganz unbesorgt, Brandin leicht verwundert, Sonnenberg ermunternd. Wieses grob-biederes Beamtengesicht bekam einen gequält grübelnden Ausdruck. »Was ich vermisse, ist Klarheit und Aufrichtigkeit – leider auch in unserem Kreis.«
»Aber was denn, ich bitte dich, Jürgen, ist dir denn unklar?« verlangte Kahlers zu wissen. »Schließlich befinden wir uns in einer Übergangszeit, wenn nicht gar in einem Umbruch sondergleichen, nach langen Jahren anhaltender Stagnation. Das ist nicht ganz einfach zu bewältigen. Doch darum muß man bemüht sein.«
»Nicht ohne weiteres!« behauptete Wiese, störrisch wie ein aufbegehrender Karrenesel. »Zumal dann nicht, wenn schäbige Sittensäue am Werk sind! Und um wen es sich dabei auch immer handeln mag – so einen gedenke ich nicht zu dulden!«
»Wovon redest du denn, Mensch?« wollte Kahlers ungehalten wissen.
Jürgen Wiese räusperte sich heftig. Um sich dann, seiner Beamtenwürde bewußt, an das hier, in seinen Augen, störende Element zu wenden: »Darf ich Sie nun mal kurz ersuchen, Brandin, uns allein zu lassen – einer heiklen, sehr internen Angelegenheit wegen?«

»Herr Brandin – bleibt hier!« entschied Siegfried unverzüglich. Wobei er das Wort »Herr« mit Nachdruck betonte. »Vor ihm habe ich keine Geheimnisse.«
»Zumal ich mir denken kann, Wiese«, meinte Thomas ungekränkt, »Pardon: Herr Wiese – was Sie nunmehr vorbringen wollen. Vermutlich diese Sache mit den ziemlich eindeutigen Angeboten per Telefon. Die möglicherweise an unsere verehrte Eva-Ingeborg gerichtet waren, dann aber an die falsche Adresse gerieten.«
»Sie wissen davon?« fragte der Polizeimensch verblüfft, doch amtlich streng. »Von wem?«
»Von unserer Urmutter Klementine selbstverständlich. Ich darf wohl als einer ihrer intimsten Vertrauten gelten. Das kann Siegfried bestätigen.«
»Wird bestätigt«, sagte der.
»Dann lassen wir das doch!« empfahl Bürgermeister Kahlers. Er versuchte über diesen Punkt mit der ihm eigenen Großzügigkeit hinwegzugehen, wie bei allen Vorgängen, die ihn möglicherweise persönlich betrafen. »Was dabei amtlich zu erledigen ist, Jürgen, wirst du ja machen. Wie üblich ohne jedes Aufsehen, ohne uns damit zu belästigen oder gar zu belasten. Wir haben da wesentlich andere Sorgen – nicht wahr, Siegfried?«
»Scheint so«, bestätigte Sonnenberg bereitwillig und blickte Jürgen Wiese ermunternd an. Dieser kam sich völlig überfordert vor und wurde immer unsicherer.
Eigentlich war Wieses ganz besonderes Problem völlig durchschaubar – da war Siegfried ziemlich sicher. Denn bisher hatte zwischen ihnen – speziell Eva-Ingeborg gegenüber – ein gewisses, wohltuendes Gleichgewicht geherrscht. Sie schien niemanden zu bevorzugen, für alle zugleich dazusein. Ihre Zugeständnisse, welche auch immer, muteten – seit vielen Jahren – recht ausgewogen an. Doch das traf jetzt offenbar nicht mehr zu.
»Was wird hier eigentlich gespielt?« wollte Wiese nun wissen.
»Das wirst du schon noch merken«, meinte Kahlers besänftigend. »Doch bis dahin solltest du, wie stets, von dieser Voraussetzung ausgehen: Unter Freunden ist immer alles klar – auch das, was man nicht gleich versteht. Zwischen uns jedenfalls, zwischen Siegfried und mir, gibt es keine Mißverständnisse. Stimmt's?«
»Kaum«, bestätigte der bedächtig.
»Und was ist mit mir?« verlangte Jürgen Wiese zu wissen.
»Werde nur nicht ungeduldig?« empfahl ihm Freund Kahlers. »Immer schön eins nach dem anderen – oder eben: einer nach dem an-

deren. Und das nun in aller Offenheit – was du mir gewiß gestatten wirst, Siegfried.«
»Darauf warte ich bereits den ganzen Abend, Konrad. Laß uns wissen, was du da wieder ausgekocht hast.«
»Ich stelle lediglich fest, daß es da eine sogenannte unbekannte Größe gibt«, verkündete Konrad Kahlers. »Ein völlig undurchschaubares, unberechenbares Element.«
»Und wer sollte das sein?«
»Dein Thomas Brandin, Siegfried – wer denn wohl sonst?«
Und den starrten sie nun an, als wäre er eine Art Fabeltier. Brandin wirkte fast ein wenig verlegen, aber auch geschmeichelt. Vertrauensvoll wandte er sich an seinen Freund Siegfried. »Warum, bitte – ausgerechnet ich?«
Ihm das zu erklären, zögerte Kahlers keinen Augenblick. »Hier in unserem Rosenburg sind derzeit drei Machtgruppierungen erkennbar. Die eine davon bin ich – von dem Vertrauen meiner Partei getragen, die hier unerschütterlich die absolute Mehrheit hat. Dabei bisher auch vorbehaltlos unterstützt von unserer Polizei, also von meinem Jürgen Wiese. Die andere Machtgruppierung stellst du dar, Siegfried. Dein wirtschaftlicher Einfluß auf unser Gemeinwesen nimmt immer mehr zu. Die dritte Kraft jedoch ist Werners – den zu umgehen so gut wie ausgeschlossen ist.«
»Und was«, fragte nun Sonnenberg anstelle von Brandin, »hat Thomas damit zu tun?«
»Scheinbar noch gar nichts«, sagte Kahlers gedehnt, »doch möglicherweise recht bald sehr viel. Falls ich richtig informiert worden bin.«
»Und worum geht es wohl diesmal, Herr Kahlers?« wollte Brandin begierig wissen.
»Nun«, sagte Kahlers bedächtig, »bisher, mein Lieber, haben Sie, ziemlich vorbehaltlos, zu einer dieser drei Machtgruppierungen gehört – zu jener unseres Freundes Siegfried. Und dort sogar, wie sich herumgesprochen hat, mit erheblicher Tatkraft. Wobei ich mich gewiß nicht irre, Siegfried?«
»Keinesfalls«, versicherte der prompt und nickte Brandin zu. »Thomas ist mein bester Mann! Ich betreue unsere Kunden, entwickele meine Präparate, entwerfe und baue die dazugehörigen Apparaturen. Und während Eva-Ingeborg die Buchhaltung führt, erledigt Thomas alles andere – Einkauf und Verkauf, Teilfinanzierungen und Werbung. Er macht das großartig!«
»Bekannt!« bestätigte der Bürgermeister. »Und zwar so bekannt,

daß man sich durchaus vorstellen kann, irgend jemand könnte den Versuch unternehmen, eine derartige kenntnisreiche und befähigte Kraft für sich zu verpflichten – also Brandin abzuwerben. Und zwar – Werners.«
»Sie versuchen doch nicht etwa, mich mit Gewalt zu erheitern, Herr Bürgermeister – und meinen Freund Siegfried dazu?« Thomas Brandin gab sich mächtig belustigt. Fast ein wenig zu stark, denn Sonnenberg blickte ihn sehr aufmerksam an. »Wie kommen Sie denn auf so was?«
»Durch einige Tatsachen, die mir berichtet worden sind, Herr Brandin.« Kahlers blinzelte anerkennend Jürgen Wiese zu, der leicht verlegen wirkte. Nun ja, die von ihm ausgebildeten Polizisten waren eben sehr tüchtig, und der Bürgermeister würdigte das. »Wie mir berichtet wurde, haben Sie sich, Herr Brandin, erneut mit Isolde Werners getroffen – unmittelbar nach ihrer Heimkehr. Im Stadtpark. Auf – sehr intime Weise.«
»Na wennschon! Wen geht das was an? Wen hat das was anzugehen?«
»Uns!« stellte Kahlers fest. »Also zumindest Siegfried und mich.«
»Mich nicht unbedingt!« sagte Sonnenberg abweisend.
Doch nun meldete sich wieder Jürgen Wiese zu Wort. »Das, Freunde, paßt doch ganz einfach nicht zusammen! Nun ja – die Liebe war schon immer unberechenbar. Doch sie hat ihre Grenzen! In diesem Fall bestimmt. Eine Werners und ein Brandin, der noch zu allem Überfluß mit unserem Siegfried eng befreundet ist – so was geht nicht! Das läßt sich nicht vereinigen!«
»Auf den ersten Blick nicht.« Der Bürgermeister blieb trotzdem beharrlich bei den ihn beherrschenden Gedankengängen. »Doch sollte man eines bedenken: dieser Werners hat es stets verstanden, und zwar geradezu eisern, seinen Einfluß zur Geltung zu bringen. Sogar ohne jede Rücksicht auf seine gelegentlich deutsch-nationalen Anwandlungen. Doch nun wird er langsam alt, seine Ausdauer läßt nach, er kann sich nicht mehr so recht auf seine Geschäfte konzentrieren.«
»Na, wie schön!« sagte Sonnenberg, mit einer Anwandlung von Heiterkeit, die jedoch schnell vorübergehen sollte. »Das ist doch eine recht vielversprechende Erkenntnis! Und da sie von dir kommt, Konrad, wird sie auch stimmen.«
Kahlers nickte. »Ich stelle also fest: Werners benötigt dringend jemand, der ihm einen Großteil seiner Arbeit abnimmt. Allein deshalb hat er seine geliebte Tochter Isolde heimgeholt. Die jedoch,

das wird er schnell erkennen, kann das nicht schaffen. Nicht allein.«

»Also wer hilft ihr dann?«

»Ich will nichts behaupten, will niemand verdächtigen«, sagte der Bürgermeister versonnen. »Mir ist nur soviel bekannt: in den letzten Tagen hat Brandin wiederholt versucht, Einsicht in unsere Akten, in amtliche Unterlagen zu nehmen – in Grundbucheintragungen, Firmenverzeichnisse, Betriebsanmeldungen. Und stets bei einem der letzten Buchstaben des Alphabets – vermutlich bei jenen Namen, die mit einem W beginnen. W – wie Werners. Ist das nicht deutlich genug?«

»Du bist ein einfallsreicher Spekulant, Konrad«, sagte Sonnenberg anerkennend. »Mit Kombinationsgabe – die ja wohl zu deinem Job gehört. Aber trotzdem solltest du nicht versuchen, mich und Thomas auseinanderzudividieren. Das geht nicht!«

Das unterstrich auch Brandin. »Jedes weitere Wort in dieser Hinsicht ist zuviel!«

Dieser Ansicht war offenbar Jürgen Wiese auch. Zumal der nicht im geringsten zu erkennen vermochte, welch verwegenes Spiel sich hier tatsächlich anbahnte. »Mir jedenfalls geht es hier allein um eine fürchterliche Sittensau – mitten unter uns! Und die muß ich haben!«

Keiner in diesem Kreis wurde jetzt mit so verächtlicher Nachsicht betrachtet wie dieser Polizeimensch. Doch sie alle unterschätzten Jürgen Wiese – zumindest seine amtliche Beharrlichkeit. Ahnungslos und wie freundschaftlich tranken sie einander zu.

Siegfried und Thomas blieben dann allein in diesem Raum zurück. Beide waren einer unendlich wohltuenden Trunkenheit sehr nahe. Die konnten sie sich hier ohne weiteres leisten – denn ihre Schlafstellen waren mühelos erreichbar.

Sie blinzelten einander kumpelhaft zu. Und Sonnenberg sagte: »Diese von Kahlers angedeutete Werners-Version, im Zusammenhang mit dir – dabei kann es sich doch wohl nur um eine höchst fragwürdige Spekulation gehandelt haben, nicht wahr?«

»Daran dachte ich zuerst auch«, erklärte Brandin bedächtig. »Doch als ich's mir dann überlegte, fing ich an, mich zu fragen: warum denn eigentlich nicht, Siegfried?«

Der sagte, trotz Trunkenheit, nachdenklich: »Offenbar versuchst du dich, obgleich ich dir davon abgeraten habe, auf diesen Werners zu konzentrieren. Muß das denn unbedingt sein? Der wird alt

– Leute dieser Art sterben aus. Also kannst du dir derartige Abschweifungen oder Umwege ersparen. Du solltest dich lieber meiner Tochter Dagmar widmen. Hast du über meine diesbezügliche Anregung nachgedacht, lieber Freund?«

»Habe ich, Siegfried. Ich bin aber zu der Erkenntnis gekommen, daß das sinnlos ist! Dagmar haßt mich. Sie scheint mich sogar zu verachten! Dieser Abend hat das wieder deutlich gemacht.«

»Aber, mein Lieber, das ist doch völliger Unsinn!« ereiferte sich Sonnenberg mit Überzeugung. »Bei ihrem Benehmen handelt es sich lediglich um eine Art Herausforderung. Sie will auf diese Weise Gemeinsamkeiten erspüren oder auch provozieren. Auch das kann eine Art von Liebe sein. Ein der Liebe sehr eng benachbarter Zustand, zumindest.«

»Offenbar sprichst du da aus sehr persönlicher Erfahrung, Siegfried.«

»Vermutlich ja – leider. Denn ich habe, im Hinblick auf Eva-Ingeborg, eine Menge Fehler begangen. Doch aus solchen Fehlern kann man lernen. Und um so mehr weiß man dann einen Freund zu schätzen. Und ebendeshalb glaube ich feststellen zu können, daß Dagmar dich liebt – vermutlich vom ersten Tage an geliebt hat! Und du liebst sie! Aber das hast du ihr noch niemals gesagt; nicht einmal angedeutet.«

»Ach was, Siegfried! Dagmar liebt allein dich; das habe ich sehr oft deutlich gespürt. Und von dieser großen Zuneigung für dich versuchte sie dann einiges auf mich zu übertragen, weil ich dein Freund bin. Im Grunde bin ich nur eine Art Ersatz – für dich. Dennoch hättest du nichts dagegen, wenn Dagmar und ich . . .«

»Nicht das geringste«, erklärte Siegfried. »Das wäre die denkbar beste Entwicklung, die ich mir vorzustellen vermag. Warum – willst du nicht?«

»Erlaube mir, Siegfried, in dieser Hinsicht ganz offen zu sein. Dagmar, das gestehe ich ein, wäre eine wunderbare Erfüllung meiner schönsten Träume. Aber das liegt in weiter Ferne! Denn damit sich unsere Beziehung weiterentwickeln, festigen kann, braucht es Zeit.«

»Und du siehst dich dazu verführt, eine Art Umweg einzuschlagen. Möglicherweise sogar – über eine Isolde Werners?«

»Möglicherweise sogar das, Siegfried. Denn diese hervorgewürgten Warnungen von Kahlers haben mich nicht etwa abgeschreckt. Im Gegenteil, sie haben mich auf einige brauchbare Gedanken gebracht. Eine sehr lohnende Konstellation könnte sich daraus erge-

ben, für uns beide. Warum soll ich das denn nicht wenigstens versuchen?«
Siegfried Sonnenberg nickte nachdrücklich. Dann umarmte er Thomas mit spontaner Herzlichkeit. »Mein Gott«, rief er, »du bist bedenkenlos verwegen, leicht verrückt und unberechenbar - wie ich ja auch. Aber ebendeshalb bist du mein Freund! Bleibst du das?« - »Was für eine Frage«, sagte Thomas lächelnd.

In jenem Jahr 1955 - und in den Jahren davor - ereignete sich, im Rest der Welt, um Rosenburg-Neuheim, kurz skizziert folgendes:
1951 beendete Indien, als erstes Land, offiziell den Kriegszustand mit den Deutschen, den Übriggebliebenen. - Der westdeutsche Bundeskanzler Konrad Adenauer, der zugleich Außenminister war, reiste nach Frankreich, England und Italien - überall sehr beachtet, auch herzlich begrüßt. Diese Deutschen drohten nun wieder »wer« zu sein, zumindest in wirtschaftlicher Hinsicht.
Die sogenannte Montan-Union wurde gegründet. Und das schien ein erster, sehr wichtiger Schritt zur Vereinigung des westlichen Europa zu sein. Doch so dringend die auch gewünscht, beziehungsweise lautstark gefordert wurde - auch noch in den nächsten zehn, zwanzig und mehr Jahren gelang sie nicht; zumindest nicht überzeugend. Dieses Europa kochte unentwegt seine nationalen Suppen.
1952 erhielt Albert Schweitzer, Urwalddoktor, Orgelspieler und Menschenfreund, den Friedensnobelpreis; der Preis für Literatur ging an François Mauriac. Im gleichen Jahr starben: Waldemar Bonsels, Dichter der beliebten »Biene Maja«; Albert Bassermann, ein verhalten ausdrucksstarker deutscher Schauspieler, nach trauriger Emigration; und Horst Caspar, das schauspielerische Genie, unvergeßlich als Darsteller des jungen Friedrich Schiller. Zu den Toten jenes Jahres gehörten auch: Kurt Schumacher, der westdeutsche Sozialdemokrat, schwer gezeichnet durch langjährigen KZ-Aufenthalt. Ferner der Schriftsteller Alfred Neumann, einer der vielen Vertriebenen, deren Bücher verbrannt wurden, und den dennoch das Heimweh nie verließ. Damals starb auch der Norweger Knut Hamsun, der, obwohl politisch verirrt, einige der herrlichsten Bücher seiner Zeit geschrieben hatte.
1953 erhielt sogar Winston Churchill den Nobelpreis; allerdings den für Literatur. Das beunruhigte Dichter in allen Ländern. Denn sie hielten diese hohe Auszeichnung für eine politische Demonstration.

In den USA schrieb der Dramatiker Arthur Miller, gleich einem Warnsignal, seine »Hexenjagd«. Als in England Elisabeth II. zur Königin gekrönt wurde, bahnte sich, nach Amerika nun auch in Europa, bei diesem festlichen Anlaß der Siegeszug des Fernsehens an.
Auch Stalin überlebte dieses Jahr nicht mehr. Kurz nach seinem Tod wurde in der Sowjetunion Berija hingerichtet, der gnadenlose Verfolger und grausamste Boß aller Geheimdienste. In den USA wurde der brave soldatische Eisenhower zum Präsidenten gewählt. Ethel und Julius Rosenberg wurden hingerichtet; sie hatten atomare Baupläne den Sowjets ausgeliefert, wodurch eine Art Gleichgewicht des großen Schreckens entstand.
»Nur fünf bis sieben Atombomben, und dieses Mitteleuropa wird ausgelöscht wie eine Kerze!« wurde aber dann nicht viel später vernehmbar. Aus Richtung Osten.
Zu den Toten des Jahres 1954 gehörten: Die Colette, eine französische Schriftstellerin, die sich ihre Sinnenfreude ein Leben lang bewahrt hatte, was ihr gewiß zu gönnen war. Dann Clemens Krauss, ein weltweit bekannter Dirigent aus Österreich – den hatten selbst die Nazis nicht ganz umzubringen vermocht, was ihnen auch mit Furtwängler nicht gelungen war; Musik läßt sich eben politisch niemals eingliedern. Zu den Toten gehörte auch Otto Gebühr, ein deutscher Filmschauspieler, dem es gelungen war, den wohl preußischsten aller Könige, den zweiten Friedrich, genannt »der Große«, unvergeßlich auf die Leinwand zu bannen.
Für 1955 sodann – also für dieses hier eingehender geschilderte Rosenburger Jahr – wäre zu registrieren: Wie schon 1954, wurde auch diesmal kein Friedensnobelpreis verliehen – vermutlich aus gutem Grund. Möglicherweise hätte ihn dieser merkwürdige, bemerkenswerte Deutsche Konrad Adenauer verdient. Denn der reiste nach Moskau, drückte die Kreml-Führung völlig ungeniert an seine Brust – nach einer Ballettaufführung von »Romeo und Julia« –, nur um deutsche Kriegsgefangene loszueisen. Das gelang ihm auch. Bald strömten Hunderttausende von Elendsgestalten in ihre deutsche Heimat zurück. Nicht lange danach fand in diesem verengten Westdeutschland ein sogenannter »Staatsbesuch« statt: es kam das iranische Herrscherpaar. Seither konnte sich die damalige Kaiserin Soraya einer sehr weitgehenden Aufmerksamkeit der aufstrebenden »Regenbogenpresse« erfreuen. Doch der »Schah« gab etliche Jahre später Anlaß zu schwersten Protesten. Wobei im brodelnden Berlin ein Student erschossen wurde. Das war das er-

ste Fanal für den Ausbruch der sogenannten Studentenrevolte, die Terroristen zeugte.
In jenem Jahr starb auch Paul Claudel, der wohl geheimnisvollste Dichter und Künder christkatholischer Erkenntnisse. Als der Pariser Stadtrat aufgefordert wurde, eine Straße nach ihm zu benennen, verlautbarte man: »Eine so lange, dunkle Straße haben wir nicht ...«
In England endete das Leben des T. E. Lawrence, des »Arabien-Lawrence«, des viel umstrittenen, wohl hintergründigsten Kenners der arabischen Welt. Und Deutschland verlor den wohl einflußreichsten Schriftsteller dieses Jahrhunderts: Thomas Mann. Er starb in der Schweiz.
Zugleich hörten Theodor Plievier und Alfred Polgar auf zu schreiben. Der eine hatte versucht, das gigantische Panorama des Zweiten Weltkrieges sichtbar zu machen; dem anderen war es gelungen, gleichsam bis in die feinsten Verästelungen den geistigen Strömungen dieser Zeit nachzuspüren. Wie besessen malten Karl Hofer, Max Ernst und Oskar Kokoschka ihre bannenden Bilder. Chagalls Kunst wuchs ins Zeitlose.

An einem der nächsten Abende trafen sich Isolde Werners und Thomas Brandin abermals im Rosenburger Stadtpark – auf »ihrer« Bank bei den Rosenbeeten. Sie begrüßten sich mit großer Zärtlichkeit. Dabei sagten sie kaum ein Wort – als fehle es ihnen an Formulierungen für das, was sie bewegte.
Sie saßen eng aneinandergelehnt und blickten in die Nacht hinein, die sie sanft umleuchtete. Dabei hatte Thomas ein wenig Mühe, seine Isolde zu umarmen; was ihm einige Schwierigkeiten machte, waren ihre überaus kompakten Formen. Auch glaubte er, eine gewisse steife Zurückhaltung bei ihr zu spüren. Denn diesmal ließ sie sich nicht mit der an ihr gewohnten Leidenschaft auf seine Umarmungen ein. Statt dessen seufzte sie tief.
»Was hast du?« fragte er nicht unbesorgt. »Geht es dir nicht gut?«
»Ich fühle mich zutiefst glücklich – mit dir, durch dich!« versicherte ihm Isolde zugleich. Sie schmiegte sich an ihn, als suche sie bei ihm Schutz. »Doch ebendeshalb bin ich besorgt.«
»Deines Vaters wegen?« fragte er. »Sollte der etwa herausgefunden haben, daß wir uns wieder treffen? Das war früher oder später anzunehmen. Und ich fürchte auch, es hat sich bereits herumgesprochen. Doch ich vermag mir kaum vorzustellen, daß dich so etwas beeindrucken könnte. Wenn das nicht – was dann?«

Und nun war es, als zögere sie – als suche sie angestrengt nach den rechten Worten. Sie löste sich ein wenig von ihm und richtete sich auf, wohl um ihm voll in die Augen sehen zu können.
»Was ich dir nun anvertrauen muß, Thomas, mein Geliebter, das geht, bitte bedenke das, allein uns beide an. Vor allem solltest du zunächst nichts dazu sagen, was du möglicherweise bereuen würdest oder was mich kränken könnte. Bitte, versuche zurückhaltend zu reagieren. Denn ich fordere nichts von dir, versuche keinesfalls, dich irgendwie zu verpflichten. Ich gedenke dir lediglich eine Mitteilung zu machen. Eine unvermeidliche.«
»Vertraue dich mir an, Isolde!« Brandin war maßlos neugierig und nicht ganz ohne Unruhe. »Ich höre!«
Worauf Isolde sehr fest, mit Entschlossenheit, verkündete: »Ich glaube, ich bekomme ein Kind, Thomas.«
Brandin sah sie groß an – im vollen Mondlicht waren ihre Gesichtszüge ziemlich deutlich zu erkennen. Sie erwiderte fragend seinen Blick, mit fraulicher Ernsthaftigkeit. Er gab sich Mühe, sie weiterhin zu umarmen.
»Ich folge«, sagte er nun, »gerne deinem Ratschlag, meine geliebte Isolde – ich sage also zunächst nichts. Doch meine Reaktion, mußt du wissen, ist völlig eindeutig. Ich nehme nicht an, daß du etwas anderes erwartet haben könntest.«
»Denke dennoch darüber nach«, forderte sie ihn auf, offenbar bemüht, sich in jeder Hinsicht abzusichern. »Überstürze, bitte, nichts – laß dir Zeit!«
Auf diese Forderung ging Thomas Brandin ein. Längere Zeit saßen sie schweigend nebeneinander. Und vermutlich dachte er dabei: das mit dem Kind war verdammt schnell gegangen – und sie hatte das verblüffend frühzeitig erkannt! Doch wurde ihm sofort klar, daß er ihr eine bestimmte Frage niemals stellen durfte, nämlich die: Du glaubst also, daß dein kommendes Kind – unser gemeinsames Kind ist? Denn das war ihrem ausgeprägten Stolz, ihrem in Generationen gewachsenen Selbstbewußtsein, einfach nicht zuzumuten.
»Nun gut«, sagte er entschlossen, fast ein wenig zu lautstark, jedoch überzeugend. »Da glaubst du nun also die Mutter eines Kindes zu sein, zu dem du dich bekennst. Doch so ein Kind hat nun mal und braucht auch einen Vater. Der aber bin ich! Also sind wir jetzt eine unzertrennbare Einheit. Ist dem so?«
Sie stürzte sich, überaus beglückt, auf ihn. Sie drohte ihn zu erdrücken. Beide atmeten schwer. Einen sie in den nahen Büschen

umlauernden Polizeimenschen bemerkten sie nicht – hätten es sicher auch für unwichtig gehalten.
»Nun ist alles gut«, sagte Isolde, sehr eng bei Thomas, »wird alles gutgehen. Wenn wir nur beide dazu entschlossen sind. Und das sind wir, nicht wahr?«

Gleich am nächsten Tag besuchte Siegfried Sonnenberg seine geliebte Schwester Erika. Und damit auch, nicht nur unvermeidlich, vielmehr wohl beabsichtigt, John Frankfurter. Denn mit dem lebte Erika nach wie vor zusammen. Immer noch unverehelicht, doch erkennbar glücklich. Beide begrüßten ihn mit spontaner Herzlichkeit.
Siegfried umarmte lang und innig seine Schwester. Dann rief er John ein herzlich gedachtes »Schalom!« zu. Der nickte. »Frieden – also«, sagte er – es klang, als habe er diesem Wort ein großes Fragezeichen hinzugefügt.
John und Erika sowie ihre Umgebung hatten sich kaum wesentlich verändert, was Siegfried in Rosenburg als bemerkenswerte Ausnahme empfand. Hier war kein übermäßiger Wohlstandszuwachs zu spüren. Dieses Haus und die Möbel darin schienen, ebenso wie die Gefühle dieser beiden Menschen füreinander, in den letzten Jahren beständig geblieben zu sein.
»Warum bist du gekommen?« fragte nun John ganz direkt. Er trug seit Jahren keine amerikanische Uniform mehr, obwohl er nach wie vor für hiesige USA-Behörden tätig war. Doch dort fühlte er sich schon lange nicht mehr als wesentliches Element; er fungierte lediglich als eine Art Berater im Dienst von Resten der einstmals so umfangreichen und mächtigen Militärregierung. Die schien sich mittlerweile in einen treusorgenden Verein zur Förderung gewisser neudeutscher Möglichkeiten verwandelt zu haben.
»Solltest du uns etwa daran erinnern wollen«, scherzte John Frankfurter, nicht ohne über sich selbst zu lächeln, »daß es für deine Schwester und mich endlich Zeit wäre, zu heiraten?«
»Wie käme ich denn dazu, John?«
»Allein du hättest ein gewisses Recht, diese Frage zu stellen; als das derzeitige Oberhaupt deiner Familie – zu der auch deine Schwester Erika gehört. Und was könnte selbstverständlicher sein? Denn wir leben nun seit nahezu neun Jahren zusammen – wenn auch, nach Rosenburger Begriffen, in ungeregelten, wenn nicht gar sittenwidrigen Verhältnissen. Doch falls es dich beruhigen sollte, Siegfried: das wird sich bald ändern.«

Das bestätigte ihm auch Erika. »Wir haben uns nun zur Heirat entschlossen. Auf irgendeinem Standesamt. Danach allerdings gedenken wir beide Rosenburg zu verlassen, um in Amerika zu leben. Doch das habe ich dir bereits früher angedeutet, Siegfried.«
»Und ebendeshalb bin ich hier! Heiratet, oder heiratet nicht – mir ist das gleichgültig; ich empfinde das als unwesentlich. Auf eins jedoch würde ich erheblichen Wert legen: Bleibt zunächst noch hier – beide!«
»Warum denn, Siegfried?« fragte John Frankfurter nicht ohne Bitterkeit. »Sollte ich etwa jenen Leuten bei der Aufrüstung einer neuen Armee behilflich sein, die schon mehr als einmal Teile dieses mittleren Europa in Schutt und Asche gelegt haben? Wobei sich Lebewesen, die sich Menschen nannten, an der Vernichtung meiner Eltern, meiner Verwandten und von Millionen meines Volkes beteiligt haben. Das kann ich nicht vergessen; niemals.«
»Du bist eben ein Jude«, sagte Siegfried, wie nach einer Erklärung suchend, jedoch im Grunde wohlberechnet. »Und warum willst du nicht endlich mal das sein, was man von deinesgleichen immer behauptet: klardenkend, bewußt geschäftstüchtig und berechnend? Hast du gar kein Verlangen danach?«
»Ich habe hier sozusagen bereits gekündigt«, sagte John Frankfurter einfach. »Ich gedenke nicht mehr länger ein Mitglied dieser aufrüstungsfreudigen Militärverwaltung zu sein. Diese mir schon jetzt viel zu weit gehenden Verteidigungsspielchen von Deutschen und Amerikanern – gegen wen auch immer gerichtet – widern mich an!«
»Mich auch!« stimmte ihm Erika zu. »Und deshalb will auch ich hier nicht mehr länger bleiben.«
Siegfried Sonnenberg schien auf diese Absichten bereitwillig einzugehen.
»Das sind Gründe, die auch mir einleuchten. Ich akzeptiere sie, vorbehaltlos.«
Auf so viel betontes Verständnis reagierte Erika nicht unbesorgt – sie kannte ihren Bruder; einigermaßen. »Beabsichtigst du, uns etwa irgendwelche Komplikationen zu bereiten?«
»Aber doch nicht gleich das!« lenkte Siegfried ein. »Ich empfinde, wie gesagt, die von John vorgebrachten Argumente als durchaus berechtigt. Nur gebe ich zu bedenken, daß da noch ganz andere Möglichkeiten vorstellbar sind.«
»Für dich?« fragte John Frankfurter aufhorchend.
»Sagen wir – für uns, für uns alle!« Siegfried war seiner Sache si-

cher. »Und damit auch für die sogenannte Familie – falls es so etwas noch gibt, was ich sehr wünschen würde. Eine Familie, zu der auch ihr beide gehört.«

»Höre nicht auf ihn!« riet Erika besorgt ihrem John. »Er ist mein Bruder, und ich liebe ihn! Doch der versucht immer wieder zu fordern, will bestimmen, ist entschlossen, jeden und alles für sich zu vereinnahmen. Das ist mir bereits als Kind klargeworden – nur eben, daß Siegfried inzwischen weitaus raffinierter und radikaler seine speziellen Ziele verfolgt. Ich kann da nur warnen!«

John Frankfurter wirkte nun sehr nachdenklich. Dann offerierte er einen zwölfjährigen schottischen Whisky – ganz gegen das hier sonst befolgte Prinzip, keinen Alkohol zu trinken, bevor nicht die Sonne untergegangen ist. Fast zeremoniell schenkte er ein. Dann kam die Frage: »Was gedenkst du mir denn anzubieten, Siegfried?«

»Etwas ganz Konkretes und finanziell gewiß nichts Uninteressantes«, versicherte Siegfried Sonnenberg. »Und zwar folgendes: Es ist nun nicht mehr ganz unwahrscheinlich, daß ich meinen bisher engsten und vertrautesten Mitarbeiter, also Thomas Brandin, verlieren werde. Und zwar auf unbestimmte Zeit. Es könnte sich sogar um einige Jahre handeln – was ich wohl akzeptieren muß.«

»Du brauchst gar nicht erst weiterzureden!« rief ihm Erika scharf abweisend zu. »John ist entschlossen, dieses Land zu verlassen – und ich werde ihm folgen!«

»Meine liebe Erika«, meinte hierauf ihr Bruder sehr behutsam, »wie ich dich kenne, liebst du deine Heimat. Du würdest also gerne noch länger hier bleiben – natürlich nur mit John. Was ich sehr begrüßen würde – sagen wir: in unserem gemeinsamen Interesse. Denn die hier von mir angebahnten Geschäfte, dazu die geplanten Fabrikausbauten, nehmen erheblichen Umfang an. Ich allein kann das nicht mehr bewältigen.«

»Das droht ja geradezu in eine typische Sonnenbergmanie auszuarten!« Erika bangte um die bisher so ungetrübte Harmonie, die jahrelang zwischen ihr und John bestanden hatte. »Du versuchst hier nun offenbar, wie einst wohl schon dein Großvater, und dann auch deine Mutter, eine Art verläßlichen Familienclans heranzuzüchten. Der dann emsig für dich arbeitet. Und das nun sogar einschließlich John!«

Siegfried versuchte sie zu besänftigen: »Meine liebe Schwester, hierbei handelt es sich um das Sonnenberg-Vermögen und alle sich daraus ergebenden Möglichkeiten. Auch du bist daran betei-

ligt – und, wenn ihr verheirat seid, gemeinsam mit John, deinem Mann. Eine solche Beteiligung muß jedoch – du kennst mich – ganz geschäftsmäßig korrekt ausgehandelt werden, mit möglichst genau kalkulierten, vertraglich festgelegten Bedingungen.«
»Welchen?« wollte John wissen.
»Sobald Thomas Brandin, wie anzunehmen ist, bei mir aussteigt, benötige ich dringend einen energischen, weitsichtigen, entschlossenen Geschäftsführer. Wobei mir eben jemand mit deinen speziellen Einblicken, Praktiken und Beziehungen überaus willkommen wäre, John. Das Wichtigste dabei ist jedoch Vertrauen. Und ich bin sicher, schon allein Erikas wegen, niemals von dir betrogen zu werden. Und darauf kommt es mir in erster Linie an: das Finanzielle ist für mich zweitrangig. Diesbezügliche Bedingungen zu stellen, überlasse ich allein dir, John.«
»Nun gut, Siegfried, wenn ich auf deinen Vorschlag eingehe, werde ich meine Forderungen stellen.« Frankfurter sagte das ziemlich entschlossen. »Dies aber erst, verehrter Schwager, nachdem du es mir ermöglicht hast, gründlich Einblick in all deine Unterlagen zu nehmen. Kann ich damit rechnen?«
»Aber selbstverständlich!« versicherte ihm Siegfried freudig. »Du erhältst die denkbar vollkommenste Einsicht! Ohne jede Ausnahme. Und dann wirst du nur noch staunen!«
Worauf John Frankfurter nachdenklich sagte: »Du bist ein ungewöhnlicher Mensch, Siegfried. Selbst meine Erika hat das stets betont. Worauf ich mich aber immer wieder fragen mußte: Wie bist du das geworden, was du nun bist! Wo und wie hat das angefangen? In deinem Kriegsgefangenenlager?«
»Das könnte sein«, sagte Siegfried Sonnenberg und schien über sich selbst zu lächeln. »Das war wohl die Hohe Schule meines Lebens; meine Universität! Langsam beginne ich das zu erkennen.«

Sechstes Zwischenspiel: Wie sie weiter versuchten, zu überleben

Alles schien sich damals vielversprechend, zumindest einigermaßen hoffnungsvoll zu klären. Als Siegfried Sonnenberg und Thomas Brandin gemeinsam das Lazarett des Lagers verließen, durften sie – in unmittelbarer Nähe der Kommandantur – den vordersten Raum der Baracke 1 beziehen. Und wenn das auch kaum mehr als eine schäbige Abstellkammer war, etwa vier mal fünf

Meter groß, so war sie doch ausgestattet mit nur leicht angebrochenen Fensterscheiben und einem funktionierenden Ofen.
Dort eröffneten sie den »Kriegsgefangenen-Friseurbetrieb«. Dort werkten und schliefen sie fortan. Nahezu paradiesische Zustände schienen sich anzubahnen; zunächst jedenfalls, ein paar Tage lang, durften sie das annehmen. Wobei die von ihnen ausgeübte Friseurtätigkeit nicht nur an Wochen-, sondern auch an Sonntagen stattfand. Sie war jedoch abhängig von den jeweiligen Lichtverhältnissen. Denn Beleuchtungskörper konnten dabei nicht verwendet werden – in diesem Lager gab es keine, außer natürlich bei den Sowjets. Und für die spezielle Betreuung der Bewachermannschaft war der jeweilige Freitag, bis hinein in die Mittagsstunden des Samstags, reserviert worden. Eine weitere Sonderregelung für Kommandant, Kommissar und Ärztin besagte, daß für sie eigene Kämme und Scheren benutzt werden mußten.
Sonnenberg versuchte ganz planvoll vorzugehen, also möglichst genau geregelte Verhältnisse zu schaffen. Und zwar mit dem Ziel: jedem Kriegsgefangenen mindestens alle zwei Monate einmal einen Haarschnitt zu verpassen. Doch eine derartige Bearbeitung durfte nicht länger als sieben bis acht Minuten dauern. Dementsprechend wurde trainiert: Vorschnitte von Brandin, mit Hilfe der von Siegfried entwickelten Kopfhauben – drei Minuten. Sodann Feinschnitt von Sonnenberg – etwa vier Minuten.
Doch kaum daß die ersten diesbezüglichen, eindeutig erfolgreichen Versuche angelaufen waren, erschien bei ihnen Feldwebel Eichler, die Personifizierung der sogenannten Inneren Lagerführung, auch Selbstverwaltung genannt. Doch zugleich mit ihm kreuzten seine beiden »Gewaltigen« auf: Bachmann, der Unteroffizier, auch »Reinemacher« genannt, sowie Vesper, der Gefreite, gerne und zutreffend als bohrender Gewissenswurm bezeichnet. Diese drei machten sich hier nun breit.
Wobei Eichler nahezu gemütvoll erklärte: »Deine Bestrebungen, Kamerad Sonnenberg, werden von uns anerkannt, sogar begrüßt. Und darauf kommt es hier, wie du weißt, an. Du stehst nunmehr mit deinem Betrieb unter unserem Schutz!«
Das bedeutete: sie wollten hier »Anteil« nehmen, also mitkassieren. An den sich pro Haarschnitt ergebenden drei bis fünf Gramm Tabak oder einer Schnitte Brot oder einer Kartoffel beziehungsweise einigen Kohlblättern. Im Idealfall war es eine angelieferte Ratte; falls die gut im Fleisch war, reichte sie sogar für zwei Haarschnitte aus.

»Dieser Betrieb hier, Sonnenberg, muß organisiert werden.«
»Dafür haben wir bereits den alten Schulz vorgesehen«, meinte Brandin.
»Diesen senilen Schwätzer?« protestierte der Gewissensbearbeiter Vesper verächtlich. »Jenen schäbigen Scheißkerl also aus der Baracke, in der ihr vorher gelegen habt? Dieser Kretin mag ja stets bereit sein, euch nach dem Maul zu reden – doch für so was wie diesen Betrieb ist der völlig ungeeignet.«
»Wir haben den aber bereits als dritten Mann für uns bei der Kommandantur angemeldet«, sagte Sonnenberg. Er vermochte sofort zu begreifen, worauf Brandin hinauswollte.
»Reichlich voreilig, Mensch!« stellte Eichler mit drohendem Unterton fest, wobei er seinem Vesper zublinzelte.
Und der meinte: »Ach was – dieser Scheißer Schulz will so was doch gar nicht; da bin ich sicher. Den solltest du mal kurz danach befragen, Kamerad Bachmann.«
Was das zu bedeuten hatte, wußten hier alle. Bachmann, »der Reinemacher«, grinste bereitwillig. »Klar – den befrage ich, mit jetzt schon feststehendem Ergebnis. Falls überhaupt noch darauf Wert gelegt werden sollte.«
Das allerdings wollte Sonnenberg diesem armen, alten Vater Schulz ersparen; für den ließen sich gewiß auch auf andere Art einige Vergünstigungen ermöglichen. »Einverstanden also«, erklärte er Eichler und dessen Getreuen. »Wir erledigen hier also alle anfallenden Arbeiten – ihr aber organisiert und kassiert. Doch auch für uns mit – darauf bestehe ich!«
Das wurde ihm fast feierlich zugesichert. Dieses Geschäft war also perfekt. Sie reichten sich die Hände. Dann verpaßte Sonnenberg diesen drei deutschen Lagergewaltigen einen vortrefflichen Haarschnitt, der noch dazu mit verschwenderisch viel Sonnenblumenöl geglättet wurde. Sie entfernten sich beschwingt.
»Willst du etwa«, fragte Thomas Brandin bestürzt, »tatsächlich auf die Forderungen dieser Saukerle eingehen?«
»Selbstverständlich nicht«, sagte Siegfried ohne Zögern. »Es bleibt uns nur eine Möglichkeit, sofern wir uns durch diese Schweinehunde nicht mit Haut und Haaren vereinnahmen lassen wollen. Nämlich diese: Dann müssen wir die erledigen.«
»Sagtest du – erledigen?«
»Genau das habe ich gesagt – und exakt auch so gemeint, Thomas. Wir haben gar keine andere Wahl, als unter allen Umständen zu überleben – wenn wir nicht krepieren wollen. Doch das werden

wir hier garantiert, wenn wir uns nicht entschlossen unserer Haut wehren.«

Alsbald lösten Epidemien einander in schneller Folge ab – fast schon so, wie auf den Tag die Nacht folgte. Gestern noch schien dieses Lager von blutigem Dünnbrei überzogen, heute kotzten bereits Kolonnen giftgelben Schleim aus sich heraus. Und was würde morgen sein? Schweißtreibendes Fieber, Kälteschauer, würgende Atemnot?

»Solltest du tatsächlich entschlossen sein, gegen diese brutalen Kerle vorzugehen?« fragte Brandin.

»Entweder: die – oder wir!« war Siegfrieds Antwort.

Thomas Brandin durfte sich – im großen, inzwischen ziemlich prächtig renovierten Saal der Rosenburg – bei Herrn Werners einfinden. Er stand am oberen Ende eines langen Tisches wie eine Statue. Seine Tochter befand sich zu seiner Rechten.

Brandin schritt, ohne aufgefordert worden zu sein. auf beide zu. Sie verbeugten sich kurz und standen einander dann, auf etwa drei Meter Entfernung, starr gegenüber. Werners blickte hoheitsvoll, Isolde sanft ermunternd, Thomas wirkte nahezu kindhaft neugierig. Sich so zu verhalten, hatte er beim Sonnenberg-Clan hinreichend üben können.

Dann begann Werners, immer noch ganz General: »Herr Brandin, was gedenken Sie mir mitzuteilen?«

»Vermutlich genau das, Herr Werners, was Sie von mir zu hören erwarten«, erwiderte Brandin höflich, nicht ohne Isolde ermunternd zugelächelt zu haben.

»Also wohl das, was von einem Mann von Charakter, Verantwortungsgefühl und Ehre erwartet werden darf?«

»In dieser Hinsicht fürchte ich, kenne ich mich nicht allzu gut aus. Könnten Sie mir das, bitte, ein wenig näher erklären?«

Die Haltung des Generals wurde straffer, seine Gesichtszüge strenger, sein braunes Gesicht hatte sich dunkel gerötet, seine Feldherrnhände kneteten einander nervös. Kurz blickte er seine Tochter an.

Worauf Isolde ihrem Thomas warnend und ermunternd zugleich zurief: »Vater – weiß alles!«

»Tatsächlich alles? Nun, wenn dem so ist«, stellte Brandin unbekümmert fest, »dann können wir uns ja jede weitere Erläuterung sparen.«

»Das erübrigt sich, in der Tat«, erklärte Werners mit verweisender

Strenge. »Dennoch, Herr Brandin«, fuhr er völlig unbeirrt fort, »erwarte ich nunmehr Ihr Bekenntnis – Ihr Eingeständnis. Ein möglichst eindeutiges!«
»In welcher Hinsicht denn wohl, bitte?« Thomas gab sich unentwegt begriffsstutzig; er war geschickt genug, sein schnell zunehmendes Vergnügen an dieser Situation nicht allzu sehr merken zu lassen.
»Dann muß ich nun wohl«, grollte der General, »massiv deutlich werden – also mit Ihnen sozusagen Fraktur reden! Wobei ich Ihnen nicht rate, auszuweichen, Herr Brandin. Sich vor Ihrer Verantwortung zu drücken! Das wäre – Feigheit!«
»Feigheit – sagten Sie das soeben, Herr General?«
Und das war das erste und mithin auch das letzte Mal, daß Brandin den mit »General« anredete. Denn mit dieser Andeutung »Feigheit« war ein Begriff aufgetaucht, der ihn schlagartig an seinen Vater erinnerte. Als dieser, vor kaum mehr als zehn Jahren, vor diesem entschlossenen Endsiegshelden stand, war wohl genau die gleiche Formulierung verwendet worden. »Sagten Sie tatsächlich, Feigheit?«
»Jawohl. Sagte ich! Das jedoch in der sicheren Hoffnung, daß so was auf Sie nicht zutrifft. Nicht nach den Schilderungen meiner Tochter Isolde.« Es war klar: Werners vermochte sich offenbar an nichts zu erinnern. »Reden wir also nicht herum! Denn hier heißt es Farbe bekennen: mannhaft, aufrichtig, ohne jedes Zögern! Denn – meine Tochter erwartet ein Kind!«
Thomas Brandin löste sich vorübergehend von der ihn bedrängenden Vergangenheit – zumal nicht die geringste Gefahr bestand, daß er sie jemals vergessen könnte. Er ließ sich weiter auf dieses Familienplanspiel ein und nickte, durchaus einverständig, Werners zu.
»Falls Ihr verehrtes Fräulein Tochter«, versicherte er, »auf einen Vater für ihr kommendes Kind Wert legen sollte, und mich dabei als diesen zu bezeichnen wünscht, dann wäre ich bereit, dafür einzustehen. Isolde weiß das.«
»Danke dir!« stieß Isolde beglückt hervor.
Sie machte Anstalten, ihren Thomas zu umarmen. Doch Vater Werners hielt sie, mit starker Handbewegung, davon ab. »Ganz so einfach ist das denn doch nicht!«
»Sollten Sie irgend etwas dagegen einzuwenden haben?« fragte Brandin provozierend und scheinbar verwundert.
Isoldes Vater, der nunmehr das Eingeständnis dieses Erzeugers

besaß, vermochte keinerlei Veranlassung zu erkennen, diesen Bund eilfertig abzusegnen. Denn hier war er moralisch im Vorteil. Und diesen Vorteil galt es zu nutzen!

Dementsprechend tönte der General verweisend: »Da haben Sie also die Stirn, mir offen ins Gesicht zu sagen, daß Sie sich an meiner Tochter vergangen haben! Was wider Sitte und Anstand ist, Mensch – geradezu verabscheuungswürdig. Im Grunde geradezu erniedrigend – nicht nur für meine Tochter, auch für mich! Sie sollten sich schämen, Brandin! Schämen Sie sich?«

»Das ist nunmal geschehen, Vater – und nicht mehr zu ändern«, rief Isolde, erbebend und bekennend. »Wir lieben uns eben.«

»Ach was! Das ist ein Skandal sondergleichen!«

Die Empörung des Generals war wohlberechnet. Seine Stabsoffiziere im 2. Weltkrieg hatten davon diverse Kostproben genossen. Durch gezielt eingesetzte Erregung hatte er Schlachtbereitschaft erzeugt. Höchst wirksam.

»Ich hätte es niemals für möglich gehalten«, brüllte er nun, »daß man mir – ausgerechnet mir! – etwas Derartiges jemals zumuten könnte! Muß ich das hinnehmen?«

»Müssen Sie nicht«, meinte Thomas Brandin entgegenkommend. »Sie können mich vergessen – mithin nichts davon wissen wollen, daß ich als Vater des Kindes Ihrer Tochter Isolde in Frage komme. Dann verschwinde ich eben – aus Ihrem Leben. Aus dem Ihrer Tochter.«

»Nein – nicht das!« rief Isolde flehend aus. »Bitte, Vater – nicht das!«

»Ich bin schließlich kein Unmensch!« Werners wies entsprechende Verdächtigungen weit von sich. »Ich bin ein Vater, der seine Tochter liebt – und zwar sehr! Und wenn die nun in Umstände hineingeraten sein sollte, die mir, weiß Gott, wenig erfreulich vorkommen wollen, so bin ich trotzdem bereit, das hinzunehmen. Vorausgesetzt allerdings wäre eine gewisse, unvermeidliche Klarheit! Wären Sie dazu bereit, Herr Brandin?«

»Es kommt wohl darauf an, welche Art von Klarheit Sie meinen.«

»Nun«, sagte Werners, wobei er sich Thomas ein wenig entgegenbeugte, nicht ohne ein leicht angedeutetes Wohlwollen, »es gibt da immerhin einiges, das für Sie spricht! Vor allen Dingen dies: Ihre klare, unzweideutige Bereitschaft, sich als Vater des Kindes meiner Tochter zu erklären. Was ich Ihnen hoch anrechne.«

»Wie schön, Vater!« rief Isolde erleichtert aus. »Du verzeihst, du verstehst uns!«

»Doch jedoch offenbar nicht, ohne dabei gewisse Bedingungen zu stellen, Herr Werners?« bemerkte Brandin. »Welche?«
»Wohl ebenso unvermeidliche wie selbstverständliche!« sagte der General. »Doch zunächst einmal darf ich wohl zu einem ganz bestimmten Punkt hoffentlich abschließend dies feststellen: Meine Isolde ist eine werdende Mutter – und Sie sind der diesbezügliche Vater. Was ich keinesfalls freudig begrüße, dennoch zu dulden gedenke.«
»Wofür wir dir dankbar sind«, versicherte Isolde erglühend. »Nicht wahr, Thomas?«
Und Thomas erklärte völlig unbekümmert: »Aber ja – warum denn nicht?«
Aus dieser Antwort zog Werners, wie zu erwarten war, seine hausherrlichen Folgerungen. »Damit ist also nunmehr eure Verlobung mit heutigem Datum als erfolgt anzusehen. Eure Heirat sollte nun nicht sonderlich hinausgezogen werden – damit dieses Kind in den ihm gemäßen Familienbanden zur Welt kommt. Wenn ich dabei sehr auf einen männlichen Erben hoffe, so wegen meines Namens, und weil ich ihm Teile meines stattlichen Vermögens nicht vorzuenthalten gedenke. Sind wir uns also einig?«
Sie waren es! Worauf Werners endlich seiner Tochter erlaubte, sich in die offenen Arme ihres Thomas zu stürzen. Dieses Idyll betrachtete der Vater, der nun bald Großvater sein würde, nicht ohne Nachsicht, ja ziemlich hoffnungsvoll. Er glaubte, auch hier, wie in zahlreichen Schlachten, bewiesen zu haben, daß er ein bewährter Stratege von Rang war.
Dann klatschte er in die Hände. Und auf dieses befehlsartige Signal öffneten sich die Flügeltüren hinter ihm weit. Sein stets dienstbereiter Leibwächter, nunmehr ohne Schrotflinte, mithin nahezu zutraulich wirkend, betätigte sich als Tür-Offenhalter. An ihm vorüber schritt nun Werners bewährte Wirtschafterin mit würdiger Mächtigkeit. Wie eben hier so gut wie alles ziemlich mächtig anzumuten drohte. Sie transportierte auf einem Tablett eine bauchige Sektflasche herbei; Fürst Metternich, und dazu drei Gläser aus böhmischem Kristall.
»Trinken wir, meine Lieben!« forderte Werners seine Tochter auf; zugleich auch seinen nunmehr akzeptierten Schwiegersohn; mit wohlgeübter, kasinohafter Herzlichkeit. »Also – auf euer, auf unser Wohl!«
Ein ziemlich feierlicher Vorgang! Danach ließen sie sich, als sich die Dienstboten wieder entfernt hatten, am oberen Ende des gro-

ßen Tisches nieder. Es war, als gehörten sie nun wirklich zusammen.
»Nunmehr also, mein lieber Brandin«, tönte sodann Werners wohlwollend, »gehören Sie zu uns! Da Sie sich zu meiner geliebten Tochter mannhaft bekannt haben, ist meine Familie jetzt auch die ihre! Begreifen Sie, was das bedeuten könnte?«
»Wohl noch nicht ganz«, sagte der Schwiegersohn zu seinem Schwiegervater. Dabei faßte er zärtlich, doch keinesfalls unabgelenkt, die Hände seiner Verlobten, die sich ihm entgegengeschoben hatten. »Doch ich bin sicher, Herr Werners, daß Sie mich auch in dieser Hinsicht aufklären werden.«
»Auf Sie«, sagte der sodann zu Thomas Brandin, »habe ich in den vergangenen Jahren ziemlich genau geachtet. Und dabei herausgefunden: ohne Sie wäre ein Sonnenberg vermutlich nicht das, was er jetzt ist. Das hat mir zu denken gegeben. Sie haben sich mithin als ein überaus tüchtiger Mann erwiesen. Und nicht zuletzt deshalb sind Sie mir willkommen. Sollten Sie zu einer Mitarbeit mit mir bereit sein?«
»Warum nicht, Herr Werners. Doch in welcher Hinsicht? Und in welchem Umfang?«
»Nun, als mein Schwiegersohn habe ich Sie immerhin bereits akzeptiert. Womit Sie zu meiner Familie gehören. Dabei sind Sie mir aber auch als erfahrener Geschäftsmann überaus willkommen. Sie werden hier gebraucht, Mann! Ist Ihnen das klar?«
Thomas Brandin besaß die Kühnheit, gleich einem verwegenen Taucher, der in den Sog der Tiefe geraten ist, zu behaupten, das sei ihm klar! Isolde umarmte ihn spontan. Werners blickte wohlgefällig – auf beide.

Bei dem, was nun bald in Rosenburg ausbrach, schien es sich lediglich um einen »Kleinkrieg der Weiber« zu handeln. Zumindest Thomas Brandin erlaubte es sich, die Vorgänge so zu bezeichnen. Sie erheiterten nicht nur ihn, auch Siegfried. Und wenn der auch ansonsten eine Art sechsten Sinn für heikle Situationen besaß – diesmal drohte er zu versagen – auf ziemlich fatale Weise.
Dabei hatte alles reichlich harmlos erscheinend begonnen: Im Sonnenberg-Frisiersalon fühlte sich eine dort behandelte Dame nicht ausreichend betreut, nicht ihrem besonderen Wert gemäß bevorzugt. Das konnte an sich schon mal vorkommen. Aber bei dieser Dame handelte es sich eben um Margot. Und die war nun mal Frau und Schwester zweier höchst einflußreicher Rechtsan-

wälte. Ganz abgesehen davon, daß sie seit langen Jahren mit Siegfried wirksam befreundet war. Und ebendiese Margot gab sich nun überaus empört. »Sie haben da, Kindchen«, rief sie der mit ihr beschäftigten Friseuse zu, ausgerechnet dieser Christiane Clements, »nicht genug auf die Tönung meiner Haare geachtet – nicht wie von Meister Sonnenberg angeordnet. Das mißfällt mir ungemein!«

Und wenn auch bekanntermaßen Fräulein Christiane Clements überaus spezielle Fähigkeiten besaß, nicht nur als Friseuse, so hielt das Margot doch nicht davon ab, scharf verweisend zu bemerken: »Das, was Sie sich da geleistet haben mit meinen Haaren, Mädchen, ist einfach eine Schlamperei! Sie sind zu dunkel, sie leuchten nicht, sie schimmern nicht einmal!«

Diese ihr wohl gezielt erscheinende Herausforderung regte Christiane ungemein auf. »Aber ich bitte Sie, gnädige Frau, mehr kann man dabei doch gar nicht machen! Denn falls sich Ihre Haare noch heller tönen würde, könnte ein Effekt auftreten, der dann alles andere als damenhaft anmuten würde. Das wollen Sie doch nicht?«

»Was sagen Sie da?« Margot schnappte nach Luft, wie ein Goldfisch in einem Aquarium, in welchem die Frischluftzufuhr nicht mehr funktioniert. »Sollten Sie sich etwa erlauben wollen, auf eine Art Nutte anzuspielen? Bei mir!«

»Nichts Derartiges habe ich gesagt!« erwiderte Christiane selbstbewußt.

»Eine dennoch höchst fragwürdige Andeutung, die ich mir entschieden verbitte!« fauchte sie Margot an. »Wer sind Sie denn? Verständigen Sie sofort Meister Sonnenberg – den wünsche ich unverzüglich zu sprechen!«

Siegfried jedoch war angeblich abwesend. An seiner Stelle erschien Eva-Ingeborg. Die gab sich höchst besorgt, sehr verständnisvoll, wie weit entgegenkommend auch. Die sie begleitende Christiane hatte sich dabei im Hintergrund aufzuhalten.

»Wenn Sie, ausgerechnet Sie, liebe Margot, nicht sonderlich zufrieden sein sollten«, versicherte ihr Eva-Ingeborg, »dann würde mir das sehr leid tun. Auch für Siegfried. Denn der schätzt Sie ungemein, wie ich weiß. Was läuft denn hier nicht richtig?«

»Diese Person«, Margot wies empört auf Christiane, »hat sich, mir gegenüber, geradezu unglaubliche Bemerkungen erlaubt.«

»Habe ich nicht!« verteidigte sich die Clements. »Falls so was angenommen werden sollte, bin ich mißverstanden worden – möglicherweise absichtlich!«

»Da hören Sie es!« ereiferte sich Margot kampffreudig. »Diese Person wagt es, mir falsche Beschuldigungen zu unterstellen! Muß ich mir das bieten lassen?«
»Das müssen Sie nicht!« entschied Eva-Ingeborg schnell. »Das würde Siegfried gewiß nicht dulden.«
»Aber ich habe doch nur ...«
»Was auch immer, Fräulein Clements«, Frau Sonnenberg reagierte nun sehr entschieden. »Auf das, was Sie da angerichtet haben, darauf kommt es an! Denn offensichtlich haben Sie es nicht verstanden eine unserer besten Kundinnen, auf deren vorzügliche Betreuung auch mein Mann größten Wert legt, in gewünschter Weise zu bedienen.«
»Diese Person«, stieß Margot geradezu vernichtungsfreudig hervor, »hat sogar die Stirn gehabt, mich undamenhaft zu nennen, also in die Nähe einer Nutte zu bringen!«
»Das stimmt nicht!« rief Christiane empört.
»Aber dieser Eindruck scheint offenbar entstanden zu sein. Was genügt!« entschied Eva-Ingeborg.
Sie wandte sich nun direkt an dieses »Weibchen«, wie sie Christiane zu bezeichnen beliebte. Und zischte ihr zu: »Entfernen Sie sich unverzüglich, Fräulein Clements! Machen Sie hier Schluß!«
»Wollen Sie mich etwa ausschalten, abservieren?« rief Christiane in höchster Erregung. »Drohen Sie mir womöglich zu kündigen – Frau Sonnenberg? Ohne vorher Ihren Mann gefragt zu haben? Glauben Sie sich das tatsächlich leisten zu können?«
Das konnte sie sich natürlich nicht leisten – und beide wußten das. Eva-Ingeborg blickte dennoch Christiane überaus verächtlich an, was ihr nicht schwerfiel. »Reden Sie hier nicht herum – Sie haben bereits Unfug genug angerichtet! Verschwinden Sie gefälligst! Wohin auch immer – aber möglichst weit von mir entfernt!«
Als Christiane weisungsgemäß verschwand, wußte sie sofort, wohin. Sie braute, mit leicht zitternden Händen, im Nebenraum einen Kaffee auf, einen schweren, aromatischen. Den trug sie dann in einer erdbraunen Keramikkanne, mit zwei dazu passenden Tassen, zum Dachbodengeschoß des Hauses hinauf.
Dort befand sich das sogenannte »Labor« des Siegfried Sonnenberg. Hier pflegte der seine Kosmetikfabrikate zu erfiltern, für praktische Verwendungen aufzubereiten. Eine Beschäftigung, der er sich oft viele Stunden hingab, manchmal ganze Nächte lang. Und ebendeshalb befand sich auch in diesem geräumigen Dachbodenlabor eine Schlafstelle – ein breites bequemes Ledersofa.

Das pflegte er oftmals zu frequentieren. Zumeist allein, doch in letzter Zeit auch manchmal gemeinsam mit Christiane. Mithin schien die als einzige, außer Thomas Brandin, die Erlaubnis zu besitzen, jederzeit, und auch ohne vorherige Anmeldung, bei ihm zu erscheinen.
Auch diesmal wurde Christiane ohne Umstände willkommen geheißen. »Stell den Kaffee ab, meine Schöne! Mach es dir bequem! Nur noch ein paar Notizen – und dann stehe ich dir voll zur Verfügung.«
»Ich bin traurig«, sagte sie betrübt, »und diesmal so gar nicht in Stimmung.«
Er blickte von seiner Arbeit auf. »Solltest du etwa Ärger gehabt haben, mein Liebling?«
»Ärger ist gar kein Ausdruck für das, was man mir da zugemutet hat. Ich bin schwer beleidigt worden – und zwar durch deine Frau! Die hat mich behandelt – wie den letzten Dreck.«
Siegfried erhob sich und ging auf sie zu.
Sie klammerte sich an ihn. Beide spürten ihre Körper. Der brütenden Sommerhitze wegen war er lediglich mit Hemd und Hose bekleidet, und sie nur mit ihrem Friseur-Kittel.
Doch bevor sie sich noch auf seine Schlafstelle legten, sagte er: »Manchmal muß man einfach weghören können, meine Schöne, um sich nicht unnötig aufzuregen. Denn gesagt wird da so vieles – doch das meiste davon ist keine Antwort wert. Das habe ich frühzeitig erkannt. Lasse dich also niemals mit fanatischen Rechthabern oder überzeugten Nabelbeschauern ein. Hauptsache: es gibt Menschen wie uns, die nichts anderes wollen als sich zu lieben. Tun wir das!«
Sie entkleideten einander. Wozu nur einige wenige, inzwischen von ihnen gut eingeübte Griffe genügten. Sie waren schnell bereit, ineinander zu versinken. Doch dann wurde die niemals abgeschlossene Tür dieses stets für sicher gehaltenen Refugiums kraftvoll aufgestoßen.
Eva-Ingeborg erschien. Sie registrierte mit schnellen, sicheren Blicken jede sich ihr bietende Einzelheit. Wobei sie nicht etwa empört, vielmehr fast erfreut anmutete. Sie lachte sogar.
Die Liebenden lösten sich voneinander – ohne sonderlich überrascht von dieser Störung zu sein. Siegfried richtete sich auf und meinte verwundert: »Aber, aber, meine Liebe – ich bitte dich! So was muß doch nicht sein!«
Denn schließlich wußte Eva-Ingeborg von diesem Verhältnis. Es

bestand da eine Art indirektes Abkommen zwischen ihnen – auf gegenseitiger Toleranz basierend.

»Solltest du etwa neuerdings beabsichtigen, uns zu stören?« fragte Siegfried.

»Was ihr da so treibt«, sagte Eva-Ingeborg, »läßt mich völlig gleichgültig – sofern es einigermaßen dezent geschieht. Darauf lege ich Wert. Doch zunächst einmal muß ich dir mitteilen, daß sich dein Fräulein Clements höchst ungebührlich aufgeführt hat, einer unserer wichtigsten Kundinnen gegenüber, wobei es sich ausgerechnet um Frau Margot gehandelt hat.«

»Nun – das bringe ich schon wieder in Ordnung«, versicherte Siegfried entgegenkommend.

»Weiterhin jedoch muß ich feststellen, daß sich dein Fräulein Clements nicht an meine Bekleidungsordnung gehalten hat; für die ich in unserem Salon verantwortlich bin. Trotz allen erdenklichen Erleichterungen bei höheren Temperaturen, hatte ich angeordnet, sollte dennoch unter dem Friseurarbeitsgewand stets volle Unterbekleidung getragen werden. Also wenigstens doch Schlüpfer und Büstenhalter. Doch davon sehe ich hier nichts!«

»So was habe ich auch gar nicht nötig!« rief ihr Christiane streitbar zu.

Worauf sich Siegfried einmischte. Er hatte inzwischen seine Blößen bedeckt und stand nun verteidigungsbereit da. »Was soll das alles, Eva-Ingeborg?«

»Ich wünsche mich mit dir zu unterhalten, jetzt und hier! Unter vier Augen.«

»Willst du das, Siegfried?« Christiane hatte sich in ihrer prallen Schönheit demonstrativ aufgerichtet. »Bist du etwa der Ansicht, daß ich hier überflüssig bin?«

»Keinesfalls, meine Schöne! Du gehörst zu mir – und Eva-Ingeborg weiß das. Doch wenn sie mich unbedingt allein sprechen will, dann muß das auch geschehen.«

»Verschwinden Sie also unverzüglich, Fräulein!« forderte Frau Sonnenberg energisch.

Christiane Clements lächelte nur. Sie schlüpfte in ihren Friseurkittel, der für sie wie eine zweite Haut war. Dann tänzelte sie hinaus.

»Mußte das unbedingt sein?« fragte Siegfried. Er stand nun vor seiner Frau, in Bettücher wie in eine römische Toga gehüllt. Es war ihm bewußt, daß er etwas lächerlich wirkte.

Sie fixierte ihn mit schlangenhafter Ausdauer. »Ich habe mich stets darum bemüht, diverse deiner frisierenden Pipimädchen und etliche sich dir schamlos aufdrängende Weiber zu übersehen. Aber so geht es nicht weiter, in dieser penetranten, immer mehr in die Öffentlichkeit dringenden Deutlichkeit!«

»Aber ich bitte dich, Eva-Ingeborg! Schließlich kann man mein Verhältnis zu Christiane als ziemlich zurückhaltend bezeichnen. So ähnlich wie deines mit Konrad Kahlers!«

»Das trifft nun nicht mehr zu, Siegfried!« sagte sie überaus empört. »Die Christiane habe ich dir stets gegönnt, doch neuerdings beginnt diese Person reichlich aggressiv zu werden, sogar mir gegenüber. Und da du nichts Überzeugendes tust, sie in ihre Grenzen zu verweisen, muß ich wohl annehmen, daß du ihre unverschämten Aufdringlichkeiten duldest, wenn nicht sogar unterstützt.«

»Aber ich bitte dich, Eva-Ingeborg!« Sonnenberg erkannte sofort die gefährliche Entwicklung dieses Gespräches. Gefährlich für ihn, für seine großen Geschäfte, die er möglichst ungestört abzuwickeln bemüht war. Und daher zögerte er nicht, seine Gefühle zu verleugnen.

»Mein Gott – wer ist denn schon diese Christiane! Ein gewiß recht nettes, sehr entgegenkommendes Geschöpf – für einen Mann. Doch im Grunde ziemlich unbedeutend – im Hinblick auf uns.«

»Versuche dir und mir da nichts vorzuschwindeln!« Eva-Ingeborg sah ihn abschätzend an und bemerkte, daß er im Augenblick alles andere als einen sicheren Eindruck machte. »Dein Verhältnis mit dieser Christiane fällt zu sehr auf und hat aufzuhören – sofort!«

»Und wenn – nicht?«

»Dann könnten sich daraus, für mich, eindeutige Folgerungen ergeben! Etwa – ein Scheidungsgrund. Jederzeit nachweisbar.«

Siegfried hatte nun Mühe, einige Gelassenheit zu zeigen. »Ist es tatsächlich das, worauf du hinauswillst? Das kann ich einfach nicht glauben!«

»Daran wirst du aber glauben müssen!« erklärte seine Frau ihm nun überdeutlich. »Ich lasse mich nicht einfach ausschalten und abschieben! Aber darauf deutet alles hin. So weiß ich, daß du Konrad Kahlers ziemlich eindeutige Angebote gemacht hast – gegen meine Interessen! Also habe ich nun wohl keine andere Wahl mehr, als mich zur Wehr zu setzen. Rechne fortan damit!«

3

Auch das kaum Vorstellbare kann Alltag sein

Der Verlobte von Isolde Werners, Thomas Brandin, war von ihr zum Tee gebeten worden. Sie hatte ihn selbst zubereitet und im »kleinen Salon« der Rosenburg serviert. Das war ein gediegener Raum, prächtig in Plüsch, Leder, Samt und Seide gehalten, mit Eichenmöbeln und Orientteppichen.

Sie saßen, eng beieinander, auf einem barocken Sofa – hinter ihnen ein Ahnenbild aus dunkel angerauchten Ölfarben. Harmonie ausstrahlend, hielten sie sich bei den Händen.

»Mein Vater«, erklärte sie ihm beglückt, »hat offenbar alle Vorurteile dir gegenüber abgelegt. Er ist jetzt voll und ganz einverstanden – und sieht alles sogar sehr positiv.«

»Hoffentlich irrt er sich da nicht!« meinte Thomas verhalten. Er löste seine Hände von den ihren, um Tee zu trinken. Zumindest der durfte als überaus köstlich bezeichnet werden.

»Mein Vater beabsichtigt«, sagte Isolde weiter, nicht ohne Stolz, »uns das ganze obere Stockwerk zur Verfügung zu stellen – das sind fünf Zimmer. Für uns und unser Kind. Ich glaube, es bewegt sich schon in mir – willst du es fühlen?«

Als er nickte, ergriff sie eine seiner Hände und legte sie auf ihren Bauch. Er fühlte nur ihre stattliche Fleischigkeit – und nichts anderes. Das war wohl in diesem Frühzustand auch nicht zu erwarten.

»Hoffentlich«, sagte sie, sich an ihn schmiegend, »wird es ein Junge. Vater wünscht sich das sehr!«

»Mir sind eigentlich Mädchen lieber«, meinte Brandin scherzend. »Und schließlich geht es hier doch wohl kaum um eine Art Thronfolge, sondern um dein Kind.«

Und ziemlich genau darum ging es, um Isoldes Kind, nicht um ihr gemeinsames Kind; das war ein Komplex, über den Brandin sich nicht zu verbreiten gedachte – noch nicht.

Sie versuchte, sich heiter zu geben: »Was auch immer kommt, Thomas – Hauptsache, du bist glücklich – mit mir!«

Doch zunächst erschien Vater-General Werners, in ein Jägerge-

wand gehüllt, mit knarrenden Stiefeln. Er gab sich ungemein familiär. »Ich hoffe sehr«, tönte er ihnen entgegen, »dieses schöne Idyll nicht zu stören! Doch eine Tasse Tee, gemeinsam mit euch beiden, würde ich gerne genießen.«
Er erhielt sie unverzüglich und ließ sich vor ihnen in einem Ledersessel nieder. Er benahm sich dabei, als beziehe er in vorderster Linie einen Beobachtungsstand. Er nickte den Verlobten wohlwollend, jedoch nicht übertrieben, zu und wollte wissen: »Nun, Herr Brandin, mein lieber Schwiegersohn, sollten Sie inzwischen bereits die sich nun für Sie ergebende Konstellation durchgedacht haben? Und darf ich vielleicht sogar annehmen, daß Sie jetzt schon einige Folgerungen daraus zu ziehen bereit sind?«
»Einige durchaus, Herr Werners – möglicherweise schon alle, die sich mir anbieten. Auf welche würden Sie besonderen Wert legen?« Der General fühlte sich gewürdigt und respektiert – wie sich das ja auch gehörte. Er blinzelte anerkennend seine Isolde an, die daraufhin freudig zu erröten schien. Doch dann wandte er sich wieder seinem Schwiegersohn zu.
»Zunächst Punkt eins, Herr Brandin: Ihr geschäftliches Verhältnis mit Herrn Sonnenberg – läßt sich das lösen?«
»Das ist ziemlich unkompliziert, Herr Werners. Ich habe meinen Freund Siegfried über meine spezielle Situation und Ihre besonderen Wünsche aufgeklärt. Und er hat sie akzeptiert.«
»So ohne weiteres?«
»Sicherlich nicht sehr gerne, und erst nach einigem Zögern«, erklärte Brandin, als wäre er lediglich nach seiner Wetterprognose befragt worden. »Mit Gegenargumenten und Gegenangeboten. Jedenfalls fand er sich damit ab, daß ich jetzt, nachdem ich so gut wie zu Ihrer Familie gehöre, auch für Sie arbeiten will – und muß.«
»Darf!« rief Werners korrigierend aus. »Das hört sich jedenfalls recht gut an! Mithin – kein schroffer Bruch, kein zerstörender Abbruch, kein krasser Hinauswurf?«
»Nichts dergleichen, Herr Werners. Siegfried und ich sind Freunde – und das bleiben wir auch. Sie haben doch nichts dagegen?«
»Aber nein, nein!« rief der General geradezu begeistert aus. Gleich darauf fuhr er ernüchtert fort: »Nun, wie Sie sehr wohl wissen, mein lieber Herr Brandin, ist dieser Sonnenberg nicht mein Freund! Es sei denn, daß er sich grundsätzlich ändert. Vielleicht sogar unter Ihrem weiteren Einfluß, sobald er erkennt, daß Ihr Eintreten für meine Familie zu respektieren ist!«

Thomas schwieg, wobei er, um Klarheit bemüht, Werners mit Interesse betrachtete. Der wirkte zwar immer noch entschlossen, voll väterlichen Selbstbewußtseins, nach wie vor auf Feldherrngröße bedacht. Doch seine Augen waren ohne Glanz, seine Hände flatterten, und sein knochiger Körper zitterte unkontrolliert, in schon fast greisenhafter Unruhe.
»Das zunächst wohl Wichtigste, worauf Sie gemeinsam mit mir zu achten haben, lieber Herr Brandin, ist das sogenannte Nordwiesenprojekt des Herrn Sonnenberg.«
Brandin nickte verstehend, nicht ohne nach Isoldes Händen zu greifen; sie sollte sich hier in seiner Gegenwart nicht als nebensächlich fühlen. Sie schmiegte sich dankbar an ihn.
»Für dieses Nordwiesenprojekt«, referierte nunmehr Brandin, »bieten sich derzeit zwei Möglichkeiten an. Entweder die Bundeswehr kauft dieses Gelände auf, oder Sonnenberg baut dort die von ihm geplanten Fabrikationsanlagen.«
»Richtig!« bestätigte ihm Werners. »Im ersten Fall, also beim Bundeswehrprojekt, würden wir automatisch die dazugehörigen Lieferanten werden, wie es Kahlers uns garantiert hat. Also würden wir Erde, Bausteine, Ausschachtungs- und Planierungsarbeiten, Ziegel- und Zementfabrikationen liefern. Doch im zweiten Fall, bei diesem Sonnenberg-Spezialprojekt – würde uns dabei ein gleicher Anteil zukommen? Etwa durch Sie, mein Lieber, durch Ihre freundschaftlich internen Beziehungen zu ihm? Glauben Sie, das erreichen zu können?«
»Das glaube ich«, sagte Thomas ungeniert.
»Dann haben Sie meinen Segen!« Der Vater-General wuchtete sich mit einiger Mühe hoch. »Dann will ich hier nicht weiter stören. Euer Bund stimmt mich sehr hoffnungsvoll.«

Siegfried Sonnenberg hatte Klementine Gartner, die hier nun keiner mehr »des Teufels Großmutter« nennen durfte, zu sich gebeten. Diese denkbar beste Wachhündin seines Hauses wieselte eifrig zu ihm hoch – von ihrem Keller in sein Labor auf dem Dachboden. Und hier ließ sie sich auf der Schlafstelle breit und erwartungsvoll nieder.
»Was willst du trinken?« fragte er sie.
»Du versuchst mich ja geradezu zu verwöhnen, mein Kleiner!« Sie war immer voller Anerkennung – ihm gegenüber. »Daher wird dir auch nicht ganz gleichgültig sein, daß langsam mein Vorrat an Kognak zu Ende geht.«

»Ich werde dir schon morgen ein weiteres Kistchen zukommen lassen«, versprach Siegfried bereitwillig.
»Du bist ein guter Junge«, versicherte sie, wobei sie ihn zärtlich betrachtete. Ihr uraltes Gesicht war rundlich geworden und wirkte rosig – denn sie puderte sich von seinen Vorräten. Und sie sah gepflegt aus, denn sie gehörte zu den wenigen, die Siegfried persönlich frisierte. »Für dich tue ich einfach alles! Was gibt's denn diesmal?«
»Ich bin besorgt«, erklärte er ihr augenzwinkernd, »und zwar wegen Eva-Ingeborg.«
Klementine lachte kichernd. »Besorgt – wegen deiner lieben Frau? Erst jetzt? Mit der – das dürfte dir doch klar sein – ist nicht zu spaßen! Schon gar nicht, wenn es um Geld geht. Da kann sie wie deine Mutter Emma sein!«
»Und ebendeshalb würde ich gerne ein wenig mehr über sie wissen. Diverse Einzelheiten, um die ich mich bisher wohl nicht intensiv genug gekümmert habe.«
»Ach du armer Arsch!« stellte die Urmutter vergnügt fest. »Ist es also endlich soweit? Wieder einmal! Du willst aufs Ganze gehen?«
»Muß ich ja wohl – und hoffentlich mit deiner Hilfe.«
»Weißt du, mein lieber Junge, daß ich manchmal richtig froh darüber bin, daß ich niemals geheiratet habe? Oder soll ich sagen: der kann froh sein, der mich nicht genommen hat? Denn inzwischen habe ich viel zu viele Ehen mit ansehen müssen, die dann in Begräbnisinstituten endeten. Dabei mische ich aber noch immer ganz gerne mit – auf meine alten Tage. Ich bin für jede noch so kleine Freude dankbar.«
»Das gönne ich dir, Klementine. Du machst das also?«
Dieses Weib wußte sofort, worauf es Siegfried ankam. »Du willst also genau wissen, wann und wo und wie oft sich deine liebe Frau mit irgend jemand trifft oder getroffen hat? Ob nun mit Kahlers allein oder auch mit anderen? Richtig so?«
»Aber vorsichtig!« mahnte er.
»So was ist meine Spezialität!« sagte sie und lachte meckernd. »Du weißt auch, mein Kleiner, daß ich stets mit Wonne die Elefantenkuh im Porzellanladen spiele! Dir jedoch tue ich das nicht an. Du bist mein einzigartiger Gönner – dich liebe ich sogar. Das solltest du wissen.«
»Das habe ich stets gewußt, Mutter Klementine.«
Sie hockte breitbeinig da und lächelte ihn verschwörerisch an. Ihr

Gesicht rötete sich noch mehr vor Freude über das, was sie ihm nun mitzuteilen gedachte. »Da habe ich bereits was im Rohr – doch dir das unterzujubeln, mein Kleiner, geniere ich mich fast.« – »Diese Anwandlung wirst du gewiß überwinden, Klementine«, scherzte Sonnenberg. Seine Neugier wurde immer größer. »Nun laß schon die Katze aus dem Sack, altes, liebes Mädchen!«
Mit drollig-betrübtem Gesichtsausdruck fuhr sie fort: »Zunächst muß ich dich auf die Wirtschafterin von den Werners hinweisen. Das ist ein ganz fürchterliches Weibsbild – fast schon so eins wie ich, weshalb die mich auch immer gehaßt hat, was mich jedoch nur freute. Zu allem Unglück – oder eben in diesem Fall zum Glück – ist sie mit mir entfernt verwandt. War dir das bekannt?«
»Nein!« gestand Siegfried ein; er fühlte sich ungemein amüsiert – zunächst noch. »Doch das will mir gar nicht so abwegig vorkommen – denn eine gewisse verwandtschaftliche Ähnlichkeit . . .«
»Keine Beleidigungen, bitte, mein Jungchen!« rief Klementine Gartner belustigt. »Diese saudumme Dienstbotenfigur kann mir doch wohl kaum das Wasser reichen! Aber neuerdings versucht sie, sich an mich heranzuwanzen – um ihr Gift zu verspritzen!«
»Gegen dich?«
»Menschenskind – so was würde die niemals wagen!« Klementine wurde zunehmend gemütlicher. »Wenn die jemand anzugiften versucht, dann handelt es sich dabei um Isolde – und um deinen Brandin dazu. Verständlicherweise!«
»Durch Isolde«, erkannte Sonnenberg, »fühlt sie sich wohl zurückgesetzt?«
»Na klar, Mann – genau das. Denn bisher war dieses hinterhältige Luder dort die beherrschende Person – hat die sich zumindest gedacht! Sie hat den General bekocht, ihm das Bett gemacht, sein Toilettenpapier ausgerollt. Sie war dort sozusagen die Frau des Hauses! Nun aber kreuzt in ihrem Bereich eine Art Dame auf – noch dazu mit angeblichem Kindeserzeuger. Und das stinkt ihr! Mächtig.«
»Na – und?« Siegfried fühlte sich auch weiterhin amüsiert. »Was will sie dagegen machen?«
»Die ansauen – was denn sonst?«
»Wie?«
»Von hinten herum!« Klementine lehnte sich wohlig genießend zurück. »Es handelt sich dabei um eine Verschwörung von zwei Wirtschaftsweibern gleichzeitig – das eine hier in Rosenburg, das andere in Norddeutschland. Auf beide scheint diese von sich so

überzeugte, hoheitsvolle Edeldame Isolde wie ein Brechmittel gewirkt zu haben. Was die beiden jetzt gegen Isolde auskotzen, das sind verdammt dicke Brocken!«

»Erzähl weiter«, sagte Sonnenberg neugierig.

»Du brauchst nicht gleich zu erröten, denn es handelt sich um Unterwäsche, mein lieber Junge, und zwar um die von Isolde! Kapiert?«

»Noch nicht ganz, Muttchen.«

»Also, nun mal Fraktur geredet: das Wirtschaftsweib im Norden, wo sich Isolde jahrelang aufhalten mußte, auf Anordnung ihres Vaters, hat Gefallen an dem mit mir verwandten Wirtschaftsweib aus dem Süden gefunden. Letzteres hatte die Koffer von Isolde zu packen, und sie dann rosenburgwärts zu begleiten. Da kam es zu vertraulichen Gesprächen – so von Küchenmonstrum zu Küchenmonstrum. Dabei flüsterte die eine der anderen, daß die Unterwäsche von Isolde während der letzten vierzig Tage völlig sauber gewesen sei!«

»Na, wie schön!« meinte Siegfried Sonnenberg, immer noch ahnungslos. »Völlig saubere Unterwäsche – wer hat die schon?«

»Ach du armes, dummes Kerlchen!« seufzte Klementine sonnig. »Du kannst ja nicht einmal, bei einer Frau, bis vier zählen – also bis zu vier Wochen! Denn das mit der sauberen Unterwäsche von Isolde bedeutet doch ganz einfach, daß sie inzwischen keine Periode gehabt hat!«

»Sie war also bereits schwanger – bevor sie wieder hier anreiste?« Siegfried begriff endlich.

»Na also, mein Kleiner – geht dir nun ein Licht auf.«

»Das bedeutet, daß Isolde gar nicht von Thomas geschwängert worden ist – sondern von irgendeinem anderen!«

»Kapiert!« bestätigte ihm Klementine. »Willst du nun versuchen, das deinem Brandin beizubringen? Oder soll ich das tun? Für dich erledige ich auch das noch.«

»Das wird wohl kaum notwendig sein«, sagte Siegfried nun sehr nachdenklich. »Denn ich habe das fatale Gefühl, Thomas hat bereits herausgefunden, was da mit ihm gespielt werden soll. Doch das geniert den nicht – der will das, offiziell, gar nicht wissen. Das vermag ihn nun nicht mehr abzulenken von dem, was er erreichen will.«

»Mein Gott!« stöhnte Urmutter Klementine beglückt. »Oder eben – zum Teufel noch mal! Wie ist das schön! Was seid ihr beide doch für ausgekochte, herrlich-hinterhältige Sauhunde. Es ist ja gera-

dezu eine Wonne, mit euch befreundet zu sein. Euch gehört mein ganzes Herz! Ich kann nur hoffen, daß ihr euch nicht das Genick dabei brechen werdet. Doch wenn, dann werde ich um euch trauern – und zwar mächtig!«
»Völlig unnötig, Mutter Klementine! Was Thomas und ich miteinander erlebt haben, ist – verglichen mit dem, was nun noch auf uns zukommen könnte, wie der Schnee von vorgestern.«

Siebtes Zwischenspiel: Wie sie begannen, reinen Tisch zu machen

Der »Friseurbetrieb« in dem Kriegsgefangenenlager mit der fünfstelligen Nummer, das vom Kommandanten neuerdings, auf Anraten des Kommissars, die Bezeichnung »Rote Zukunft« erhalten hatte, schien gut abzulaufen: schnelle ordentliche Frisuren von annehmbarer Qualität, bei gleichzeitiger Beachtung von gesundheitlichen Regeln.
Alles hätte sich für Sonnenberg und Brandin günstig entwickeln können. Sie waren hier voll beschäftigt und hatten dankbare Kunden. Doch die sogenannte Innere Lagerführung hatte sich wieder massiv eingeschaltet. Einer, meistens war es Vesper, erledigte die äußere Organisation; er bestimmte, wer zu bearbeiten war – und auch wann. Dafür teilte er, an Hand seiner Listen, numerierte Tageszettel aus.
Ein anderer, meist der bullige Bachmann, machte sich direkt im Friseurschuppen breit. Er sorgte dort für Ruhe und Ordnung, für das ihm notwendig erscheinende Tempo. Letzteres mit Hilfe einer Fünfminutensanduhr, die ein Kamerad für ihn, aus Flaschenhälsen, hatte konstruieren müssen. Seine Haupttätigkeit jedoch bestand darin, zu kassieren – und das machte er sehr fleißig, mit Hilfe von leeren Konservendosen und Pappschachteln.
Nur noch gelegentlich tauchte hier Feldwebel Eichler auf – zwecks kurzer Kontrollen. Und um seine werktätigen Friseure nicht unfreundlich zu fragen: »Na, Leute – irgendwelche Anregungen? Oder gar Beschwerden? Gibt's keine – was? Dafür seid ihr nicht dämlich genug.« Sichtlich genoß er Siegfrieds Schweigen, das recht respektvoll wirkte. Thomas beachtete er kaum. Zufrieden schritt er davon.
Der bei den beiden zurückbleibende Bachmann grinste behaglich. Er drehte sich stündlich eine Zigarette, mampfte zwischendurch

Brot und meinte dann empfehlend: »Ein schönes Gläschen Wodka wäre auch gar nicht schlecht, Kameraden. Den solltet ihr euch organisieren, wenn ihr den Iwans ihre fetten Läuse aus den Haaren kämmt. Manchmal stehen bei denen halbleere Flaschen nur so herum. Und wenn ihr unserem Eichler und mir mal eine besondere Freude machen wollt . . .«
»Wollen wir nicht«, sagte Sonnenberg. Der letzte »Kunde« hatte sich entfernt, die Sonne ging unter; sie befanden sich kurz vor der täglichen Abrechnung, bei der ihnen gewöhnlich nur ein paar Reste überlassen wurden.
Diesmal hatte der Abkassierer für sie vier Scheiben Brot, fast zehn Gramm Tabak, zwei kleinere Kartoffeln und eine magere Ratte vorgesehen – was er für sehr großzügig hielt. Doch das alles zog er nun wieder an sich, wobei er Sonnenberg kopfschüttelnd musterte. »Was ist denn mit dir los, Mensch? Gefallen dir unsere Methoden nicht?«
»Schon lange nicht, Bachmann!«
»Solltest du etwa krank sein, Sonnenberg?« fragte der anzüglich. »So siehst du nicht aus. Vermutlich hast du eine Anwandlung von Größenwahn? Das ist aber gar nicht ungefährlich; nicht bei mir!«
Brandin zog sich ausweichend seitwärts zurück – bis zum Ofen hin. Dort geriet er aus dem Blickwinkel des Kaputtmachers Bachmann, der allein auf Sonnenberg achtete, welcher sich nun vor ihm aufstellte.
»So geht das nicht weiter, Bachmann. Wir machen hier die Arbeit, aber ihr kassiert. Nicht nur unberechtigt, auch entschieden zu viel! Ich fordere von allen hier gemachten Einnahmen Zweidrittel für uns.«
»Du bist wohl vom Hahn bestrampelt, du Arsch!« Der Bulle Bachmann erkannte das Bedrohliche dieser Situation sofort und reagierte entsprechend der von Eichler verlautbarten Lagermaxime: Wehret den Anfängen! »Sonst kriechst du immer nur hundeartig durch die Gegend – doch plötzlich riskierst du eine ganz große Lippe! Und das, Sonnenberg, du Stinktier, ausgerechnet mir gegenüber. Mit mir macht man aber so was nicht, du Kretin!« Und dann schlug er Sonnenberg mitten ins Gesicht. Mitten hinein knallte er seine kraftvoll fleischige Hand. Mehrmals. Siegfried blutete, taumelte.
Worauf nun Thomas Brandin in Aktion trat. Ohne zu zögern, ergriff er das dickste, längste, scharfkantigste Holzstück, das neben dem Ofen lag, und wuchtete es knallend auf Bachmanns Schädel.

Ein Schlag genügte, und der sackte gurgelnd zusammen. Er war krepiert.
»Na also«, stellte Siegfried Sonnenberg fest, wobei er sich das aus Nase und Mundwinkeln hervorsickernde Blut abwischte. »Der war ja wie wild darauf! Das hat er nun davon!«
In den Nachtstunden schleppten sie, in selbstverständlicher Gemeinsamkeit, die Leiche des Bullen Bachmann hinaus. Zum Hügel, wo die täglich anfallenden »Abgänge« gelagert wurden. Er befand sich nahe beim Haupttor, also nur wenige Schritte von ihrer Baracke entfernt. Der war dort die Nummer dreizehn.

Dagmar, die Tochter von Siegfried und Eva-Ingeborg, stellte Thomas Brandin in der Küche des Sonnenberg-Hauses zur Rede. Er war gerade dabei, nach einer Kanne Kaffee zu greifen. Doch Dagmar nahm sie ihm mit herausfordernder Geste weg und setzte sie wieder auf den Herd zurück.
»Was denkst du dir denn eigentlich? Willst du tatsächlich zu diesen Werners überwechseln?« Sie fauchte ihn katzenhaft an. »So was kannst du doch Vater nicht antun – uns nicht – mir nicht! Bist du denn komplett verrückt geworden?«
»Setzen wir uns zusammen«, schlug Thomas vor. »Besprechen wir das alles, Punkt für Punkt. Wenn du mich nicht aufgesucht hättest, Dagmar, dann hätte ich dich um eine Unterredung gebeten. Auch ich halte sie für notwendig.«
»Versuche ja nicht, mich irgendwie einzuseifen!« rief sie mißtrauisch, anklagend. Und dann fügte sie leise, kaum vernehmbar hinzu: »Bitte – nicht, Thomas.«
Dieser Nachsatz entging ihm nicht. Er bat sie überaus höflich darum, sich zu ihm zu setzen, mit ihm Kaffee zu trinken. Das wurde akzeptiert. Dabei sah sie ihn groß an. »Ich höre!«
Worauf er bedächtig ausführte: »Also Punkt für Punkt, Dagmar! Beginnen wir mit deinem Vater, den du offenbar sehr liebst. Das ist ganz in Ordnung. Und es sollte dir auch klar sein, daß dein Vater und ich Freunde sind. Wir sind das unter den denkbar schwierigsten, geradezu fürchterlichsten Umständen geworden. Und das werden wir ein Leben lang bleiben!«
»Aber das ist doch nichts wie Geschwätz!« grollte sie. »Derartige Beteuerungen kenne ich zur Genüge! Von wegen: Treue bis in den Tod! Der Ehefrau, dem Vaterland, den Gesinnungsgenossen gegenüber! Nichts wie Mist, Mann! Gefühlsmist!«
»Nicht in jedem Fall, Dagmar – nicht bei uns!«

Sie lachte spöttisch. »Was hier vor sich geht, Thomas, ist doch ganz einfach absurd! Da wanzt du dich an diese Werners heran, die für Vater ein Brechmittel sind. Und für dich angeblich auch; das hast du oft genug behauptet. Und ausgerechnet du stürzt dich auf diese Isolde, dieses stramme Kaltblutpferd! Soll das etwa Liebe sein?«
»Liebe«, sagte Brandin sehr bedächtig, wobei er sie groß ansah, »wollte mir schon immer als ein Ereignis erscheinen, das in jedermanns Leben nur einmal vorstellbar ist.«
»Wovon redest du denn da?« fragte sie erregt aufhorchend.
»Von dir«, sagte er einfach.
Dagmar sah sich von rosaroten Wolken umhüllt; es verschlug ihr den Atem. Sie vermochte nur noch mühsam zu sagen: »Von mir?«
»Nur von dir.«
Sie mobilisierte unverzüglich heftige Abwehrkräfte. Mutig rief sie: »Was soll denn das? Ist das wieder ein Täuschungsmanöver? Du bist ja genau wie mein Vater, der ungeniert größere Zugeständnisse macht, die ihn nichts kosten – wenn er nur kleinste Vorteile erreichen kann. Willst du mir das auch noch zumuten, Thomas?«
»Nichts dergleichen ist beabsichtigt, Dagmar«, versicherte er mit einer bei ihm selten anzutreffenden Ernsthaftigkeit. »Einmal wenigstens wollte ich das sagen, was ich wirklich empfinde – dir gegenüber. Doch das mußt du ja nicht gehört haben. Darüber kannst du dich amüsieren oder es schnell wieder vergessen. Aber ich habe es wenigstens gesagt.«
»Du behauptest, mich zu lieben?«
»Ja.«
»Und wenn ich dir nun sage, ich liebe dich auch, Thomas? Was dann?«
»Dann würde mich das sehr glücklich machen, Dagmar, und überaus hoffnungsvoll stimmen – für später. Sobald hier all das erledigt ist, was da noch vorliegt und erst hinter uns gebracht werden muß.«
»Aber das ist doch Unsinn, Thomas! Wenn es wahr ist, daß du mich liebst, was ich dir gerne glauben möchte, dann sehe ich gar keine Schwierigkeiten. Vater würde sicherlich ja sagen, als dein Freund; und ihm würde es sogar gelingen, die Zustimmung meiner Mutter zu bekommen. Und ich selber werde einfach alles tun, um jedes Hindernis aus dem Weg zu räumen. Wo gibt es da unüberwindliche Probleme? Ich sehe keine.«

»Leider, Dagmar, stimmt das hier nicht«, bekannte Thomas zögernd. »Dabei geht es nicht mehr allein um uns beide. Vielmehr – das alles ist zu berücksichtigen – existieren da noch Kreuz- und Querverbindungen, Zwangszustände, Fragwürdigkeiten!!!«
»Nicht für mich, Thomas! Aber vermutlich für dich – meinst du das? Willst du damit sagen: es ist zu spät – für uns?«
»Genau das wollte ich damit nicht sagen, Dagmar«, versuchte er ihr zu erklären. »Was ich vielmehr anzudeuten versuche, ist folgendes: Wir müssen abwarten. Vielleicht nur noch einige Jahre, etwa drei, höchstens fünf. Dann dürfte hier mit Sicherheit so gut wie alles geklärt sein. Und dann endlich könnte unsere Zeit kommen, Dagmar.«
»Derartig gemütsgelackte Sprüche, Mensch, kannst du dir schenken! Ich bin doch nicht von vorgestern!« sagte sie mit robuster Empörung. »Entweder du liebst mich – dann zeige mir das, sofort! Oder du liebst mich eben nicht – dann versuche nicht mich weiter dämlich anzuquatschen, um möglichst ungestört deine Geschlechtsgeschäfte betreiben zu können. Ich bin schließlich kein kleines Pipimädchen, mit dem man beliebig umspringen kann. Darüber solltest du dir klar sein!«

John Frankfurter bat seine, in Rosenburg augenzwinkernd als »Lebensgefährtin« bezeichnete Freundin Erika Sonnenberg, Siegfrieds Schwester, um eine Tasse Tee. Daß er um indischen Tee bat, war bemerkenswert, denn er verlangte dieses Getränk nur dann, wenn er glaubte, intensiv nachdenken zu müssen, um sich in gewisser Weise Klarheit zu verschaffen.
Die stark duftende Flüssigkeit wurde ihm alsbald auf seinem Schreibtisch serviert. Der war so überladen mit Büchern, Akten und Notizzetteln, daß sich kaum Platz für eine Tasse schaffen ließ.
»Setze dich zu mir«, bat er Erika.
Sie tat es unverzüglich. »Du bist besorgt?«
»Das, meine Liebe, bin ich wohl immer«, gestand er mit lächelnder Ergebenheit ein. »Das liegt vermutlich in der Natur meines jüdischen Volkes. Über Jahrtausende wurden wir verfolgt, und so beherrscht auch mich sehr oft das Gefühl, fliehen zu müssen – möglichst weit.«
»Diesmal jedoch mit mir!« Erika hatte volles Verständnis. »Aber was macht dich in diesem Fall so besorgt? Etwa die Unterlagen meines Bruders, mit denen du dich in den letzten Tagen beschäftigt hast?«

»Ja – und auch nein!« gab John zögernd zu. »Wir Juden besitzen – soll ich sagen ›leider‹? – eine Menge Phantasie. So drängt sich mir die Vermutung auf, das Vorhaben deines Bruders könnte einmal einen frappierend großen Gewinn abwerfen. Da man aber da wohl gar nichts im voraus berechnen kann, könnte es sich auch um eine gewagte, reichlich ungewisse Spekulation handeln.«
Erika war nur allzu bereit, ihm zu beweisen, daß sie bedingungslos zu ihm gehörte. »Du hast Bedenken, dich auf die Geschäfte meines Bruders einzulassen, John. Dann laß es! Wie du dich auch immer entscheidest, ich werde es respektieren.«
»Und ich«, gestand er ihr, »würde am liebsten gleich heute noch mit dir nach Amerika reisen. Auch ohne zu wissen, welche Möglichkeiten uns dort erwarten. Dieses Deutschland beginnt mir langsam wieder Angst zu machen. Aber da bist du! Und von dir weiß ich, daß du deinen Bruder sehr liebst. Du möchtest gerne, daß ich ihm beistehe, nicht wahr?«
»Ja, John. Aber nicht, wenn dich das irgendwie belastet. Oder wenn es gar unser Verhältnis stören sollte.«
Er griff zärtlich nach ihrer Hand. »Das kann ich mir nicht vorstellen, meine Geliebte. Zumal ich deinen Bruder auch sehr mag – er ist mir immer, gewiß deinetwegen, freundschaftlich und erstaunlich vorurteilslos begegnet.«
»Trotzdem scheinst du zu fürchten, daß er dich getäuscht haben könnte?«
»Ganz auszuschließen ist das wohl nicht, Erika. Bisher ist er mir ja nur als dein liebevoller Bruder begegnet. Doch diesmal werde ich mit ihm als Geschäftsmann konfrontiert. Und wenn er als solcher, wie ich gestehen muß, auch recht beachtlich anmutet, könnte man doch auch den Eindruck gewinnen, einem verwegenen Abenteurer begegnet zu sein. Einem, der alles besitzt, was derzeitig Erfolg garantiert: Energie, Ausdauer, Entschlossenheit, Spürsinn und leider auch eine Menge Rücksichtslosigkeit.«
»So«, gestand Erika verwirrt ein, »habe ich ihn niemals gesehen. Für mich ist er, selbst bei einigen Vorbehalten, ein netter, einfühlsamer, entgegenkommender Mensch. Eben mein Bruder.«
»Das ist er auch geblieben – für dich.« John Frankfurter hatte schon oft über diese Konstellation nachgedacht. »Doch ansonsten könnte er sich in bestimmter Hinsicht entwickelt haben.«
»Vielleicht durch das, was er erleben mußte – im Krieg und in der Gefangenschaft.«
»Das ist anzunehmen, Erika. Er hat wohl durch alle Höllen gehen

müssen. Sie werden ihn gequält, ausgehungert und mißbraucht haben, wie so viele. Er hat die entscheidenden Jahre seiner Entwicklung im Kampf ums nackte Überleben zugebracht.«

»Davon hat er nie ein Wort gesagt«, stellte Erika mit Verwunderung fest. »Woher glaubst du, das zu wissen?«

»Dazu gehört nicht viel an Vorstellungsvermögen. Er stand an den Brennpunkten des totalen Krieges, lag dann im Kriegsgefangenenlager zwischen Toten, Sterbenden und Dahinvegetierenden. Und wer da übrigbleibt, der konnte weiß Gott nicht zimperlich sein.«

»Und zu denen, meinst du – gehörte Siegfried auch?«

»Bei ihm ist das wohl noch weit schlimmer, befürchte ich. Denn alle anderen wollten nach dem Krieg vergessen; und vielen gelang es auch, jede Erinnerung daran zu verdrängen. Womit sie ihr Gedächtnis einigermaßen zu Tode gelogen haben. Siegfried tat das nicht.«

»Mein Gott, John – falls das zutrifft, muß man ihn dann nicht zutiefst bedauern?«

»Nicht unbedingt. Denn es ist zu befürchten, daß er sich gemeinsam mit seinem Freund Brandin veranlaßt sieht, negative Erkenntnisse aus alldem, was da auf ihn eingestürzt ist, zu ziehen. Beispielsweise diese: Menschen sind nur Material! Also verdammt zur Ausbeutung, verwertbar wie Dünger, wie Rindvieh getrieben auf alle sich anbietenden Schlachtfelder. Doch Schlachtvieh wollen diese Sonnenbergs und Brandins nicht sein. Und ebendeshalb versuchen sie, jedes erkennbare Hindernis zu beseitigen. Man könnte sagen: um nicht zu einer Leiche zu werden, gehen sie über Leichen.«

»Laß uns abreisen, John!« sagte sie leise.

»Das willst du ja gar nicht«, sagte er zärtlich. »Weil du das einfach nicht glauben kannst, was ich da gesagt habe. Ich wünschte mir auch, daß es nicht so wäre. Denn ich fühle mich gar nicht abgeneigt, das Angebot deines Bruders anzunehmen.«

»Das mußt du nicht, John. Schon gar nicht meinetwegen!«

»Aus welchen Beweggründen auch immer, geliebte Erika. Vielleicht ist es auch nur meine unstillbare Neugier angesichts all dieser Möglichkeiten im Deutschland von heute.«

»John, könnte das nicht zu einem gefährlichen Abenteuer werden?«

»Kaum«, versicherte er. »Schon gar nicht, wenn ich auf ganz klaren Verhältnissen bestehe, die durch einen Vertrag geregelt werden müssen. Dabei verlange ich volle Offenheit. Wenn Siegfried das akzeptiert, mache ich mit. Aber eben – nur dann, meine liebe Erika. Auch ich habe so meine Anwandlungen von Leichtfertigkeit. Etwa bei meiner permanenten Suche nach dem Land der unbegrenzten Möglichkeiten. Dafür hielt man bisher die USA. Aber ein so fürchterliches Gebilde könnte sich, zumindest in geistig-seelischer Hinsicht, auch hier befinden. Und das zieht mich magisch an.«

Konrad Kahlers durfte sich für den erfolgreichsten aller Bürgermeister von Rosenburg-Neuheim halten; das war ihm auch mehrfach bestätigt worden, sogar »offiziell« vom hiesigen »Tageblatt«. Jetzt hatte er abermals seinen Jugendfreund Siegfried Sonnenberg zu sich gebeten, den immer einflußreicher werdenden Friseur und Fabrikanten seines aufblühenden Gemeinwesens.

Diese »ganz private« Begegnung erfolgte denn auch jenseits seiner Büro- und Amtsräume, in Kahlers' Wohnung. Sie wurde von ihm auch »Höhle« genannt, was wohl scherzhaft gedacht war. Ihm lag viel daran, daß man ihn für einen Mann mit Humor hielt, für einen gemütvollen Mann des Volkes.

Diese »Höhle« war eine Dreizimmerwohnung im Erdgeschoß eines Hauses am Marktplatz; ein Eingang vorne, ein Ausgang hinten. Sie war gewiß nicht ganz billig, aber auch wahllos eingerichtet, mit so gut wie allem, was sich derzeit kaufen ließ. Siegfried schnupperte dort ungeniert herum – sogar bis in den Schlafraum hinein.

Dort erblickte er ein breites französisches Bett. Es war reichlich unordentlich, doch die Bettwäsche schien ausreichend sauber zu sein. Eine Felldecke, etlichen Schafen abgezogen, lag auf dem Boden.

In diesem Raum und auf dem darin befindlichen Bett konnte sich Siegfried durchaus seine Frau Eva-Ingeborg vorstellen. Wobei es ihn wunderte, nichts von Eva-Ingeborgs erklärter Ordnungsliebe erblicken zu können. »Du lebst also immer noch unverändert«, stellte Sonnenberg fest.

»Leider, da ich nun mal ein Mensch ohne Familie bin«, stimmte ihm Kahlers zu. »Was ich ungemein beklage. Zumeist halte ich mich in meinem Büro, oft auch in Konferenzräumen und Lokalen auf. Diese Wohnung betreut eine Wirtschafterin – zweimal in der Woche; jeweils drei bis vier Stunden.«

»Also ein mehr abseitiges Refugium«, meinte Siegfried berech-

nend. »Doch in dieser Höhle kannst du dich völlig ungestört fühlen, kannst hier treiben, was du willst – und mit wem du willst.«
»Laß dich durch solche Vermutungen nicht ablenken«, empfahl ihm Kahlers nachsichtig. »In einem Punkt allerdings hast du recht: In diesen Räumen ist keinerlei Störung zu erwarten. Hier kann uns niemand beobachten oder gar belauschen – und ebendeshalb habe ich dich hierher gebeten.«
Sie ließen sich im Wohnzimmer in massiven Ledersesseln nieder, die dicht nebeneinander standen. Kahlers offerierte ein »Rosenburger Bier«. Brauereianteile dabei: Urheberfirma einundfünfzig Prozent, Werners dreißig, Kahlers neunzehn. Dieses Getränk stand halbwegs gekühlt bereit. Sie tranken davon – ohne sonderlichen Genuß, nicht nur der minderen Qualität dieses Bieres wegen.
»Also – dann mal los!« sagte Siegfried erwartungsvoll. »Worüber gedenkst du mit mir zu plaudern?«
»Nun – etwa über die errechneten Ergebnisse deines Schwagers John Frankfurter, was deine Geschäfte betrifft. Die sind mir bekannt – sind mir zugänglich gemacht worden.«
»Von wem?«
»Na, von wem denn wohl! Von Eva-Ingeborg – deiner Frau. Die weiß, was Frankfurter herausgefunden hat und hat es mir vertrauensvoll-freundschaftlich mitgeteilt. Solltest du das irgendwie als unangenehm empfinden? Nein?«
»Warum sollte mich das verwundern?« Siegfried starrte auf das Bier in seinem Glas, das ihm ungepflegt vorkam.
»Schließlich war ich es, der dich ersucht hat, Eva-Ingeborg finanziell zu beraten.«
»Darum habe ich mich auch intensiv bemüht. Genau im Sinne deiner Vorschläge, versteht sich.«
»Vergeblich?«
»So gut wie vergeblich – muß man da wohl sagen. Leider, Siegfried.«
»Konntest oder wolltest du sie nicht überzeugen, Konrad?«
»Was für eine Frage, mein Lieber!« Kahlers machte einen betrübten Eindruck. »Ich habe getan, was ich irgendwie konnte. Aber du kennst ja Eva-Ingeborg – sie ist so ungemein mißtrauisch, ich meine überaus vorsichtig. Das hat sie vermutlich von deiner Mutter Emma gelernt, unserer lieben seligen alten Dame.«
»Und das hast du dann auch einsehen müssen – was?«
»Du weißt, Siegfried«, tönte Kahlers nun geradezu feierlich, »wie

sehr ich mich dir gegenüber verpflichtet fühle! Aber eben auch Eva-Ingeborg gegenüber! Mithin konnte ich einfach ihre inständige, fast beschwörende Bitte nicht abschlagen.«

»Welche?«

»Nun – ihr behilflich zu sein, ihre Interessen zu vertreten. Ihre persönlichen Interessen, sozusagen.«

Siegfried nickte. Genau das hatte er kommen sehen. Und daher sagte er jetzt nicht ohne Ironie: »Muß ich also nunmehr annehmen, daß du beabsichtigst, mit Eva-Ingeborg gemeinsame Sache zu machen – gegen mich?«

»Aber doch nicht gleich das, Mensch! Schließlich bin ich dein Freund! Deiner und der von Eva-Ingeborg. Dabei bedrängst du mich nicht – was ich dir hoch anrechne. Sie jedoch besteht auf einer Entscheidung – das bringt mich in heftige Konflikte. Das wirst du verstehen.« Sonnenberg lachte böse auf – mit Untertönen der Verachtung. »Das habt ihr also bereits beschlossen und ausgehandelt – ihr beide.«

»Falls es jemals zu Schwierigkeiten kommen sollte, Siegfried«, sagte Kahlers geradezu beschwörend, »bist allein du es gewesen, der uns die aufgezwungen hat! Aber noch ist es nicht zu spät, um alles auf beste Weise zu regeln. Du brauchst nur deine Nordwiesen an die Bundeswehr zu verkaufen – wofür du eine Million kassieren kannst. Mühelos!«

»Und Eva-Ingeborg fünfhunderttausend davon! Gemeinsam mit dir.«

»Du solltest den Forderungen von Eva-Ingeborg nicht ausweichen.« Kahlers faltete seine Hände. »Was du auch gar nicht kannst, da sie darauf besteht. Rechne mit ihrer Entschlossenheit.«

»Und mit deiner Ausgekochtheit dazu! Denn du willst hier unter allen Umständen mitkassieren – wenn nicht mit mir, dann eben mit Eva-Ingeborg. Weil sie hier derzeit, deiner Ansicht nach, am längeren Hebel sitzt. Und deshalb glaubt ihr wohl, mich aufs Kreuz legen zu können? Na – dann versucht das mal!«

Soviel Selbstsicherheit alarmierte Kahlers. Vorübergehend reagierte er aggressiv. »Glaubst du denn, Siegfried, dir das leisten zu können?« Worauf er, in Sekundenschnelle gemäßigt hinzufügte: »Hier geht es um einen letzten Versuch, dich zur Vernunft zu überreden. Denn du scheinst dich auf höchst fragwürdige Spekulationen einzulassen – bei denen der Verlust deines Vermögens nicht ausgeschlossen ist. Und damit auch der Anteil von Eva-Ingeborg.«

»Und daran wollt ihr mich hindern – ihr beide; treu vereint? Und Letzteres vermutlich bald vor aller Öffentlichkeit?«
»Mein Gott, Siegfried – ich habe intensiv auf Eva-Ingeborg eingeredet, habe sie beschworen, nachsichtig zu sein; aber das war vergeblich. Sie besteht auf einer klaren Entscheidung – mir und auch dir gegenüber.«
»Sie will sich also scheiden lassen?« Siegfried lachte spöttisch. »Um fortan mit dir zu leben? Und das mit ihrem fünfzigprozentigen Anteil an diesen Nordwiesen? Mann, Kahlers, Freund – glaubst du tatsächlich, daß ihr euch so was mit mir leisten könnt?«

Isolde Werners suchte ihren Verlobten auf, Thomas Brandin, den nun engsten Mitarbeiter ihres Vaters. Er saß in dem für ihn eingerichteten Büro in der Rosenburg. Das befand sich in einem der fünf für sie, für das kommende Ehepaar plus Kind, vorgesehenen Räumen.
Dieser erste nun bezogene Raum war ziemlich eng. Mit Fenstern wie Schießscharten – massiv-dicken Mauern, an denen noch leere Aktenregale aufgebaut waren. Mitten im Zimmer stand ein großer, klobiger Tisch, hinter ihm ein breiter Stuhl.
Isolde tänzelte stutenhaft herbei und ließ sich, mangels anderer Sitzmöglichkeiten, direkt vor ihrem Verlobten auf dem Schreibtisch nieder. Auf die dort befindlichen Papiere: Planungsnotizen, Rechnungsunterlagen, Bauzeichnungen. Dieser Berg wurde durch die prächtige Fülle des gnädigen Fräuleins plattgewalzt. Thomas Brandin schien das nicht weiter zu stören.
Er legte seine Hände um die mächtigen, barock ausladenden, aber auch einladenden Hüften von Isolde. Das war ein Anblick, der wohl auch einen Peter Paul Rubens in Entzücken versetzt hätte. Und er betastete neugierig und behutsam ihren ihm entgegengereckten Bauch. »Wie geht es ihm denn – deinem Kind?« wollte er wissen. »Unserem Kind«, sagte sie, ihn nachdrücklich korrigierend, »geht es gut. Es wächst und gedeiht.«
»Das scheint ziemlich frühzeitig ein recht stattliches Kind zu werden«, meinte er vorsichtig.
»Ein prächtiges, Thomas!« rief sie äußerst heiter, suggestiv optimistisch. »Hast du denn etwas anderes erwartet – bei uns beiden?«
Sie beugte sich zu ihm hin, um ihn zu küssen – und wäre beinahe auf ihn gefallen. Nur mit erheblicher Kraftanstrengung vermochte er, sie im Gleichgewicht zu halten. Beglückt drängte sie sich an ihn.

Doch sie kamen nicht dazu, diesen Schreibtisch als Liegestatt zweckzuentfremden, oder miteinander zu Boden zu sinken – auf das alte Eichenparkett. Denn jetzt wurde gegen die Tür geklopft und sofort geöffnet, ohne daß ein Hereinruf abgewartet worden wäre. Werners, der General, erschien.
Und der rief herzhaft-polternd und dröhnend verständnisvoll: »Was sehen denn da meine alten Augen, Kinder! Wie die Turteltauben – was? Unentwegt. Na schön – gönne ich euch!«
Wobei er es als wenig zuchtvoll empfand, daß nicht die geringste Verlegenheit bei Tochter und Schwiegersohn zu entdecken war. Das beschloß er jedoch zu übersehen, in Anbetracht des guten Fangs, den seine Isolde gemacht hatte. Nun ja, dieser Mensch Brandin war gewiß nicht gerade als standesgemäß zu bezeichnen, jedoch erstaunlich tüchtig; da mußte man ein Familienauge zudrücken.
Die Verlobten lösten sich irritierend langsam voneinander. Isolde blieb auf dem Schreibtisch sitzen; Thomas räumte seinen Stuhl, den einzigen in diesem Raum, um ihn Werners zu überlassen. Der ließ sich darauf nieder, streckte die Beine weit aus und betrachtete blinzelnd »seine Lieben«, wie er die beiden neuerdings zu nennen pflegte.
»Wie gesagt«, tönte er dann mit angestrengter Munterkeit, »es gibt einfach nichts, was ich euch nicht gönne! Doch alles, wenn ich bitten darf, sozusagen in Maßen.«
»In welchen?« Thomas Brandin lehnte sich gegen ein Aktenregal.
Eine entsprechende Erklärung erfolgte unverzüglich. Werners war offensichtlich gut auf dieses Thema vorbereitet: »Dabei handelt es sich um Fürsorge, um eine väterliche – speziell im Hinblick auf dich, Isolde, mein Kind.«
»Bei mir, Vater, ist alles in bester Ordnung«, versicherte sie. Dabei blinzelte sie Thomas zu.
»Denkst du!« Werners lächelte Brandin an. »Doch in deinem Zustand mußt du dich schonen, meine liebe Tochter. Vermeide jede Strapazierung, versuche, bewußter zu speisen, entspannende Spaziergänge zu unternehmen – deines kommenden Kindes wegen! Und ich darf doch wohl annehmen, daß auch Sie dieser Ansicht sind, mein lieber Schwiegersohn?«
»In bestimmter Weise durchaus«, meinte der einsichtig. »Denn gewisse, wohl nicht gerade leicht einzuhaltende Lebensregeln sind sicherlich für eine werdende Mutter unvermeidlich. Doch das hat wohl noch viel Zeit.«

»Dieser Ansicht bin ich nicht!« Werners breitete seine weiteren Erkenntnisse aus. »In meinem Leben, auch als Soldat, habe ich gelernt, bewußt vorzubeugen und immer vorauszuplanen! So muß es auch hier sein. Du, meine liebe Isolde, willst gewiß eine vorbildliche Frau und Mutter sein, was mich beglücken würde – und auch Herr Brandin gewiß erfreut.«
Diesem, seinem derzeitigen Lieblingsthema, konnte sich Werners endlos hingeben. Und in immer neuen Variationen: Zucht, Ordnung, Sauberkeit, Verpflichtung, Wissen-wohin-man-gehört. Mithin: Die Familie! Seine Familie.
Nach dieser, nahezu feierlich gestalteten halben Stunde entfernte sich Isolde. Sie wirkte reichlich erschöpft und gab vor, wie ja auch vom Vater angeregt, einen Entspannungsspaziergang unternehmen zu wollen, ihres Kindes wegen. Jedoch, strebte sie zunächst, von heftigem Hunger heimgesucht, der Küche zu. Die Männer blieben zurück.
Worauf dann Werners sogleich umschaltete und von Brandin wissen wollte: »Und wie, mein Lieber, sehen unsere Geschäfte aus?«
»Nicht gerade schlecht – aber auch nicht gleich besonders glänzend.« Thomas reagierte ganz sachlich. Er begab sich zu seinem Schreibtisch und griff einige der dort bereitgelegten, von Isolde geplätteten Unterlagen auf.
Er referierte sodann: »Dieser Steinbruch bringt steigende Lieferungen – doch nicht zugleich auch sich steigernde Einnahmen. Sodann die Gartenbaubetriebe – dort besteht zunehmend mehr Personalbedarf – bei erkennbarem Leerlauf, was auf die Dauer zu weiteren Verlusten führen muß. Sodann der Holzabbau im Forstbereich. Er ist ebenfalls nicht wirtschaftlich genug, nicht auf die Dauer, da ausreichende Neuanpflanzungen fehlen.«
»Erkannt!« bestätigte Werners.
Er schwankte zwischen heftigem Unwillen und bereitwilliger Würdigung derartiger Erkenntnisse. Denn dieser Brandin, das hatte er geahnt, besaß enorme planerische Qualitäten. Der hätte sogar, bei angespanntesten Zeitverhältnissen, höchst wertvolle Arbeit leisten können – etwa in einem Generalstab, unter seiner Leitung. »Und glauben Sie auch herausgefunden zu haben, Herr Brandin, was der eigentliche Grund für die völlig unzureichende wirtschaftliche Funktion dieser Betriebe ist?«
»Habe ich! Ihre Organisation reicht wohl aus. Auch eine gewisse Gesamtplanung ist erkennbar. Es fehlt jedoch eine intensive Kontrolle.«

»Bravo!« rief Werners anerkennend. »Sie haben exakt den entscheidenden Punkt erkannt: die fehlende, intensive Beaufsichtigung!«
»Die ich allerdings gerade von Ihnen, Herr Werners, erwartet hatte.«
»Ja, das trifft leider nicht mehr zu – nicht in voll ausreichender Weise«, bekannte der General. »Das haben Sie herausgefunden, und das bestätige ich Ihnen auch ganz offen – doch nur dieses einzige Mal. Versuchen Sie also niemals, sich auf dies eine Zugeständnis zu berufen. Denn dies hier, Brandin, ist eine überaus persönlich und höchst vertrauliche Unterredung, die nur uns beide angeht.«
»Ich brauche also nicht anzunehmen, Herr Werners, daß Ihnen dieser Betrieb aus den Händen gleiten könnte?«
»Aber das doch nicht, Mensch!« Werners wehrte sich dagegen, aus der Situation Konsequenzen ziehen zu müssen. »Ich warne Sie davor, anzunehmen, daß ich hier die Übersicht verlieren könnte – mich kann keiner bescheißen!« Was klares Soldatendeutsch war; bei Generälen mit Fronterfahrung nicht unüblich. »Doch immerhin bin ich nicht mehr der Jüngste. Meine Gesundheit ist leider erheblich angegriffen – indirekte Folge des Krieges, Sie verstehen.«
Brandin verstand, was den General bewegte. »Und deshalb benötigen Sie mich?« fragte er ungeniert.
»Nun ja – ein Mann wie Sie ist mir willkommen«, sagte Werners, als habe er sich nun allerletzte Offenheit befohlen. »Und ich begrüße es, daß Sie nun zu meiner Familie gehören – was Ihr Schaden wahrlich nicht sein soll.«
Genau das wollte Thomas Brandin hören. Ohne noch sonderlich zu zögern, brachte er nun seine Vorschläge an; es waren ziemlich eindeutige Forderungen: »Ich stelle mir etwa folgendes vor, Herr Werners: ein festgelegtes Monatseinkommen für mich – zunächst für die Dauer eines Jahres. Weitere Prolongierung im beiderseitigen Einverständnis. Wobei dann noch ein Anteil von allen während dieser Vertragsdauer erwirtschafteten Reingewinnen hinzukommen sollte.«
»In welcher Höhe?« fragte Werners tonlos.
»Fünfundzwanzig Prozent«, erklärte Brandin völlig ungeniert.
»Reichlich viel, mein Lieber – reichlich viel!«
»Nicht unbedingt. Nicht bei diesen vielfachen Geschäften, die sogar im wesentlichen erst noch in Ordnung gebracht werden müssen.« Und genauso freundlich fügte er hinzu: »Denn schließlich

habe ich für meine kommende Familie zu sorgen; für berechtigte Ansprüche meiner Frau und ein zu betreuendes Kind. Wären Sie bereit, meine Vorschläge zu akzeptieren?«
»Nun ja – warum eigentlich nicht«, brummte nun Werners und legte beide Hände auf die Gegend seines Herzens. Doch sein Versagen war noch lange nicht zu vermuten. »Sie reden da von Reingewinnen. Sind Sie sicher, die auch erreichen zu können?«
»Ziemlich sicher.«
Werners dachte eine Weile nach, um dann zu sagen: »Sie wissen ganz genau, daß es hier in unserem Rosenburg eigentlich nur einen einzigen gibt, der uns erhebliche Schwierigkeiten bereiten könnte. Doch Sie scheinen überzeugt davon zu sein, daß er das nicht tut! Dieser Siegfried Sonnenberg – Ihr angeblicher Freund.«
»Er ist nicht nur angeblich mein Freund – er ist es tatsächlich!«
»Auch noch nach allen inzwischen eingetretenen Veränderungen? – selbst jetzt noch, nachdem Sie nun zu mir, zu uns gehören?« Er sah Brandin bedächtig nicken. »Kann das sogar bedeuten, daß er nunmehr bereit ist, mit mir, oder mit uns, zusammenzuarbeiten?«
»Nicht unbedingt in jeder Hinsicht, Herr Werners; bitte achten Sie darauf! Doch in rein geschäftlichen Bereichen durchaus. Sobald Siegfried Sonnenberg zu rechnen anfängt, hört bei ihm jede sentimentale Anwandlung auf.«
»In diesem Punkt haben Sie, glaube ich, recht«, gestand Werners zu. »Der mag ja ein fürchterlicher Querkopf sein, speziell in politischer Hinsicht – doch für Geschäfte besitzt er einen erstklassigen Riecher. Und da Sie hier nun, was Ihnen vergönnt sei, tatkräftig mitverdienen wollen, mutet alles recht vielversprechend an. Etwa im Hinblick auf die von mir geplante Zementfabrik. Könnten wir die hier aufbauen?«
»Jawohl – können wir.« Es klang fast, als habe Thomas Brandin »zu Befehl« gesagt. Und es kam dem General irrtümlicherweise auch so vor.
»Sie glauben also, Brandin, dieses Projekt läßt sich realisieren?«
»Klar! Zumal uns dabei ein Zuschuß des Landes sicher ist, dank Ihrer ausgezeichneten Verbindungen. Eine hohe Beteiligung der Gemeinde auch. Die wir jedoch anerkennend honorieren müßten – ich denke an Kahlers, nicht wahr?«
»Der ist ein ganz ausgezeichneter Mann!« bestätigte Werners.
»Wieviel Anteile für den?«
»Dabei sollten wir möglichst großzügig sein, meine ich – meinen Sie gewiß auch.«

»Höchstens zwanzig Prozent – eher weniger. Das müssen Sie ihm klarzumachen versuchen, Herr Werners.«
»Mache ich!«
»Dann sind wir uns wohl weitgehend einig. Zunächst.«

Siegfried Sonnenberg begegnete seiner Frau Eva-Ingeborg in dem großzügig ausgestatteten Baderaum, der sich zwischen ihren Schlafzimmern befand. Dort gab es zwei Waschbecken, ein WC, eine Badewanne und einen großflächigen Spiegel. Daneben standen zwei Glasschränke für Kosmetikfabrikate und Arzneimittel; alles in reichlicher Auswahl.
Bei dieser Begegnung trug er einen Schlafanzug aus dunkelblauem Wollstoff. Sie war in ein Nachthemd gehüllt. Es war ein sehr dünnes, aber nicht durchsichtiges Gebilde aus rosa Seide, das an ihr herabwallte, bis zu ihren zierlichen Füßen. Ein Duft von Sonnenberg-Kosmetik erfüllte den Raum. »Sonst hast du es stets vermieden, diese Räumlichkeiten zugleich mit mir aufzusuchen«, sagte sie fast streng zu ihm. »Das war so gut wie verabredet zwischen uns. Ich nehme an, das ist jetzt lediglich ein Zufall.«
»Du bist immer noch sehr schön«, stellte er fest. »Eigentlich jetzt erst recht. Du bist eine wunderbar ausgereifte Frau – ich meine das rein körperlich. Und das sage ich mit hoher Anerkennung.«
»Davon erwartest du dir aber hoffentlich nichts!« sagte sie kühl. Sie begann sich die Zähne zu putzen – was erfahrungsgemäß auf Männer keine sonderliche Anziehungskraft ausübt. »Keine Annäherungsversuche, bitte! Dafür ist es zu spät – seit vielen Jahren schon.«
»Ich habe wohl in unserem Leben eine Menge Fehler gemacht«, sagte er lächelnd, wie nachsichtig sich selbst gegenüber.
»Das kann ich dir nur bestätigen!« rief sie. Um dann heftig zu gurgeln, während er sich und sie im Spiegel betrachtete. »Und versuche nur nicht, jetzt noch irgend etwas daran ändern zu wollen – also mich zu bequatschen, irgendwelcher Zugeständnisse wegen. Erwarte die nicht von mir! Dich habe ich durchschaut!«
»Mit Recht.« Siegfried schien bereit zu sein, mit sanftem Lächeln, alle ihre Einwände zu akzeptieren, auf jede Forderung einzugehen. »Ich muß zugeben, daß ich dich verloren habe. Aber wir haben doch stets versucht, uns eine gewisse Gemeinsamkeit zu bewahren, meine Liebe! Sozusagen in familiär-finanzieller Hinsicht. Und das erhoffe ich auch jetzt noch! Ich bin in diesem Punkt zu allem bereit.«

Sie starrte ihn schnell beunruhigt an. Eine heftige Besorgnis erfaßte sie. Doch dann raffte sie sich entschlossen auf. Denn sie glaubte, Siegfrieds Hinterhältigkeit zu durchschauen, seine Taktik, die darauf zielte, erstorbene Gefühle zu mobilisieren – um das Erreichte dann in seine Gewinnwelt einzubringen. Ihre Erregung war körperlich spürbar; sie lehnte sich zitternd gegen ihr Waschbecken.

»Was – und wovon redest du denn da?« rief sie ihm heftig zu. »Versuche nicht, mich noch länger zu beschwatzen. Ich lasse mich nicht wieder für unsere angebliche Familiengemeinschaft von dir mißbrauchen. Irgendwann einmal muß das aufhören!«

»Ich versuche dafür Verständnis aufzubringen, liebe Eva-Ingeborg; ich bin dir das schuldig. Du kannst damit rechnen.«

»Mein Gott – ich bin noch niemandem begegnet, der so heimtükkisch sein kann wie du! Worauf willst du diesmal hinaus?«

»Genau auf das, worauf auch du hinauswillst«, versicherte er treuherzig. »Ich bin nun bereit, einfach alles zu akzeptieren. Also: du kannst über deinen fünfzigprozentigen Anteil an den Nordwiesen frei verfügen. Du kannst dich von mir scheiden lassen, um Konrad Kahlers zu heiraten. Und wenn du darüber hinaus noch weitere Wünsche haben solltest – nur zu!«

»Du bist einfach fürchterlich«, stellte Eva-Ingeborg zutiefst beunruhigt, nahezu verstört fest. »Ich habe dir schon immer eine ganze Menge an Gemeinheiten zugetraut. Aber jetzt scheinst du dich noch übertreffen zu wollen. Was für eine heimtückische Intrige kommt da auf mich zu? Ich habe – Angst.«

»Wie fühlst du dich denn so, mein stattlicher Kleiner?« Klementine Gartner, das bei Siegfried Sonnenberg unter Naturschutz stehende Urweib, begrüßte Jürgen Wiese mit geradezu strahlender Gehässigkeit. »Spielst du hier noch weiter den lieben Polizeigott oder ist dir inzwischen klargeworden, daß du in diesem Rosenburg lediglich ein armer Arsch mit Ohren bist – einer unter vielen anderen?«

Der von ihr in seinem Büro heimgesuchte Polizeimensch bemühte sich, wie stets, um amtliche Würde, was aber bei diesem fürchterlichen Weibsbild keine besondere Wirkung zeigte. Doch den Versuch, selbst dieser Person zu imponieren, unternahm er. Als findiger, alle Zusammenhänge überschauender Kriminalist begann er: »Also, verehrte Mutter Klementine: Diesen offenbar fehlgeschalteten Telefonanrufen, die du bei mir angezeigt hast, bin ich nach-

gegangen. Sehr gründlich, wie das bei mir selbstverständlich ist. Doch ohne konkrete Ergebnisse.«
»Die waren ja auch wohl kaum zu erwarten«, knurrte sie ihn fröhlich an. »Nicht bei dir.«
Jürgen Wiese überhörte diesen Einwand. »Jedenfalls sind diese Gespräche keinesfalls beweiskräftig nachweisbar. Sie werden geleugnet; vom angeblichen Anrufer ebenso, wie auch von der vermuteten Angerufenen. Soweit mein amtlicher Befund.«
»Ach du lieber kleiner armer Irrer!« rief Klementine ungehemmt. »Da habe ich immer gedacht: du bist von gestern! Aber du bist ja geradezu von vorgestern, Mensch!«
»Vorsicht!« warnte nun Wiese, mit sehr amtlichen Tönen. »Bei allem Wohlwollen – aber so darf man doch nicht mit mir sprechen! Das habe ich von dir am wenigsten erwartet – denn schließlich solltest du Siegfried stets verpflichtet sein; und damit auch seiner Frau.«
»Mit der du gelegentlich geschlafen hast – was ich dir sogar gönne. Aber in letzter Zeit, wenn überhaupt, glaube ich, hat die dich doch wohl nur noch recht selten zum Schuß kommen lassen.«
»Das sind Verdächtigungen – die ich mir verbitten muß!« verwies Wiese sie in amtlichem Ton. »Frau Eva-Ingeborg Sonnenberg besitzt mit vollem Recht meine besondere Zuneigung, meinen hohen Respekt und meine unteilbare Verehrung!«
»Daß ich nicht lache, Mensch!« Die Alte funkelte ihn mit ihren kalten Augen genießerisch an. »Während du hier deinen Gefühlsseich sabberst, hat inzwischen dein angeblicher Freund Kahlers Nägel mit Köpfen gemacht. Der will deine Eva-Ingeborg heiraten; und sie ist zu einer Scheidung entschlossen. Haben die dich etwa vorher gefragt?«
»Das glaube ich nicht«, brachte Wiese würgend hervor.
»Mein stattlicher Kleiner, daran wirst du glauben müssen! Du brauchst nur deinen lieben Freund Konrad danach zu befragen.«
Und das geschah sofort. Der erregte Jürgen Wiese drang unaufhaltsam in die Diensträume des Bürgermeisters ein – bis er vor ihm wie ein Erzengel in Positur stand: »Das kann, das darf doch einfach nicht wahr sein!«
»Was denn nicht?« fragte ihn Kahlers reaktionssicher. »Was beunruhigt dich, lieber Freund?«
»Stimmt es, daß du – Eva-Ingeborg – du also mit ihr . . .«
»Setze dich – zu mir«, forderte ihn Kahlers freundschaftlich auf.

»Laß mich wissen, was ich dir an Getränken anbieten kann – oder eine gute Zigarre?«
Alle diese Angebote lehnte Wiese dunkel entschlossen ab. Statuarisch stand er da. »Es gibt gewisse Grenzen, die ein Mann von Ehre . . .«
»Nur ruhig, mein Lieber – beruhige dich! Keine Voreiligkeiten, bitte. Bemühen wir uns um ein klärendes, sachliches Gespräch – so von Mann zu Mann.«
Der Polizeimensch schien jedoch nicht bereit zu sein, sich von seiner ihn sehr bewegenden Furcht um Eva-Ingeborg ablenken zu lassen. »Diese wunderbare, einzigartige, herrliche Frau«, verkündete er, »die darf nicht angesaut werden!«
»Ganz meine Ansicht«, sagte Kahlers und fügte besänftigend hinzu: »Du solltest das so sehen, lieber Freund: irgendwann einmal, früher oder später, mußte sich Eva-Ingeborg entscheiden. Sagen wir: für einen von uns beiden.«
»Aber ausgerechnet – für dich?«
»Für wen denn wohl sonst?« versuchte ihm Kahlers freundschaftlich beizubringen. »Natürlich ist mir bekannt, daß auch du ihr sehr nahe stehst – und sie dich ungemein zu schätzen weiß. Doch du bist nun mal verheiratet, hast Kinder – während ich Junggeselle geblieben bin. Ich habe immer auf sie gewartet. Und nun ist es eben soweit. Das mußt du einsehen.«
»Sehe ich nicht ein!« rief Wiese kämpfend. »Nun gut – sie will sich also scheiden lassen. Aber auch ich bin bereit, mich scheiden zu lassen – jederzeit. Ihretwegen! Das muß ihr zunächst einmal klargemacht werden – darauf bestehe ich.«
»Ach, Mensch«, sagte nun Kahlers, bereits unwillig, »Eva-Ingeborg hat sich schon entschieden. Schnell und endgültig. Eine Tatsache, die du nun hinnehmen mußt – möglichst würdig, lieber Jürgen.«
Der war immer noch empört. »Hierbei geht es doch gar nicht um meine Person«, behauptete er, »sondern um unsere gemeinsame Freundschaft, die mir stets sehr viel bedeutet hat, und an der dann auch Eva-Ingeborg teilgenommen hat. So was darf nicht zerstört werden. Das kann ich nicht dulden!«
»Nicht so voreilig! Ich schlage dir vor: rufe unseren Siegfried an. Der soll dich über alles aufklären, das hast du offenbar dringend nötig.«
»Und darauf willst du es ankommen lassen, Konrad?«
»Warum denn nicht? Sofern es dich beruhigt, also unserer Freund-

schaft förderlich ist.« Kahlers hob den Hörer von seinem zentralen Telefonapparat und reichte ihn Wiese.
Wiese nahm ihn. Er ließ sich, über die Rathaus-Vermittlung, mit den Sonnenberg-Betrieben verbinden. »Mit Herrn Siegfried Sonnenberg persönlich – wenn ich bitten darf.«
Der meldete sich unverzüglich. Mit vergnügter Simme rief er: »Wie geht es denn unserem einzigartigen fleißigen Verbrecherjäger? Soll ich dir dabei irgendwie behilflich sein?«
Jürgen Wiese erklärte nun deutlich: »Ich befinde mich im Büro des Bürgermeisters, also bei unserem Freund Kahlers. Der hört dieses Gespräch mit. Er hat mich nicht darum gebeten; doch ich habe ihn dazu aufgefordert; er benutzt einen beigeschalteten Kopfhörer.«
»Grüße an ihn!«
»Das hat er gehört und dankend genickt«, bemerkte der Polizeimensch sachlich. »Doch zum Thema: ich habe mit unserem Freund eine intensive Unterredung geführt, die hat mich sehr besorgt gemacht. Hier scheint sich ja geradezu Ungeheuerliches anzubahnen.«
»Mein Lieber, das ist wohl weitgehend Ansichtssache. Wo dabei Ungeheuerlichkeiten sind, muß sich erst noch herausstellen.«
»Jedenfalls habe ich erklärt – und das mußt du wissen, Siegfried: ich stehe voll und ganz auf deiner Seite!«
»Ich danke dir, verehrter Freund!« Siegfrieds Stimme klang gelassen. »Aber ich möchte dich beruhigen; ich kenne deine Besorgnisse.«
»Auch die um unsere Eva-Ingeborg? Im Zusammenhang mit Kahlers?«
»Weißt du, mein lieber Freund«, wurde ihm versichert, »wir alle machen wohl in unserem Leben diverse Fehler, begehen die einen oder anderen Sünden, die oftmals nichts als Versäumnisse, Unterlassungen und Leichtfertigkeiten sind. Das wünschen wir dann irgendwann einmal zu bereinigen. Hört Konrad immer noch mit?«
»Das macht er – und nickt wieder zustimmend.«
»Na fein! Dann kann ich jetzt also euch beide zugleich einladen. Ihr wißt, in wenigen Tagen ist Sommersonnenwende. Die haben wir in unserer Jugend mit brennenden Strohfeuern gefeiert – auf den Hochwiesen über unserer Stadt. Doch diesmal, schlage ich vor, sollten wir an diesem 21. Juli ein großes, harmonisches Fest veranstalten – und zwar in meinem Hause. Mit den noch existierenden Freunden und allen Familienmitgliedern. Das alles ganz auf eine große Versöhnung ausgerichtet. Werdet ihr kommen?«

»Wenn du mich rufst«, versicherte Wiese, »dann komme ich auch, mein Freund. « Und er fügte hinzu: »Auch Konrad wird erscheinen – er hat abermals zustimmend genickt.«
»Dieses Fest werdet ihr genießen!« meinte Siegfried. »Da bin ich sicher!«

Die Vorbereitungen zu diesem gewiß ganz groß gedachten und entsprechend organisierten »Fest der Sommersonnenwende« im Hause Sonnenberg schienen Siegfried voll in Anspruch zu nehmen.
Auch alle äußeren Vorbedingungen muteten vielversprechend an: ein wolkenloser, weitgespannter weiß-blauer Himmel über diesem Landstrich! Und die Tageshochtemperaturen glühten selbst in den hier sonst kühlen Nächten noch nach. Sogar die Wettervoraussage erwies sich als zutreffend.
Siegfrieds Entschlossenheit, dieses »Fest der Feste« freudig vorzubereiten, schien ihn gerade verwegen zu machen. Dafür vernachlässigte er sogar seine Frisiersalons und seine Fabrikation. Er organisierte! Wobei er sich immer wieder die anfeuernde Bemerkung leistete:
»Dies muß ein Fest der Feste werden – dabei lassen wir uns von niemandem übertreffen!«
Auch Eva-Ingeborg fühlte sich bald in den Strudel seiner Vorbereitungen hineingezogen. Aber dagegen versuchte sie sich zu wehren. »Muß denn das alles unbedingt sein?« fragte sie ihn mit unermüdlichem Mißtrauen.
Irgendwelche Hindernisse jedoch schien Siegfried nicht anzuerkennen. Beharrlich ermunterte er seine Frau: »Sorge, bitte, mit dafür, daß einfach alles unvergleichlich wird! Geld spielt keine Rolle.«
»Warum machst du das?« wollte sie wissen.
»Deinetwegen – meinetwegen – also unsertwegen«, erklärte er ihr beschwingt. »Denn da nun gewisse Veränderungen unvermeidlich geworden sind – von dir gewollt und von mir akzeptiert –, müssen wir es jetzt wohl gewissen Leuten überzeugend beibringen; unsere Trennung geschieht im vollsten gegenseitigen Einverständnis! Wir also demonstrieren gelassene, überlegene Würde – weit entfernt von sonstigen skandalösen Scheidungsaffären.«
»Wenn man dir so zuhört«, sagte Eva-Ingeborg, mit unentwegtem Mißtrauen, »könnte man fast annehmen, du meinst das alles ganz ernsthaft.«

»Damit kannst du rechnen, Eva-Ingeborg.«
»Doch was für besondere Beweggründe und Hintergedanken treiben dich dazu? Denn die hast du doch immer.«
»So, meine Liebe, würde ich das nicht nennen – bestimmt nicht diesmal. Dabei geht es vielmehr um etwas, was mich sehr bewegt – um einen betont moralischen Vorgang . . .«
»Moral! Dazu noch: betont! Und so was sagst ausgerechnet du? Das wird ja immer fürchterlicher!«
»Was mich dabei bewegt, liebe Eva-Ingeborg, ist dies: da geben sich Ehepartner jahrelang miteinander auf intimste Weise ab – und doch fallen sie eines Tages hemmungslos übereinander her! Mit wildesten Beschimpfungen, scheußlichsten Verdächtigungen und der Preisgabe letzter Einzelheiten. Das möchte ich uns ersparen, deiner Zustimmung sicher. Denn ich kann mir nicht vorstellen, daß du auf ein derartiges Schmutzige-Wäsche-Waschen in aller Öffentlichkeit Wert legen solltest!«
»Das sind allerdings Ansichten, die ich bejahen könnte«, gestand sie ihm leicht beeindruckt zu. »Falls nicht auch das wieder eines deiner Täuschungsmanöver ist. Aber warum dieses Fest?«
»Sieh das so: auch ich erliege manchmal meinen Schwächen, meinen Wunschträumen. Ich bin nun mal eine Art Genießer. Und als solcher habe ich mir schon immer ein ganz großes Fest gewünscht, mit Harmonie, Versöhnung und Herzlichkeit. Und das bietet sich hier an. Ich bitte dich sehr, mir das zu gönnen.«
Ihm das zuzugestehen, war Eva-Ingeborg bereit. Zumal sie zu erkennen glaubte, daß dies eine recht gute Lösung war. Dennoch sagte sie nicht einfach »ja«. Vielmehr meldete sie bestimmte Bedingungen an. »Nun gut – ich akzeptiere deine uralte Klementine, zumal die in der Küche bei allen Vorbereitungen geradezu unentbehrlich ist. Auch deine Schwester Erika ist willkommen. Wen ich aber bei diesem deinem Fest unter keinen Umständen zu erblicken wünsche, ist diese Christiane Clements!«
»Einverstanden«, stimmte Siegfried zu.
Dieses schnelle Zugeständnis verwirrte sie.
»Und du glaubst tatsächlich, daß alle anderen kommen werden? Die werden auszuweichen versuchen. Weil sie, wie ich, wittern werden, daß du dabei versuchen wirst, eine ganze Menge Mist, zwecks Düngung deiner Felder, zusammenzutragen.«
»Laß mich das nur machen«, sagte Siegfried lächelnd. »Die Hauptsache ist, du triffst hier, mit Hilfe von Klementine und Erika, alle notwendigen Vorbereitungen in gastronomischer Hinsicht. Ein-

verstanden?« Er sah sie zustimmend nicken. »Fein – den Rest erledige dann ich.«
Worauf Siegfried, wie durch dieses Gespräch hoffnungsvoll enthemmt, alle weiteren Hindernisse zur Seite räumte. Etwa jenes, das ihm John Frankfurter zu bereiten schien. Der glaubte offenbar für Erika mitsprechen zu können und erklärte: »Wir sind dir, wie du weißt, sehr freundschaftlich und auch in Liebe zugetan, verehrter Siegfried. Doch so was, ich bitte dich, solltest du uns ersparen.«
»Ihr werdet kommen – beide!« entschied Siegfried entschlossen. »Zunächst Erika – die für die Vorbereitungen dringend gebraucht wird. Aber auch du! Frage sie, bitte – und übermittle mir dann ihre Antwort.«
Die erfolgte umgehend. Frankfurter bedauerte sehr, möglicherweise mißverstanden worden zu sein – Erika werde sich selbstverständlich an den Vorbereitungen dieses Festes beteiligen. Und auch er werde erscheinen.
Das nächste Hindernis war Dagmar. Sie glaubte sich gegen diesen »schäbigen Familienzirkus« entschieden wehren zu müssen. Das mit reichlich vulgären Wortgebilden.
Siegfried schätzte sie jedoch richtig ein: »Könnte ja sein, daß du mich für eine Art Gefühlstrottel hältst – was aber nicht stimmt. Möglicherweise könntest du auch einiges gegen das Verhalten deiner Mutter einzuwenden haben. Doch auch in dieser Hinsicht bitte ich dich abzuwarten, bis du mehr weißt. Könnte aber auch sein, daß du vermeiden willst, Thomas Brandin zu begegnen? Warum eigentlich? Dem könntest du bei dieser Gelegenheit zeigen, wie sehr du meine Tochter bist. Das würde mich freuen!«
»Ach, Vater«, rief sie störrisch, »dieser total versaute Familienverein kotzt mich an!«
»Komm trotzdem, Dagmar – meinetwegen!«
»Nun gut, wenn du unbedingt darauf bestehst, dann werde ich kommen. Jedoch nicht alleine.« Das war eine Drohung: Sie würde einen ihrer neuen, vaterlandsverteidigungssüchtigen Jünglinge mitbringen. »Doch erwarte nicht von mir, daß ich diesem großgermanischen Monstrum Isolde, das dieser Brandin gewiß mitschleppen wird, auch nur den kleinen Finger reiche.«
»Mußt du nicht!« Siegfried Sonnenberg empfand bereits im voraus erhebliches Vergügen im Hinblick auf diese Begegnung. »Dabei solltest du bedenken: wenn Thomas euch beide im gleichen Raum erblickt, wie nahe nebeneinander, dann wird er euch auch

beide vergleichen können. Na, und über das Ergebnis dürften doch wohl kaum Zweifel bestehen.«
»Großmutter Emma scheint da leider recht gehabt zu haben«, stellte Dagmar fest. »Denn die hat immer wieder von dir gesagt: Wenn der redet, sollte man lieber weghören. Kaum jemand, den der nicht beschwatzen kann.«

Nicht nur dieses Hindernis wurde beseitigt – auch andere Schwierigkeiten konnten überwunden werden. Die Telefonrechnungen, mühelos als Geschäftsunkosten für Sonnenberg zu verbuchen, stiegen in diesen Tagen enorm an. Auch eilte Siegfried mit fast wieselartiger Geschwindigkeit in Rosenburg herum.
Seinen Freund Kahlers suchte er persönlich in dessen Büro auf, um ihm seine Einladung zu überbringen. Der reagierte ohne erkennbare Komplikationen. »Aber ja, mein Lieber – warum denn nicht? Wenn du das wünschen solltest und Eva-Ingeborg damit einverstanden ist, dann bin ich das auch.«
Jürgen Wiese jedoch sträubte sich. Zumal er aufgefordert wurde, bei diesem Fest mit seiner langjährigen Ehefrau zu erscheinen. Denn die hatte er in diesen Sonnenberg-Kreisen noch niemals öffentlich vorgeführt; vermutlich um sein beständiges Interesse an Eva-Ingeborg deutlich bekunden zu können.
»Ich weiß nicht recht«, sagte er, wie polizeitaktisch abwägend, »ob ich so was verantworten kann – erbitte Bedenkzeit.«
Worauf sich Sonnenberg den Einfall leistete, Bürgermeister Kahlers ganz direkt um Beihilfe zu bitten. Und der versuchte erst gar nicht, seinen Polizeichef zu überreden – er forderte:
»Ich ersuche dich darum, keinerlei unnötige Schwierigkeiten zu machen. Bitte!«
»Denn dabei geht es um unsere Jugendfreundschaft, lieber Jürgen«, bearbeitete ihn Siegfried weiter. »Was wohl eine Verpflichtung ist, der du dich nicht entziehen solltest. Wir beabsichtigen ein schönes, abgeschlossenes Bild zu bieten! Wozu auch gehört, daß du deine Frau mitbringst.«
»Was – wird denn Eva-Ingeborg dazu sagen?«
»Daß deine Frau mitkommt, mein Lieber, darf sogar als ein ganz besonderer Wunsch von ihr bezeichnet werden«, versicherte Siegfried unbekümmert. »Willst du ihr den abschlagen?«
Das wollte Jürgen Wiese nicht. Mannhaft, wie er war, zeigte er sich also, wenn auch erklärt »schweren Herzens«, bereit, selbst noch dieses Opfer für seine »verehrte Eva-Ingeborg« zu bringen.

Und damit war auch der Polizeimensch für diese Veranstaltung eingekauft.
Siegfried schien sich im voraus ungemein auf sein kommendes Fest zu freuen. Er erschien beschwingt, nahezu ungehemmt, geradezu prall fröhlich. Seine immer bemerkenswerter anmutenden Organisationspläne, anläßlich dieses geplanten »Festes der Mittsommernachtswende« drohten verschwenderische Ausmaße anzunehmen. Was da im Hause Sonnenberg am 21. Juli 1955 stattfinden sollte, schien ein Feuerwerk sondergleichen zu werden. Das Eintreffen der Festteilnehmer war für 17.00 Uhr im Garten des Hauses anberaumt. Dort sollte eine Begrüßung nebst Verabreichung von Getränken sowie kleinerer Vorspeisen stattfinden. Wobei auch, zwecks harmonischer Einstimmung, etliche Darbietungen des örtlichen Blasorchesters »Rosenburger Turmfalken« vorgesehen waren. Bei diesem Ensemble handelte es sich um eine anerkannte Instrumentalgruppe, die sich bereits im Rundfunk, bei der Sendung »Land und Leute«, einen Namen gemacht hatte. Auch die örtliche Presse, etwas das »Rosenburger Tageblatt«, hatte bereits mehrmals über »diese bemerkenswerte Stimme unseres Volkes« berichtet.
Danach: Besichtigung der Sonnenbergschen Fabrikationsräume, also der ausgebauten Produktionsschuppen. Führer durch diese Örtlichkeiten würde – so wurde verkündet – deren Schöpfer persönlich sein. Dabei war, als »Gastgeschenk«, die großzügige Verteilung von kosmetischen Kostproben neuester Machart vorgesehen: besonders an die weiblichen Gäste und die bei der künstlerischen Gestaltung des Festes mitwirkenden Damen. Das diente einmal zur Demonstrierung einer gewissen Großzügigkeit dieses Hauses, aber auch als Zeichen für dessen Leistungsfähigkeit.
Danach war, in den unteren Salonräumen, eine überaus stimmungsvolle Heimatgedenkstunde geplant; klug auf höchstens dreißig Minuten beschränkt. Für diese wurde sowohl ein Streichquartett engagiert, wie auch, für ein gleichfalls bescheidenes Honorar, der hierorts hochangesehene Dichter Egon Grabowski. Der stammte zwar aus Ostpreußen, von wo er vertrieben worden war, versuchte sich aber auch hierzulande als bodenständiges Element zu erweisen.
Seine bevorzugten, stets »gut ankommenden« Themen waren: Ewige Wälder; Bäume, die nicht sterben dürfen; heitere Tiere; Kinder, die liebevoll respektiert werden müssen; Bruder Mensch, dein Weggefährte; Liebe, wenn auch du geliebt werden willst!

Dergleichen hatte schon immer viele Herzen höher schlagen lassen. Und darauf rechnete Siegfried auch diesmal.
Mit dem Beginn gegen 19 Uhr war dann das ganze große Festmahl der Familie Sonnenberg und ihrer engsten Freunde geplant, für die Dauer von drei bis vier Stunden. Das sollte im ersten Stockwerk dieses Hauses stattfinden; im dortigen Speise- und Wohnzimmer. Während im Parterre, in den Frisiersalons, die »Rosenburger Turmfalken« weiter ihre munteren Weisen ertönen lassen sollten. Ein Faß Bier, mit fünfundzwanzig Litern Inhalt, dazu Bratwürste und Kraut, dürften für sie ausreichen.
Siegfried persönlich hatte die »Speisenfolge« entworfen und sie dann mit Eva-Ingeborg, Schwester Erika und Mutter Klementine abgestimmt. Dies immer mit der Bemerkung: »Geld spielt keine Rolle!« Das dabei zum Vorschein kommende Angebot sah folgendermaßen aus:
1. Fränkischer Rohschinken, in sehr dünnen Scheiben serviert.
2. Bayerische Kraftsuppe – um unmittelbar davor zubereitete Leberknödel bereichert.
3. Sanft geräucherte Renken – direkt aus dem Starnberger See, tagesfrisch.
4. Zwei Spanferkel, im ganzen am Spieß gebraten, mit Bier abgesprüht, durch Kräuter des Landes verfeinert und auf Tonschüsseln serviert.
5. Käsesorten, bevorzugt von Ziegen und Schafen.
6. Stark gebrauter Kaffee – dazu Süßigkeiten, besonders Marzipan in Königsberger Machart, auf dessen Herstellung sich Mutter Klementine meisterlich verstand.
7. Diverse Nachspeisen, wie Puddings, Kuchen, Torten, Schmalzgebäck und Pralinen. Dazu Sekt.
»Das ist ja geradezu gigantisch, Mensch«, bestätigte Thomas Brandin ehrlich staunend seinem Siegfried. »Und falls du wissen willst, wie du mir manchmal vorkommst, muß ich dir das wohl sagen: Wie jemand, der ganze Wälder abbrennt – nur um sich damit eine Suppe zu kochen.«
»Hauptsache jedoch«, glaubte Siegfried erheitert zu erkennen, »du nimmst daran Anteil. Mit deiner Isolde.«
»Dir könnte ich sogar«, meinte Brandin mit provozierendem Entgegenkommen, »meinen lieben, so überaus verehrten künftigen Herrn Schwiegervater anschleppen.«
»Du willst doch nicht im Ernst behaupten, daß der hier erscheinen würde?«

»Wenn ich dem klarmache, daß dafür eine gewisse Notwendigkeit besteht, würde der hier anmarschieren. Denn von einem General zu einem Generalvertreter seiner Geschäftsinteressen ist gar kein sonderlich großer Schritt.«

»Sparen wir uns den für später auf! Schließlich gedenkst du mit dem gewiß noch ein Schauspiel ganz besonderer Art zu inszenieren. Also verschießen wir das dafür gedachte Pulver nicht zu früh.«

Thomas Brandin bewunderte Siegfried sehr – er war stolz darauf, ihn zum Freund zu haben, und dabei stets auf Überraschungen gefaßt. Er lächelte ihm zu und sagte versonnen:

»Da scheinst du also wieder einmal entschlossen zu sein, voll in Aktion zu treten, Mensch! Du versuchst, wie es dir als Friseur ansteht, diverse Visagen einzuseifen, um sie dann auf deine Weise rasieren zu können. Und die tanzen tatsächlich in Haufen bei dir an; die hast du mit deinen Argumenten wie in Trance versetzt. Doch wem willst du dabei wirklich an den Hals?«

»Sei nicht allzu neugierig«, empfahl ihm Siegfried. »Das wirst du noch frühzeitig genug erkennen. Und dann solltest du dieses Gespräch möglichst vergessen.«

»Ist bereits vergessen!« versicherte Thomas Brandin vergnügt. »Ich nehme also lediglich zur Kenntnis: Ein Fest ist ein Fest, ist ein Fest. Alle haben sich darauf zu freuen; Harmonie ist garantiert, Freundschaftsbeziehungen ebenfalls, in den Armen lagen sich alle! Richtig so?«

»Das kannst du jedem mitteilen, der so was hören will.«

»Mache ich!« versicherte Thomas bereitwillig. »Du ahnst ja gar nicht, wie sehr ich mich auf dieses so prächtig geplante Volksfest freue!« Doch dazu kam es nicht.

Denn in den frühen Vormittagsstunden des 21. Juli 1955, dem Tag der geplanten Festveranstaltung, wurde Eva-Inbeborg Sonnenberg tot aufgefunden. Und zwar in der Badewanne in jenem Raum, der zwischen ihrem Schlafzimmer und dem ihres Mannes lag. Dort entdeckte sie Frau Klementine Gartner, die am Vormittag die tägliche Reinigung des Hauses zu überwachen pflegte.

Sie verständigte Siegfried, der sich im Herrenfriseursalon aufhielt. Und mit ihm eilte sie wieder in den ersten Stock hinauf. Dort habe Sonnenberg, erklärte dann später diese Hauptzeugin, Laute ausgestoßen, die man nur als »bestürzt-entsetzt« bezeichnen könnte. Er, sagte sie mit geradezu feierlicher Überzeugungskraft weiter aus, sei »starr« stehengeblieben, habe »zu schwanken begonnen« und sich dann »schwer gegen die Tür gelehnt«. Darauf war ihm von ihr »ein Stuhl zugeschoben« worden, auf den er sich wortlos »fallen« gelassen habe.

Dann jedoch »erteilte Herr Sonnenberg, mit äußerst mühsamer Stimme, die Anordnung, den Hausarzt, Herrn Dr. Klein, zu verständigen, und dazu auch Herrn Jürgen Wiese«. Beide trafen nur wenige Minuten später, fast zugleich, im Hause Sonnenberg ein. Und dort fanden sie Siegfried im Korridor des ersten Stockwerks, auf einer Treppenstufe sitzend. Wie entkräftet und verstummt, wies er auf die offene Tür zum Badezimmer.

Dr. Klein, ein würdiges weißhaariges Männchen, begab sich an den Ort des Geschehens. Und dort glaubte er feststellen zu können, daß der Tod durch einen leider nicht ganz unüblichen häuslichen Betriebsunfall verursacht worden sei. Denn eine eingeschaltete Tischlampe, die sich in unmittelbarer Nähe der Badewanne auf einem Gestell befunden hatte, sei vermutlich von dort – durch eine heftige Bewegung der Badenden, vielleicht auch durch ein Ausgleiten beim Einseifen – auf sie zugefallen, also ins Wasser hinein. Hierdurch sei es zu tödlichen Hochspannungsentladungen gekommen, die dann offenbar zu einem schlagartigen Herzversagen geführt hatten.

Der Arzt sprach seine »tiefempfundene Anteilnahme« aus, um sich unverzüglich daranzumachen, einen amtlichen Totenschein auszustellen. Polizeichef Jürgen Wiese jedoch, der daneben stand, schien hier eine Art Racheengelposition einnehmen zu wollen. Er wirkte starr und entschlossen – obgleich er offenbar noch nicht ganz genau wußte, wozu er hier entschlossen zu sein hatte. Dafür ließ er sich auch Zeit. Zunächst einmal zeigte er tiefe Trauer beim Anblick von Eva-Ingeborg. Doch dann betrachtete er, wie forschend, Dr. Klein, hierauf Siegfried und Urmutter Klementine. »Nicht ganz unverdächtig«, verkündete er schließlich bedeutungsschwer.

»Was soll denn das?« Der Hausarzt schien sich fast belästigt vorzukommen. »Laut letzten Statistiken ereignet sich ähnliches alljährlich so an die sechzehntausendmal; allein in den Haushalten unserer Bundesrepublik.«

»Das, Herr Doktor, mag Ihre Ansicht sein«, sagte Jürgen Wiese mit abweisender Strenge. »Jedoch nicht auch gleich die meine.« Hierauf mischte sich Mutter Klementine mit der ihr eigenen Robustheit ein.

»Soll etwa unsere gute Eva-Ingeborg solange in ihrer Badewanne liegenbleiben, bis sich die verehrten Herren über ihre diversen Ansichten einig geworden sind?«
»Aber nein«, entschied Dr. Klein. »Falls Sie sich stark genug fühlen, verehrte Frau Gartner, auch in seelischer Hinsicht, möchte ich Sie bitten, Frau Sonnenberg aus der Badewanne zu entfernen. Ich empfehle, die Unfalltote auf ihr Bett zu legen, sie zu bekleiden, zu frisieren und ein wenig kosmetisch herzurichten. Sollten Sie uns etwa daran hindern wollen, Herr Wiese?«
»Nicht unter der Voraussetzung, daß alles andere an diesem Tatort völlig unverändert bleibt«, knurrte der Polizeimensch.
Der Arzt entfernte sich, nicht ohne Sonnenberg abermals teilnehmend die Hand gereicht zu haben. Klementine bemühte sich, unter den prüfenden Polizeiblicken von Wiese, um die Tote. Es war, als trage sie ein nacktes kleines Kind ins Schlafzimmer hinein.
Wiese verschloß die Tür des Badezimmers. Danach begab er sich in den Korridor und schritt auf Siegfried zu, der immer noch auf der Treppe hockte. Wie anklagend sagte er dann: »Das mutet aber gar nicht schön an.«
»Mach keinen überflüssigen Wind, Jürgen!« empfahl ihm Siegfried. »Was willst du überhaupt?«
»Ich bin da ganz sachlich«, versicherte Wiese. »Selbst wenn es sich hier um die Aufklärung des Todes einer ungemein geliebten und hoch verehrten Person handelt. Nichts kann mich dabei in meiner Pflicht beirren.«
»Warte damit ab, bis Konrad Kahlers eintrifft«, empfahl ihm Siegfried nunmehr hellwach und wie sprungbereit. »Dann werden wir weitersehen.«
»Was versprichst du dir ausgerechnet von Kahlers?« Wiese lachte kurz auf.
»Der wird dich – wenn er kann, und warum sollte er das jetzt nicht können? – ganz einfach zur Sau machen!«
»Abwarten, Jürgen! Dafür gibt es doch gar keinen Grund!«
Doch Wiese schien sich nicht bremsen zu lassen. »Kahlers, und das sage ich dir ganz offen, kann in diesem Fall meines Beistandes sicher sein! Denn das, was sich hier ereignet zu haben scheint, das geht ganz entschieden zu weit. Dabei hört jede Freundschaft auf!«

Bürgermeister Konrad Kahlers erschien unmittelbar danach. Er bewegte sich zielstrebig auf das Schlafzimmer von Eva-Ingeborg zu

– nichts sonst schien ihn zu interessieren. Siegfried und Jürgen folgten ihm wie automatisch.
Als Kahlers bei der Toten, neben der Klementine hockte, angekommen war, rief er zunächst einmal: »Mein Gott!« Dann beugte er sich über Eva-Ingeborg, wobei es war, als berühre er zärtlich ihr Gesicht. In dieser Haltung verweilte er kurz; es war zu erkennen, daß sein Körper bebte.
Danach richtete er sich, wie mit letzter Kraft, wieder auf. »Mein Gott!« rief er abermals aus. »Wie konnte das denn nur geschehen?« Worauf er, wie mit äußerster Erregung, Sonnenberg anblickte. »Auf diese Frage erwarte ich eine Antwort – von dir, Siegfried!«
Beide standen dicht nebeneinander und betrachteten Eva-Ingeborg, die auf ihrem Bett lag, in ein seidenes, blumiges Gewand gehüllt. Sie hatte die Augen geschlossen, die Hände gefaltet; sanft geschminkte Rosatöne glänzten auf ihrem Gesicht. Klementine war in nur kurzer Zeit eine überzeugende Aufbahrung gelungen. Es schien nicht ganz ausgeschlossen, daß der weitblickend tüchtige Sonnenberg nunmehr auch, in Zusammenarbeit mit Klementine, die Gründung eines Begräbnisinstitutes in Erwägung zog.
»Ich wünsche«, sagte Siegfried leise, doch sehr bestimmt, »mit meiner lieben verblichenen Frau und meinem verehrten Freund Kahlers allein zu sein.« Das war eine Aufforderung, die unverzüglich befolgt wurde. Klementine griff kraftvoll nach Jürgen Wiese und zog ihn mit sich hinaus. Der folgte ihr – nicht ohne ausgerufen zu haben: »Da kann ich nur warnen!«

Die beiden Jugendfreunde, Siegfried und Konrad, starrten einander an. Über die Leiche von Eva-Ingeborg hinweg. Wofür sie sich Zeit ließen.
Dann sagte Kahlers dumpf: »Das – hätte niemals geschehen dürfen! Alles andere – nur das nicht. Denn damit, Siegfried, hast du gewagt, mich auf verwegenste Weise herauszufordern. Du mußt doch geahnt haben, was mir diese einzigartige Frau bedeutet hat?«
»So ungefähr – ja. Etwa in Zahlen ausgedrückt, diverse Geschäftsanteile betreffend.«
»Was bist du doch für ein hinterhältiges Schwein!« stellte Kahlers fest. Was sich jedoch geradezu anerkennend anhörte.
»Erspare uns derartige Komplimente«, wies ihn Siegfried karg lächelnd zurück. »Schließlich weiß ich, daß du rechnen kannst – und du weißt, daß ich das auch kann.«

Worauf Sonnenberg damit anspielte, vermochte Kahlers zu erkennen. Denn: durch das Ableben seiner Frau war Siegfried, als ihr Ehemann, auch ihr Haupterbe. Und Kahlers wußte, daß Eva-Ingeborg versäumt hatte, ein Testament zu machen. Und damit gehörten nun alle Anteile an den Nordwiesen dem Haupterben. Die waren ihr einst von Mutter Emma zugeschanzt worden, ohne daß diese ahnen konnte, wie tödlich sich dieser Besitz eines Tages auswirken würde.
»Ich hätte es niemals für möglich gehalten, Siegfried«, bekannte Kahlers mit drohendem Unterton, »daß du es jemals wagen würdest, mich derartig herauszufordern!«
»An irgendeine Herausforderung, schon gar dir gegenüber, ist nie gedacht worden«, versicherte Sonnenberg einfühlsam. »Doch vielleicht an eine unvermeidliche geschäftliche Korrektur. Sie soll nicht zu deinen Ungunsten ausfallen. Verstehst du, was ich damit sagen will?« Die Augen von Bürgermeister Kahlers begannen kalt zu funkeln. Und nahezu übergangslos stellte er fest: »Das soll, vermutlich, ein Angebot sein – was? Doch zu welchen Bedingungen – was meinst du?«
»Ein solches Angebot, mein Lieber, habe ich dir erst neulich unterbreitet – eins von sechzehn bis neunzehn Prozent. Bei allen von mir gemachten Geschäften, die sich durch die Nutzung meiner Nordwiesen ergeben sollten. Und dieser Vorschlag gilt noch immer.«
»Ich würde jedoch, mein Bester, nach jetziger Lage der Dinge«, schlug Kahlers völlig ungeniert vor, den Blick auf die tote Eva-Ingeborg gerichtet, »einen Anteil von dreiunddreißigeindrittel Prozent vorschlagen.«
»Das, mein lieber Konrad, ist ganz entschieden zu hoch gegriffen. Und das weißt du.« Siegfrieds Blick war klar, seine Stimme klang völlig sachbetont. »Doch ich bin bereit, dir ziemlich weit entgegenzukommen, um auch weiterhin mit deinen speziellen Fähigkeiten rechnen zu können: Einigen wir uns, schlage ich vor, auf fünfundzwanzig Prozent. Das, meine ich, ist ein wohlüberlegtes, annehmbares Angebot. Denn ziemlich genau soviel bist du mir tatsächlich wert. Wird mein Vorschlag akzeptiert?«
Er wurde ohne Zögern angenommen. Sie reichten sich die Hände – an jenem Bett, auf dem die angeblich so überaus geliebte Tote lag. Und damit waren sie Partner.
»Wir werden das alles, heute noch, schriftlich fixieren und notariell beglaubigen lassen«, sagte Siegfried.

»Das eilt nicht«, stellte Kahlers fest. »Denn bei allen Einwänden, Vorbehalten, dir gegenüber – dein Wort hast du stets gehalten.«

»Wir sollten uns dennoch möglichst hundertprozentig absichern, Konrad.«

»Was verstehst du darunter?«

»Einmal die notwendigen Geschäftsmanipulationen; die kannst du getrost mir überlassen. Worum du dich nun jedoch kümmern solltest, ist ganz einfach das Ansehen, die Repräsentation, der Ruf unseres nun gemeinsamen Unternehmens. Das mußt du wirksamst allen klarmachen: Wir sind hier die Besten! Verläßlich, zukunftsbeherrschend, ehrenwert.«

»Das sind wir ja auch wohl geworden. Und dafür arbeite ich nun weiter als dein Partner. Und zwar, wie vereinbart, mit Anteilen von fünfundzwanzig Prozent!«

»Wobei du dich zunächst um unseren Jürgen Wiese kümmern solltest. Dessen Bereitschaft, jede Menge Dummheiten zu begehen, ist uns beiden bekannt. Dergleichen können wir uns aber nicht mehr leisten. Kannst du das bei ihm unterbinden?«

»Wird unterbunden«, versprach Kahlers mit der ihm eigenen Komplikationslosigkeit. Denn sobald es um für ihn Gewinn bringende entscheidende Machtmanipulation ging, war er voll und ganz da. Mit einer wegwerfenden Handbewegung bezeugte er seine lässige, unbeirrbare Entschlossenheit. »Aber was wird nun aus deinem so groß geplanten Fest, mein Freund?«

»Das sollte wohl – dennoch – stattfinden«, meinte Sonnenberg bedächtig. »Nicht etwa, weil ich dafür bereits schon stattliche Summen investiert habe. Aber das bin ich wohl unseren Freunden schuldig.«

»Und unserer Eva-Ingeborg!« ergänzte Kahlers absegnungsbereit.

»Selbstverständlich!« wurde ihm bestätigt. »Wir werden also dieses Familienfest in eine würdige Totenfeier verwandeln – für sie. Ihr hat unsere gemeinsame Liebe gehört – das hat sie verdient.«

Und so fand dieses Fest dann auch tatsächlich statt. Und gar nicht wenige genossen dieses Ereignis – ohne zu ahnen, woran sie sich dabei wirklich beteiligten. Spätestens fünf Jahre danach sollten etliche der Mitfeiernden entscheidend mehr darüber erfahren – sofern sie dann noch lebten.

3. Buch

1959/60 – Die Ernte wird eingebracht

1

Das gefährliche Dahingleiten

Wenige Tage vor dem Weihnachtsfest 1959 hielt der beschleunigte Personenzug von München, in Richtung Frankfurt fahrend, im Bahnhof Rosenburg-Neuheim. Er war fast lautlos angekommen, denn inzwischen war die Bahn mit deutscher Gründlichkeit total elektrifiziert worden.

Einige Menschen stiegen aus, andere stiegen ein. Das geschah ohne drängende Hast, mit einer fast gemächlich anmutenden Gelassenheit. Die Reisenden betraten sorgfältig ausgelegte Steinplatten, die von den Werners-Werken geliefert worden waren; sie bewegten sich zwischen stabil errichteten, exakt gepinselten Stationsschildern, mit der Aufschrift: Rosenburg – Rosenburg – Rosenburg.

Einem der auf Hochglanz gebrachten Erster-Klasse-Wagen in der Mitte des Zuges entstiegen zwei Männer. Beide wirkten seriös, um nicht zu sagen: würdig. Dezent graue Ledermäntel mit bärenbraunen Pelzkragen hüllten sie ein. Auf den ersten Blick wäre man versucht gewesen zu sagen: sie sehen aus wie Zwillingsbrüder; und so bewegten sie sich auch. Sie trugen ziemlich prall gefüllte Aktentaschen mit sich.

Bei den beiden Männern handelte es sich um stadtbekannte Rosenburger Persönlichkeiten. Da war einmal Siegfried Sonnenberg, »der Fabrikant«, schon längst nicht mehr nur Friseur; dann Thomas Brandin, bezeichnet als der »Generalbevollmächtigte« der vereinigten Werners-Unternehmen. Versonnen blieben sie dicht nebeneinander stehen und betrachteten die immer vollkommener werdende Welt um sich herum.

Inmitten neu entstandener Fassaden war auch der Bahnhof wieder völlig aufgebaut, ergänzt und sogar ausgeweitet worden. Er wirkte nun glatt, neumodisch und kalt: Zement, Stahl, Glas. Klobige Wohnbunker dahinter muteten wie Sichtsperren an, die in den niedrigen Winterhimmel hineinragten. Asphaltierte Straßen glichen schneenaßgrauen Bändern, die von geparkten Fortbewe-

gungsapparaten gesäumt waren: den heiligen Blechkühen des auch hier unvermeidlich gewordenen Fortschritts. Siegfried und Thomas hielten sich etliche Minuten auf dem immer leerer werdenden Bahnsteig auf. Sie betrachteten ihre Umgebung fast verächtlich. Einst, vor nur zehn Jahren, hatte man von hier aus das ganze Rosenburg zu überblicken vermocht. Nunmehr jedoch existierten hier lediglich betonierte Ameisenbauten für Menschen.
»Ich weiß nicht recht«, meinte Siegfried versonnen, »ob ich diese Entwicklung nun bedauern soll; oder zu begrüßen habe?«
Thomas Brandin lachte auf und meinte heiter: Dieses nun so schön-scheußlich gewordene Rosenburger Gebilde habe ich noch, mit dir, vor zehn Jahren, als nahezu totale Ruinenlandschaft erblikken können. Was dir jedoch damals, falls du dich daran erinnerst, irgendwie sinnvoll vorgekommen war.«
»Damals schon«, meinte Siegfried Sonnenberg, wie entschlossen, sich derartigen Gedankengängen nicht weiter auszuliefern. »Wir mußten eben damals alles so nehmen, wie es war; um dann die sich anbietenden Konsequenzen daraus zu ziehen. Und das haben wir beide getan. Und das werden wir jetzt auch tun. Mit der uns eigenen Gründlichkeit.«
»Und du meinst – auch das werden wir schaffen?«
»Müssen wir. Nach unseren neuesten Vorbereitungen bin ich ziemlich sicher – die werden hinhauen!«
»Du glaubst also, daß du nun deine große Ernte einbringen kannst, Siegfried?«
»Unsere, mein lieber Thomas! Wobei wir allerdings noch einige Hindernisse aus dem Weg räumen müssen – aus deinem und aus meinem. Doch das schaffen wir. Schließlich sind wir, einstmals, mit noch größeren Bluthunden fertig geworden.«
Das bestätigte Brandin. Sie befanden sich immer noch auf dem Bahnsteig; ihre Aktentaschen hatten sie neben sich abgestellt. Der Zug war inzwischen lautlos in Richtung Frankfurt davongerollt. Fahles Winterlicht umglänzte sie.
Worauf sich zwei Männer gewichtig und wie dienstbereit auf sie zubewegten. Der eine war Werners' Leibwächter, Aushilfsförster, Gelegenheitsgärtner, Hausdiener und Chauffeur. Er baute sich ergeben vor Thomas Brandin auf, um ihm zu verkünden: »Unser Rolls-Royce steht bereit. Der Herr General und Ihre Frau Gemahlin erwarten Sie im Schloß.«
Thomas wies lässig auf seine Aktentasche. »Nehmen Sie die mit sich. Fahren Sie voraus. Ich habe hier noch zu tun.«

Der andere Mann, ansonsten als Hauptportier bei den Sonnenberg-Werken tätig, näherte sich Siegfried. »Unsere Staatskarosse ist vorgefahren!« Dabei handelte es sich um einen kastanienbraunen Cadillac, mit Extraausstattung. Zum Vorzugspreis beschafft von dem hier seit fünf Jahren als »Geschäftsführer der Sonnenberg-Kosmetik-Werke« tätigen John Frankfurter.
Auch dieser dienstbereite Geist durfte eine Aktentasche in Empfang nehmen. »Die deponieren Sie in meinem Schreibtisch. Und da lassen Sie niemand heran.«
»Mein Gott«, sagte Siegfried versonnen, »immer wenn ich auf diesem Bahnhof ankomme, muß ich an damals denken, als wir hier erstmals gemeinsam aufkreuzten. Wie lange, Mensch, ist das schon her – einhundert Jahre, zehn Jahre, oder war das gestern?«
»Damals landeten hier zwei arme, dreckige Schweine. Und dort, wo jetzt eine Bank ist, stand ein Wassertrog. Wir haben uns Rock und Hemd abgestreift und uns mit nacktem Oberkörper gewaschen. Und das zur heiligen Empörung des herbeieilenden Bahnhofsvorstands – erinnerst du dich noch? Der ist übrigens immer noch im Dienst.«
»Dem würde ich gerne etwas Derartiges noch einmal bieten«, meinte Siegfried. »Aber damals, mein Lieber, waren wir, obwohl wir soviel hinter uns hatten, noch immer voll Übermut. Wir hatten einfach nichts mehr zu verlieren. Jetzt sind wir Bewahrer des Erreichten, Mehrer unserer Gewinne geworden. Das macht mich irgendwie betrübt, Mensch.«
»Das muß nicht sein. Wir sollten unseren schönen Provokationen von damals nicht nachtrauern. So was können wir auch heute noch machen – mit ähnlichem Erfolg, wenn auch mit anderen Mitteln.«
»Solltest du«, wollte Siegfried wissen, »etwa einen diesbezüglichen Einfall haben?«
Thomas Brandin begann gemächlich seinen Ledermantel aufzuknöpfen, den mit dem bärenartig gefütterten Pelz, dann seine Hose, wobei weiße Unterwäsche zum Vorschein kam. Und nachdem er sich noch weiter freigemacht hatte, begann er andächtig vor sich hinzupinkeln. Mitten auf den mit Werners Fliesen ausgelegten Bahnsteig. Und Siegfried Sonnenberg tat es ihm nach.
Unverzüglich wieselte der sie beobachtende Bahnhofsvorstand herbei. Er wirkte überaus besorgt und rief ihnen beschwörend zu: »Aber, aber, meine Herren! So was können Sie doch hier nicht machen!«
»Können wir – wie Sie sehen«, klärte ihn Brandin auf, ohne seine

Tätigkeit zu unterbrechen. Das von ihnen abgestoßene Wasser floß direkt dem entsetzten Bahnhofsvorstand entgegen.
Und weiter sagte Brandin: »Das mußte nun mal sein – das überkam uns eben so.«
»So was darf aber nicht sein – verehrter Herr Sonnenberg, verehrter Herr Brandin!« Der hauptamtliche Bahnhofsmensch, der Verzweiflung nahe, schnaufte heftig. »Denn – derartiges ist strafbar!«
Beide pinkelten dennoch ungeniert weiter; diverse im Speisewagen ausgiebig genossene Getränke ermöglichten es ihnen. Sichtlich befriedigt blickten sie dann den verstörten Eisenbahnmenschen an. Worauf Siegfried Sonnenberg zwei Hundertmarkscheine aus seiner Manteltasche zog. Die hielt er dem Beamten mit der roten Mütze hin. »Das dürfte genügen.«
»Ich nehme nicht an, daß Sie mich für irgendwie bestechlich halten, verehrter Herr Sonnenberg«, sagte der Vorsteher, um Würde bemüht. »Einem so angesehenen Mann wie Ihnen tue ich gern einmal einen Gefallen.«
Er griff nach den beiden Hundertmarkscheinen und ließ sie, taschenspielerhaft, in seiner Uniform verschwinden. »Ich habe nichts gesehen, meine Herren.« Er legte zwei Finger an die Mütze und stelzte davon.
Sie blickten ihm amüsiert nach. Und Brandin meinte: »War der nicht einfach köstlich – oder eben menschlich? Man könnte auch sagen: absolut zeitgemäß.«
»So ist es also inzwischen bei uns geworden.«
»So, Mensch, ist es schon immer gewesen«, korrigierte ihn Thomas. »Und das wissen wir genau. Nach wie vor geht es darum, zu überleben; möglichst ungefährdet. Praktisch heißt das: sich absichern, freikaufen, aus der Gefahrenzone herausbringen, mit den Mitteln und Möglichkeiten der jeweils gegebenen Machtkonstellation. Wie damals!«
»Genau das trifft zu – für das, was wir hier noch zu erledigen haben. In bewährter, erprobter Weise – eben wie damals.«

Achtes Zwischenspiel: Wie sie sich weiter ihrer Haut wehrten

Nachdem in jenem sowjetischen Kriegsgefangenenlager mit der fünfstelligen Nummer, auch »Rote Zukunft« genannt, der Tod des Unteroffiziers Bachmann bekannt geworden war, erschien unver-

züglich in der Friseurbaracke der Feldwebel Eichler. Dort stellte er sich bedrohlich und breitbeinig auf und musterte Sonnenberg und Brandin. Dafür ließ er sich lange Zeit.
Dann verkündete er mit warnsignalhaften Untertönen: »Ich vermag mir einfach nicht vorzustellen, daß ihr irgend etwas mit dem Tode unseres lieben Kameraden Bachmann, einem unserer Besten, zu tun haben könntet. Denn für so dämlich, Sonnenberg, halte ich dich nicht – auch nicht deinen Brandin. So was, da bin ich sicher, würdet ihr niemals riskieren!«
»Warum sollten wir etwas Derartiges auch nur in Erwägung ziehen?« gab Sonnenberg, wie harmoniebereit, zu bedenken. »Hier lief doch alles bestens! Vermutlich ist Bachmann mit der Tageskasse irgendwo im Lager überfallen worden; von wem auch immer. Aber das ändert doch wohl vermutlich nichts an unserer Zusammenarbeit, nicht wahr? Die geht bestimmt weiter?«
»Worauf du einen lassen kannst«, versicherte Eichler. »Nun erst recht! Und damit hier alles möglichst noch besser klappt, werde ich euch nun unseren Vesper zuteilen.«
Und das war, wie sie beide schnell erkannten, eine ganz üble Androhung. Denn dieser Vesper glich keinesfalls einem Bachmann, der durch Zugeständnisse gelegentlich abzulenken oder gar zu beeindrucken war. Vesper kam, kontrollierte und kassierte.
»Versucht ja nicht, Kameraden, mich irgendwie übers Ohr hauen zu wollen. Denn ich bin kein muskelprotzender Idiot.« Womit er unmißverständlich auf Bachmann anspielte. »Bei mir habt ihr es mit einem denkenden Menschen zu tun.«
Nach dieser höchst eindeutigen Ankündigung verbrachten Sonnenberg und Brandin etliche unruhige Tage und zerredete Nächte. Wobei dann zwischen ihnen ein Plan langsam heranreifte, von dem sie sich wohl einiges versprechen durften. Denn da sich dieser Vesper, glaubten sie erkannt zu haben, für einen ungewöhnlichen Menschen hielt, mußte dem wohl auch Ungewöhnliches geboten werden.
Die erste Phase dabei: Unmittelbar nach einer der täglichen Abrechnungen verkündete ihm Sonnenberg, er könne ihm noch etwas ganz Besonderes bieten. Worauf Siegfried augenzwinkernd eine Konservenbüchse hervorzog, deren Boden zwei Zentimeter hoch mit wasserartiger, doch scharf duftender Flüssigkeit bedeckt war. Daran durfte Vesper riechen. »Das ist doch nicht etwa Wodka?« rief der ungläubig aus. Davon durfte er trinken. Es war Wodka!

Die zweite Phase, einige Tage später: Abermals präsentierte Sonnenberg diese Konservenbüchse. Und wiederum befand sich diese Flüssigkeit darin; nunmehr jedoch erheblich mehr davon. Vesper roch daran, trank davon, um dann staunend zu bekennen: »Mensch, Sonnenberg – wie hast du denn das fertiggebracht? Solltest du etwa so was heimlich beim Kommandanten abfüllen – während du ihn rasierst?«
»So was gelingt Brandin«, erklärte ihm Siegfried. »Das ermöglicht ihm diese Ärztin Natascha. Die darf als sehr menschenfreundlich gelten.«
»Was du nicht sagst!« Vesper wirkte nach ein, zwei Schluck Wodka bereits leicht trunken. Derartiger Genüsse völlig entwöhnt, begann er höchst Seltsames zu wittern. Er blinzelte Brandin zu. »Diese Natascha, die Ärztin, – hat die etwa eine Schwäche für dich?«
Eine klärende Antwort darauf erhielt er nicht.
Doch nun die dritte Phase: Etliche Tage danach, als wieder einmal Kassenabschluß war – wie immer mit steigenden Anteilen der Inneren Lagerführung – meinte Vesper: »Über das mit der Ärztin und Brandin habe ich nachgedacht. Sehr eingehend. Um dann zu der Überzeugung zu kommen: die ist ganz einfach männergeil. Doch eben nicht auf diese Russen. Vielmehr scharf auf unser Kaliber – was?«
Sonnenberg zuckte mit den Achseln, was ein »Schon möglich« bedeuten konnte. Worauf er dann jedoch eine ganze vollgefüllte Halbliterflasche Wodka unter seinem Bettgestell hervorzog. Und die stellte er vor Vesper hin. Davon tranken alle drei.
Nach nur kurzer Zeit begann Vesper zu taumeln. Wobei ihm heftige Redeströme entflossen: über die Weiber, deren Möglichkeiten, Unberechenbarkeiten, Verlockungen! Schließlich starrte er Brandin dumpf an: »Aber warum ausgerechnet du – bei der?«
Nun schaltete sich Sonnenberg ein: »Das solltest du wohl so sehen, Kamerad: da haust hier diese völlig überforderte Medizinerin in ihrem Lazarett, zwischen keuchenden, sich erbrechenden, hilflos vor sich hinscheißenden Kranken. Sie wünscht, verständlicherweise, gelegentlich davon abgelenkt zu werden; und wenn auch nur für Minuten. Um das zu erreichen, ist ihr alles recht. Doch das muß nicht unbedingt durch einen Brandin geschehen. Wenn der Betreffende nur, selbst hier noch, so was wie Kultur besitzt.«
Vesper fühlte sich mächtig angesprochen. »Kultur«, versicherte er, bereits sehr schwerzüngig, »ist genau das mir Angemessene!«

Mithin ergriff er die Wodkaflasche, die ihm bereitwillig überlassen wurde. »Dann will ich die also mal – beglücken!« Worauf er unternehmungsfreudig hinaustaumelte.
Minuten später wurde er von einem Wachtposten erschossen. Wegen unbefugten Eindringens in das Lazarett sowie der versuchten Vergewaltigung einer sowjetischen Führungsperson. Womit dann auch er auf dem täglichen Leichenhaufen des Lagers landete.

John Frankfurter war nun bereits seit zwei Jahren mit seiner Erika verheiratet. Im Einverständnis mit Siegfried hatte zunächst lediglich eine standesamtliche Trauung stattgefunden. Die innige Harmonie dieser beiden Menschen war unbezweifelbar.
Während die nun an diesem winterlich frühzeitig verdämmernden Tag ihren Tee tranken, wirkte John überaus nachdenklich, fast betrübt. Erika aber lächelte ihn ermunternd an. »Nun ist es wohl soweit, John«, stellte sie fest. »Jetzt endlich können wir reisen.«
»Ja«, sagte er leise. »Und was dabei deinen Bruder angeht, so erlaube mir, mich eines Urteils über ihn zu enthalten. Weil ich wohl berücksichtigen muß: du hast ihn sehr geliebt.«
»Ich liebe ihn immer noch und werde das auch weiterhin tun – ganz gleich, was war und was kommt! Auch wenn es wieder etwas ganz Fürchterliches wäre. Aber mit dir bin ich verheiratet; mit dir hoffe ich den Rest meines Lebens zu verbringen. Hört sich das sehr deutsch an?«
»Noch weit schlimmer«, sagte er zärtlich. »Das klingt geradezu jüdisch.« Wobei er seine Hände sanft auf die ihren legte.
»Du kannst Siegfried nicht lieben! Und das muß ja auch nicht sein – er ist mein Bruder, nicht der deine! Doch er beunruhigt dich immer mehr, nicht wahr?«
»Nicht direkt, nicht im unmittelbar familiären Bereich, Erika. In dieser Hinsicht ist er ein sehr liebenswürdiger Schwager – anteilnehmend, großzügig und verständnisvoll.«
»Aber als Geschäftsmann – macht er dir Schwierigkeiten?«
»Nicht die geringsten, Erika – auch das muß offen gesagt werden. Denn Siegfried ist ein höchst korrekter, überaus verläßlicher Partner. In dieser Hinsicht harmonieren wir geradezu glänzend. Inzwischen haben wir sogar, gemeinsam, ganz enorme Gewinne erzielt.«
»Doch der beunruhigt dich dennoch! Was denn – bei ihm?«
»Seine Methoden! Seine rücksichtslose unbeirrbare Entschiedenheit, wenn es darum geht, Vorteile für sich zu sichern. Wobei eine

ganz kalt berechnende Art zum Vorschein kommt, die mich abstößt. Fast möchte ich sagen: seine Macharten widern mich an.« Worauf sie mit sanfter Vorsicht zu bedenken gab: »Könnte das nicht eine zeitbedingte Erscheinung sein; also eine vorübergehende?«

»Erlaube mir, meine liebe Erika, das so zu sehen: Was hier in den letzten Jahrzehnten geschehen ist, läßt sich aus keinem Geschichtsbuch mehr auslöschen. Was dabei dein Bruder hinter sich bringen mußte, um so zu werden, wie er nun ist, vermag ich nicht zu ahnen. Doch seine immer wieder hervorbrechenden brutalen Methoden, jeden Vorteil zu nutzen – gemeinsam mit seinem Freund Brandin – sind immer schwerer zu ertragen.«

»Also – wann reisen wir endlich nach Amerika?«

»Möglichst gleich morgen. Denn diese beiden hier dominierenden Monstren behaupten nicht nur, sich wie eine unzerstörbare Einheit vorzukommen – die sind tatsächlich Brüder im gleichen Geiste. Dazu sind die wie zwangsläufig geworden. Einem Abgrund entstiegen, der randvoll von Leichen war.«

»Muß man sie deshalb nicht bedauern?«

»Dieses ganze Deutschland ist zu bedauern! Man hat seine Menschen völlig schamlos ausbluten lassen. Danach wurde versucht, ihre Ideale zu zerschlagen; was fast mühelos gelang. Denn die waren nur allzu bereit dazu, ihre monumentalen Dummheiten einfach nicht mehr wahrhaben zu wollen. Also droht nun hier das Pendel der Zeitgeschichte weit nach der anderen Seite auszuschlagen: bemühte Idealisten von einst sind gierige Materialisten geworden.«

»Wenn das stimmt – bedauere ich sie wirklich.«

»Die muß man fürchten«, stellte John ganz entschieden fest.

Thomas Brandin begab sich in die Rosenburg. Dort durfte er ein ausgezeichnetes Essen erwarten, einschließlich ausgesuchter Getränke. Und dazu noch die heftigen Zärtlichkeiten seiner Frau Isolde.

Doch als sie sich wieder auf ihn stürzen wollte, wehrte er sie mit ernstem Gesicht ab. Selbst die stimmungsfördernd gedachte Schallplattenmusik aus einer voll aufgedrehten amerikanischen Stereoanlage vermochte ihn nicht zu besänftigen. Zumal sie Wagner aufgelegt hatte, um sich daran zu berauschen. Er jedoch liebte Haydn – doch nicht einmal das wußte sie von ihm.

Er ließ sich in einem Ledersessel nieder. Dort hockte er breitbei-

nig, Isolde betrübt betrachtend. Was sie abermals, nicht unberechtigt, als gezielte Herausforderung empfand – eine unter vielen in letzter Zeit. Sie rief ihm zu: »Was hast du denn nun schon wieder – oder immer noch?«
»Wohl immer das gleiche, Isolde. Unsere Ehe will mir wenig erfreulich vorkommen. Offen gesagt.«
»Rede, bitte, keinen derartigen Unsinn, Thomas!« wies sie ihn empört zurück. »Uns geht es doch glänzend! Finanziell kannst du dir leisten, was du willst. Und ich ja auch! Warum sollten wir denn nicht glücklich sein?«
»Denk doch mal nach!« forderte er lauernd. »Wir haben vor knapp fünf Jahren geheiratet. Das nicht zuletzt, weil du ein Kind erwartet hast.«
»Unser Kind!« rief sie ihm erregt zu. »Und warum mußt du mich unbedingt daran erinnern? Jahrelang haben wir es vermieden, darüber zu sprechen. Warum mußt du diese schmerzhaften Wunden aufreißen? Warum?«
Isoldes Kind, ein Knabe, war damals bei der Geburt gestorben. Viel betrauert, besonders von Werners, der seinen Traum von einem Erben nicht gleich in Erfüllung gehen sah. Dennoch war er entschlossen, weiter darauf zu hoffen – bis jetzt vergeblich.
»Thomas«, sagte sie warnend, »das war ein überaus tragisches Geschehen. Ich habe sehr darunter gelitten.«
»Tatsächlich?« fragte er, nicht frei von Ironie.
»Sehr!« bestätigte sie, ihn anstarrend. »Du hast dich, was ich anerkenne, um ein weiteres Kind bemüht, leider vergeblich. Was ich dir nicht anlaste; doch ich stelle es fest.«
»Nicht ohne Vorwurf, was?«
»Ich versuche dich davor zu warnen, Thomas, mich unentwegt herauszufordern! Ich könnte sonst darüber nachdenken, wer du bist und wer ich bin. Und warum du mich wirklich geheiratet hast. Ich könnte nämlich versucht sein zu sagen: wegen der Millionen meines Vaters!«
Brandin nahm den von ihm geschickt provozierten Zornesausbruch völlig gelassen hin. »Wie war das noch? Dein angebliches Siebenmonatskind hatte sich damals, laut ärztlicher Aussage, als ein völlig ausgereiftes, wenn auch nicht lebensfähiges Geschöpf erwiesen. Ein Wesen mithin, das ohne meine Teilnahme zustande gekommen sein muß.«
»Sage das nicht!« schrie sie. »Wage so was niemals zu sagen! Denn damit könntest du alles gefährden, was du durch uns, durch mich

und meinen Vater erreicht hast! Du bist mein Mann – und das war unser Kind! Und ein weiteres hast du, leider, nicht zustande gebracht. Aber das kann ja noch kommen!«

Thomas Brandin hatte einige Mühe, die ihn überfallende Heiterkeit – sowie seine leicht gekränkte Männlichkeit nicht allzu deutlich zu zeigen. »Wir sollten hier nicht von möglichen Kindern reden, Isolde, sondern uns mit deinem einstigen Kind beschäftigen – mit dem dafür in Frage kommenden Erzeuger.«

»Das – ist einfach unerhört! Was erlaubst du dir – mir gegenüber? Höre sofort damit auf oder du wirst es bereuen. Dann würde ich mich gezwungen sehen, meinen Vater entsprechend zu informieren.«

»Warum nicht – das kannst du ihm flüstern. Doch dann auch noch das, was ich inzwischen herausgefunden habe. Ich kenne nun den Vater deines Kindes. Ein sogenannter Fremdarbeiter.«

»Das ist eine Infamie sondergleichen!« rief sie, ebenso entsetzt wie empört.

»Lediglich eine Klarstellung!« Wobei er sie lässig betrachtete, weit in seinen Sessel zurückgelehnt. »Denn inzwischen ist es mir gelungen, eine eidesstattliche Erklärung vom Erzeuger deines Kindes zu erhalten. Die ganz eindeutig besagt: Das ist nicht mein Kind gewesen.«

»So was, Thomas, kannst du nicht wagen! Nicht mir gegenüber; und bei meinem Vater schon gar nicht! Denn das wäre dein Ende!«

»Das, Isolde, vermag ich keinesfalls als Drohung zu erkennen. Denn du solltest einsehen: ich benötige das Wohlwollen deines Vaters gar nicht. Der ist vielmehr auf das meine angewiesen. Was der vermutlich noch nicht weiß. Und du kannst das schon gar nicht wissen.«

»Du mußt – verrückt geworden sein!« fauchte sie ihn an.

»Ich weiß, was ich weiß«, erklärte er ihr lapidar. »In diesem Fall dies: Da existiert ein gewisser Enrico Morelli. Damals wie heute Tankstellenwart in jenem Ort bei Hannover, wo dich dein Vater in Sicherheit glaubte, geglaubt hatte. Doch dieser Morelli hat amtlich bekundet: er sei es gewesen, mit dem du damals häufig Geschlechtsverkehr gehabt hast. Also in den Monaten vor unserer, dann von dir forcierten Verlobung.«

»Und was hast du vor? Was gedenkst du nun mit derartig fragwürdigen Erkenntnissen anzufangen, Thomas?«

»Darüber solltest du nun wohl nachdenken«, empfahl er ihr. Wobei er sich erhob, um sich von ihr zu entfernen.

Siegfried Sonnenberg war nunmehr in seinem Büro angekommen. Dort fing er an, seine Aktentasche auszupacken. Das in der sicheren Erkenntnis: seine Geschäfte blühten auf und mehrten sich; in nahezu verschwenderischer Fülle.
Doch wesentlich anders war es da wohl in seinem Privatleben, aber das, hatte er beschlossen, sollte ihn nicht weiter beeindrukken. Auch wenn er dabei auf das Erscheinen seiner derzeitigen Frau fast eine halbe Stunde lang warten mußte.
Nachdem er etliche Tage in München mit vielversprechend-intensiven Konferenzen verbracht hatte, durfte er wohl annehmen, sie würde sich zu seiner Begrüßung eingestellt haben. Doch die ließ sich Zeit, schien nicht auffindbar zu sein, mutete irgendwohin entschwunden an. Und nicht etwa, daß er ihr so was nicht gönnte – doch auf gewisse Formen legte er Wert.
Endlich tänzelte dann Christiane Sonnenberg, geborene Clements, herbei; sie war seit drei Jahren seine Frau. Sie strahlte ihn so gekonnt an, als wäre er ein besonders bevorzugter Kunde. Auch umarmte sie ihn heftig und anschmiegsam und rief: »Schön, daß du endlich wieder da bist!«
Siegfrieds Reaktion auf diese Darbietung war ebenso vorsichtig wie nachsichtig zugleich. Er nickte ihr zu, bemüht, ihre ganze Pracht zu übersehen. »Du kannst getrost weiter deinen Beschäftigungen nachgehen – ich habe hier noch ein paar wichtige Dinge zu erledigen.«
Christiane zeigte volles Verständnis; sie hielt sich und ihn für ungemein großzügig, was ja wohl zu einer modernen Ehe gehört. Sie machte ihm klar, daß er jederzeit über sie verfügen könne; das mußte, dachte sie, wohl genügen. Sie preßte sich mit Brüsten und Unterleib an ihn, doch diesmal ohne greifbaren Erfolg zu verspüren. Es kränkte sie aber nicht weiter; mit verlockenden Bewegungen tänzelte sie munter davon.
Siegfried verlor keine Zeit damit, ihr nachzusehen. Er schob die ausgepackten Akten zur Seite, um sich dann in die Kellerräume seines Hauses zu begeben. Dort wurde er bereits erwartet.
Urmutter Klementine, in weite, seidige Gewänder gehüllt, flutete ihm erlebnisfreudig entgegen. Sie schien im Verlauf der Jahre immer jünger, rosiger und rauschender geworden zu sein. »Da bist du ja endlich, mein Kleiner!« rief sie ihm zu. »Ich hoffe, du hast eine gute Zeit gehabt?«
»Eine glänzende, was die Geschäfte anbelangt«, versicherte er.
»Das ist die Hauptsache – für dich«, erkannte sie einfühlsam. Um

dann freudig gurrend hinzuzufügen. »Für mich aber auch! Denn deine Erfolge garantieren auch mir einen angenehmen Lebensabend. Komm herein!«

Er betrat ihre Räume, die sich inzwischen in eine verdammt gemütlich wirkende Plüschhöhle in zumeist violetten Farben verwandelt hatten. Zwischen Bergen von Kissen waren Stofftiere und Spielpuppen gebettet.

»Am liebsten würde ich mir Katzen zulegen – rudelweise«, bekannte sie ihm. »Das sind so eigenwillige, anschmiegsame Geschöpfe – wenn auch mit scharfen Krallen.«

Er ließ sich in den eigens für ihn bereitstehenden, üppig gepolsterten Ohrensessel nieder. »Katzen würden recht gut zu dir passen«, meinte er entgegenkommend. »Soll ich dir ein paar besorgen?«

»Nein, mein lieber Kleiner!« wehrte sie ganz entschieden ab. »Tiere sollte nur der an sich ziehen, der einigermaßen sicher sein darf, sie auch zu überleben. Aber wie lange hier jemand noch zu leben hat, weiß in Rosenburg wohl keiner mehr so genau – seitdem es dich und deinen Thomas bei uns gibt.«

»Bitte, nicht gleich solche Komplimente!« sagte er, nicht ganz ungeschmeichelt. »Was das Verhältnis zwischen Menschen und ihren Tieren anbelangt, gebe ich dir recht. Das muß von Anfang an auf Dauer ausgerichtet sein; wir sind für sie verantwortlich.«

»Du hast manchmal starke Anwandlungen von Gefühlen, Siegfried! Nicht unbedingt Menschen gegenüber – wohl aber bei Tieren; und das kann ich verstehen.«

»Menschen«, sagte er versonnen, »sollten eigentlich wissen, was sie tun – sie können sich mitteilen, eine Auswahl treffen, ihre Ansichten durchsetzen. Tiere können das nicht. Wenn die lieben, geschieht das mit einer wunderbaren Vorbehaltlosigkeit und mit einer solchen Treue, daß mir die Zuneigung von Menschen dagegen wie unter der Sonne schmelzender Schnee vorkommt.«

»Das hab' ich vermutet«, rief sie begeistert aus, wobei sie ihn geradezu gerührt betrachtete. »Du hast den kleinen Hund deines Onkels nicht vergessen.«

»Das kann sein«, bestätigte Sonnenberg. »Seltsam, daß du dich noch daran erinnerst. Wenn jemand, außer Brandin, eine ganze Menge von mir weiß, bist du das.«

Dieser Onkel, ein bäuerlicher Mensch, der eigenwillige Bruder von Siegfrieds Vater, war ein großherziger unbekümmerter Mensch gewesen. Sein behagliches Lachen, auch noch in ernsten Situationen, hatte stets befreiend gewirkt. Zu dem Onkel hatte der

kleine Hund gehört; ein zwergartiges, verfilztes Geschöpf von unbestimmbarer Rasse. Doch als dann dieser wundersame kleine Hundekerl sterben mußte, hatte der Onkel ganz fürchterlich geweint. Siegfried war zutiefst erschrocken. Und später hatte er seinen Onkel niemals mehr fröhlich gesehen.
»Du bist ziemlich strapaziert, mein Jungchen, vermutlich deiner Finanzen wegen?« Mutter Gartner wechselte das Thema. »Beschäftige dich nicht allzu viel damit, laß dir nichts über den Kopf wachsen. Ich braue dir jetzt meinen Spezial-Kaffee. Danach wirst du wieder munter werden. Und das ist notwendig, damit du dich hier auf deine Beute stürzen kannst.«
»Was meinst du, Mutter Klementine? Was liegt hier denn vor?«
»Jede Menge Unfug – aber auch brauchbarer dabei«, versicherte sie behaglich. »Alles, was du gerne hören willst. Womit soll ich anfangen?«
»Nun, zunächst einmal mit Kahlers.«
»Dieser Kretin«, berichtete sie mit einiger Wonne, »dieser penetrante Armleuchter hat sich nicht im geringsten verändert. Der will nur verdienen – aber dabei noch seine Pfoten überall hineinstecken, wovon er sich sonst noch einiges verspricht. Also auch – bei deiner Frau. Und nicht nur der ist auf die schöne Christiane scharf – auch dieser primitive Polizeimolch! Diese Kerle machen eben ihre Dummheiten immer wieder!«
Sonnenberg nickte gleichgültig. Da hatte er sich wohl mit Christiane einen Lockvogel sondergleichen an Land gezogen. »Lassen wir das – zunächst. Was ist mit Frankfurter?«
»Der, mein liebes Jungchen, ist ein Ehrenmann – aber eben ein jüdischer! Wie du weißt, bin ich keinesfalls irgendwie antisemitisch veranlagt – doch der geht mir kräftig auf die Nerven. Während deiner Abwesenheit hat der manchmal bis lange nach Mitternacht hier in deinem Büro herumgebrütet – über ganzen Aktenstößen. Hoffentlich irritiert dich das?«
»Nicht im geringsten, Mutter Klementine. Der ist ungewöhnlich gründlich und schließlich mein Geschäftsführer. Wir sollten uns möglichst amüsanteren Dingen zuwenden, denn schließlich willst du auch dein Vergnügen haben. Also! Wie verhält sich meine liebe Frau Christiane?«
»Genau so, wie du das annimmst!» Sie schien, was sie nun verkünden konnte, sehr zu genießen. »Die ist ein Luder! Ich bin sicher, daß du nicht sonderlich überrascht bist. Und auch nicht betrübt? Oder soll ich lieber darüber schweigen?«

»Erzähl nur weiter«, sagte er mit großer Selbstverständlichkeit. »Mein Amüsierbedürfnis war schon immer sehr ausgeprägt.«
»Dann will ich also mal deutlich werden. Deine Frau Christiane schläft sich fleißig herum und ist dabei ziemlich wahllos. Ungeniert in allen Örtlichkeiten, die sich dafür anbieten: auf einer Toilette, im Lagerraum, in deinem Büro, wenn du auswärts Geschäfte machst – gelegentlich auch auf Treppenstufen, die zu mir, in meinen Wohnkeller führen. Ich muß wohl nicht annehmen, mein Kleiner, daß du jetzt schockiert bist?«
»Das ist mir nicht ganz unbekannt«, sagte er, um äußerste Gelassenheit bemüht. »Bisher habe ich Details darüber nicht wissen wollen. Jetzt allerdings würde ich gerne mehr von dir erfahren: Könnte sich das auch beweisen lassen?«
»Aber ja! Mindestens zwei-, dreimal habe ich sie unmittelbar dabei beobachtet. Das könnte ich bezeugen – unter Eid.«
»Gehört auch Kahlers mit zu den von ihr Frequentierten?«
»Mit Sicherheit ja! Doch direkt habe ich den dabei noch nicht erwischt. Aber auch das könnte sich nachweisen lassen – falls du Wert darauf legst.«
»Darauf lege ich nun Wert, meine liebe, gute Alte! Eine schöne, möglichst umfangreiche, überzeugende Sammlung von Uhrzeiten, Ortsangaben und sonstigen Einzelheiten hätte ich jetzt gerne.«
Mutter Klementine lachte verständnisinnig. »Du willst also Sprengstoff horten, in möglichst großen Mengen?«
»Ohne meinen Betrieb voreilig in Unordnung zu bringen. Denn ich muß wohl annehmen, daß meine liebe Frau auch dem einen oder anderen meiner Angestellten sehr zugetan ist. Das müßte an sich jedoch deren Arbeitswilligkeit fördern – ja, es könnte sogar als eine Art Sondergratifikation bezeichnet werden.«
Klementine amüsierte sich mächtig. »Ich habe schon immer gewußt, daß du ein ausgekochter Hund bist! Du hast schon längst gemerkt, wer alles sich diesem Luder angeboten hat: frisierende Fremdarbeiter, duftende Kosmetikmischer, modische Handelsvertreter und dazu der hochverehrte Bürgermeister und sein Polizeiprotz. Wer eigentlich nicht? Doch du nimmst das nicht nur hin – du hast alles mit einkalkuliert!«
»Erkannt!« bestätigte ihr Siegfried Sonnenberg mit Wärme. »Aber alles zu seiner Zeit! Lassen wir diese Schafe, bevor wir sie aufs trockene bringen, erst einmal schön fett werden. Kann ich mit deiner Hilfe rechnen?«

Sie mußte ihm ihre volle Ergebenheit nicht erst beteuern; sie nickte lediglich. Worauf er sich von ihr verabschiedete, jedoch nicht ohne vorher einen Umschlag mit Geldscheinen diskret hingelegt zu haben. Darauf begab er sich wieder in sein Büro.

Hier wartete bereits Christiane auf ihn; sie war sichtlich erregt und beunruhigt. »Du bist bei dieser Klementine gewesen?« rief sie. »Hat sie dir irgend etwas über mich geflüstert?«

»Nur das Allerbeste«, versicherte er ihr und streichelte ihren Nakken – was sie so weit beruhigte, daß sie sich kätzchenhaft an ihn schmiegte. Und weiter sagte er: »Ich habe gehört, daß du dich inzwischen mehrmals mit Kahlers getroffen hast. Sicherlich wegen der von mir angestrebten guten Verhältnisse – zwischen uns.«

»Allein deswegen!« behauptete sie prompt. »Deinetwegen. In deinem Sinne also – wogegen du gewiß nichts einzuwenden haben wirst.«

»Nicht das geringste, Christiane. Konrad ist nicht nur mein Teilhaber, er ist auch mein Jugendfreund! Ich begrüße jeden Versuch, eine gewisse, sich lohnende Harmonie zu schaffen.« Er sah sie tief aufatmen; verglichen mit seiner Fuchsschläue wirkte sie dumm wie ein Suppenhuhn.

»Ich würde noch gerne wissen, worüber du dich mit Konrad unterhalten hast? Ist dir dabei etwas aufgefallen?«

Sie spürte immer noch seine zugleich zarten und doch kraftvoll zupacken könnenden Meisterhände in ihrem Nacken. »Wir sprachen da eben so – einfach über alles, über Gott und die Welt und Rosenburg. Doch dabei, erinnere ich mich, wollte er von mir wissen, ob du dich auch mit einem Projekt beschäftigst, das er Südwaldsiedlung nannte – oder so ähnlich. Was ist denn das?«

»Das werde ich dir bei Gelegenheit erklären«, versprach ihr Siegfried, geradezu dankbar für ihre Auskunft.

»Du bist ein gutes, verläßliches Mädchen – versuche das auch zu bleiben! Solange du das kannst.«

Werners, der Großgrundbesitzer, der im wahrsten Sinne seines Wesens immer »der General« blieb, und jetzt auch Inhaber der »Vereinigten Rosenburger Ziegel- und Zementwerke« war, abgekürzt VRZZW, glaubte sich nun auf einem neuen Höhepunkt seines ohnedies schon höchst erfolgreichen Lebens angekommen. Entsprechend führte er sich auf. Er hatte den größten Raum der Rosenburg in seine persönliche Residenz verwandelt. Die inzwischen auf Hochglanz gebrachten Ahnenbilder an den Wänden

umsäumten den leeren Saal, in dessen Mitte ein mächtiger Eichenschreibtisch stand. Dahinter thronte er. Und dort gewährte er seinem Schwiegersohn und Geschäftsführer Brandin, nicht ohne herrscherliches Wohlwollen, eine Audienz. »Kommen Sie, mein Lieber – setzen Sie sich zu mir! Packen Sie aus!«
Dieser Aufforderung kam Thomas Brandin völlig unbeeindruckt nach. Das Zeremoniell war ihm seit Jahren schon vertraut. Er setzte sich, ohne mit Handschlag begrüßt worden zu sein, öffnete seine Aktentasche und entnahm ihr ein Bündel Unterlagen.
Endlich konnte sich Werners wieder, in Deutschland und speziell in Rosenburg, als vollwertiger Bürger anerkannt fühlen. Er war inzwischen zum Ehrenvorsitzenden des einflußreichen örtlichen »Soldaten- und Veteranenvereins« ernannt worden; und die »Traditionsgemeinschaft deutscher Soldaten« hatte ihn in den Vorstand gewählt. Er besaß außerdem erheblichen Einfluß auf die »Stiftung Deutschland«, den »Bund der Heimatvertriebenen« und die »Hilfsorganisation für ehemalige Frontkämpfer«.
Das alles verlieh ihm die Gelassenheit, die er für redlich erworbene Würde hielt. »Also, Brandin – dann schießen Sie mal los! Wie entwickeln sich denn so unsere Geschäfte?«
»Sozusagen bestens! Die gehen in Ordnung. Ansonsten jedoch . . .«
»Erst der Dienst«, entschied Werners unwillig, »danach das Vergnügen – oder eben das Privatleben. Also, wie entwickelt sich das Projekt Südwaldsiedlung?«
Daran war er ungemein interessiert – nicht zuletzt, wie er gerne vorgab, aus rein idealistischen Beweggründen. Zumal ihm die eine oder andere Ungerechtigkeit nicht erspart geblieben war. So mißlang das Bemühen ehrenwerter Mitbürger, auch diverser guter Kameraden in der Bundeswehr, dem auf den Nordwiesen geplanten Baukomplex seinen Namen zu verleihen; also dort eine »General-Werners-Kaserne« zu errichten. Gescheitert war das Ganze an diesem fürchterlich eigensinnigen Sonnenberg und Konsorten aus unpatriotischen Parteien. Diesen Sonnenberg verachtete er; zutiefst – den zu übertölpeln ihm jedoch gelungen war. Dank Isolde! Denn die hatte es vermocht, diesen Brandin gleichsam von einem Sonnenberg abzuzweigen; so daß Werners ihn für sich vereinnahmen konnte – und zwar mit großem Erfolg.
Brandin berichtete weiter: »Diese Südwaldsiedlung ist für uns – also für Sie – so gut wie gesichert. Das haben Sie gewünscht, das heißt also wohl befohlen, und das habe ich vorbereitet.«

»Bravo!« rief Werners anerkennend.
Jetzt glaubte er klarzusehen. Gut, selbst ein General von seinem Format konnte Schlachten verlieren – allein entscheidend jedoch war, daß er den Feldzug gewann. Was ihm einstmals dieser Gefreite Hitler versaut hatte.
Über diese Zeit endlich Authentisches zu erfahren, schien nunmehr die inzwischen gut präparierte deutsche Öffentlichkeit bereitwillig zu begehren. Deshalb hielt er es für angebracht, seine bedeutsamen Memoiren auf dem Buchmarkt zu bringen; mit Hilfe eines ehemaligen Kriegsberichterstatters, der fleißigst Material sammelte. Dieses gut gemachte Werk sollte den Titel tragen: »Der deutsche Soldat – Hitlers wahrer Widersacher!«
Ein Vorhaben, das ihn ungemein beschwingte, doch nicht abzulenken vermochte. Denn zunächst noch galt es, einige Hindernisse zu beseitigen, weitere zukunftsträchtige Fundamente zu legen. Und die Südwaldsiedlung war wohl derzeit das wichtigste.
»Sie haben also alle entsprechenden Vorbereitungen getroffen, Brandin, nehme ich an?«
»Habe ich – für Sie.«
»Für uns, Mann, muß das heißen! Denn schließlich sind Sie daran prozentual beteiligt.«
Daraus würden sich in der Tat stattliche Summen ergeben. Denn das Projekt Südwaldsiedlung sollte über eine Schweizer Firma im Tessin abgewickelt werden, was rein steuerlich überaus günstig war. Dabei war eine Investition von zehn Millionen Mark erforderlich. Doch dadurch würde dann, genau durchgerechnet, eine Einnahme von fünfzehn Millionen Mark so gut wie garantiert sein. Also ein Gewinn von glatt fünf Millionen. »Dabei gedenken Sie doch mitzukassieren, Brandin?«
»Das würde ich sehr gerne, Herr Werners! Doch ich muß wohl befürchten, nach Lage der Dinge in meinem persönlichsten Bereich, das kaum noch zu können.«
Werners hob beschwichtigend, obgleich höchst beunruhigt, beide Hände. Seine Stimme bekam fordernde Befehlstöne. »Nehmen Sie sich, bitte, zusammen, Brandin – Herr Brandin! Ich bin durchaus informiert über gewisse Schwierigkeiten, die Sie mit meiner Tochter zu haben glauben. Doch selbst das darf Sie nicht von Ihren Verpflichtungen entbinden – mir gegenüber.«
»Aber die werden dadurch ungemein erschwert – gebe ich zu bedenken.«
»Nur keine Fahnenflucht, Mensch!« rief Werners. »Lassen Sie ge-

fälligst alle peinlich-primitiven Vorurteile beiseite. Bleiben Sie bei mir – an der Front!«

Darunter verstand er sein Projekt am Südwaldgelände. Dort sollte eine hochmoderne Siedlung entstehen, die dann den Namen »Werners-Siedlung« erhalten würde. Das Gelände gehörte, zu fast gleichen Teilen, dem Land und der Gemeinde. Doch beide hatten sich bereit gezeigt, dieses Objekt, zu zeitgemäßen Preisen, zu verkaufen. Vorarbeiten dazu hatte Bürgermeister Kahlers geleistet, der wieder einmal mehr bestrebt war, »zum Wohle unserer geliebten Stadt Rosenburg«, planerisch tätig zu sein.

»Sie werden mich doch nicht etwa daran hindern wollen, Herr Brandin, hier, wo wir allein die Vorhand haben, voll ins Geschäft einzusteigen? Mit allen unseren Reserven!«

Für Werners war vermutlich eine D-Mark das gleiche wie ein gehorsamer Soldat. Von seiner Sicht aus handelte es sich hier also um eine ganz große Armee; und die trachtete er schlachtentscheidend einzusetzen. Aber als echter Kämpfer witterte er dabei hinterhältige Feinde und Partisanen. Und die im eigenen Haus!

Dennoch gab er sich zunächst einmal diplomatisch: »Was beabsichtigen Sie denn? Sollten Sie etwa versuchen wollen, auch Ihren Freund Sonnenberg an dieser Planung zu beteiligen? Doch wohl kaum. Denn das würde, was Sie sicherlich erkannt haben, Ihren Mitverdienst erheblich schmälern.«

»Sonnenberg hat offenbar Schwierigkeiten mehr als genug«, sagte Brandin, was sich recht überzeugend anhörte. »Der scheint sich bei seinen eigenen Projekten erheblich übernommen zu haben. Was Sie gewiß gerne hören, Herr Werners?«

»Höre ich – gerne! Jawohl«, gab dieser bereitwillig zu. »Menschenskind, wer sollte uns hindern, dieses großartige Projekt in Angriff zu nehmen? Das wird sich nicht nur lohnen, das gereicht auch uns zur Ehre! Bedenken Sie, wir errichten da Häuser für Menschen – Sonne darüber, Wärme darin, einen Garten davor. Mein Heim ist meine Burg! Da müssen Sie mitmachen!«

Solchem Selbstbewußtsein gegenüber schien sich Brandin hilflos zu fühlen, – es war sogar, als kapituliere er nun. »Also gut, Herr Werners, wenn Sie unbedingt darauf bestehen, dann erledige ich auch das noch für Sie.«

Da Werners nun Brandins Bereitschaft erkannt zu haben glaubte, fühlte er sich ihm endgültig überlegen. Denn das war ihm bereits als General klargeworden: Man mußte seine Leute »in die Pflicht nehmen« und ihnen zugleich anfeuernde Versprechungen machen. Damals ging es um Beförderungen und Orden – heutzutage um finanzielle Vorteile. Denn zwischen dem Verdienst und dem Verdienen bestand offenbar kein allzu großer Unterschied. »Wir sind uns also einig?«

»In geschäftlicher Hinsicht ja, Herr Werners – in persönlicher, privater leider nicht. Denn in diesem Punkt muß ich auf einwandfreier Klärung bestehen – mit allen sich möglicherweise ergebenden Konsequenzen.«

Werners winkte ab. »Immer eins nach dem anderen. Zunächst muß dieses Geschäft unter Dach und Fach gebracht werden – erst danach werden wir weitersehen. Einverstanden?«

»Es bleibt mir wohl nichts anderes übrig«, sagte Brandin entgegenkommend. »Die Frage, was aus meiner Ehe mit Ihrer Tochter Isolde wird, werde ich also bis auf weiteres zurückstellen.«

»Menschenskind, Brandin!« ermahnte ihn Werners robust. »Drehen Sie nur nicht gleich durch! Wir haben jetzt all unsere Kräfte zu konzentrieren – auf das nächste, die Schlacht entscheidende Angriffsziel! Und davon sollten Sie sich durch nichts ablenken lassen!«

Darauf zitierte Werners noch zu allem Überfluß einen passend abgewandelten Satz aus dem Griechischen, als gelte es einen historischen Augenblick zu würdigen. »Dem Menschen ist nichts unmöglich!«

Siegfried Sonnenbergs Tochter Dagmar war inzwischen fünfundzwanzig Jahre alt geworden und hatte sich zu einer sehr sinnlich wirkenden dunkelhaarigen Schönheit entwickelt. Äußerlich wurde sie ihrer Mutter immer ähnlicher. Doch mit den Jahren hatte sie besonderen Wert darauf gelegt, ihre spezifische Begabung weiterzuentwickeln: die Freude an der Provokation.

Dabei bevorzugte sie, weit mehr als bisher, die indirekte Tour: nicht sie persönlich trat in Erscheinung, vielmehr bastelte sie sozusagen Trojanische Pferde und brachte die dann gut präpariert zum Einsatz. Diesmal handelte es sich um einen Politmenschen, dessen ohnedies schon ausgeprägtes Selbstbewußtsein sie geschickt zu fördern verstand.

Sein Name war unwichtig, seine politische Überzeugung auch. So eine Art Kreuzung aus Lenin, Marx und Mao. Entsprechend mutete auch seine Erscheinung an: vollbärtig, proletarisch, neuchinesisch gewandet.

Und ausgerechnet den schleppte Dagmar zum Geburtstag ihres

Vaters an. Ein Ereignis, das im allgemeinen nicht gefeiert wurde, da es zwei Tage vor dem Heiligen Abend datierte. Diesmal aber handelte es sich um den fünfzigsten Geburtstag von Siegfried Sonnenberg.

Also hatte er zu diesem Anlaß Familie und Freunde zu einem »Umtrunk« in sein Haus gebeten. »Die eigentliche Feier mit dem Festessen erledigen wir dann, wie bisher, am ersten Weihnachtstag!« verkündete er als Hausherr.

Es war der 22. Dezember 1959. Am Abend hatten sich im Sonnenberghaus all jene eingefunden, die behaupteten, und von denen auch anzunehmen war, daß sie Siegfried nahestanden. Also außer seiner Frau Christiane auch Mutter Klementine. Beide, mit der gebotenen Vorsicht, immer bereit, einander anzufauchen. Ferner Siegfrieds Schwester Erika mit ihrem John; die betrachtete er gerührt, weil sie immer noch ein unzerstörbares Idyll für ihn waren. Weiter die unvermeidlichen Jugendfreunde Konrad Kahlers und Jürgen Wiese, die sich geckenhaft um Christiane bemühten. Schließlich Thomas Brandin; er war allein gekommen und saß nun dicht bei Siegfried; wie ein Bruder neben seinem Bruder. Und eben dann noch Tochter Dagmar mit dem von ihr gut präparierten Politmenschen.

»Wir werden hier immer weniger«, stellte Siegfried fest und hob sein Glas.

»Und bald«, meinte Thomas nachdenklich, »könnten wir hier sogar noch weniger sein.«

Kahlers fühlte sich nicht betroffen. »Unsere Freundschaft hat Jahrzehnte überdauert – die läßt sich nicht auslöschen.«

»Niemals!« bestätigte Jürgen Wiese prompt.

»Hoffentlich nicht!« Sonnenberg betrachtete beide aufmerksam. Mit gekonnt verborgener Heiterkeit.

Thomas versuchte, eine Art Augenkontakt mit Dagmar herzustellen. Doch die war damit beschäftigt, ihrem Superpolitjüngling enorme Mengen Alkohol einzuflößen. Dessen Wirkung zeigte sich alsbald. Schwankend stand er im Raum und blickte, noch verächtlicher als bisher schon, um sich. Um dann zu verkünden, was ihn bewegte – also das, was Dagmar von ihm hören wollte.

Das erste, ihm vermutlich genau zugewiesene Ziel seiner Beschimpfungen war Siegfried Sonnenberg. Den betrachtete er eine Weile stumm, als habe er einen Eisschrank mit Ohren vor sich. Dann rief er mit lallender Stimme:

»Sie sind ein guter Mann, Herr Sonnenberg, sagt man. Sie sollen sogar eine Art Wohltäter sein. Womit Sie höchst verdächtig sind! Sie trachten danach, heißt es, das Betriebsklima zu fördern, indem Sie Ihre Kulis mit Musik berieseln lassen. Oder Sie versuchen diese Arbeitsbienen mit anbiederndem Geschwätz besoffen zu machen; mit Hilfe von diversen Kästen Freibier, die sie zu Vorzugspreisen einkaufen und dann noch von der Steuer absetzen. Mann, Sie sind nichts wie ein typischer Ausbeuter, ein rücksichtsloser Geschäftemacher! So was wie Sie sollte man einbalsamieren und dann öffentlich ausstellen – als Warnung für alle Nachkommen!«

Einige der Anwesenden waren entsetzt, andere empört; alle blickten besorgt auf Sonnenberg. Doch den sahen sie – lächeln. Der produzierte ein Lächeln, das ungemein freundlich, nachsichtig, sogar ermunternd anmutete. Und das anhielt.

Der junge Mann, von Dagmar weiter freudig angefeuert, ließ sich von ihr ein mit Gin gefülltes Wasserglas reichen, trank es leer, wie ein dem Verdursten nahes Kalb, worauf er sich nunmehr Siegfrieds Frau zuwendete. Mit ausgestrecktem Zeigefinger deutete er auf Christiane.

»Nun aber Sie – wie kommen Sie mir vor? Oder aber: wie kommen Sie sich vor? Erkennen Sie denn nicht, daß Sie hier nichts als ein Ausbeutungsobjekt sind? Sie werden ausgenutzt, benutzt, zweckentfremdet! Wollen Sie sich das gefallen lassen? Wo bleibt denn da ihr frauliches Bewußtsein? Ihr feminines Selbstwertgefühl?«

»Was meint denn der damit?« wollte Christiane verwirrt wissen. »Das hört sich ja geradezu verdächtig merkwürdig an. Muß ich mir so was gefallen lassen?«

»Natürlich nicht, Verehrteste!« mischte sich Jürgen Wiese nahezu dienstbereit ein. »Ein derartig anmaßendes Benehmen müssen wir uns entschieden verbitten! Denn dabei handelt es sich um einen massiven Mißbrauch der von uns so überaus gepflegten Gastfreundschaft. Schmeiß ihn, diesen Krawallkerl, raus, Siegfried!«

»Warum denn? Gastfreundschaft sollte keine Einschränkungen kennen – und so gibt sie ihm auch das Recht, alles zu sagen, wovon er überzeugt ist. Da höre ich gerne noch weiter zu.«

»Sie!« rief nun der fast volltrunkene Jüngling, »Sie sind ja ein ganz ausgekochter Hund – nicht ohne Respekt gesagt! Doch versuchen Sie nur nicht, hinterhältig raffiniert auf Toleranz zu machen. Mich jedenfalls vermögen Sie damit nicht zu benebeln. Ich gehöre noch zu denen, die einigermaßen klar denken können. Auch Dagmar gehört dazu!«

Nach einer erneuten alkoholischen Stärkung, die ihm Dagmar reichte, begann er wie ein Rohr im Winde zu schwanken. Mit starr geradeaus gerichtetem Blick auf seinen ihm zugewiesenen Hauptfeind Sonnenberg. Der jedoch lächelte weiterhin, völlig unbeeindruckt.
Nunmehr meldete sich Kahlers zu Wort: »Da muß ich doch sehr bitten! Unsicherheit und Lautstärke sind wie Brüder; jugendliche Torheit versuchte sich nur allzuoft als umstürzlerisches Element – auf allerdings sehr primitive Weise. Diese Störenfriede sind einer sauberen, durchdachten Vorwärtsentwicklung nur hinderlich!«
Der Betrunkene, von Dagmar unentwegt aufgestachelt, wandte sich Kahlers zu. »Wie kommen Sie sich hier vor? Wohl wie ein preisgekrönter Zuchtbulle? Der hier kreuz und quer rumbumst – weil er ganz große Geschäfte machen will? Angeblich für Rosenburg – in Wirklichkeit nur für seine Parteifreunde. Und nicht zuletzt für sich selber!«
»Absurd!« rief Kahlers empört. »Muß ich mir hier so was bieten lassen, Siegfried?«
»Besser hier als anderswo«, meinte Sonnenberg. Er betrachtete diesen von Dagmar mitgebrachten Moralprediger mit Neugier. »Doch das ist wohl noch nicht alles, nehme ich an?«
Entschlossen, hier letzte Erkenntnisse zu verkünden, fuhr der Bärtige mit glasigen Augen und lautstarker Stimme fort: »Wohin man auch blickt – keine Spur von Anstand und Verantwortungsbewußtsein! Von Würde ganz zu schweigen! Nichts als diese demokratisch getarnte Geschäftemacherei eines Kahlers oder dieser verlogene angebliche Sozialismus eines Sonnenberg; ganz abgesehen von den schamlosen kapitalistischen Machenschaften eines Werners! Und alle finden sie ihre Handlanger – ja sagende Beamte, vertuschende Buchhalter, sich bedenkenlos anwanzende Profitjäger! Und zur letzten Sorte gehört Brandin – dieser schäbige Steigbügelhalter!«
»Der hat mich durchschaut!« Thomas lachte völlig ungeniert. »Zugegeben! Und – wen sonst noch?«
Dieser erklärte Politmensch hatte erhebliche Mühe, sich jetzt noch aufrecht zu halten. Doch Dagmar stützte ihn, nach wie vor ermunternd; worauf der weiter in die Runde blickte – und John Frankfurter sah.
»Und was sind Sie? Was wollen Sie sein?« fragte er ihn. »Ein Jude? Daß ich nicht lache!« Er war kurz davor, sich zu erbrechen. »Auch Sie sind im Grunde nichts wie ein schäbiger Handlanger mehr –

im Dienst dieser total verseuchten Deutschen! Schämen Sie sich nicht?«
»Muß ich mich tatsächlich schämen?« sagte John Frankfurter wie versonnen vor sich hin.
»Das geht entschieden zu weit!« rief Erika äußerst besorgt.
»Diesen Schwätzer – verhafte ich!« verkündete Jürgen Wiese in heller Empörung. »So was darf einfach bei uns nicht frei herumlaufen!«
»Halte gefälligst deine schäbige, vollgefressene Schnauze, Polyp!« röhrte der Bärtige. »Oder bist du scharf darauf, daß ich dir deine Visage poliere?«
Dazu kam es jedoch nicht. Denn Dagmars Marx-Mao-Mensch fiel, Speichel um den Mund, krachend auf den Boden. Und blieb dort liegen.
»Überlaßt ihn mir!« forderte Mutter Klementine erlebnisfroh. »Den schleppe ich ab – zu mir in den Keller. Dort werde ich dann versuchen, ihn zur Vernunft zu bringen.«
Mutter Klementine packte ihn, wuchtete ihn hoch und trug ihn davon. Wie ein gebündeltes Kleinkind. Ihre Körperkräfte erwiesen sich nach wie vor als enorm.

Die Zurückgebliebenen sahen diesem Abtransport ebenso erleichtert wie auch bewundernd nach. Diesem Ungeheuer von Weib verdankte man wieder einmal ein prächtiges Rosenburger Schauspiel. Einige schienen bereit, Klementine zu applaudieren.
Siegfrieds Schwester Erika reagierte anders. Sie befreite sich von den sie besänftigend streichelnden Händes ihres Mannes, lehnte sich steif in ihren Stuhl zurück und sagte: »Du weißt, Dagmar, daß ich dich sehr liebe. Doch ich finde, daß du dir eine derartige Provokation nicht hättest leisten dürfen. Deines Vaters wegen nicht – schon gar nicht an seinem Geburtstag.«
Auch Christiane blickte verweisend auf Dagmar, ohne von ihr beachtet zu werden. Kahlers und Wiese nickten zustimmend. John hielt sich zurück; er betrachtete mit steigendem Interesse Sonnenberg und Brandin. Die blinzelten sich kumpelhaft zu, doch ohne dabei eine gewisse Vorsicht außer acht zu lassen.
Dann sagte Siegfried: »Dieser Rundherum-Kahlschlag hat den Abend ungemein belebt. Zumal ich mich nicht betroffen fühle.« Er blickte nun seinen Freund Thomas direkt an. »Was meinst du dazu?«
»Man sollte wohl versuchen, einiges klarzustellen.« Brandin

wandte sich nun mit Entschlossenheit an Dagmar. »Wärest du bereit, dich auf ein klärendes Gespräch einzulassen? Unter uns beiden?«

»Aber gerne«, versicherte sie unverzüglich, »ich kann nur hoffen, daß auch du dir das davon versprichst, was ich erwarte.«

»Redet darüber!« ermunterte Siegfried die beiden. »Möglichst gründlich.«

»Dann komm mal mit, Mädchen!« forderte Brandin.

Dagmar folgte ihm treppauf, so neugierig wie ein junger Hund. Bald standen sie in den oberen Laborräumen erwartungsvoll einander gegenüber.

»Also, meine liebe Dagmar«, begann Thomas das Gespräch fast etwas lehrerhaft; offenbar war er bemüht, eine möglicherweise aufkommende Intimität vorerst zu vermeiden. »Ich habe immer versucht, dich zu begreifen, und auch immer gehofft, daß auch du uns verstehen würdest – deinen Vater und mich.«

»Was heißt denn schon verstehen! Durchschaut habe ich euch!«

»Dann müßtest du auch erkannt haben, Dagmar, daß wir uns in einer äußerst schwierigen Situation befinden. Wir stehen vor komplizierten, uns alle sehr belastenden Verhandlungen und Entscheidungen.«

»Wieder einmal!« Dagmar winkte verächtlich ab. »So was habt ihr pausenlos behauptet – in den ganzen zehn Jahren, in denen ihr euch hier breit und immer breiter gemacht habt. Doch was ihr da so an Zirkus veranstaltet, zieht auf die Dauer nicht – nicht bei mir! Denn irgendwann einmal muß mit euren, besonders aber mit deinen großen Versprechungen Schluß sein.«

»Die werden eingehalten, Dagmar! Nur noch ein wenig Geduld.«

»Nein!« Dagmars Stimme klang nahezu fröhlich. »Jetzt will ich endlich wissen, woran ich bin, Thomas. Und du sollst mich fragen, warum ich es wissen will!«

»Also – warum?«

»Deinetwegen! Also auch: unseretwegen! Die Gelegenheit ist günstig, das sage ich ganz offen, um hier endlich einmal endgültige Tatsachen zu schaffen. Ich warte schon zu lange darauf, jetzt aber will ich das nicht mehr länger. Das mußt du begreifen. Erkenne endlich dies: ich bin für dich da! Bist du das auch – für mich?«

»Ja«, versicherte er fast feierlich. »Wenn du absolut sicher bist, daß du mich liebst, Dagmar – dann geht jetzt alles gut.«

Das Laboratorium mit seinem nackten Mitteltisch, den sauberen

Regalen, geordneten Flaschen, Töpfen und Gläsern, durch dessen Oberlichtfenster ein dunkler Winterhimmel starrte, konnte gewiß fatal ernüchternd wirken. Das alles sahen sie jedoch nicht, sie schielten beide hinunter zu der Schlafstelle, die sich hinten in der Ecke befand und mit buntgeblümten Decken und Kissen geschmückt war – ganz so, als wäre hier ein kleiner, leuchtender Hausgarten angelegt worden. Dorthin strebten nun beide, wie magnetisch angezogen, und Dagmar ließ sich auf die Liege fallen, ohne Thomas aus ihren grüngrauen, glänzenden Augen zu verlieren. Sie blinzelte ihm aufmunternd zu, – und er zögerte nicht eine Sekunde, sich zu ihr zu legen.
Als dann alles vorüber war, lösten sie sich voneinander. Es war ihnen, als sei es endlich gelungen, ein fast zehn Jahre währendes Versäumnis korrigiert zu haben. Mit großer Freude.
»Nur dich allein liebe ich, Dagmar – seit ich dir zum erstenmal begegnet bin. Doch nun ist alles endgültig, mein geliebtes Wesen!«
»Ja, Thomas, jetzt gibt es nur noch uns beide.«
Sie kleideten sich an. Dabei betrachteten sie einander zärtlich. Sie umarmten sich erneut und zitterten am ganzen Körper.
Dann stellte Dagmar, plötzlich sehr sachlich, fest: »Aber du bist verheiratet. Und nicht nur mit deiner Frau – sondern auch mit den Geldern von Werners.«
»Das – täuscht«, sagte Thomas. Er schien nicht im geringsten von Dagmars Feststellung beeindruckt zu sein.
»Und du glaubst, dich davon lösen zu können? Etwa wenn ich nun, möglicherweise, ein Kind von dir bekommen sollte?«
»Außer meiner Freundschaft zu deinem Vater, mußt du wohl wissen, hat es für mich niemals eine endgültige Bindung gegeben, Dagmar. Und du bist seine Tochter. Falls es also ein Kind von uns geben sollte, werde ich mit Wonne dessen Vater sein!«
Und daran glaubte er tatsächlich. Sie auch. Menschen sind nun mal so.

Das Panorama
der inzwischen vergangenen fünf Jahre –
in, um und auch scheinbar sehr weit außerhalb von Rosenburg:
1956 bis Ende 1959

1956 wurde abermals kein Friedensnobelpreis verliehen. Zugleich wurde das Weltpotential an Atombomben bereits auf etwa 50000 Exemplare geschätzt. 35000 waren in den USA gelagert, 15000 in

der UdSSR. Das deutsche Bundesverfassungsgericht sprach ein Verbot der kommunistischen Partei aus. Hitler wurde amtlich für tot erklärt.
Im gleichen Jahr starben: Erich Kleiber, der bedeutende deutsch-österreichische Dirigent; auch Emil Nolde, der als »entartet« von den Nazis verfolgte expressionistische Maler wundersam glühender Landschaften. Auch Sir Alexander Korda, der ungarisch-britische Filmemacher, einer der Zaren des Kintopps, überlebte nicht.
1957 erhielt der Franzose Albert Camus den Nobelpreis für Literatur. Weiterhin starben: Käthe Dorsch, die berühmte deutsche Schauspielerin; Ralph Benatzky, der erfolgreich zu nennende Komponist des »Weißen Rößl«; Benjamino Gigli, der strahlende italienische Tenor, den man als Nachfolger Carusos gefeiert hatte. Ferner Curzio Malaparte, Erich Ponto und Erich von Stroheim – letzterer auch als »Hunne von Hollywood« bezeichnet.
Schostakowitsch komponierte seine 11. Symphonie; Henry Moore stellte seine Plastik »Fallender Krieger« aus. Filmregisseur Lean präsentierte »Die Brücke am Kwai«, Lumet »Die zwölf Geschworenen«. Und weiter starben und starben: Max Ophüls, ein Europäer in Amerika; in Frankreich Sascha Guitry, Christian Dior und Charles Pathé, der Filmpionier.
In jenen Jahren begann Bürgermeister Kahlers in Rosenburg ein »Haus der Begegnungen« zu planen. Es sollte mit Gemeinschaftsräumen für politische Diskussionen sowie für musikalische und theatralische Darbietungen ausgestattet werden. Ferner war eine Sport- und Schwimmhalle sowie eine Bibliothek, auch »Volksbücherei« genannt, vorgesehen. Die Zementfabrik Werners, von Brandin geleitet, produzierte am laufenden Band genormte Bauelemente. Und Sonnenberg brachte sein erstes geradezu weltweit international anerkanntes Kosmetikfabrikat auf den westlichen Markt: eine Nachtcreme, heilsam für noch so sprödeste Haut; beruhend auf Blumenblütenbasis.
1958 wurde dann, als Nachfolger des gestrengen Papstes Pius XII., der ungemein menschenfreundlich erscheinende Johannes XXIII. erwählt. Ein gewisser Chruschtschow wurde Ministerpräsident der UdSSR; er besuchte Mao-tse-tung in Peking und ließ sich auch auf Gespräche mit Kennedy ein. Der Schah von Persien trennte sich von seiner Frau Soraya. De Gaulle umarmte Adenauer.
Boris Pasternak erhielt den Nobelpreis für Literatur. Johannes R.

Becher, einst nur ein Poet, doch inzwischen »verdienstvoller« Kulturfunktionär der DDR, starb; für ihn wurde ein Staatsbegräbnis veranstaltet, was Dichtern ansonsten kaum zuteil wird. Die Anwendung einer die Empfängnis verhütenden »Pille« begann sich seuchenartig auszubreiten. Damit drohte die seit Jahrhunderten bestehende »Sexualmoral« abgeschafft zu werden.
1959 schändeten Rechtsradikale die Synagoge in Köln. Adenauer reiste nach Paris, um sich dort mit de Gaulle zu treffen. Er traf aber auch mit Eisenhower und MacMillan zusammen. Deutschland (West) war nun wieder was! Die Volksrepublik China vereinnahmte Tibet. In Europa bildete sich ein »gemeinsamer Markt«. Mario Lanza starb, ein amerikanischer Tenor italienischer Herkunft, vielgepriesener Nachfolger von Gigli und Caruso, nach kaum mehr als dreißig Lebensjahren. T. S. Eliot schrieb sein Versdrama »Ein verdienter Staatsmann«, Jean Genet seinen »Balkon«, Günter Grass »Die Blechtrommel«. Graham Greene, wohl der großartigste Erzähler dieses Jahrhunderts, war wieder einmal mehr »nobelpreisverdächtig«.
Unter den Toten befand sich auch der wohl bedeutendste Ankläger des feisten deutsch-militanten Kapitalismus, George Grosz. Wie zugleich mit ihm auch der geheimnisvoll hintergründige Zeichner des großen Grauens, Alfred Kubin. Auch Hans Henny Jahn, als Orgelbauer und -spieler, wie auch als Schriftsteller, ein Herrscher über phantastische Klangwelten, verließ diese Welt, die ihn nie wirklich wahrgenommen hatte.
In Rosenburg jedoch kam es kurz vor Jahresende 1959 zu einem längst erwarteten Höhepunkt, zur »Großen Konferenz«.

Die sogenannte »Große Konferenz«, von allen Interessenten intensiv vorbereitet, fand am 23. Dezember statt; mithin einen Tag vor dem sogenannten »Heiligabend«. Ort und Zeit des Treffens: das Amtszimmer des Bürgermeisters Kahlers; 12 Uhr mittags.
Anwesend: außer Bürgermeister Kahlers und zwei seiner ihm ergebenen Referenten für Bau, Planung und Verkehr, die Repräsentanten der beiden hier dominierenden Interessengruppen:
Zunächst die Werners-Gruppe. Der General persönlich führte sie an. Stocksteif souverän saß er da, als sei er entschlossen, sich durch nichts beeindrucken oder gar erschüttern zu lassen. Und neben ihm, wie ein unabtrennbarer Teil von ihm, hielt sich Brandin auf. Gelassen blätterte er in dem mitgebrachten umfangreichen Ordner mit sichtlich umfangreichen Unterlagen.

Sodann: die Sonnenberg-Gruppe; Siegfried ganz im Vordergrund. Mehr hinter als neben ihm John Frankfurter. Beide benötigten offenbar keinerlei Unterlagen hierzu.
Einleitend stellte sodann Konrad Kahlers fest, um freundlich-unverbindliche Atmosphäre bemüht, daß es sich hier vermutlich um das bisher größte Projekt handle, das er jemals vorbereitet habe. Dabei, schlug er vor, möge man sich keinesfalls auf überstürzte Reaktionen einlassen. Zunächst einmal, regte er an, wäre eine gewisse Stärkung wohl sehr angebracht. Um dabei ein wenig Abstand zu gewinnen. Diverse Erfrischungen stünden bereit.
Auf diesen dargebotenen Imbiß deutete nun Kahlers hin – mit einladender Geste, nicht ohne Stolz. Denn das hier nun Offerierte zeugte, da war er sicher, von seinem erlesenen Geschmack; aber auch von der enormen Vielschichtigkeit seiner Beziehungen. So etwa vermochte er Kaviar aus Rußland anzubieten, norwegischen Lachs, sowie geräucherten deutschen Flußaal. Dazu, auf Eiswürfeln gelagert, etliche Flaschen: Linie-Aquavit, garantiert zweimal über den Äquator transportiert; sowie Cognac aus Cognac; auch Wodka aus Polen, mit »Büffelgras« versetzt. Ferner: dekorativ geformte Butterhügel und vielgestaltige Kleinbrotformen des Landes: Kümmel-, Salz- und Leinsamensemmel; von duftender Ofenfrische.
Doch zunächst griff keiner der Anwesenden zu. Offenbar wollte sich niemand von dem hier zur Diskussion stehenden Projekt ablenken lassen. Essen und Trinken konnte man immer noch. Besonders gerne würde sich dann wohl die Siegergruppe dieser Konferenz, mit anhaltender Wonne noch dazu, diesen ausgewählten Genüssen hingeben.
Das wußte Kahlers im voraus. Und wie stets sicher reagierend, wenn es um Geschäfte in seinem Gemeindebereich ging, schien der auch diesmal zu ahnen, wie die laufen würden. Dementsprechend hatte er bei der angefallenen Delikatessenrechnung zunächst noch den Namen jenes Teilnehmers ausgelassen, der dann diese Zeche bezahlen würde. Wer das jedoch war, konnte er sich denken.
Also setzte sich der Bürgermeister in Positur und führte aus: »Ich nehme an, es ist allgemein bekannt, um welches Projekt es sich diesmal handelt, nämlich um die Südwaldsiedlung, ein Unternehmen von erheblicher Größenordnung. In Anbetracht der Dringlichkeit des Falles müssen wir nun wohl bestrebt sein, bei dieser Sitzung zu verbindlichen, definitiven Ergebnissen zu kommen.«

»Dazu sind wir auch entschlossen«, verkündete Werners. »Meine Firmengruppe, mein Generalbevollmächtigter und ich. Die Unterlagen, mit deren Erstellung wir eine schweizerische Unternehmensgesellschaft beauftragt haben, sind finanziell einwandfrei abgesichert. Wir erklären uns also bereit, das Südwaldsiedlungs-Projekt vollverantwortlich zu übernehmen. Hundertprozentig.«
»Hundertprozentig?« Siegfried Sonnenberg schien unangenehm überrascht. »So was ist hier nicht üblich. Denn das widerspricht dem bei uns bislang geltenden Prinzip der möglichst gerechten Verteilung, der Schaffung einer ausgeglichenen Anteilnahme. Deren prozentuale Höhe wäre auszuhandeln. Jedenfalls kommt gar nicht in Frage, daß hier einer allein den großen Schnitt macht.«
»Erlaube, bitte, mein lieber Siegfried«, wandte Kahlers behutsam ein, »daß ich dich auf folgende Tatsache aufmerksam mache: ich habe dir dieses Projekt rechtzeitig bekannt gemacht. Du bist von mir, sogar mehrmals, gebeten worden, dazu Stellung zu beziehen. Aber du hast immer nur ausweichend geantwortet, so daß ich annehmen mußte, du habest kein Interesse an diesem Vorgang.«
»Da irrst du, Konrad«, sagte Siegfried Sonnenberg. »Ich habe inzwischen sorgfältig nachgedacht und mich endlich zu dem Entschluß durchgerungen, mich an diesem Objekt zu beteiligen.«
»Eine Entscheidung, Siegfried, die reichlich spät kommt«, erklärte Bürgermeister Kahlers, scheinbar überaus bedauernd.
»Dem ist so!« bestätigte Werners. »Sie kommen zu spät.«
Siegfried Sonnenberg richtete sich jetzt streitbar auf. Nahezu eindringlich blickte er Thomas Brandin an; um dann, wie äußerst empört, auszurufen: »Was hat denn das zu bedeuten! Sollte hier etwa der Versuch gewagt werden, mich einfach auszuschalten? Mich! Und das sogar mit deiner Hilfe, Thomas?«
»Ich habe hier«, erklärte der unbeeindruckt lässig, »gewisse, ganz bestimmte Interessen zu vertreten. Die aber eben, nach Lage der Dinge, nicht die deinen sind.«
»Sehr richtig bemerkt!« stimmte Werners zu; sichtlich zufrieden.
Nunmehr schien Siegfried Sonnenberg zu schäumen; er schlug mit der Faust auf den Tisch und brüllte Thomas Brandin an: »Das ist eine Infamie sondergleichen, Mensch! Von jedem anderen hätte ich das erwartet – doch von dir nicht!«
Wie in heftiger Abwehr verwahrte der sich: »Du solltest endlich einsehen, sogar du, daß hier nicht immer alles so verläuft, wie du es gerne willst.«
Dies völlig unerwartete, jedoch überaus wirkungsvolle Schauspiel

verfehlte nicht seinen Effekt. Die einst so brüderlich anmutenden Freunde bellten sich an; wie zwei bissige Wachhunde verschiedener Herren. Bei diesem Schauspiel verschlug es sogar einem Kahlers die Sprache.
Wobei sich nun John Frankfurter, ganz sachlich, einmischte: »Dieses Südwaldsiedlungsprojekt will auch mir einigermaßen fragwürdig erscheinen. Wer sich darauf einläßt, könnte sich in die Abhängigkeit eines zwar finanzstark wirkenden, doch nicht ganz durchschaubaren schweizerischen Unternehmens begeben. Und ebendeshalb habe ich mir erlaubt, Herrn Sonnenberg, und zwar dringend, von diesem Projekt abzuraten.«
»Ach was, werter Herr Frankfurter«, warf nun Werners ein, wobei er sich maßlos, durch Geschichtsträchtigkeiten erzeugt, unendlich überlegen vorkam. »Sie sind eben ein Jude! Ein gewiß sehr ehrenwerter. Doch eben – ein Jude. Und als solcher berechtigt mißtrauisch, gewiß von fürchterlichen Erfahrungen gezeichnet; mithin bereit, stets zu verneinen. Doch selbst Sie müssen inzwischen eingesehen haben: nun ist auch bei uns alles wesentlich anders geworden. Endlich, möchte ich sagen!«
»Sehr richtig!« stimmte Kahlers zu.
»Und – du?« fragte Siegfried streng diesen, wie man nach Ablauf des Geschehens nun wohl sagen mußte, ehemaligen Freund, »bist auch dieser Ansicht?«
Er erhielt keine Antwort. Sie war auch gar nicht notwendig. Brandin lehnte sich zurück, als beabsichtige er, von Sonnenberg Abstand zu gewinnen. Für ihn ergriff Werners das Wort:
»Reden wir doch hier, ich bitte Sie, meine Herren, nicht noch weiter um den nun sehr dick gewordenen Brei herum. Dies Projekt gehört uns – allein uns! Und damit sind doch hier nun wohl die Würfel gefallen.«
Was zutraf.

2

Die große geglückte Verlorenheit

Das Weihnachtsfest im Jahre 1959, der sogenannte Heilige Abend, begann im Sonnenberg-Haus in geradezu verdächtiger Stille. Siegfried schien das zu begrüßen. Er gefiel sich offenbar als geruhsamer Genießer.

Mutter Klementine beherrschte ungestört die Küche des Hauses. Dort sorgte sie für den Festbraten: Karpfen blau, sanft gesotten. Vorweg sollte es eine klare konzentrierte Hühnersuppe geben, nachher frisch gebackene, also noch warme Marzipanteile, in Form von Herzen, Tannenzweigen und Kerzen. Ein verlockender Duft durchzog schon seit Stunden die Räume.

Im großen Zimmer hatte sich Siegfried niedergelassen. Dort schmückte die derzeitige Frau Sonnenberg den Tannenbaum. Das geschah auf wohl kunstverständige Weise – mit verschwenderisch angebrachten silberglitzernden Elementen. Sie frisierte gleichsam den Baum, mit im Damensalon erworbener Meisterschaft.

Siegfried hatte ein Glas Rotwein vor sich hingestellt, von dem er jedoch nicht trank. Er betrachtete Christiane bei ihrer Beschäftigung mit steigendem Wohlwollen.

Doch dann hielt er es für angebracht, sich seiner Tochter Dagmar zu widmen.

Die hatte sich in seiner Nähe niedergelassen; und zwar mit einer bei ihr höchst merkwürdigen, fast schon alarmierend wirkenden Lautlosigkeit. Sie betrachtete ihre Hände, die sie über dem Bauch gefaltet hielt.

»Irgendein Problem, mein Kind?» fragte er aufmerksam.

»Keins«, sagte sie. »Zumindest wohl keins, das sich nicht lösen lassen wird – hoffe ich.«

»Das darfst du hoffen, Dagmar«, versicherte er ihr liebevoll. Um dann fast munter, wenn auch behutsam gedämpft, hinzuzufügen: »Denn schließlich, mußt du wissen, weißt du wohl auch, habe ich bei allem, was hier nun noch getan werden muß, auch stets an dich gedacht. Für dich geplant.«

»Das traue ich dir ohne weiteres zu! Wodurch dann vermutlich noch einiges auf uns zukommen könnte – nicht wahr?«

»Dich darauf einzustellen, bist du offenbar bereit, Dagmar! Hoffentlich ohne Vorurteile. Mein Thomas jedenfalls hat mir berichtet, daß ihr euch so gut wie einig seid. Was ich mit großer Freude vernommen habe. Gut so! Doch das ist wohl noch nicht alles, hoffe ich. Womit, weiter, kann ich rechnen?«

In diesem wohl heiklen Augenblick traf Margot, die Frau des Rechtsanwaltes, auch Schwester eines Rechtsanwaltes, im Sonnenberg-Haus ein. Sie näherte sich Siegfried; wie zögernd und unsicher. Doch ebendeshalb wirkte sie überaus sympathisch.

Bei ihrem Anblick stellte Sonnenberg sein Weinglas ab. Er erhob sich und schritt auf sie zu. Er ergriff ihre Hand und sagte: »Willkommen – von Herzen!«

Margot mutete leicht verwirrt an. Sie lächelte, wie um Verständnis bittend, Christiane und Dagmar zu. Und diese beiden lächelten weihnachtlich-freundlich zurück. Da Sonnenberg das offenbar wünschte.

»Du hast mich wissen lassen, lieber Siegfried, daß ich diesen Weihnachtsabend bei dir, im Kreise deiner Familie verbringen darf. Dafür bin ich dir sehr dankbar. Da sich mein Mann, wie du weißt, im Krankenhaus befindet, wäre ich bei mir zu Hause sehr allein.«

»Setze dich zu uns – zu mir«, forderte sie Sonnenberg auf.

»Darf ich das?« Margot sah abermals fragend Christiane und Dagmar an.

»Warum denn nicht«, meinte Christiane ahnungslos und unkompliziert. »Mein Mann wünscht es, also geht das in Ordnung.«

»Sie sind uns sehr willkommen!« bestätigte Dagmar spontan. Das, nachdem sie ihren Vater angeblickt hatte und zu erkennen glaubte: der legte auf diese Begegnung erheblichen Wert.

»Danke«, sagte Margot. Sie ließ sich neben Siegfried nieder, nahm von ihm ein Glas Wein entgegen und neigte sich ihm dankbar zu. »Schön, daß ich kommen durfte.«

»Schön, daß du gekommen bist, Margot. Denn dir habe ich einiges zu sagen – falls du bereit bist, mir zuzuhören.«

Nur wenig später kam es dann im Sonnenberg-Haus zu dem großen Festmahl im kleinen Familienkreis. Siegfried genoß es sehr. Und das nicht nur weil es so köstlich war – nein, er fühlte sich im Kreis dieser vier ungewöhnlichen Frauen unsagbar wohl. Und dar-

auf, sie dann unter dem Christbaum großzügig beschenken zu können, freute er sich ungemein.
Ansonsten war es bei derartigen Familienfeierlichkeiten üblich, erst die Bescherung, dann das Festessen zu veranstalten. Diesmal jedoch hatte er die Reihenfolge wohlüberlegt abgeändert, um danach noch einen dritten weihnachtlichen Programmpunkt ungetrübt genießen zu können: den Mitternachtsumtrunk mit Freunden des Hauses! Dafür war ein kaltes Büffet mit Wurst-, Pasteten- und Bratenbergen angerichtet.
»Doch zunächst wollen wir mal sehen, was uns das Christkind da so gebracht hat«, verkündete Siegfried seinen vier Frauen überaus gut gelaunt.
Er läutete mit einer am Tannenbaum hängenden Glocke. Auf dieses Signal wurde die Tür des Raumes weit geöffnet. Worauf ein als Weihnachtsmann verkleideter Mensch – einer von Siegfrieds Friseuren, wie Christiane nach nur kurzem Blick erkannte, ein stämmig-stattlicher Türke – einen mit Tannenzweigen geschmückten Schubkarren hereinzerrte. Der war mit Paketen beladen und wurde jetzt unter den Christbaum geschoben. Dort ließ dieser Weihnachtsmann ihn stehen; nicht ohne lautstark ausgerufen zu haben: »Frohes Fest.« Dann entfernte er sich; wohl weisungsgemäß.
Siegfried nickte seinen vier Damen ermunternd zu. Sie scharten sich erwartungsvoll um ihn. Und er teilte seine Gaben aus.
Christiane erhielt ein funkelndes, mit hochkarätigen Diamanten besetztes Armband von erheblichem Wert. Daß dies eine Art Abschiedsgeschenk an sie war, konnte sie nicht wissen; sie stieß wonnige, möwenschreiartige Laute aus. Dagmar durfte einen Pelzmantel aus reinem Nerz entgegennehmen, mit dem sie sich beglückt umhüllte; insbesondere ihren Bauch. Mutter Klementine wurde mit einer kompakt anmutenden, jedoch wundersamen leichten Lamafelldecke für ihr Bett beschenkt, die noch dazu elektrisch beheizbar war. Sie war kurz davor, ihren geliebten Siegfried vor Freude zu erdrücken.
Auch Margot blieb nicht unbeschenkt. Ihr überreichte Siegfried ein schwarzsamtenes Etui. Darin befand sich eine handwerklich meisterhaft gefertigte Goldkette.
»Nicht doch!« rief Margot bei diesem Anblick freudig aus.
Sie hätte Siegfried gerne leidenschaftlich umarmt. Was sie sich jedoch, nach einem kurzen Seitenblick auf Christiane und Dagmar, nicht erlaubte. Doch sie strahlte ihn an.

»Diese Kette«, sagte er vertraulich-verhalten, wobei er sich ihr zuneigte, »kannst du um den Hals tragen – dir aber auch um die Taille legen. Ganz wie du willst.«
»Wo immer du sie bei mir zu sehen wünschst«, flüsterte ihm Margot zu.
Doch auch Siegfried Sonnenberg ging bei dieser Bescherung nicht ganz leer aus. Er erhielt drei Krawatten, dazu zwei Paar Socken und auch ein vergoldetes Feuerzeug. Hinzu kamen noch zwei Dutzend Taschentücher mit seinem Monogramm; weiter noch drei Taschenbücher. Mutter Klementine aber hatte für ihn, ziemlich kunstvoll, dick gestrickte, mit Leder verstärkte Hausschuhe angefertigt. »Gut gegen kalte Füße, mein liebes Jungchen – die du hier gewiß manchmal hast.«

Somit mutete einfach alles überaus stimmungsvoll an; nahezu herzlich, fast familiär. Das auch dann noch, als sich, entsprechend der Einladung, »eine Stunde vor Mitternacht« die weiteren Gäste zu freundschaftlichem Umtrunk und rustikalem Festbüffet einfanden. Zu ihnen gehörten Erika und John Frankfurter, wie immer eng beieinander; und Konrad Kahlers, gemeinsam mit Jürgen Wiese. Beschwingt umarmten sie ihren Jugendfreund Siegfried, um sich dann unverzüglich der entgegenkommend gurrenden Christiane zu widmen. Schließlich tauchte, bereits leicht schwankend, auch Thomas Brandin auf. Er winkte lediglich den Anwesenden grüßend zu, um sich dann dicht neben Dagmar niederzulassen.
»Mensch«, stellte die sachlich fest, »du bist ja total besoffen!«
»Kann sein«, gab der ziemlich mühsam zu. »Das kommt wohl von den derzeitigen Zuständen, Dagmar. Die sicherlich bald vorübergehen werden.«
Er versuchte sie zu umarmen. Doch sie entzog sich ihm. »So – gefällst du mir gar nicht!«
Dabei wurden sie von den Anwesenden, außer von Siegfried, nicht sonderlich beachtet. Erika und John waren, wie üblich, intensiv miteinander beschäftigt; Kahlers und Wiese balzten um Christiane. Mutter Klementine allerdings benutzte die ihr günstig erscheinende Gelegenheit, um sich in der ihr eigenen rauhen Art mit Margot zu unterhalten.
»Was läuft denn da eigentlich so zwischen Ihnen und meinem lieben Jungchen?« wollte sie wissen. »Gedenken Sie den etwa zu vereinnahmen?«

»So würde ich das nicht bezeichnen, Frau Klementine. Immerhin kennen wir uns, Siegfried und ich, bereits seit vielen Jahren. Was Sie wissen.«
»Stimmt«, sagte Klementine mit der ihr eigenen Selbstverständlichkeit. »Und ich, Mädchen, kannte Sie bereits, als Sie noch ein Kind waren. Ein sehr sensibles Kind, leicht verletzbar, überaus zurückhaltend - außer Ihrem schönen Bruder gegenüber.«
»Das war einmal, Frau Klementine!«
»Ist mir bekannt. Doch inzwischen sind Sie eine Dame geworden. Sie haben niemals so wahllos herumgehurt wie andere hier. Deshalb wirken Sie immer noch so unverbraucht.« Tief schnaufend fuhr Klementine fort: »Sie wären für mein liebes Jungchen tatsächlich die zu ihm passende Frau.«
»Wie schön, daß gerade Sie das sagen.«
»Sage ich, Margot - und das meine ich auch. Habt ihr euch schon, in dieser Hinsicht, gewisse Vorstellungen gemacht?«
»Aber nein! Es ist doch hier alles fürchterlich kompliziert. Er ist verheiratet - und ich bin es auch.«
»Aber wieso denn, mein schönes Kind! Siegfried könnte sich jederzeit von seiner Frau trennen - wenn er will; und er scheint es zu wollen. Und bei Ihnen ist das wohl noch einfacher.« Die Robustheit dieser Klementine war durch nichts zu erschüttern. »Denn Ihr Mann ist, soweit ich informiert bin, unheilbar krank. Also werden Sie vermutlich sehr bald Witwe sein. Eine schöne, junge, dekorative Witwe! Für Siegfried. Das paßt doch ausgezeichnet ins Programm!«
»Ich wage nicht daran zu denken!«
»Ach, mein liebes, schönes Mädchen, machen Sie sich doch nichts vor - und mir schon gar nicht! So ist nun einmal unsere Welt. Wenn einer gewinnt, muß ein anderer verlieren; und wenn gestorben wird, gibt es doch immer Überlebende! In diesem Fall Sie und Siegfried.«
Mutter Klementine erwartete darauf keine Antwort. Ihr genügte, daß sie dieser sanften Margot nun wohl beigebracht hatte, was ihr selber wichtig erschien und was sie somit zu befolgen hatte. Sie widmete sich unverzüglich aufklärungsbereit einem anderen der geplant Heimzusuchenden, nämlich Jürgen Wiese.
Ihm verkündete sie freudig: »Du hast offenbar in Jahrzehnten nichts hinzugelernt. Du bist immer noch ganz scharf darauf, deine alten, blöden, eitlen Dummheiten zu wiederholen.«
»Nur langsam, Alte, nicht so voreilig!« Jürgen Wiese versuchte sie

zu besänftigen. »Ich kenne deine Scherze, Klementine. Womit willst du mich diesmal erheitern?«
»Ach was, mein Kerlchen! Du machst nun mal auf uns den Eindruck, ein amtlicher Arschkriecher zu sein! Bei Kahlers bist du's immer, bei Siegfried auch – bei dem meistens wegen seiner Weiber. Neuerdings, habe ich gehört, stehst du sogar vor einem Werners stramm! Glaubst du dir auch das noch leisten zu können?«
»Unsinn, Mutter Klementine«, sagte er steif. »Das mußt du so sehen: Vor dem Gesetz, das ich hier verkörpere, sind alle Menschen gleich. Und für diese setze ich mich ein.«
»Leicht idiotisch bist du schon immer gewesen.« Sie lachte ihn verächtlich an. »Aber neuerdings scheinst du zu verkalken. Du merkst ja nicht einmal, wer hier, während du deine kleinen Brötchen bäckst, das große Rennen macht!«
Dabei deutete Klementine auf Sonnenberg. »Er! Allein er! An den mußt du dich halten – wenn du nicht bald bei deinen Arschkriechereien ersticken willst.«

Siegfried Sonnenberg hatte sich mit Konrad Kahlers in jene Ecke des Raumes begeben, in der sich auch der Christbaum befand. Dort nun standen sie, wie von ihm abgeschirmt, beim Fenster einander gegenüber. Draußen rieselte der Schnee – das Wetter zauberte eine bilderbuchartige deutsche Weihnachtsstimmung. Doch keiner der hier Anwesenden achtete darauf. Sie waren intensiv miteinander beschäftigt.
Sonnenberg betrachtete den Bürgermeister mit weihnachtlicher Friedfertigkeit, was bei Kahlers Unruhe erzeugte. Unverzüglich preschte er vor, um sich zu verteidigen.
»Du bist mir doch nicht etwa böse, Siegfried – was? Wegen des Verlaufs der gestrigen Konferenz? Wenn du mir vorher deinen Standpunkt, deine Ansichten und Wünsche, mitgeteilt hättest – wäre alles garantiert anders gelaufen.«
»Wirklich?«
»Mit absoluter Sicherheit, mein Freund! Und natürlich war ich auch von dem niemals zu erwartenden Verhalten dieses Brandin dir gegenüber überaus schockiert. Um so mehr wundert es mich allerdings, ausgerechnet den hier zu sehen, bei deiner Tochter – als wäre überhaupt nichts geschehen.«
»Das ist vermutlich nicht das einzige, Konrad, worüber du dich noch wundern wirst.«
Jetzt erschrak Bürgermeister Kahlers. »Ich kann dir nur raten,

Siegfried, mein Freund, meine vielfach erprobte Solidarität dir gegenüber niemals anzuzweifeln. Du könntest dir also wirklich solche Andeutungen sparen! Diese Zumutungen und Herausforderungen!«
»Nichts dergleichen ist beabsichtigt, Konrad«, wurde dem Bürgermeister mit freundlichem Entgegenkommen erklärt. »Ich beabsichtige vielmehr, dir ein Weihnachtsgeschenk ganz besonderer Art zu bieten – vielleicht sogar zwei.«
Diese Bemerkung machte Kahlers noch weit mißtrauischer. »Worauf willst du diesmal hinaus, Mensch?«
»Selbstverständlich auf dieses Südwald-Siedlungsprojekt, mein Lieber.«
»Du bist also doch über mich verärgert? Aber dazu hast du keinen Grund, Siegfried! Ich habe dir für dieses Objekt jede Sorte Unterlagen zugehen lassen. Außerdem habe ich angenommen, daß dich Brandin voll informieren würde. Aber dann ging alles verdammt schnell. Zuerst das massive Drängen von Werners, dann dessen voreilige Abschlüsse mit der Schweizer Gesellschaft. Und sein vorher finanzieller Einsatz mit stattlichen Vorausgarantien! Und schließlich noch, die geradezu rücksichtslose Weichenstellung dieses Brandin! Deines Brandin – wie ich bisher immer gedacht habe. Und nun hat dieses neuartige Zweigespann Werners-Brandin sogar mich überfahren!«
»Reg dich nicht künstlich auf, Konrad!« Siegfried winkte lässig ab. »Soweit ich informiert bin, hat Werners bereits persönlich den dazugehörenden Vertrag unterzeichnet. Mithin also seinen Anteil von zehn Millionen garantiert und dabei ein Viertel dieser Summe bankgerecht zur Verfügung gestellt.«
»Hat er! Und das ist bereits gestern, gleich nach der Konferenz, notariell beglaubigt worden. Werners ist sicher, einen nahezu fünfzigprozentigen Gewinn dabei kassieren zu können. Und den wird er dann mit deinem oder eben jetzt seinem Brandin teilen. Ich konnte nichts dagegen machen.«
»Wolltest du vermutlich auch gar nicht, Konrad – wie ich dich kenne.« Siegfrieds unerwartete Freude über den Vorgang wurde nun deutlich. »Denn selbstverständlich wirst du dich an diesem Geschäft beteiligen. Das jedoch gewiß nicht, ohne dich zuvor völlig abgesichert zu haben.«
»Du kennst mich, Siegfried; ich mache keine halben Sachen. Zwischen Weihnachten und Neujahr wird unser Stadtrat über dieses Projekt abstimmen. Unzweifelhaft positiv; da sind bereits alle

Weichen richtig gestellt. Doch erst danach werde ich in dieses Geschäft einsteigen, kann also dann auf das Projekt direkt Einfluß nehmen. Was dir doch nur recht sein sollte. Denn schließlich bin in dein verläßlicher, deine Interessen vertretender Geschäftspartner.«

»Den ich nicht gerne verlieren möchte«, meinte Sonnenberg augenzwinkernd. »Bei mir bist du mit zwanzig bis fünfundzwanzig Prozent beteiligt. Versucht der das zu überbieten?«

»Das kann der nicht! Bei diesem Projekt sind nur zehn Prozent für mich drin! Was immerhin, bei einem errechneten Gewinn von fünf Millionen, eine recht stattliche Summe ausmacht. Die solltest du mir gönnen, Siegfried. Ich bin und bleibe dein verläßlichster Freund. Und als solcher werde ich nicht nur meine, sondern auch deine Interessen bei dem Projekt mit Nachdruck berücksichtigen. Das muß dich doch versöhnlich stimmen!«

»Dir, mein lieber Konrad, gönne ich einfach alles – sogar meine Frau. Was kein Scherz ist – nimm das bitte zur Kenntnis! Jedenfalls mußt du wissen, daß ich hier noch weitere große Pläne habe, wofür ich deine freundschaftliche, amtserfahrene Mithilfe dringend benötige.«

»Auf mich kannst du dich stets verlassen!« versicherte Kahlers nicht ungerührt und spürbar erleichtert über diese angenehme Wendung ihrer Unterredung.

»Doch ebendeshalb«, fuhr Sonnenberg fort, »sehe ich es gar nicht gerne, wenn du dich auf fragwürdige Unternehmungen einläßt. Dieses Südwald-Siedlungsprojekt, ich muß es nun mit aller Deutlichkeit sagen, ist nach meinen Recherchen in seiner derzeitigen Konstellation ein so gut wie totgeborenes Kind. Davon solltest du deine Hände lassen. Was du jetzt noch kannst. Denn du willst ja erst nach dem Stadtratsbeschluß, der dich voll absichert, einsteigen.«

Kahlers' Mißtrauen mutete nun fontänenhaft an. »Was ist denn das für ein Manöver? Solltest du wieder einmal mehr versuchen, irgend jemand aufs Kreuz zu legen? Am Ende sogar mich?«

Sonnenberg lächelte ihn breit an. »Du kannst von mir halten, Konrad, was immer du willst. Doch auf drei Dinge solltest du achten. Erstens: ich bin kein Idiot – ich werde also den für mich, für meine Geschäfte hier in Rosenburg allerwichtigsten Mann, also dich, nicht übers Ohr zu hauen versuchen. Zweitens: ich habe dir noch niemals einen Ratschlag erteilt, der für dich nicht nützlich gewesen wäre. Und drittens schließlilch: ich habe dir stets nur dann

mein Wort gegeben, wenn ich ganz sicher war, es auch halten zu können.«
»Zugegeben«, bekannte Kahlers, schwer atmend.
»Wenn du das einsiehst, Konrad, kommen wir gewiß weiter. Dabei sollten wir nichts überstürzen, ein wenig darüber nachdenken. Und inzwischen widmen wir uns unseren lieben Freunden, die warten darauf.«

Sie entfernten sich voneinander. Beide hatten es nötig, sich eine erholsame Pause in ihren immer heikler werdenden Gesprächen zu gönnen. Kahlers strebte zu Christiane, Sonnenberg begab sich zu Margot.
Die Kerzen des Christbaums waren niedergebrannt – ihr mattes Leuchten war nun von elektrischem Licht abgelöst worden. Zahlreiche Flaschen standen halbleer auf dem Tisch; das große kalte Büffet war fast unberührt geblieben. Den sanften, höchst dekorativ erscheinenden Schneefall hinter den Fenstern beachtete niemand. Siegfried hatte dicht bei Margot Platz genommen. Er neigte sich zu ihr und sagte mit wohlbedachter Offenheit: »Meine Möglichkeiten sind zwar nicht sonderlich groß, aber auch nicht gerade minimal. Doch all das, was du dir womöglich erhoffst, werde ich dir kaum bieten können.«
»Was habe ich denn schon noch zu erhoffen?« fragte sie resignierend.
»Ich habe heute nachmittag ein längeres Telefongespräch mit deinem Bruder in München geführt. Dem habe ich, wie du weißt, sehr viel zu verdanken. Er hat sich, seit ich ihn als Rechtsanwalt zum ersten Mal konsultiert habe, selbst in heikelsten geschäftlichen Situationen als absolut zuverlässig erwiesen.«
»Das ist doch selbstverständlich, Siegfried. Du bist stets unser Freund gewesen; wir haben dich immer geliebt.«
Er nickte, dankbar bestätigend. »Ich habe heute mit deinem Bruder Verschiedenes besprochen – auch deinetwegen. Er kennt deine Situation genau. Wie auch ich beklagt er den nun wohl bald unvermeidlich werdenden Verlust deines schwerkranken Mannes. Und er hat, mit großer Herzlichkeit, mein Angebot akzeptiert, dir in jeder erdenklichen Hinsicht beizustehen. Darf ich hoffen, daß auch du dem zuzustimmen bereit bist?«
Margot sah ihn groß an. »Ich will dir aber nicht irgendwie zur Last fallen, Siegfried! Schon gar nicht jetzt, wo offenbar sehr schwerwiegende Entscheidungen auf dich zukommen.«

»Doch gerade jetzt möchte ich mich nicht zu allein fühlen, Margot«, sagte er.
Dabei blickte Siegfried zu Erika und John Frankfurter hin, die in einer Ecke saßen. Margot folgte seinem Blick und vermochte die besondere Bedeutung dieser beiden Menschen zu erkennen – auch für sich. Denn bei diesen äußerlich so verschiedenartigen Menschen – Erika wirkte stattlich und gelassen, John zierlicher, auch unruhiger – dominierte eine große, beglückende, wundersame Harmonie.
Wesentlich anders der Anblick von Dagmar und Thomas! Die schienen von heftiger Unruhe erfüllt zu sein; sie betrachteten einander aufmerksam, beobachteten jede ihrer Bewegungen, achteten auf jedes Wort. Es war, als hätten sie erst jetzt begonnen, sich zu erforschen – und das schienen sie offenbar mit bohrender Gründlichkeit zu versuchen.
Dagmar hatte für Thomas eine Kanne mit starkem, schwarzem Kaffee gebraut. »Falls es gelingen sollte, den ernormen Einfluß des Alkohols auf dich einzudämmen, würde ich gern dies von dir wissen wollen: Glaubst du tatsächlich, unbeschadet aus diesem Hexenkessel herauszukommen, in den du dich freiwillig hineinbegeben hast?«
»Ja, Dagmar! Sofern ich mich bei alldem, was jetzt noch auf uns zukommt, voll und ganz auf dich verlassen kann – uneingeschränkt. Kann ich das?«
Sie betrachtete den Christbaum, der mit seinen niedergebrannten Lichtern glanzlos herumstand. Um ihn herum und unter ihm türmten sich Berge von Kartons, Kästchen und buntes Papier – schöner Abfall, die kläglichen Reste verschwenderischer Geschenke.
Kahlers durfte bei Christiane erleben, daß die ihm verlangend entgegenblinzelte. Als das Wiese zu erkennen vermochte, trachtete auch er, sich unverzüglich der ihm so verlockend erscheinenden Person zu nähern. Doch dieses sich da drohend entwickelnde Dreieridyll blockierte Mutter Klementine mit Wonne – ihr brauchte man nicht erst zu sagen, worauf hier zu achten war.
Kraftvoll ergriff sie den Arm des Rosenburger Polizeimenschen und zwang ihn, sich abermals neben ihr zu plazieren. »Mische dich da nicht ein«, empfahl sie energisch. Selbst *deine* Dummheiten sollten irgendwann einmal ihre Grenzen haben.«
So blieb denn dieses Idyll so gut wie ungestört, ja zielstrebig abgeschirmt. Christiane reagierte wie exakt vorprogrammiert. Sie blin-

zelte Kahlers, der sich neben ihr niedergelassen hatte, freudig an. »Da bist du ja endlich!«

»Was hier hoffentlich«, gab der vorsichtig zu bedenken, »nicht mißverstanden wird.«

»Von wem denn wohl?« fragte Christiane betörend naiv. Sie griff nach seinen Händen und zog sie, überaus einladend an sich. »Ach, weißt du, Konrad - mißverstanden kann hier wohl so manches werden. Doch eben nicht von Siegfried - schon gar nicht im Hinblick auf uns.«

»Bist du da sicher?« fragte er aufhorchend. »Oder vermutest du das nur?«

»Absolut sicher, Konrad! Denn unser Siegfried hat schließlich von mir, immer wieder, verlangt: ›Widme dich meinem Freund!‹ Womit er dich meinte. ›Widme dich ihm‹, hat er gesagt, ›in jeder erdenklichen Hinsicht, darauf lege ich Wert.‹ Und warum sollte ich das nicht tun - das mache ich sogar sehr gerne.«

Sie zwinkerte ihm wie umarmungsbereit zu. Sie hatte ihren Mund weit geöffnet, als falle ihr das Atmen schwer. Mit feuchter, rosiger Zunge beleckte sie ihre Lippen. Sie hatte erst neulich einen Film mit Marylin Monroe gesehen; die versuchte sie nun zu kopieren - nicht ohne Wirkung.

»Wenn dem tatsächlich so sein sollte«, überlegte Kahlers berechnend, »wenn also Siegfried wirklich das gemeint hat, was du glaubst erkannt zu haben - dann könnte das von höchster Bedeutsamkeit sein.«

Er löste sich von ihr - mit einiger Entschiedenheit. »Erlaube mir das nachzuprüfen - unverzüglich.«

Diese »Nachprüfung« ließ sich ohne sonderliche Komplikationen ermöglichen. Denn als Konrad seinen Freund Siegfried, wie von dem offenbar erwartet, um eine weitere Unterredung bat, war er sofort dazu bereit. Sie fand im oberen Korridor des Sonnenberg-Hauses statt. Dickbunte Bauernteppiche lagen unter ihnen, intensiv farbig bemalte Möbel standen um sie herum.

Konrad Kahlers begann das Gespräch mit der Feststellung: »So verlockende, überaus gewinnbringende Angebote du mir bisher auch gemacht hast - es war doch keins darunter, für das du nicht eine angemessene Gegenleistung erwartest, beziehungsweise verlangt hast. Welche diesmal, Mensch?«

»Du weißt«, erklärte Siegfried bedächtig, »daß ich, und zwar ohne sonderliche Schwierigkeiten, meine geschäftlichen Gegebenheiten

jederzeit radikal verändern könnte. Und zwar so, daß du davon ausgeschlossen wirst. Das könnte ich, wie gesagt – will ich aber nicht. Was ich vielmehr erstrebe, ist eine möglichst uns alle befriedigende Lösung jener Probleme, die sich hier inzwischen angestaut haben. Darunter sind auch sehr persönliche.«
Kahlers war sehr aufmerksam, doch kaum sonderlich beunruhigt; er kannte den Freund. »Nun sag schon, worauf willst du hinaus?«
»Zunächst einmal stelle ich fest, daß wir uns im Grundprinzip ziemlich einig sind. In so gut wie allen Bereichen. Meine Mutter Emma war dir überaus zugetan – meine ehemalige Frau Eva-Ingeborg auch. Du gehörst ganz einfach zu unserer Familie. Und das wohl nun erst recht, da ich glaube herausgefunden zu haben, daß du dich auch zu meiner derzeitigen Frau Christiane sehr hingezogen fühlst. Stimmt das?«
»Nun ja, Siegfried, könnte sein – offen gestanden. Solltest du das etwa als schlimm empfinden?«
»Aber nein, Mensch!« versicherte Siegfried geradezu herzlich. »Denn genau diese Konstellation kommt mir sogar sehr weit entgegen. Womit sich dann auch, wie angekündigt, mein zweites Weihnachtsgeschenk für dich anbahnt.«
Die Verwunderung des Konrad Kahlers wollte nicht abklingen. »Aber ich bitte dich, mein Freund. Bei aller Zuneigung, die ich für Christiane empfinde – und sie möglicherweise für mich auch – glaube ich doch kaum, daß sie jemals in eine Scheidung von dir einwilligen würde.«
»Das allerdings glaube ich.«
»Für so einfältig, wenn nicht gar dumm, solltest du Christiane nicht halten. Schließlich bist du ein steinreicher Mann mit glänzenden Geschäftsaussichten – während ich hier lediglich ein Bürgermeister bin, wenn auch von erheblichem Einfluß. Die wäre schön blöd, sich von dir zu trennen!« Worauf er dann allerdings, behutsam vorfühlend, hinzufügte: »Es sei denn nach einer stattlichen Abfindung.«
Sonnenberg lachte rauh auf, um dann fast warnend zu sagen: »Diesen Einfall, Freund Kahlers, solltest du schnellstens wieder vergessen. Denn zwischen Christiane und mir besteht, was du gewiß weißt, eine notariell beglaubigte Gütertrennung. Doch über eine Art Hochzeitsgeschenk, von mir an euch, an dich, etwa in Form erhöhter Anteile, könnten wir reden.«
»Und du bist sicher, daß dann alles glatt und gut ablaufen könnte? Wobei ich jedoch damit rechnen muß: das hast du nicht aus purer

Freundschaft ausgebrütet, Mensch! Du versuchst doch, dabei irgend etwas auszukochen. Wie?«
»Selbstverständlich, mein Freund Konrad, handelt es sich dabei um ein Geschäft.« Sonnenberg brauchte schließlich nur Kahlers' Logik für die seine auszugeben. Und das war schon einige Male zwischen diesen beiden erfolgreich praktiziert worden.
»Das sieht dir schon ähnlicher!« lachte Kahlers erleichtert. »Doch auf welches Geschäft bist du nunmehr scharf?«
»Du kennst Margot. Und du kennst ihren Bruder; und also auch dessen geradezu sagenhafte Beziehungen zu erstklassigen Finanz- und Industrieunternehmen. Dem verdanke ich einiges.«
»Weiß ich, Siegfried.«
»Man muß eben nur zur rechten Zeit die richtigen Freunde finden – so wie wir uns ja auch gefunden haben. Jedenfalls bin ich, was du gewiß verstehst, Margots Bruder sehr verpflichtet.« Er sah Kahlers nicken. »Und das, mein Lieber, ist denn auch schon die ganze Erklärung.«
»Ich bin zwar nicht gerade begriffsstutzig, Mensch – aber das mußt du mir wohl ein wenig näher erläutern.«
»Gerne, Konrad. Also: Margots Bruder hat erkannt, daß deren Mann mit Sicherheit die nächsten Tage nicht überstehen wird. Und ebendeshalb hat mich Margots Bruder gebeten, ersucht, sozusagen indirekt dazu aufgefordert: ich möge seine Schwester betreuen, so intensiv, so vollkommen, wie nur möglich. Und das habe ich ihm denn auch versprochen.«
Nun endlich glaubte Konrad klarzusehen: »Du willst also Margot heiraten?«
»Warum denn, mein Lieber, mit der zwischen uns eigenen Offenheit gesagt, sollte ich das nicht wollen? Zumal das auch rein finanziell die beste Lösung wäre. Oder soll ich mich etwa darauf einlassen, für ihen Lebensstandard aufzukommen, also Wohnung, Garten, Auto, Kleider und sonstige Anschaffungen zu bezahlen? Dann ist es doch wohl am einfachsten, bestimmt in materieller Hinsicht, ich heirate sie.«
»Das sieht dir ähnlich!« rief Konrad Kahlers, wie erlöst von allen Zweifeln. »Das erklärt so gut wie alles!«
»Noch nicht alles, Konrad. Da gibt es noch etwas, was du gewiß nicht übersehen hast – wozu ich dir auch nicht rate.«
»Doch nicht etwa die Südwaldsiedlung, Siegfried? Dieses Projekt ist doch so gut wie gelaufen – oder nicht?«
»Noch nicht – nicht so!«

Sie blinzelten in den dahinrieselnden Schnee. Aus einem Radioapparat plärrten Weihnachtslieder. Ihre Umgebung schien in dahinplätscherndes Geschwätz versunken zu sein.
»Verlangst du etwa von mir, daß ich mich nun gegen dieses Projekt zu stellen habe – damit auch gegen meine Interessen?«
»Nicht unbedingt gleich das, Konrad. Ich empfehle dir lediglich: Halte dich zurück. Blockiere dieses Unternehmen, schiebe deine Entscheidung, also auch jene der Stadt, hinaus. Allein das ist in deinem Interesse, was du mir glauben solltest. Alles andere kannst du dann getrost mir überlassen – und Brandin. Wir machen das schon.«
»Da scheinst du einen teuflisch ausgekochten Plan zu haben! Welchen?«
»Kann ich noch nicht ganz genau sagen, Freund Konrad. Doch wenn der glückt, wirst du das alsbald merken. Und mir dann dankbar sein.«
»Mein Gott«, bekannte Kahlers, »was mußte nur alles geschehen, damit du so geworden bist? Kannst du mir das erklären?«

Neunter, letzter Zwischenbericht: Wie sie damals eine endgültige Lösung fanden

In jenem sibirischen Lager mit der fünfstelligen Zahl, auch »Rote Zukunft« genannt, starben Menschen »wie die Fliegen«. Jede erdenkliche Sorte von Tod mußte registriert werden: Langsame Erschlaffung des Körpers bis zum Absterben. Anhaltendes Erbrechen, das zu qualvoller Erstickung führte. Durch den After kriechende Ausblutung, fieberhafte Zuckungen, die in völliger Erstarrung endeten . . .
Die Erklärung war fürchterlich einfach: unzureichende Ernährung, fehlende Medikamente, mangelnder Lebenswille. Ein jahrelanges Dahinvegetieren im Gestank, bei klirrender Kälte ebenso wie in erstickender Hitze. Dabei waren sie unzulänglich bekleidet, besaßen kaum noch Unterwäsche, und ihre Uniformen zerfetzten immer mehr. Bei diesen Verhältnissen schien selbst Eichlers Feldwebelstimme erheblich an Lautstärke einzubüßen.
Wobei der Lagerkommandant, überaus besorgt und um Sachlichkeit bemüht, feststellte: »Das ist hier, generell, wie in allen anderen Lagern auch. Unvermeidlich bei dieser Last von Millionen Menschen, die uns der Nazikrieg aufgebürdet hat. Immerhin lie-

gen wir in diesem Lager noch etliche Prozent unter der ansonsten durchschnittlich registrierten Abgangsquote.«
Das bestätigte auch der Kommissar. Doch die Ärztin Natascha bekannte: »Ich komme mir total hilflos vor! Wir müssen mehr, noch weit mehr, dagegen tun – aber was?«
Worauf Sonnenberg dem Kommandanten ebenso wie dem Kommissar anriet, zumindest eine intensive Vorbeugungsaktion gegen zunehmende Krankheiten zu versuchen. Und zwar unter Leitung der Ärztin; doch mit seiner und Brandins Hilfe sowie mit Unterstützung von ausgesuchten Lagerinsassen. Die Parole dabei: Sauberkeit als Vorbeugung gegen Seuchen!
»Du willst wohl noch mehr frisieren – was?« Der Kommissar zeigte sich zwar leicht belustigt, aber auch entgegenkommend verständnisvoll. Zumal die Ärztin ein derartiges Unternehmen lebhaft unterstützte. Aber auch dann, entscheidend, der Kommandant. »Diese Aktion Sauberkeit wird also stattfinden.«
Und sie fand statt, wenn auch bei vorübergehend eingeschränktem Friseurbetrieb. Denn nun konstruierte Sonnenberg ausgeklügelte Badeduschen, denen es gegeben war, jede Verschwendung von Wasser erheblich einzudämmen. Kleiderwaschanlagen kamen hinzu, auch Wohnhöhlenbesprühungsinstrumente, welche die erreichbaren Desinfizierungsmittel optimal zu verteilen vermochten. Alsbald verwandelte sich der hier dominierende Verwesungsgestank in einen halbwegs erträglichen Geruch.
Der schnelle und überzeugende Erfolg dieser Aktion vermochte sogar einen Feldwebel Eichler zu beeindrucken. Wohl war der hier immer noch der maßgebliche Mann der »Inneren Lagerführung«, wenn auch nach dem Verlust seiner beiden kahlschlaggeübten Paladine erheblich geschwächt. Doch nun mußte wohl selbst er erkennen: sein Einfluß nahm ab, und Sonnenbergs Renommee stieg an, zusehends!
Um sich hierüber Klarheit zu verschaffen, erschien er bei Sonnenberg; damit zugleich auch bei Brandin: »Ich kann nur hoffen, Menschenskinder, Kameraden, daß ihr nicht etwa versuchen solltet, mich überfahren zu wollen, mich auszuschalten, meine Position nicht mehr anzuerkennen?«
Sonnenberg lächelte auf eine für seinen Besucher fatal irritierende Weise. Während sich Brandin, wohl um sein Vergnügen nicht allzu deutlich zu zeigen, ein wenig zurückzog. Was zu tun jetzt notwendig war, überließ er sehr gerne dem Freund.
Und Sonnenberg sagte: »Warum sollte ich dich denn nicht aner-

kennen, Eichler? Du bist hier ein einflußreicher Mann – was du auch bleiben kannst. Sagen wir: in Zusammenarbeit mit mir. Mit uns.«

»Hat dich ein Hahn bestrampelt, Mensch? Sollte dir jemand ins Hirn geschissen haben?« Der Feldwebel schien kurz davor, sich in einen Wutausbruch sondergleichen hineinzusteigern. »So was wie dich, wie euch, sollte man erledigen! Und zwar schnellstens.«

»Was bereits schon einige Male versucht worden ist – ich weiß.« Siegfrieds Freundlichkeit war von entschlossen vorprellender Verwegenheit. »Du hast versucht, mich, uns, durch deine Leute fertigmachen zu lassen. Doch ich, wir – haben *sie* fertiggemacht. Sollte dir das entgangen sein?«

Feldwebel Eichler lief hochrot an. Er schien nach Luft zu schnappen, stieß gurgelnde Wortgebilde aus. »Mein Gott, Mensch – und so was gibst du auch noch zu?«

»Nur um dich aufzuklären, Eichler – über deine derzeitige Position, die ohne mich, ohne uns, ein Dreck ist. Denn deinen Totschläger, diesen Bachmann, haben wir abfallgrubenreif gemacht. Und was diesen Vesper anbelangt – den haben wir systematisch unter Alkohol gesetzt, worauf der sich ausgerechnet auf eine Genossin zu stürzen versuchte. Was der dann selbstverständlich nicht überlebt hat.« Eichler taumelte, ehrlich entsetzt, der Tür zu, wie um sich in Sicherheit zu bringen. »Das alles – darf doch einfach nicht wahr sein!«

»Das ist aber wahr«, sagte Sonnenberg gelassen. »Doch ein ähnliches Schicksal könntest du dir durchaus ersparen. Du brauchst nur zu erklären, daß du in Zukunft mit mir, mit uns, zusammenarbeiten willst. Unter unserer Anleitung. Zu unseren Bedingungen. Nun?«

»Was, du hinterhältiger Saukerl, macht dich nur so zuversichtlich?«

»Ein paar Kleinigkeiten – doch wohl sehr weit zeugende, in dieser unserer Situation«, sagte Siegfried lässig. »Nicht, daß ich mich damit brüsten will, daß der Kommandant gar nicht abgeneigt ist, mir aufmerksam zuzuhören – während ich seine Haare schneide ... Doch immerhin habe ich auch mit dem Kommissar bereits einige Pläne entworfen – und auch durchgeführt. Aber selbst das muß noch nicht sonderlich viel besagen. Doch da gibt es unseren Brandin – und nun höre mal kurz weg, Thomas! – dem es gelungen ist, eine gewisse Zuneigung unserer Lagerärztin zu erreichen.«

»Sollte er etwa – mit der ...?«

»Nichts Derartiges habe ich behauptet! Was jedoch nicht ausschließt, daß so etwas möglich wäre. Und dagegen, Eichler, kannst du nichts machen.«
»Doch selbst so was muß hier nicht von ewiger Dauer sein. Wir könnten, wir werden auch das noch überleben. Und dann, ihr Saukerle, geht ihr baden!«
»Nicht gleich so voreilig, Eichler! Selbstverständlich haben wir uns abgesichert. Wir haben dieser Ärztin einen Brief übergeben, im verschlossenen Umschlag. Und zwar mit folgender Anregung: Falls mir oder Brandin irgend etwas zustoßen sollte, werde sie gebeten, dieses Schreiben dem Kommandanten oder dem Kommissar zu übergeben. Was die nahezu feierlich versprochen hat. Wobei du wissen mußt, Eichler, daß sich dieses Schreiben so gut wie ausschließlich mit dir befaßt. Na – was sagst du nun?«
»Was bist du doch für eine fürchterlich hinterhältige Kreatur! Dich würde ich am liebsten zertreten – wie einen Wurm!«
»Würdest du gerne – weiß ich! Kannst du aber nicht. Du hast nun gar keine andere Wahl, als hier bei mir – bei uns – mitzumachen. Und jetzt kein Geschwätz mehr! Bist du bereit?«
»Jawohl«, sagte Eichler nun ergeben – als stünde er seinem Schicksal gegenüber.

In Rosenburg-Neuheim bahnte sich nur wenige Tage später eine Lösung für all diese Vorgänge an; eine Art »Endlösung«. Sie drohte denkbar vollkommen zu werden, wirkte sogar wie generalstabsmäßig geplant. Auch wenn dabei lediglich zwei ehemalige Kriegsgefangene mit niedrigsten Dienstgraden am Werk gewesen waren.
Die erste Phase schien genau bestimmbar, zumindest was Uhrzeit, Ort und Datum anbelangte. Uhrzeit: 16.55 Uhr. Was exakt der derzeitigen Minute des Sonnenuntergangs in Mitteleuropa entsprach. Der Ort: Schloß Rosenburg. Das Datum: der letzte Abend des Jahres 1959; Silvester genannt.
Brandin erschien bei Werners. Wobei er zunächst dessen fußballplatzgroßen Arbeitssaal durchqueren mußte, ehe er ihm gegenüberstand. Werners wirkte, wie stets, überaus souverän, so als gewähre er eine Audienz. Mitarbeiter waren für ihn, wie auch einst im Krieg, nichts wie Untergebene. Auch diesen sogenannten Schwiegersohn zählte er dazu – berechtigterweise, dachte er; immer noch.
»Sie, mein Lieber«, rief er dem einladend entgegen. »Sie sind mir

jederzeit willkommen. Sofern Sie nicht etwa, was ich nicht hoffen will, bei mir weitere Komplikationen Ihrer Ehe mit meiner Tochter auszupacken gedenken. Denn was meine Isolde betrifft, beabsichtige ich keinerlei fragwürdige Verdächtigungen zu dulden!«

»Ich bin rein geschäftlich hier«, versicherte Thomas Brandin.

»Dann allerdings, Brandin, dürfen Sie sich setzen – zu mir.« Werners, abermals ganz General, wies auf einen Stuhl, der seinem Schreibtisch in angemessener Entfernung gegenüberstand. »Allerdings, muß ich gestehen, kommen Sie mir überaus ungelegen. Denn ich beabsichtigte, einen Abendspaziergang über meine Wiesen und durch meine Wälder zu unternehmen. Einem alten Ahnenbrauch entsprechend – wofür Sie jedoch kaum Verständnis haben dürften. Doch an jedem letzten Tag eines Jahres pflegten meine Vorfahren ihren Besitz abzuschreiten, was ich auch gerne getan haben würde. Aber daran hindern Sie mich nun. Mit welcher Begründung?«

»Hier, Herr Werners, scheint sich eine ziemlich heikle, um nicht zu sagen: verheerende Konstellation angebahnt zu haben. Die Folgen davon, die leider schon abzusehen sind, können nur als fürchterlich bezeichnet werden.«

»Menschenskind, schwätzen Sie nicht herum! Ich bin stets, wie Sie wissen sollten, ein Mann, der klarste Auskünfte erstrebt. Ein dementsprechendes Verhalten bitte ich mir aus. Also – worum geht es?«

»Um dieses Südwald-Siedlungsprojekt, Herr Werners.«

»Öden Sie mich doch nicht damit an! Dieses Geschäftsobjekt ist doch bereits erledigt, vertraglich abgeschlossen, allerbestens abgesichert; mehrfach sogar.«

»Das, Herr Werners, schien auch tatsächlich so zu sein – gewesen zu sein. Wobei Sie sich auf Ihren schweizerischen Verbindungsmann verlassen haben. Zu sehr, zu unbedenklich, wie nun wohl befürchtet werden muß. Denn dieser, Ihr Mann . . .«

»Wieso *mein* Mann?« Werners versuchte seine schnell aufkommenden Befürchtungen durch stramme Befehlstöne zu kaschieren. »Der ist *Ihr* Mann – den haben Sie mir angeschleppt!« Es war die übliche Vorgesetztenmethode, Verantwortungen zu verlagern. »Es war *Ihr* Ratschlag, Herr Brandin!«

»Erlauben Sie mir, Herr Werners, diese Ihre Ansicht zu korrigieren. Wohl hatte sich dieser Mann aus der Schweiz zunächst bei mir gemeldet, doch nur, um eine Unterredung mit Ihnen zu erbitten. Sie zeigten sich interessiert und haben mich beauftragt, alle sich dabei anbietenden geschäftlichen Möglichkeiten zu überprüfen; auch die entsprechenden Vorverhandlungen zu führen. Doch die allerletzte Entscheidung bei diesem Projekt hatten allein Sie sich vorbehalten. Sie persönlich. Sie allein haben dann diese Verträge in die Schlußphase gebracht - und unterschrieben.«

»Was soll denn das alles, Brandin! Beabsichtigen Sie etwa, sich Ihren Verpflichtungen zu entziehen?«

»Ich habe keine - nicht in dieser Angelegenheit. Womit ich Ihnen keinen Vorwurf mache. Denn im allgemeinen gelten gerade schweizerische Firmen als ungemein verläßlich und solide. Doch falls sich nur ein einziges schwaches Glied in der ansonsten starken Finanzkette befindet - zerbricht sie.«

»Schluß mit diesem Geschwätz! Offenbar versuchen Sie da, mir eine Zumutung sondergleichen unterzujubeln. Wie sieht die aus?«

»Dabei handelt es sich um jenen Verbindungsmann in Lugano, den Sie bereitwillig als Vertragspartner akzeptiert und mit entsprechenden Vollmachten versehen haben. Doch eben der scheint sich inzwischen als eine geradezu überdimensionale Finanzsau entpuppt zu haben - als ein Hintertreiber, Unterschlager und Betrüger von erheblichem Format.«

Werners war bleich geworden. »Das kann und will ich nicht glauben! Sagen Sie, daß das nicht wahr ist!«

»Das ist, leider, Tatsache«, beharrte Brandin unnachsichtig. »Denn inzwischen habe ich mehrfach mit Zürich und Lugano telefoniert. Um dabei, ziemlich mühelos, herauszufinden: Ihr Geschäftspartner hat bereits die ersten, ihm von Ihnen zur Verfügung gestellten Summen kassiert. Zweieinhalb Millionen Mark! Das jedoch nicht etwa für seine Schweizer Finanzgruppe; vielmehr allein für sich. Und mit dieser Summe ist er verschwunden - vermutlich nach Italien oder in den Libanon.«

»Das ist einfach ungeheuerlich!« stieß Werners hervor, in nun geradezu rotglühender Empörung. »So was ist zutiefst kriminell - da muß sofort die Polizei verständigt werden, die internationale!«

»Durchaus«, bestätigte Brandin lauernd. »So was könnte Ihr Anwalt veranlassen. Wodurch sich jedoch für Sie, Werners, Herr Werners, nicht das geringste an den von Ihnen vertraglich eingegangenen Verpflichtungen in Höhe von zehn Millionen Mark ändert. Die sind absolut verbindlich - also zu zahlen. Und dies für ein Objekt, das nunmehr so gut wie in die Binsen gegangen ist.

Denn diesen glatten Verlust von zunächst zweieinhalb Millionen können Sie, können Ihre Unternehmen nicht verkraften.«
Wohl nur einmal in seinem Leben hatte sich Werners, damals noch ausschließlich General, in einer ähnlich extremen Ausnahmesituation befunden: als er die Festung Königsberg, nach erbitterten Wortgefechten mit seinem kapitulationsbereiten Kollegen Lasch, aufgeben mußte. Doch zuvor hatte sein entschlossenes Ausharren zahllose Opfer an übermüdeten, verhungerten, sterbenden Kameraden gefordert; die jedoch, wovon er überzeugt war, immer noch bereit gewesen waren, die Fahne hochzuhalten.
So nun hoffentlich auch hier! Denn Werners vermochte zu erkennen: Falls zutraf, was da dieser Brandin zu behaupten gewagt hatte, dann war das sein Ruin – ein denkbar totaler. Doch er glaubte, selbst jetzt noch, instinktiv zu erraten, was in einem solchen Untergebenenhirn vor sich ging.
»Das – haben Sie mir eingebrockt, Mensch!« schrie er den an.
»Ich bin lediglich Ihr Geschäftsführer, Herr Werners. Mehr nicht.«
»Nur jetzt keine Fahnenflucht, Mann!« forderte Werners lautstark. »Schließlich sind Sie, da mit meiner Tochter verheiratet, auch mit mir verwandt. Sie gehören also zu uns. Sie besitzen Anteile an allen meinen Unternehmungen – Anteile, die sich beständig erhöhen. Ich vermag mir also nicht vorzustellen, Brandin, daß Sie bereit wären, mich zu ruinieren. Und damit sich selber auch!«
»Sie, Werners, sind ruiniert! Und um mich sollten Sie sich weiter keine Sorgen machen.«
Dieser immer noch unentwegte General gedachte selbst jetzt noch, eine seiner alten, doch sich stets bewährt habenden Methoden anzuwenden: die Androhung der Vernichtung! So manch einer seiner Kommandeure war danach bereitwillig zu Kreuze gekrochen – zum Eisernen Kreuz, zum Hakenkreuz, auch zu seinem Grabkreuz. Was sich eben so anbot.
Dementsprechend erklärte nun Werners mit fordernd schaffender Befehlsgewalt, wie er glaubte: »Falls Sie es darauf ankommen lassen wollen, Brandin, mir Ihre Gefolgschaft zu versagen – dann könnte ich Sie, mit sofortiger Wirkung, von allen Ihren Verpflichtungen mir gegenüber entbinden!« Das hieß: von den Pflichten gegenüber den Werners-Unternehmen. Was aber auch bedeutete: die Aufkündigung jeglicher Teilhaberschaft, also der garantierten monatlichen Zahlungen, der Mietfreiheit im Rosenburger Schloß – und so weiter und so fort.
»Das nehme ich zur Kenntnis«, sagte Thomas gelassen.

»Eine Entscheidung, Herr Brandin«, rief ihm Werners beschwörend zu, »die jedoch nicht endgültig sein muß! Denn ich hoffe immer noch, daß es Ihnen gelingen könnte, diese bedrohlichen schweizerischen Vorgänge, für die allein Sie verantwortlich sind, zu bereinigen. Doch bis dahin entziehe ich Ihnen meine Gunst, lege ich also keinen betonten Wert mehr auf ein verwandschaftliches Verhältnis mit Ihnen. Dementsprechend gedenke ich meine Tochter Isolde zu veranlassen, sich von Ihnen zu entfernen – zu Ihrer Tante, meiner Schwester in Norddeutschland.«
»Wo sich dann Isolde sicherlich sehr wohl fühlen wird«, meinte Brandin völlig unbeeindruckt. »Denn dort existiert immer noch, bei der gleichen Tankstelle, der Vater ihres ehemaligen Kindes. Dessen diesbezügliche, notariell beglaubigte Erklärung besitze ich nunmehr.«
»Brandin«, sagte nun Werners, ganz ehrlich betrübt, wozu er von seiner Weltsicht aus wohl auch berechtigt war, »sollten Sie etwa Wert darauf legen, daß ich Sie einen hinterhältigen Kretin nenne, einen schäbigen Schmarotzer, eine Art Abschaum der Menschheit? Dergleichen verbietet mir meine Noblesse, mein Gefühl für Tolerenz, mein Sinn für wahre Kameradschaft. Und ebendeshalb gebe ich Ihnen jetzt noch eine letzte Chance: Bereinigen Sie diesen Misthaufen!«
Thomas Brandin winkte ab. Gelassen stand er da. Ihn beherrschte nicht das geringste Triumphgefühl. Seine Augen blickten offen und fast traurig diesen General an. Längere Zeit.
Dann sagte er: »Wieder einmal mehr, Werners, reden Sie von der sogenannten wahren Kameradschaft! Doch dabei fühle ich mich versucht zu bemerken: derartige Gefühle hätten Sie meinem Vater entgegenbringen sollen – dem Hauptmann Brandin. Vermögen Sie sich noch an den zu erinnern?«
»Wer – ist denn das?«
»Wer ist das gewesen? So muß es wohl heißen«, korrigierte ihn Brandin. Der einstmalige General Werners starrte, völlig verständnislos, seinen nun wohl gewesenen Geschäftsführer an. »Wovon reden Sie denn da?« Er war nicht in der Lage zu begreifen, was da auf ihn zugekommen war.

Fast zur gleichen Zeit suchte Siegfried, in den Kellerräumen des Sonnenberg-Hauses, seinen so einzigartig herrlichen Hausdrachen auf; also Mutter Klementine. Die rauschte ihm bereitwillig entgegen.

»Gut siehst du aus, mein Kleiner, geradezu unternehmungsfreudig – wie ein Fuchs auf Hühnerjagd! Wenn du mich daran teilhaben läßt, wird mich das freuen!«
»Du«, erklärte er ihr, »fühlst dich nicht wohl, habe ich meiner lieben Frau gesagt. Du hast dich hingelegt; schwere Grippe oder so was. Und ich müsse nun mal kurz nach dir sehen.«
Klementine spurte spontan unternehmungsfreudig wie stets. »Da liege ich nun also da, ich armes, altes, gebrechliches Weib. Kann mich kaum rühren – richtig so?« Sie sah ihn nicken. »Und du, besorgt, wie du bist, hast mir zur Stärkung ein paar Flaschen Schnaps mitgebracht. Dänischen Korn?« Er nickte abermals. »Fein! Dann keuche ich also hier nun vor mich hin – ganz überzeugend dann, falls mich etwa deine liebe Frau besuchen sollte. Warum auch immer – aus angeblicher Besorgnis oder eben zwecks Kontrolle. Doch was veranstaltest du inzwischen?«
»Nach meinem Besuch bei dir – das habe ich meiner lieben Frau gesagt – muß ich noch zu einer Besprechung, die etwa drei bis vier Stunden dauern könnte. Weshalb ich sie leider alleine lassen muß – vielleicht sogar bis zur Silvesterfeier; die hier kurz vor Mitternacht beginnen soll. Doch bis dahin bist du natürlich wieder gesund.«
»Bin ich!« versicherte Mutter Klementine. Sie verstanden sich prachtvoll. »Du willst also deiner Christiane hier sozusagen ausreichend freie Hand lassen – in der Hoffnung, daß die dann ... wird sie auch! Denn irgendeine ihr günstig erscheinende Gelegenheit hat die sich noch niemals entgehen lassen. Das aber soll ich überwachen, um dich dann sofort zu verständigen. Erraten?«
Er lächelte sie an. »Mein liebes, gutes altes Prachtstück: wenn es so was wie dich nicht gäbe, müßte man dich erfinden! Du bist ein absolut einmaliges Exemplar.«
Sie errötete nun geradezu mädchenhaft; dieses Lob, wenn auch wohl verdient, ließ sie wonnig aufgurren, gleich einem Schlag voller Tauben. »Mache mich nicht verlegen, mein lieber Kleiner. Wo kann ich dich erreichen – wenn es soweit sein sollte?«
»Ich halte mich, gleich um die Ecke, im Restaurant ›Drei Löwen‹ auf. Anruf genügt – und ich komme; innerhalb von fünf Minuten.«
Worauf sich, ohne Problematik, alles so abspielte, wie Siegfried, ebenso wie Klementine, es erwartet hatte: Christiane begab sich – übrigens ohne erst noch nach der angeblich schwerkranken Alten in den Kellerräumen zu sehen – durch das nun wie völlig leer

wirkende Sonnenberghaupthaus zum Personalraum beim hinteren Produktionsschuppen. Und dort fand sie, wie erhofft, einen der hier bemerkenswerten Gastarbeiter vor.
Es handelte sich um jenen stattlichen Türken, dessen fest zupakkende Hände nicht nur diverse Damensalonkundinnen sehr zu schätzen wußten – er hatte auch, nur wenige Tage zuvor, bei den Sonnenbergs, als Weihnachtsmann gewandet, den Geschenkkarren herbeirollen dürfen. Dieses Mannsbild lag nun auf seinem Feldbett – vermutlich träumend: von Olivenhainen zwischen Bergfelsen, von Wellen und Meeresstrand, einer wie ewig leuchtenden Sonne über den Tretpfaden der Armut.
Als Christiane auf ihn zukam, blieb er regungslos liegen, weit mehr ergeben als erwartungsvoll, dennoch nicht undankbar für den Besuch. Und entsprechend leistungswillig. Das war eine Art eingespielten, oftmals geübten Rituals zwischen ihnen. Keinerlei Fremdsprachenkenntnisse, weder von ihm noch von ihr, waren dabei notwendig. Sie ließ sich wortlos über ihn fallen.
Der Rest war reine Routine. Die wachsame Klementine rief Siegfried an – und der erschien; ohne sich sonderlich zu beeilen. Sie führte ihn zur Tür, hinter welcher sich die beiden befanden – und die öffnete er nun. Dann sah er vor sich liegen, was er erwartet, erhofft hatte: das stöhnende Tier mit den zwei Rücken.
»Pardon!« rief ihnen Siegfried zu, mit der stattlichen Klementine als Zeugin im Hintergrund. »Ich hatte nicht die Absicht, hier zu stören. Macht ruhig weiter – laßt euch Zeit! Aber danach, Christiane, würde ich mich gerne mit dir unterhalten.«

Gleichfalls in diesen letzten Abendstunden des Jahres 1959 fanden sich bei Erika und John Frankfurter zwei Besucher ein: Dagmar und Thomas. Sie wurden herzlich willkommen geheißen.
In dem großen Raum dieses Hauses setzten sie sich einander gegenüber, in einer Atmosphäre von künstlerischer Erlesenheit. So hing an der Hauptwand ein dunkel leuchtendes, farbenfunkelndes Moorgemälde von Nolde, und unter diesem thronte eine siamesische Gottesfigur, wie tief in Gedanken versunken; feingliedrige Hände schienen den Nabel mit großer Zärtlichkeit zu bedecken. Und auf dem Boden, sich behaglich ausbreitend, lag ein chinesischer Hund aus Porzellan, ein großäugiger Pekinese mit einer gleichsam glattseidig schimmernden Fellflut.
»Das alles«, erläuterte John mit einer fast segnenden Gebärde, »habe ich vor zehn und mehr Jahren erworben, als so was hier

noch so gut wie herumlag und für geradezu lächerliche Beträge zu haben war, gemessen an den heute dafür gebotenen Summen. Auch das, Thomas, kannst du übernehmen, wenn du willst – mit den Preisen von damals.«

Der blickte ungläubig – erst John an, dann Erika, hierauf Dagmar. »Ich gedenke nichts zu übernehmen«, sagte er dann. »Schon gar nicht das, was dir und Erika gehört.«

»Du bist aber der einzige, der dafür in Frage kommt – gemeinsam mit Dagmar. Ich wünsche euch beiden, und nur euch beiden, das alles anzuvertrauen, zu übergeben – und dieses Haus dazu. Das ist zwar nicht mein Haus, doch mein Mietvertrag, mit Vorkaufsrecht, läuft noch zehn Jahre.«

Das war ein Punkt, der Thomas nahezu unwillig werden ließ. »Was denn, John – dieses Haus ist nicht dein Eigentum? Du hast es dir nicht kaufen können? Nicht nach alldem, was du da so inzwischen mit deinen einzigartigen Vollmachten an Geldern vermittelt, bewilligt und besorgt hast?«

Das mußten Beträge von etlichen hundert Millionen gewesen sein. Denn dieses nun so aufgeblühte Rosenburg nebst Umgebung verdankte John Frankfurter den Großteil seiner Existenzmöglichkeiten – seitdem der hier als amerikanischer Besatzungsoffizier eingezogen war.

»Unser Siegfried jedenfalls«, meinte Thomas kopfschüttelnd, »hätte an deiner Stelle das Vielfache an Gewinnen herausgewirtschaftet.«

»Ich bin nicht er«, sagte John Frankfurter, wobei er die Hände seiner Frau beglückt auf den seinen fühlte. »Und er ist nicht ich! Ich bin hier einstmals als Treuhänder einer Besatzungsmacht eingesetzt worden und war wohl stets bemüht, mich dementsprechend zu verhalten. Siegfried jedoch ist ein nahezu genialischer Geschäftsmann, der auf nichts und niemanden Rücksicht zu nehmen brauchte – und der das auch nicht getan hat. Mit einer Ausnahme allerdings: Wer ganz eindeutig zu ihm gehörte, zu dem gehörte er auch. Erika und ich haben das gewußt – aber auch erkannt, daß dies kein Dauerzustand sein darf.«

»Also stimmt es, daß ihr uns nun verlassen wollt?«

»Das, Thomas, gedachten wir bereits vor fünf Jahren zu tun. Doch Siegfried hat uns damals davon zu überzeugen vermocht, daß er unsere Hilfe notwendig brauchte. Nicht zuletzt deinetwegen, da du dich in den Bereich dieser Werners begeben hast – wobei erst jetzt ganz deutlich wird, was der wahre Grund dafür war. Und da

nun auch das geklärt ist, können wir endlich abreisen. Und das tun wir gerne.«
»Wen oder was verlaßt ihr denn tatsächlich? Etwa dieses Deutschland? Beunruhigt euch das hier immer krasser in Erscheinung tretende Selbstbewußtsein, diese sich immer fürchterlicher entwickelnde Lebensgier und Genußsucht?«
Erika blickte John fragend an – und der antwortete für sie mit: »So etwas, lieber Thomas, ist an sich eine zeitlose, weltweit verbreitete, immer wiederkehrende Krankheit. Was mich hier jedoch bestürzt, ist die geradezu phänomenal kurze Zeit, in der sich das alles entwickelt hat. 1945 war dieses restliche Deutschland auf einem bisher kaum vorstellbaren Tiefpunkt angelangt. Doch so bald nun schon abermals dies: Wir sind wieder wer – wir haben wieder was – man muß mit uns rechnen! Mein Gott – davor graust mir!«
»Und trotzdem habe ich eigentlich nicht den Eindruck, daß du unglücklich bist«, sagte Thomas Brandin.
»Warum sollte ich das auch sein? Ich lebe mit Erika! Und wir haben erkannt: Menschen, die sich miteinander so tief verbunden fühlen, können wie eine Burg, wie ein Bollwerk sein, das einfach allem standzuhalten vermag.«
»Auch den Ein- und Ausfällen eines Siegfried?«
»Das«, sagte John, nicht ohne dabei andeutungsweise zu lächeln, »ist nun nicht mehr unser Problem, sondern allein das deine – und das von Dagmar. Doch euch beiden traue ich zu, daß ihr auch damit noch fertig werdet. Denn immerhin ist euch ein Vorteil sondergleichen gegeben: Siegfried liebt euch – beide. Fast so sehr wie sich selbst.«

Siegfried Sonnenberg empfing seine Frau Christiane, geborene Clements; und zwar im Hauptbüro. Also an einem wohl nicht zufällig gewählten Ort. Schließlich war dies Büro gleichsam der Geburtsort seiner ganz großen Geschäfte.
Siegfried betrachtete seine dekorative Schöne mit betont freundlicher Nachsicht. Er registrierte: sie wirkte »völlig normal«. Von jenem gewiß einigermaßen strapaziösen Vorgang, auf den sie sich vor kaum mehr als einer halben Stunde lustkeuchend eingelassen hatte, war ihr nicht das geringste anzumerken.
Er wies ihr einen Stuhl an, doch keinesfalls einen neben sich. Ein Angebot, das sie verschmähte. Sie blieb vor ihm stehen und rief geradezu anklägerisch: »Was hast du mit mir vor? Wozu willst du mich zwingen? Worauf habe ich nun gefaßt zu sein? Willst du

mich etwa auch noch umbringen – wie deine Frau Eva-Ingeborg und deine Mutter Emma?«

»Das will ich nicht gehört haben«, empfahl er ihr streng. »Derartig leichtfertige Vermutungen solltest du unterlassen – und zwar für immer! Verstanden?«

»Falls du jedoch dergleichen mit *mir* versuchen solltest«, fauchte sie, »werde ich mich dagegen wehren – mit letzter Entschiedenheit. Und nicht – allein!«

»Wovon redest du denn da, Kindchen?« fragte er gemütlich, roßtäuscherhaft. »Überschätze dich gefälligst nicht! Versuche, deine Position realistisch zu sehen.«

»Immerhin bin ich deine Frau.«

»Stimmt«, erklärte er ihr mit lauernder Geduld. »Eine Frau allerdings, die mir gegenüber keine irgendwie gearteten rechtlichen Ansprüche geltend machen kann; die weder über mein Vermögen noch über meine Geschäfte und Unternehmungen verfügt. Denn wir leben nun mal, notariell beglaubigt, in Gütertrennung – und du weißt hoffentlich, was das zu bedeuten hat? Wenn nicht, könntest du dir das erklären lassen – etwa von Kahlers.«

»Worauf willst du hinaus, Siegfried?«

»Auf einwandfrei beweisbare Tatsachen. Und zu denen gehört auch, daß dir vielfach wiederholte ehebrecherische Handlungen nachzuweisen sind; wofür mehrere eidesbereite Zeugen existieren. Aber muß das sein – unbedingt?«

»Du!« schrie sie ihn an. »Du willst mich erledigen! Etwa – wegen dieser Margot?«

Auf diese wahrlich nicht unzutreffende Vermutung einzugehen, war Siegfried keinesfalls bereit. Er versicherte vielmehr: »Offenbar scheinst du mich zu verkennen, meine liebe Christiane – und das vermutlich nicht zum ersten Mal. Denn ich will doch nur dein Bestes – was jedoch, wie zufällig, nun auch für mich das Beste ist.«

»Und was ist das – deiner Ansicht nach?«

»Es handelt sich um unseren gemeinsamen Freund Konrad Kahlers. Der liebt dich – das habe ich erkannt; den habe ich sogar danach gefragt, und er hat es mir bestätigt. Du kannst also jederzeit seine Frau werden – die Frau des äußerst erfolgreichen, ungemein angesehenen Bürgermeisters, den sogar, wie es scheint, unser Ministerpräsident schätzt. Nun? Hört sich das nicht gut an? Ist das ein Angebot?«

»Und du meinst, er würde darauf eingehen?«

»Garantiert. Wenn du nur willst. Willst du?«

»Nun ja«, sagte sie, nicht ohne sich noch ein wenig dekorativ zu zieren. »Falls du darauf Wert legst und das für richtig halten solltest, Siegfried, also damit einverstanden bist, und mir auch alle Wege dorthin freilegst – warum sollte ich dir dann nicht entgegenkommen?«
Sie begann vor sich zu sehen, wahrlich nicht unbeglückt: offizielle Empfänge, die amtliche Teilnahme an Feierstunden und Festlichkeiten, Parteiveranstaltungen und Volksvergnügen. Und sie immer dabei – an Konrads Seite: die Mitte der Rosenburger Mittelpunktwelt.
»Und damit«, schloß er, »bist du bereits so gut wie die Frau unseres Bürgermeisters – und das mit meinem gern gegebenen Segen. Bei dieser Hochzeit euer Trauzeuge zu sein, wäre ich bereit – damit dieser Vorgang einen gewissen harmonischen Glanz bekommt. Einverstanden?«
Das war sie.

Siegfried Sonnenberg wartete sodann auf die Dinge, die da auf ihn zukommen mußten. Die wohl wichtigsten Vorarbeiten waren geleistet, die entscheidenden Weichen gestellt worden. Der große Zug konnte nun, hoffentlich bald, zum endgültigen Ziel abfahren. Die Wartezeit vertrieb er sich in seinem Labor. Dort arbeitete er, anscheinend ziemlich geruhsam, an einem neuen Produkt – an einer milchartigen Creme, der es gegeben war, der Haut des ganzen Körpers seidige Geschmeidigkeit zu verleihen. Die ersten Versuche verliefen erkennbar zufriedenstellend. Er schien sich nur ungerne dabei stören zu lassen.
Dann jedoch drang Konrad Kahlers in diesen Raum ein. Er vermochte seine Erregung mühsam zu unterdrücken, seinen Unwillen jedoch nicht. »Da hat doch irgendeiner deiner Firmentrottel versucht, sich mir in den Weg zu stellen, mich abzudrängen. Mich! Bis dann Mutter Klementine erschien und unverzüglich dafür gesorgt hat, daß ich zu dir kommen konnte?«
»Meine gute Alte weiß eben, daß du mir stets willkommen bist – du schon. Doch gedulde dich bitte nur wenige Minuten. Laß mich erst noch eine kleine Dosierungsberechnung zu Ende führen.«
Bürgermeister Kahlers ließ sich schnaufend auf das Bett nieder. Er angelte ein großes, selbstverständlich weißes Taschentuch hervor, schneuzte hinein, betupfte sich damit, in dieser Reihenfolge, seine glänzende Stirn. Er wartete – mit kaum zu bremsender Ungeduld.
»Das, worauf man dabei achten muß«, erklärte ihm Siegfried, wäh-

rend er auf eine Serie Reagenzgläser wies, »ist ein scheinbar sehr simples Grundprinzip – auf das man jedoch erst einmal kommen muß: die fortzeugende Ergänzung; die kosmetische Serie. So produziere ich bereits, mit steigendem Erfolg, ein Badeschaumpräparat. Das jedoch entzieht dem Körper, zwangsläufig, einiges von seiner Schutzschicht. Diese muß mithin erneuert werden, durch eine Hautmilch; und genau die zu entwickeln, darum geht es mir jetzt.«
»Womit du wieder einmal«, knurrte Konrad, nicht ohne anerkennende Nebentöne, »doppelt und dreifach verdienen kannst!«
Siegfried sah ihn freundlich an. »Woran du immerhin mitverdienst – falls hier alles auch weiterhin vielversprechend verlaufen kann. Bei mir und bei dir.«
»Bei mir, Mensch, ist derzeit der Teufel los – und das weißt du!«
»Das weiß ich nicht nur, lieber Freund – das habe ich sogar kommen sehen und mir erlaubt, dich davor zu warnen. Sicherlich noch rechtzeitig, hoffe ich sehr.«
»Das, muß ich leider sogar annehmen, hast du nicht nur geahnt – vielmehr intensiv manipuliert! Gemeinsam mit deinem ausgekochten Brandin.«
»Derartige Komplimente, Konrad«, widersprach Sonnenberg geschmeichelt, doch auch warnend, »solltest du dir ersparen – zumindest jedem anderen gegenüber. Allein entscheidend sind die dabei zutage getretenen Tatsachen: Werners ist um ihn ruinierende zweieinhalb Millionen geprellt worden. Das kommt eben davon, wenn man sich mit unzuverlässigen Geschäftspartnern abgibt.«
»Doch nun versucht Werners, diesen Verlust auszugleichen, ihn zu kompensieren. Er bemüht sich, die Gemeinde ganz direkt an diesem Südwald-Siedlungsprojekt zu beteiligen – wofür er bereit ist, alle ihm noch verbleibenden Sicherheiten einzubringen. Ein Entgegenkommen, das wohl nicht einfach negiert werden darf.«
»Ach, mein lieber Konrad – du kannst doch schließlich recht gut rechnen. Und daher weißt du auch, daß eine derartige Verlustsumme ein ganz gewaltiges Loch in Werners' Finanzgebäude reißen muß – das kaum noch zu stopfen ist und auch sehr bald weitere Löcher verursachen wird. Nur eine Frage der Zeit, einer sehr kurzen Zeit, bis bei dem garantiert alles zusammenbrechen wird.«
»Kann sein, Siegfried.« Der Bürgermeister demonstrierte amtliche Besorgnis. »Wobei ich jedoch auch auf das Gedeihen unseres Gemeinwesens bedacht sein muß. Wenn Werners' Finanzgefüge zu-

sammenbricht, müßte das hier auch zu einer ökonomisch-sozialen Katastrophe führen: stillgelegte Zement- und Bauteilfabriken, entlassene Arbeiter, verminderte Steuereinnahmen . . .«
Sonnenberg lachte auf. »Wieviel hat der dir diesmal geboten? Bisher waren es fünf Prozent – nun wohl schon zehn, was? Diese jedoch bei einer höchst fragwürdigen Konstellation. Daß du bereit sein könntest, darauf einzugehen, traue ich dir, bei deinem ausgeprägten Verlangen nach Sicherheit, kaum zu.«
»Was soll ich denn sonst machen, Mensch?«
»Ganz einfach – dich mir, wie üblich, anschließen! Und das ist schon alles.«
Kahlers blickte ihn groß an. »So was Ähnliches habe ich bereits vermutet. Doch bist du ganz sicher, dir das – auch in dieser enormen Größenordnung – tatsächlich leisten zu können?«
»Durchaus. Das einmal mit deiner nachdrücklichen Unterstützung. Dann aber auch mit Hilfe von einigen Finanzgruppen, die sich beteiligen werden – und von wem dazu veranlaßt, wirst du dir gewiß denken können. Wobei ich aber auch das, was du dein ökonomisches Sozialgewissen nennst, beruhigen kann. Denn sobald sich Werners von seinen Fabrikationsunternehmen trennen muß, was mit ziemlicher Sicherheit alsbald anzunehmen ist, dann werden die hier in die denkbar besten Hände geraten.«
»Respekt, Siegfried«, bekannte Kahlers mit staunender Anerkennung. »Und du bist sicher, das alles auch schaffen zu können – die Übernahme von Werners' Unternehmungen, dieses Siedlungsprojekt, zusätzlich die von dir geplanten Ausbauten deiner Fabrikationsanlagen?«
»Nur keine Sorge, mein Lieber, nicht um meine persönliche Leistungsfähigkeit. Ich selbst gedenke mich keinesfalls dabei sonderlich zu strapazieren. Denn schließlich existiert hier für dieses Südwald-Siedlungsprojekt ein Fachmann, der diese Materie fünf Jahre lang intensiv und erfolgreich studiert hat, der alle Details davon kennt – er persönlich hat sie geplant und entworfen. Und auf niemand kann ich mich so sehr verlassen wie auf ihn.«
Der Bürgermeister nickte, nun eindeutig zustimmend. Er wußte, wen Sonnenberg damit meinte – diesen Brandin selbstverständlich. Diese beiden hatten das alles raffiniert und mit der ihnen eigenen Rücksichtslosigkeit ausgekocht.
»Na schön, Siegfried – wenn das so ist, dann mache ich mit; verläßlich wie stets.« Worauf er dann allerdings, betont nebensächlich, hinzufügte: »Bei einem Anteil von zehn Prozent.«

»Ein Entschluß«, erklärte Sonnenberg, »zu dem ich dir nur gratulieren kann!« Worauf er, dies keinesfalls wie nebensächlich, hinzufügte: »Was jedoch, mein lieber Jugendfreund, nicht der einzige Anlaß zu einer Gratulation dir gegenüber ist. Ich erlaube mir auch, dich zu deiner zukünftigen Frau zu beglückwünschen. Christiane ist nun liebend gerne bereit, es zu werden.«
Worauf der ansonsten als überaus wortgewaltig geltende Bürgermeister Kahlers völlig verstummte – und das sogar für längere Zeit.

Nunmehr trat in Rosenburg, wie geplant, Margots geliebter Bruder in Erscheinung: der ungemein erfolgreiche, über zahlreiche Verbindungen verfügende Anwalt aus München. Sogenannte Baulöwen rissen sich darum, ihn als garantiert gewinnbringenden Berater zu verpflichten; Autohersteller, Flugzeugplaner, Panzerwagenproduzenten taten es ihnen gleich.
So gut wie alles, was mit ihm zusammenhing, war von erheblicher Größenordnung. Zugleich aber auch von beabsichtigter Unauffälligkeit. Denn dieser Margot-Bruder verschmähte das Imponiergehabe der Mächtigen und Einflußreichen in diesem Land. Entsprechend pflegte er sich zu kleiden und zu benehmen: dezent, leise, gediegen.
Und wenn er sich auch diesmal, der drängenden Eile dieser Geschäfte wegen, mit einem Hubschrauber herbeifliegen ließ, so landete er doch ein wenig außerhalb von Rosenburg, auf dem feiertäglich verlassen wirkenden Nordwiesengelände, zwischen den Sonnenberg-Kosmetik-Anlagen. Dort erwartete ihn, wie von ihm gewünscht, lediglich das Geschäftsfahrzeug der Firma – ein schlicht dunkler Mercedes 300, mit Chauffeur.
Bei diesem Rechtsanwalt erinnerte jetzt nur noch sehr wenig an den einstmals so strahlenden, gesprächsfreudigen, gewinnend charmanten Lieblingsbruder von Margot. Der Mann, der nun dem Hubschrauber entstieg, ohne Aktentasche, in einem schlichten, jedoch mit Pelz gefütterten Mantel, wirkte immer noch klein, jedoch nicht mehr zierlich. Und seine klug funkelnden Froschaugen verbarg eine große, dunkel getönte Brille.
Er hatte mit Siegfried telefonisch vereinbart, alles habe gut vorbereitet, schnell und unauffällig vonstatten zu gehen. Zeitdauer seines Besuches: etwa 150 Minuten – einschließlich An- und Abflug. Denn gegen Mitternacht dieses Tages werde er wieder in München erwartet – vom maßgeblichen großen Vorsitzenden der ihm

nahestehenden Partei, anläßlich einer gewiß stimmungsvollen Silvesterparty.
Derart präpariert und allein auf das nun Erforderliche konzentriert, ließ sich dieser Rechtsanwalt zunächst zum Kreiskrankenhaus fahren. Das war die erste Station seines Besuchsprogramms – von insgesamt drei. Und dort erblickte er nun jenen Menschen, der einst sein Anwaltspartner in Rosenburg gewesen war und später auch der Mann seiner geliebten Schwester; ihretwegen war er nach München gezogen. Dabei persönlich zutiefst unglücklich – doch seinen ganz großen Erfolgen entgegen.
Diesen Mann sah er nun vor sich liegen – wie mühsam verendend. Leichenblaß, nahezu erstarrt, offenbar bewußtlos. Traubenartig überhangen von mehreren Tropfgeräten, die sich wie mit exakter Sinnlosigkeit in ihn entleerten.
Der herbeigeeilte Arzt erklärte Margots Bruder, nicht ohne beruflich eingespieltes Bedauern: »Kaum eine Hoffnung mehr.«
»Tun Sie dennoch, was Sie irgendwie vermögen – ohne Rücksicht auf anfallende Kosten. Jede dafür notwendig werdende Summe wird Ihnen Herr Sonnenberg zur Verfügung stellen.«
Worauf er sich unverzüglich zur Wohnung seiner Schwester fahren ließ. Margot, durch Siegfried auf sein Erscheinen vorbereitet, erwartete ihn verlangend. Sie stürzte sich ihm entgegen und umarmte ihn zärtlich. Dafür ließen sie sich minutenlang Zeit.
Dabei auf die Uhr zu sehen war bei seinem exakt ausgeprägten Zeitgefühl unnötig. Seine sichere Sachlichkeit konnte durch nichts erschüttert werden – auch nicht mehr durch Margot.
»Wird das«, wollte er wissen, »was ich bei dir und Siegfried angeregt habe, in Ordnung gehen? Bei ihm ist das offenbar der Fall. Und wie ist das bei dir?«
»Auch ich«, versicherte sie ihm mit liebevoll-schwesterlicher Zärtlichkeit, »sehe nun wohl die Richtigkeit deiner Argumente ein.«
»Glaube mir, meine geliebte Schwester: das ist die denkbar beste aller Lösungen für unsere bisher so gut wie lebenslänglichen Probleme. Siegfried ist wohl der einzige Mensch, dem es gegeben ist, uns das zu ermöglichen. Was er gewiß auch gerne tun wird – zumal bei den finanziellen Chancen, die ich ihm nunmehr garantieren kann.«
»Wobei sich jedoch, mein lieber Bruder«, gestand sie ihm verhalten, »eine von uns beiden wohl völlig unvorhergesehene Komplikation eingestellt hat: Ich beginne Siegfried zu lieben – und er liebt mich offenbar auch. Ist das schlimm?«

»Aber nein, nein!« Ihr Bruder zeigte den Schmerz nicht, den ihm diese Eröffnung bereitete. Er versicherte vielmehr, bemüht munter: »Was denn könnte vielversprechender sein, liebe Margot?«
Das sagte er dann auch, in ähnlichen Worten, zu Siegfried Sonnenberg. Der hatte ihn zu den Nordwiesen begleitet, wo der Hubschrauber mit röhrend rotierenden Flugblättern bereitstand. Sie reichten sich zum kurzen Abschied die Hände.
»So gut wie alles, lieber Siegfried, ist nunmehr, unseren Wünschen entsprechend, völlig geklärt. Und nicht nur, was das rein Geschäftliche betrifft. Denn die Schwierigkeiten, in die Werners hineingeraten ist – und ich habe jede Einzelheit überprüfen lassen –, sind für ihn vernichtend. Weder die Gemeinde noch das Land können sich nunmehr an seiner Sanierung beteiligen, ohne das Gesicht zu verlieren. Das auch diesem Kahlers klarzumachen wird dir sicherlich gelingen.«
»Das ist bereits geschehen«, bestätigte Sonnenberg. »Wie von dir telefonisch angeregt.«
»Dann also«, sagte der Rechtsanwalt, »kannst du also jetzt verbindlich erklären: anstelle jener Schweizer Firma wird nunmehr ein deutsches Bankenkonsortium dieses Südwald-Siedlungsprojekt garantieren, sobald dieses durch die Firma Sonnenberg übernommen wird. Das zunächst in Höhe von zehn Millionen. Meine Kanzlei besitzt bereits entsprechende Vollmachten. Womit du nun in Rosenburg völlig freie Bahn hast.«
»Du bist mein Freund!« versicherte ihm Siegfried dankbar.
»Und außerdem noch – der Bruder meiner Schwester. Und die vertraue ich dir an. Sei nun, bitte, bemüht, weder mich noch sie zu enttäuschen. Bisher waren wir lediglich miteinander befreundet – doch bald werden wir Verwandte sein. Und nun ganz ehrlich, Siegfried: darüber freue ich mich; sehr!«
»Danke«, sagte der.
»Danke nicht mir, Siegfried, allein meiner Schwester«, ermahnte ihn der Rechtsanwalt. »Margot ist der einzige Mensch, der mir wirklich nahesteht. Was schlicht bedeutet: den ich liebe. Versuche sie glücklich zu machen – bemühe dich darum!«
Einen weiteren, wohl unvermeidbar dazugehörenden Satz brauchte er nicht auszusprechen. Der stand deutlich in seinem Gesicht geschrieben: »Wenn jedoch nicht, dann . . .!«
Sie reichten sich die Hände. Zumindest als Geschäftsleute, das wußten sie beide, war aufeinander Verlaß.

Und damit war nun, wie man gemeinhin zu sagen pflegt, dieses Jahr 1959 »gelaufen«. Die nunmehr beginnende Zeitspanne, 1960, schien einen gleichsam neutralisierenden Charakter zu besitzen. Wohl war es, als wären nun alle Würfel gefallen; zumindest was Westdeutschland betraf. Bis zur nächsten großen »weltgeschichtlichen Spielrunde«.
In jenem Jahr wurde die »Sprengkraft« des nuklearen Potentials der beiden dominierenden Atommächte, also der USA und der UdSSR, als nahezu gleichgewichtig verteilt angesehen. Sie wurde auf 30 Milliarden – dreißig Milliarden! – Tonnen geschätzt. Womit sich also eine Art internationales »Patt« anzubahnen schien. Die Kosten, die allein für diese Waffensysteme angefallen waren, hätten mühelos ausgereicht, unzähligen armseligen, qualvoll verhungernden Kindern, in allen Grauzonen dieser Welt, ein glückliches Überleben zu ermöglichen. Herumvegetierenden Erwachsenen auch.
In jenem Jahr 1960 besuchte Westdeutschlands Kanzler Konrad Adenauer die USA. Und dann, erneut, seinen verehrten »Freund«, den französischen Staatspräsidenten de Gaulle. Vermutlich glaubten beide, dieses immer potenter werdende westliche Europa in eine Art Gemeinschaft verwandeln zu können. Unter ihrer Leitung. Wobei de Gaulle wohl bevorzugt an sich, an sein Frankreich, dachte.
In Argentinien wurde Adolf Eichmann, ehemaliger SS-Obersturmbannführer, auch »Buchhalter des Todes« genannt, mitverantwortlich für millionenfache KZ-Morde, von israelischen Agenten aufgespürt, festgenommen und fortgeschleppt. Aufgegriffen wurde auch der ehemalige Kommandant des wohl fürchterlichsten Vernichtungslagers der großdeutschen Nazis, Auschwitz; ein Mann, der sich nun, als Waldarbeiter, Lang nannte.
Immer wieder sollten bedrohliche Wogen einer finsteren Vergangenheit diesem so munter aufstrebenden Deutschland entgegenbranden. Die Deutschen jedoch hatten die Stirn, die Freiheit, mit offenbar enorm zunehmend gutem Gewissen, zu behaupten, davon fühlten sie sich nicht betroffen! Keinesfalls direkt.
In Deutschland Ost starb der altgediente, in der Sicht seiner Genossen gewiß überaus ehrenwerte Kommunist Wilhelm Pieck. In Frankreich wurde der Literaturpreisträger Albert Camus, ein Sucher nach Wahrheit mehr, bei einem scheußlichen Verkehrsunfall getötet. Auch Filmidole zweier Welten überlebten dieses Jahr nicht mehr: Hans Albers starb am Starnberger See, Clark Gable in

Hollywood. Paul Abraham, ein Komponist der sogenannten »heiteren Muse« war nach rauschenden Erfolgen, um 1930 herum, in eine Heilanstalt eingeliefert worden; nahezu drei Jahrzehnte dämmerte er dort dahin. Auch er starb in diesem Jahr.
In den USA wagte ein gewisser Shirer einen ersten, großen Versuch, die Hitlerzeit zu durchleuchten: »Aufstieg und Fall des Dritten Reiches«. Ein Werk, das lediglich eine Art Vorläufer war, dem alsbald ganze Bücherbergrutsche folgen sollten. Eine Menge historisches Geröll entstand.
Fast gleichzeitig verfilmte John Huston, ein amerikanischer Regisseur, ein Werk des Dramatikers Arthur Miller. Der hatte das seiner Frau Marilyn Monroe sozusagen auf den Leib geschrieben: »Nicht gesellschaftsfähig«. Im Endergebnis nichts wie eine großartige Fehlkonstruktion, die jedoch den Eindruck erweckte: auch die Ära der großen amerikanischen Schriftsteller im Bereich des klassischen Hollywood ging nunmehr zu Ende.
Dem russischen Dichter Boris Pasternak gelang es, einen vielgekauften, doch wohl wenig gelesenen Roman auf den westeuropäischen Markt zu bringen: »Dr. Schiwago«. Dafür erhielt er den Nobelpreis für Literatur. – Das zum allgemeinen, massiv geäußerten Entsetzen offizieller UdSSR-Kulturbehörden. Die erklärten diese »Auszeichnung« lautstark für eine politisch gezielte Infamie.
Im gleichen Jahr 1960 wurde in den USA ein John F. Kennedy zum Präsidenten gewählt – mit äußerst knapper Mehrheit. Denn Kennedy vermochte wohl 49,7 Prozent aller abgegebenen Stimmen für sich zu registrieren, doch sein Gegenspieler, ein gewisser Richard Nixon, durfte für sich 49,6 Prozent verbuchen.
Doch eben damit schienen höchst bedenkliche politische Balanceakte zu beginnen; mit minimalen Mehr- und Minderheiten. Das was alsbald fast überall in der Welt zu registrieren. Abgesehen von diktatorischen Staaten und sonstigen erfolgreich verdummten Nationalgebilden. Eine Zeit der ganz großen Unsicherheiten drohte sich anzubahnen. Nicht zuletzt auch in diesem Restdeutschland – und damit auch in Rosenburg.

Bereits in der ersten Stunde des Jahres 1960 gedachte Siegfried Sonnenberg offenbar, hier nun »völlig reinen Tisch« zu machen. Die Voraussetzungen schienen denkbar vielversprechend. Die entschlossen zu nutzen, war er willens.
Entgegenkommend lächelte er seinen zahlreichen Gästen zu, die sich vor Mitternacht eingefunden hatten, um mit ihm den An-

bruch des neuen Jahres zu feiern. Sie wirkten ziemlich gut gelaunt, da sie glänzend bewirtet wurden.
So tranken und speisten sie mit sichtlichem Appetit. Sie saßen in kleineren Gruppen beieinander und plauderten launig, wenn auch verhalten. Dabei machte Siegfried seine große Runde – in einer Hand ein kelchartiges Glas, in der anderen eine stattliche Champagnerflasche von Doppelgröße; Magnum genannt.
Dabei widmete er sich zunächst Erika und John Frankfurter. Die saßen, wie stets, eng beieinander. Ihnen prostete er zu.
»Euch werde ich sehr vermissen – doch stets daran denken, daß die Flugzeit von Frankfurt nach New York nur noch zehn Stunden beträgt – und in entgegengesetzter Richtung auch. Diese Welt wird eben immer kleiner, je größer die Geschäfte darin werden.«
Sodann schritt Siegfried auf Christiane und Konrad Kahlers zu. Die hatten, wie von ihm ausdrücklich angeregt, für jedermann als vereint erkennbar, auf einem Sofa Platz genommen.
»Ein mich ungemein erfreuender Anblick«, stellte er mit der ihm eigenen Ungeniertheit fest. »Ich hoffe sehr, Ihr seid glücklich.«
Was sie bestätigten; durchaus überzeugend.
Hierauf begab sich Siegfried zu dem wie zutiefst versonnen, also wohl nahezu volltrunken in einer Ecke dahinhockenden Jürgen Wiese: »Du, mein Lieber, hast dich stets als verläßlicher, wertvoller Freund erwiesen.« Woran der sichtlich gerne glaubte. »Auf dich habe ich immer wieder bauen können – und das, hoffe ich, wird auch weiterhin der Fall sein.« Was der bestätigte.
Worauf ihm dann Sonnenberg verkündete: »Wie du wohl vernommen hast, werden in der Südwaldsiedlung auch etliche Einzelhäuser mit Garten entstehen. Das erste davon kannst du beziehen, noch in diesem Jahr. Mietfrei – selbstverständlich. Das würde ich gerne sehen. Willst du?« Der dankte bewegt.
Hierauf widmete sich Siegfried Sonnenberg, wohl um niemanden bei seiner fleißigen Horizontbereinigung auszulassen, Mutter Klementine in der Küche. Die stand dort am Herd. Er bewunderte deren immer noch sichere Art, mit der sie blaßgelbes Hefegebäck in kochendes Öl warf. Er umarmte sie fast zärtlich, mit eindeutig anerkennender Dankbarkeit. »Was, meine liebe, prächtige Alte, wäre ich ohne dich?«
Die kicherte fröhlich, stieß ihm kokett in die Seite. »Und was, mein lieber, kluger Kleiner, wäre ich ohne dich? Du bist die letzte große Wonne meines Alters. Mich beglückt es, noch erleben zu können, daß du hier nun so gut wie alle, einfach alle, geschafft

hast. Aber das macht mich auch fast ein wenig traurig. Denn was, so frage ich mich, kann ich nun noch für dich tun?«

»Eine ganze Menge, meine Liebe! Denn dieses mein Haus benötigt dringend eine Hausfrau! Eben weil ich mich wieder zu verheiraten gedenke, so bald wie nur möglich – und zwar mit einer Dame, die nicht kochen kann. Mithin bist du hier unentbehrlich.«

Worauf Klementine vor heftiger Wonne zu verstummen schien – ganz sicherlich nur vorübergehend.

Worauf sich dann Siegfried, mit wachsender Zufriedenheit, seiner zukünftigen Frau Margot widmete. Zu der sagte er, nahezu formvollendet, mit der bei ihr wohl angebrachten Höflichkeit: »Ich muß dich dabei wohl sehr bitten, nicht gleich ungeduldig zu werden, meine Verehrteste.«

»Befürchte das niemals!« beruhigte sie ihn, erwartungsgemäß verständnisvoll.

Er dankte ihr, ebenso anerkennend wie zärtlich. Worauf er sich, freudig erleichtert, zu Dagmar und Thomas begab. Die saßen weit abseits von allen anderen und schienen intensiv aufeinander einzuflüstern. Mit großer Beharrlichkeit.

»Erlaubt mir, bitte, dieses Idyll zu stören – für etwa eine halbe Stunde. Denn Thomas und ich haben nun wohl noch ein unvermeidliches Gespräch miteinander zu führen.«

»Aber das doch wohl nicht gegen meine Interessen, Vater!« warnte ihn Dagmar, ziemlich energisch. »Denn ich bin ziemlich sicher, daß du mir nicht zuzumuten gedenkst, einen lebenslänglichen Angestellten von dir zu heiraten.«

Wie erwartet, sah sie ihn lachen.

Dieses Gespräch, ein weiteres unter vier Augen, fand dann ein Stockwerk tiefer statt. Im Hauptbüro. Das neue Jahr 1960 war nunmehr knapp zwei Stunden alt.

Die Unterredung begann mit übergangslos direkter Offenheit; sozusagen von Mann zu Mann. Seinem Brandin gegenüber konnte Sonnenberg vertrauensvoll eine endgültige Bilanz ziehen. Und die sah so aus:

Erstens: Dieses Südwald-Siedlungsprojekt! Das habe Werners, besitzgierig enthemmt, angeheizt – doch, wie voraussehbar, sei er daran gescheitert. Weil er sich verdienstgeil, blindwütig, mit einem Betrüger eingelassen habe, dessen mehrmillionenfache Veruntreuung zu seinem Ruin führen mußten.

»Was dein Verdienst ist, Thomas!« Siegfried stellte das mit hoher

Anerkennung fest. »Den hast du erledigt, aus berechtigten Gründen. Eigentlich wohl nur aus einem einzigen Beweggrund. Jedenfalls kann er sich jetzt, wenn er gerade noch Glück hat, auf eine Art Altenteil zurückziehen; gemeinsam mit seiner Tochter.«
»Eine Manipulation jedoch, Siegfried, die mir gar nicht leichtgefallen ist. Denn ich muß dir offen eingestehen: diese ganz großen Geschäfte besitzen auch eine ganz große Suggestion – man gerät dabei in den Sog des Verdienenwollens. Wie und wo, ist dann fast gleichgültig – selbst in dem Bereich eines Werners.«
»Der dich jedoch«, stellte Sonnenberg robust fest, »stets wie ein nützliches Arschloch betrachtet hat. Das war dir doch wohl von Anfang an klar!«
»Dennoch habe ich, selbst dem gegenüber, oftmals versucht, fair zu sein. Doch seine Borniertheit, Selbstherrlichkeit, auch in Geschäften, war einfach herausfordernd. So etwa durfte die Fragwürdigkeit dieses schweizerischen Zwischenträgers als fast mühelos erkennbar gegolten haben – doch Werners Blick war wie starr geradeaus gerichtet; auf mögliche Millionengewinne.«
»Die du nun, im Endergebnis, Thomas, in unsere gemeinsamen Geschäfte eingebracht hast.«
»Wobei wir jedoch nicht kleinlich sein sollten, Siegfried. Schließlich waren Isolde und ich . . .«
»Aber ich bitte dich – kleinlich sind wir niemals gewesen! Etliche Dachkammern in Werners Schloß gestehe ich denen zu.«
Zweitens: Da Brandin nun offenbar entschlossen sei, sich von Isolde scheiden zu lassen, mit wirksamen Mitteln, dann doch wohl nur, um Dagmar zu heiraten. Damit aber würde sich hier eine seit vielen Jahren, fast genau seit zehn Jahren, erhoffte Konstellation ergeben: der vertraute Freund werde zum Schwiegersohn; der verläßlichste Weggefährte zu einem nahen Verwandten!
Drittens sodann: »Erika und John verlassen uns – mit meinem Segen. Wobei Frankfurter, was ich ihm jedoch noch nicht gesagt habe, in Amerika zu einer wichtigen Verbindungsperson für unsere Kosmetikfabrikate werden könnte. Seinen bisherigen Posten jedoch, den eines Geschäftsführer, übernimmst nun du!«
»Mit welchen Bedingungen, Siegfried?«
»Volle Partnerschaft – eine absolut uneingeschränkte!« versicherte Sonnenberg mit werbender Herzlichkeit. »Also fünfzig zu fünfzig – von allen meinen Anteilen. Fünfzig für mich – fünfzig für dich und Dagmar. Nun – ist das ein Angebot? Und ich bin ziemlich si-

cher, daß du etwas anderes auch kaum erwartet hast? Hier ist meine Hand. Schlage ein!«
Doch gegen einen derartig großzügigen Vorschlag schien sich Thomas Brandin völlig unerwartet zu sträuben: »Solltest du etwa annehmen, Siegfried, daß mich diese Entwicklung restlos zu beglücken vermag?«
»Werde nur nicht sentimental!« riet ihm der Freund nicht unbesorgt. »Denn schließlich sind wir beide, gemeinsam, durch eine Schule des Daseins gegangen, die uns nichts wie dies beigebracht hat: entweder überleben oder krepieren! Keine andere Wahl sonst!«
»Und der Tod deiner Mutter gehörte dazu? Der von Eva-Ingeborg möglicherweise auch? Nur damit du dich hier endlich als der wahre Beherrscher von Rosenburg fühlen kannst – mit meiner Hilfe? Was aber dann, muß ich mich wohl fragen, wenn es dir nicht gelungen wäre, auch deine Dagmar voll und ganz in deine Planungen zu integrieren, durch mich? Was dann? Würdest du dann auch in Erwägung gezogen haben, sogar sie aus deinem Weg zu räumen?«
»Was ist denn nicht vorstellbar«, gestand Siegfried Sonnenberg fast nachsichtig ein. »Durchaus vorstellbar wäre auch Dagmars Versuch, mich zu erledigen. Denn sie besitzt meine Energie, meine Entschlossenheit. Um so was wirksam zu vermeiden, gab es praktisch nur eine Lösung: dich! Das war mir schon am ersten Tag klargeworden; damals 1950, als wir hier eintrafen. Doch nun ist selbst das gelöst.«
»Bist du sicher, Siegfried?«
»Aber ja! Man muß eben warten, abwarten können. Schließlich liest sich eine noch so erschütternd erscheinende Todesanzeige von heute nur wenige Monate danach wie eine verblichene Nachricht von gestern, vorgestern. Denn allein das existiert, was lebt. Was überlebt hat. Also – wir!«

Am sogenannten Rosenmontag jenes Jahres 1960 – zwei Tage vor dem aschgrauen Faschingsmittwoch, fand im Sonnenberg-Haus abermals ein groß gedachtes Fest statt. Verlockend angekündigt: in allen Räumen! Geladen waren dazu, ohne Ausnahme, all jene, die sich hier als Freunde fühlen wollten, oder dafür gehalten wurden.
Die versammelten sich entsprechend der verkündeten Devise: Ein Fest der Tiere! Um diesbezügliche Verkleidung war gebeten wor-

den. Eine Anregung, die in diesem festfreudigen Gemeinwesen nicht nur prompt, sondern sogar, zum großen Teil, mit kaum erwarteter Phantasie befolgt wurde.
So etwa erschien Siegfried, der Gastgeber, als »goldenes Kalb«. Ihn umgab eine gelbliche, eben wohl »golden« gedachte Hülle. Die ihn krönende Kopfbedeckung wirkte rindviehhaft, doch er trug sie nicht ohne Würde. Mit erwartungsvoller Fröhlichkeit, als trachte er alle Anwesenden um sich herum zu vereinigen, tänzelte er durch die Räume.
Margot schmiegte sich an ihn, sobald ihr dazu Gelegenheit geboten wurde; um wohl bereitwilligst zu demonstrieren: sie gehörte nun zu ihm! Sie hatte sich als eine Art Füchsin verkleidet; in rostrot fellige Pracht gehüllt, vom Kopf bis zum überaus buschigen Schwanz. Diesen trug sie über dem Arm mit sich herum.
John Frankfurter war eindeutig als Fledermaus zu erkennen: zierlich, schlank, grauschwarz, von flügelartigen, bequem zu schwenkenden Stoffgebilden umgeben. In diese hüllte er Erika schützend ein, die sich als sanftgraue, pelzartig verbrämte Hausmaus gefiel. Das entsprach zwar keinesfalls – was jedoch wohl nur Siegfried und John wußten – ihrem eigentlichen Wesen, doch diese Maskerade schien ihr einiges Vergnügen zu bereiten. Ihr Goldener-Kalb-Bruder umarmte sie gerührt, sehr innig, auch anhaltend.
Konrad Kahlers zeigte sich als Löwe. Jedoch brüllte er nur gelegentlich auf – und wenn, dann betont demonstrativ gutmütig. Er hatte sich eine Art Königskrone aus Kupfer, mit Glassteinen verziert, auf sein stolz gerecktes Bürgermeisterhaupt gestülpt. In seiner Linken trug er einen herrscherlichen »Reichsapfel«, der aus einer entsprechend drapierten fränkischen Bocksbeutelflasche bestand. In der Rechten schwang er ein goldglänzend lackiertes »Zepter«, aus Schaumgummimasse. Mit diesem Gebilde schlug er, scherzhaft gemeint, auf alle erreichbaren Köpfe.
Ihn begleitete seine Christiane. Diese versuchte eine Art Katze darzustellen. Und natürlich nicht eins jener naturnahen Geschöpfe dieser Gattung aus Wiese, Wald und Feld, sondern vielmehr ein königlich zu nennendes Exemplar, etwa aus Angora oder Persien. Entsprechend benahm sie sich. Sie tänzelte hoheitsvoll dahin, ohne dabei zu vergessen, sich gelegentlich geschmeidig und gurrend an ihren zukünftigen Löwengatten zu schmiegen.
Jürgen Wiese hatte zunächst beabsichtigt, als Stier aufzukreuzen. Doch vermutlich mangels geeigneter Ausstattung und vielleicht auch nach längerer Überlegung zog er es vor, sich bei dieser Ver-

anstaltung als Esel, als Lastesel, auszugeben. Dementsprechend hatte er sich in wundersam wirkungsvolle hell graugelbliche Farben gehüllt. Sein gelegentlich stimmungsfördernd hervorgestoßenes »Iah« bedeutete unverkennbar: Ja! Was sehr sinnvoll anmutete.

Das schien auch seine Frau zu bestätigen, auf deren Anwesenheit Sonnenberg nachdrücklich Wert gelegt hatte. Sie war ähnlich gewandet wie er, doch vornehmlich silbergrau. Ihre vollfleischige Stattlichkeit ließ auch nur halbwegs aufmerksame Betrachter sogleich an allerbeste Salamiprodukte denken.

Thomas Brandin zog es offenbar vor, als eine Art Hase in Erscheinung zu treten. Vielleicht auch als scheues Kaninchen, das geschützte Ecken bevorzugte; ein vielerfahrenes Käfiggeschöpf. Doch eindeutig erkennbar war nichts davon.

Und erst recht nicht bei Dagmar. Wenn auch deren Verkleidung der seinen einigermaßen zu entsprechen schien, so glich sie doch eher einem Fabeltier von großer Zierlichkeit: teils Hase, teils Hund; und wie Dachs und Luchs noch dazu. Thomas und sie schienen bemüht, sich allein miteinander zu beschäftigen – ohne sich den Anwesenden zu entziehen.

Als eine der wohl prächtigsten und bemerkenswertesten Erscheinungen bei diesem »Fest der Tiere« durfte gewiß Mutter Klementine bezeichnet werden. Offenbar trachtete die danach, sich als eine Art gewichtig-prächtiger Himmelskuh auszugeben. Dementsprechend blickte sie um sich – mit einem Gesicht, das von verwirrender Jugendlichkeit rosig angehaucht zu sein schien. Auch ihre Bewegungen muteten überaus graziös an; ähnlich denen eines vielerfahrenen Zirkuselefanten. Was besonders auffiel, als Siegfried sie um den ersten Tanz bat.

Dazu erklang, aus Lautsprechern, die Sonnenbergs Angestellte montiert hatten, eine betäubende, pausenlose Musik; von gerade auf den Markt gekommenen Langspielplatten wie unerschöpflich gespeist. Das derzeit Beste aus amerikanischen Gefilden: etwa Glenn Miller, der streng rhythmische, nahezu marschartige Tonfolgen hervorswingte; oder Tommy Dorsey, dem es jederzeit gelang, betörend Sentimentales hervorzujaulen; aber auch Ellington, »the Duke«, »der Herzog«, dem es gegeben war, gängige Tanzmusiknummern mit einfallsreichen Besonderheiten zu unterwandern. Eine wundersame Betäubung entstand so, der sich hier offenbar niemand zu entziehen trachtete, was auch wohl kaum möglich gewesen wäre.

So tanzten sie denn dahin: miteinander, nebeneinander, aneinander vorbei. Nicht ohne Innigkeit, Harmonie erstrebend – endlich einer, wie sie alle hofften, beglückend erlösenden Zukunft entgegen. Die jedoch wohl nichts wie eine Auflösung war – was hier kaum jemand wissen konnte; vielleicht nur Siegfried.
Alsbald nach dieser Rosenmontagsnacht, das stand bereits fest, würden Erika und John Frankfurter dieses Rosenburg, und damit Deutschland, endgültig verlassen. Jürgen Wiese würde, mit Frau und Familie, das ihm von Siegfried offerierte Reihenhaus beziehen – womit er nun endgültig abhängig und erledigt war. Kahlers würde Christiane heiraten – um alsbald erkennen zu müssen: dieses Sonnenberg-Geschenk war sein Untergang! Denn dieser völlig hemmungslosen Person war es gegeben, das von diesem Bürgermeister langjährig so überaus geschickt arrangierte und ausgebaute Ansehen, seinen beharrlich untermauerten »guten Ruf«, total zu zerstören.
Übrigbleiben würden Siegfried und Margot – letztere allerdings wohl stets, was niemals übersehen werden durfte, unter dem mächtigen Einfluß ihres Bruders. Dann aber auch: Thomas und Dagmar. Wobei jedoch die ausgeprägten Eigenwilligkeiten dieser Tochter, da denen ihres Vaters nicht unähnlich, einfach nicht vorauszusehen, auch nicht im geringsten zu berechnen waren.
Woraus sich möglicherweise ergab: diese jetzt noch so überaus rosig anmutenden Zukunftsaspekte könnten sich, bei einer ungünstigen Entwicklung, alsbald als blutrote Vernichtungssignale herausstellen.
Doch zunächst einmal tanzten sie.

Sie tanzten in dieser Rosenmontagsnacht in Rosenburg des Jahres 1960 noch sehr lange, wie völlig ungetrübt, umarmungsbereit; offenbar bemüht, einander nichts wie Freundschaft zu bezeigen. Wobei die in Mengen genossenen alkoholischen Getränke ihre Gespräche nahezu verstummen ließen. Eine gewisse genießerische Dumpfheit machte sich breit.
Bis dann die selbst jetzt noch hellwach lauernde Klementine mit alarmierenden Schreien zu den Fenstern eilte. Von dort aus war ein glutroter Feuerschein zu erblicken. Der breitete sich schnell, wildfressend, mit vernichtender Heftigkeit aus, um alsbald den Himmel über Rosenburg zu beherrschen.
»Was ist denn das!« rief Mutter Klementine, erlebnisfreudig kreischend.

Was das war, vermochten die sich zu den Fenstern des Sonnenberg-Hauses drängenden Gäste alsbald zu erkennen. Eindeutig dies: die Rosenburg stand in Flammen! Es war nun, als würde über dieser Stadt eine gigantische Fackel geschwungen.
Ein Vorgang, der offenbar von allen Anwesenden mit ratlos anmutender Betroffenheit betrachtet wurde. Von allen – bis auf einen. Denn Siegfried sagte, ohne sich den hinter seinem Rücken versammelten Teilnehmern dieses »Festes der Tiere« zuzuwenden, mit unerschütterlicher Gelassenheit:
»Ob der nun da drüben eine Art Untergang der Nibelungen inszeniert hat – allein oder mit bereitwilliger Nachhilfe – das will mir vorkommen wie ein Symbol.«
Damit meinte er Werners. Seinen Brandin sah er dabei nicht an. Von dem schien sich Dagmar zu lösen. Die anderen Gäste wichen zurück.
Doch denen rief Sonnenberg zu: »Das solltet ihr endlich erkennen: Dies ist ein neuer Anfang! Und zu jedem Anfang gehört ein Ende.«